KB197807

한국연구재단 학술명저번역총서
서양편 806

주민자치정부와
중앙집권주의

LOCAL SELF-GOVERNMENT
AND CENTRALIZATION

Joshua Toulmin Smith 저 | 김희균 역

박영사

　　최근 들어 최저임금제에 대한 논의가 활발하다. 그런데 도시지역은 지방에 비해 물가와 임금이 더 비싼데도 불구하고, 도시와 지방 간 최저임금의 차이를 달리 정하지는 않고 있다. 오히려 "달리 정해야 하는지"에 대한 문제 제기 자체를 의아하게 생각할 사람도 많을 것이다. 그만큼 우리는 우리 삶의 조건을 규정하는 많은 일을 중앙정부가 정하도록 두고 있다.

　　다른 한편으로는 중앙정부에 많이 기대기도 한다. 경제활동이 적은 지역은 세수(稅收)도 적기 때문에 중앙정부의 보조금에 의지할 수밖에 없다. 사회기반시설에 대해서 중앙정부가 내려주는 예산을 아주 고마워하기도 한다.

　　『주민자치정부와 중앙집권주의』는 바로 이처럼, 지금은 너무나 당연시되고 있는 중앙정부 위주의 정치를 정면으로 비판하고 있는 책이다. 지역의 최저임금도 중앙이 정하고, 지역의 사회인프라도 중앙에 기댈 수밖에 없는 지금과 같은 정치체제가 과연 바람직한 것인지, 그리고 그것이 언제부터 시작되었는지, 그대로 두어도 되는 것인지 근본적인 물음을 던지고 있다.

　　저자인 툴민 스미스(Joshua Toulmin Smith: 1816-1869)는 버밍햄에서 시무하는 목사의 아들로 태어났다. 조기 교육을 받은 그는 10대 중반에 이미 역사나 철학 등 여러 분야에 해박한 지식을 쌓았고, 당시로서는 신학문이라고 할 수 있는 골상학을 연구하였으며, 도덕철학, 라틴어, 정치철학에도 뛰어났다고 알려져 있다. 1835년에 런던으로 건너가 저명한 법조인 단체 중의 하나인 링컨 인(Lincoln's Inn)에서 변호사가 되기 위한 공부를 시작했지만, 변호사보다는 정치와 의회제도에 관심이 많아 주로 의회 관련 소송에 관여하였다.

　저자의 가장 큰 고민은 자유의 정신이 충만한 영국이 왜 당시 오스트리아나 프로이센과 같은 억압적 국가로 되어 가고 있는가 하는 점이었다. 지역주민의 의사가 정확하게 반영되는 패리쉬(parish)를 기반으로 자치정부를 복원하는 것을 목표로 삼았으며, 『주민자치정부와 중앙집권주의』를 집필한 이유도 바로 그것이었다. 부제로 「각각의 특징과 사회적, 도덕적, 그리고 정치적 복지와 진보에 미치는 실질적인 영향」이 붙여진 이 책은 400여 쪽 31개 장으로 구성되어 있다. 중앙정부가 법률이나 위원회 제도를 통해 추진하던 각종 제도, 즉, 보건이나 빈민구제 등 제도가 영국민의 자유와 행복을 보장하기보다는 일부 정치가들의 독재정치로 귀결될 수 있다는 점을 여러 가지 관점에서 보여주고 있다.

　의회제도와 대의제도에 대한 깊은 불신을 가지고 평생 방대한 저술과 사회활동, 변호사 활동에 매진해 온 저자는 자유로운 주민들이 자신의 일에 대해서 결정하고, 국가나 더 큰 공동체의 문제는 철저한 위임을 받은 대표자가 참여해서 국가 전체의 의사가 주민의 의사와 합치되는, 진정한 국민주권정부를 꿈꾸다가 53세라는 젊은 나이에 사망하였다. 하지만 그가 남긴 책은 당시 진보주의자들뿐만 아니라 오늘날 진정한 민주주의를 꿈꾸는 많은 사람에게 영원한 고전으로 남아 있다.

　어려운 출판계 여건 가운데서도 선뜻 출간을 허락해 주신 박영사 안종만 대표님과 끝까지 꼼꼼하게 원고를 교정해 주신 박세연 사원님께 깊이 감사드린다.

2025년 1월
서울시립대 연구실에서,
역자 씀

목 차

서 론

세계적인 나무 우주수(宇宙樹)(Yggdrasil)(노르드 신화의 중심을 이루는 나무: 역자 주)의 서 있는 모습이 웅장하다. 그 뿌리는 땅속 깊은 곳에 박혀 있다. 하나는 신비로운 안개 가득한 어두움의 땅속 깊은 샘으로 향해 있고, 또 하나는 대지까지 뻗어 오딘(Odin, 북유럽 신화에 나오는 신: 역자 주)도 부끄럼 없이 찾아다니는, 지혜와 지식이 매일 아침 콸콸 솟아오르는 미머의 샘(세계수의 뿌리에 있는 샘: 역자 주)으로 연결되며, 마지막 하나는 신들의 땅에 있는 우르다(북유럽 신화에 나오는 신 중 하나: 역자 주)의 샘으로 향해 있다. 이 우르다의 샘에서는 지상의 어떤 물도 흉내 낼 수 없는 맑은 물이 솟아나고 있다. 푸르른 잎으로 뒤덮인 우주수의 두툼한 가지는 온 땅에 풍성한 그늘을 드리우면서 하늘로 올라가고 있다. 그 아래서 신들도 가끔 모여 진지한 토론을 벌인다. 우주수의 잎사귀로부터는 계속 이슬이 맺혀 떨어지고, 그것이 대지를 적셔 푸르른 열매를 맺게 한다. 우주수의 든든한 가지 위에서는 커다란 독수리가 안정된 자세로 자리를 잡고 앉아 가까이 또는 멀리 있는 모든 만물에 대한 정보를 모으고 있다. 하지만 모든 것이 이렇게 평화롭기만 한 것은 아니다. 신비로운 안개 가득한 어두움의 땅속 깊은 샘으로 향해 있는 뿌리 근처에는 음침하고 사나운 용 한 마리가 들어앉아 연신 우주수의 뿌리를 갉아 그 정수를 빨아먹고 있다. 다람쥐라는 놈도 우주수의 몸통을 쉴 새 없이 오르내리면서 독수리와 용 사이의 음흉한 음모를 돕고, 네 개의 뿔 달린 사슴은 자유의 가지 사이를 돌아다니면서 새로 태어나는 희망의 새싹들을 갉아먹고 있다. 그 바람에 우주수의 껍질과 가지는 오랜 세월 동안 점점 시들어가고 있다. 이러다가 끝내 우주수 전체가 시들어 없어질지도 모른다. 그나마 한 가지 다행인 것은 우르다의 샘에서 매일 충성스러운 하녀 셋이 맑은 샘물을 끌어 올려 가지 쪽으로 싱그러운 물을 뿌리고 있다는 사실이다. 그들이 인류의 운명을 붙들고 있는 셈이다. 우주수가 시들지 않게, 건강하게, 인류의 그늘로서 오래 보존되도록 하는 것이다.[1]

---

1   다음과 같이 엘더 에다(Elder Edda)의 시를 거의 원어 그대로 번역해서 싣기로 한다. 우리가 알고 있는 신화를 가장 생동감 있는 문장으로 표현하고 있으며, 한편으로는 고요한 정적이 있고, 다른 한편으로는 끔찍한 위험이 도사리는 현실을 너무도 완벽하게 묘사하고 있다.

우주수가 그렇게 높이 위대하게
서 있는 광경을 말해 보려 하네.
물푸레나무의 그 넓은 가지로부터
이 세상 모든 맑은 물이 흘러나오고,
모든 골짜기마다 맑은 이슬이
떨어지고 있지.
우르다의 샘 위에 곧게 뻗어 오른
영원히 푸르른 그 나무로부터

[vala spaadom] 중에서

라타토스크라는 다람쥐는 높은 데서
낮은 데로 우주수를 끝도 없이
오르내리고 있지.
저 높은 곳에서 독수리의 지령을
양껏 받아다가 아래로 내려가
니드헉에게 전달하고,
네 뿔 달린 사슴들은 고개 한 번
들지 않고 푸른 가지들을 쉼 없이
갉아먹고 있으며
그 커다란 우주 아래 땅 속에는
미친 용들이 셀 수도 없을 만큼
도사리고 있어,
오! 우리의 우주수여!
너는 세상 누구보다도 많은 적들에
둘러싸여 매일 매일 아파하고 있구나.
식욕에 미친 사슴들이 가지를 갉을수록
사방은 점점 시들어 가고
깊은 심연에 호시탐탐 용들이.

[crimnersmaal] 중에서

우리 조상들이 남겨준 소중한 유산인 자유의 이론에 대해 이보다 더 정확하고 맛깔나게 설명할 방법이 없다. 제대로 보존하기만 하면 우리에게 그 이상 축복이 없겠지만, 끊임없이 준동해서 괴롭히는 자유의 적들이 있다는 사실. 그나마 한 가지 다행스러운 것은, 우리는 그들을 물리치는 방법을 들어서 알고 있다는 점이다.

모든 인간의 제도가 그렇고, 인간이 만든 기계도 마찬가지다. 그것들은 전부 해체될 위험에 처해 있다. 특히 정교한 기계일수록 더욱 세심한 주의가 필요하고, 인류의 존속을 위해서 정말로 중요한 제도일수록 건강한 상태를 유지하기 위해 감시와 관찰이 필요하다. 선조들이 하는 말 가운데 틀린 게 하나도 없다. "만족하는 자가 아무것도 하지 않는 동안, 만족하지 않는 자들이 우리 인류를 끊임없이 구원하고 있다."

우리가 매일 보는 것들은, 그것이 아무리 위대한 것이라고 해도, 그 가치를 모르고 지나치기 쉽다. 낮이 가고 밤이 오는 것을 보고 놀라워하는 사람도 없고, 그 이유가 무엇인지 생각해 보는 사람도 없다. 우리 사회를 지탱하고 있는 제도도 마찬가지다. 겉으로 볼 때 평화와 질서가 어느 정도 유지되고 있는 것 같으면, 사람들은 무엇이 그 제도를 지탱하고 있는지, 또 무엇이 그 제도를 위협하는지 생각하지 않는다. 생각하지 않을 뿐만 아니라, 생각하는 것 자체를 위험하다고 믿는 사람들도 있다. 폭풍이 불고 회오리바람이 불어야 사람들은 비로소 관심을 갖기 시작한다. 뭐든 다가온 다음에 무서운 것을 알게 되는데, 그게 사실은 가장 위험한 일이다.

사람의 속성은 끊임없이 변한다. 몸도 정신도 움직이는 게 인간이다. 그리고 부족한 걸 느낄 때 더 잘 움직이고, 더 깊이 생각한다. 건강한 신체와 건강한 정신은 결국, 부족과 결핍을 에너지로 삼는 것이다. 그런데 결핍을 느끼고 그걸 해결할 힘이 온전히 살아 있는 경우에도 사람들이 발전하지 못할 때가 있다. 바로 제도가 온전치 않은 경우다. 제도가 아예 존재하지 않거나 존재하더라도 잘 작동하도록 끊임없이 손보지 않으면, 반목과 부조화의 세상이 된다. 제도가 사람의 발전을 보장하지 못하는 것이다. 모든 제도가 다 그렇다. 현재 평화와 질서가 있는 것처럼 보이더라도, 그 안에서 사람들의 몸과 정신이 충분히 발전할 수 있을 것처럼 보이더라도, 그것은 영원할 수 없다. 혹시 잘못 가고 있는 것은 아닌지 모두가 관심을 가지고 지켜보고 손질하지 않으면 제도도, 그 안에 사는 인간도 건강하게 영원히 존속할 수 없다. 제도를 감시하는 것은 그런 의미에서, 모든 인간의 의무이자 책임이라고 할 수 있다.

우리가 가지고 있는 자유로운 제도가 위협받지 않은 적이 한 번도 없다. 용이 뿌리를 갉아먹고, 사슴이 새싹을 나는 족족 발라먹지 않은 적이 없다. 어느 시대, 어느 장소에서나 우르다의 샘물이 필요한 이유다. 인류에 대한 공격의 지점과 방식은 끊임없이 변해 왔다. 어떤 때는 군대를 이용해서 공개적으로 침략해 왔고, 또 어떤 때는 은밀하게 음습해 왔다. 하지만 공격이 없었던 적은 한 번도 없다. 그 공격을 극복하는 방법은 하나밖에 없다. 바로 사람들이 바뀌는 것이다. 매일 매일 일어나는 사건들에도 흔들리지 않을 만큼 도덕적으로 튼튼하고, 생각이 깊어져야 한다. 그런 사람들이라면 누가 굳이 말하지 않아도, 가치 있는 미래를 위해서 스스로 최선을 다할 것이다. 인류의 깨우침과 전진을 보장할 방법은 사실 이것밖에 없다.

자유로운 제도를 만들었으니까 모든 게 잘 될 거다, 라고 생각해서는 안 된다. 그런 잘못된 믿음 때문에 한때 세상에서 가장 자유로웠던 사람들마저 서서히 정치적으로, 도덕적으로 가장 낮은 단계의 인간으로 전락하고 말았다. 노예가 된 것이다. 그들이 오래전에 잃어버린 자유를 되찾고자 마음먹었을 때는 이미 너무 늦었다. 굴레를 벗고자 할수록 굴레는 더욱 단단해졌고, 그들의 노력은 아무런 효과도 없는 발작에 지나지 않았다. 영국이든 다른 어떤 민족이든 다 마찬가지다. 우리는 뿌리부터 자유로운 사람들이기 때문에 노예가 된다는 것은 생각해 본 적도 없다, 라고 말하는 것은, 전혀 근거가 없는 얘기다. 유럽의 역사가 이를 잘 보여준다. 누구든, 언제든, 다시 노예가 될 수 있다. 영국인들은 천성적으로 자유로운 사람들이고, 자유로운 제도 안에서만 살 수 있다고 믿는 경향이 있다. 하지만 그것도 사실이 아니다. 그걸 깨달아야 한다. 땅속 깊이 그들의 오래된 적이 도사리고 앉아 뿌리를 갉아먹고 있고, 열매로 가득한 가지를 오르내리면서 이 오래된 나무껍질을 벗겨내고 있는 것이다. 지금이라도 이 나무를 살려내고, 공개적으로, 또는 은밀하게 닥쳐오는 적들의 모든 공격을 막아내기 위해서는 우르다의 샘에서 매일 샘물을 길어 올리는 것 외에는 다른 방법이 없다. 그 점을 알아야 한다.

그렇다면 그 우르다의 샘은 어디 있는 것일까? 이것이 바로 내가 이 책을 통해서 답하고자 하는 바다.

자유민의 교육 내용 가운데 첫 번째로 중요한 것은 그들이 살고 있는 나라의 법과 제도의 기본원칙을 알고 이해하는 것이다. 그런데 영국은 그런 교육을 하지 않는다. 영국인들이 제일 모르는 분야가 바로 여기다. 중고등학교도 마찬가지고, 대학교도 마찬가지다. 이걸 안 가르친다. 그렇다고 사회가 가르치는 것도 아니다. 의회도 안 가르친다. 이렇게 중요한 주제에 대해서는 놀라울 만큼 무관심하고, 심지어 혐오하는 사람들이 대부분이다. 전에는 그렇지 않았다. 우리가 지난 수백 년 동안 무수한 시련 가운데도 자유를 지켜온 것은 공짜가 아니었다. 우리가 지금과는 전혀 다른 생각을 가지고 투쟁해 온 것이다.

소위 영국 헌법에 대해서 강의한다고 하는 사람들도 그저 겉면만 훑을 뿐이지 그 안의 작동원리에 대해서는 얘기하지 않는다. 그런 헌법 강의는 들어봐야 효과도 없고 진부하기만 하다. 아니 심지어 해롭다. 그 해로움이 그동안 너무 많이 쌓여 있다.

겉면만 공부하는 것은 불완전한 공부일 뿐만 아니라, 잘못된 공부다. 그것은 마치 해부학자가 동물의 움직임을 연구하면서 옷은 그대로 입힌 채로 움직임을 보고 결론을 내리는 것과 다를 바 없다. 벌거벗겨서 사지를 전부 해부한 다음 모든 근육과 핏줄, 힘줄의 움직임을 치밀하게 살펴보는 것과는 비교가 되지 않는, 헛공부다. 우리 역사학자들과 정치가들이 딱 이렇다. 수박의 겉면만 보고 기록한 다음 우리 제도는 이렇다, 라고 결론을 내린다. 모든 정치 제도와 사회 제도가 그 근본에서 어떻게 조직되고 작동되고 있는지에 대해서는 전혀 설명하지 못한다. 그 정도 공부밖에 못했기 때문에, 그들은 알 리가 없다. 겉으로 보기에는 자유로운 정부, 자유로운 제도가 있었음에도 불구하고 그 안의 사람들이 철저하게 자유를 유린당한 적이 있었다는 사실을 말이다. 정부의 이름이 중요한 게 아니다. 무슨 이름의 정부이든 지도자가 능력이 있고, 솔직하고, 국민 공통의 이익에 대해서 진심이라면, 그 안의 국민들이 행복을 느끼고 만족할 수 있다. 고작 몇 사람의 능력과 성실성, 애국심과 배려심에 국민들의 자유와 행복이 좌지우지되어서는 안 된다. 공산주의든 자유주의든, 이름이 무엇이든 간에, 그렇게 움직이는 정부는 좋은 정부도 아니고, 좋은 제도도 아니다. 몇 사람의 개인이 주도하는 나라는 제대로 된 나라가 아니다.

모든 나라는 나름대로 역사를 통해 발전시켜 온 정치의 모습이 있다. 겉으로 볼 때, 사람들 사이의 위치, 권력관계가 그것이다. 하지만 그런 것은 그 나라의 진정한 복지와는 거의 아무런 관계가 없다. 중요한 것은 그 사회 내에서 사람과 사람이 어떻게 서로 교통하고, 관계를 맺느냐 하는, 내적인 관련성이다. 그게 바로 그 사회, 그 국가의 내면이다. 겉면은 내면과 직접 관련이 없다. 오히려 내면을 이해해야 겉면을 제대로 이해할 수 있다. 내면이 독재국가라면, 겉면이 아무리 민주주의라는 포장을 하고 있어도 그것은 민주주의 국가가 아니다. 겉면만 열심히 들여다보고 겉면만 믿는 사람들은, 자신들이 연구하는 나라에 대해서 올바른 결론을 내릴 수 없다. 오늘날 유럽 또는 영국의 역사와 인류문화를 연구한 사람들이 그렇다. 그런 공부로는 우르다의 샘에 이를 수 없다. 지금은 사라진 우르다의 샘에 이르는 길을 그들이 찾을 가능성은 전혀 없다.

영국 헌법이라는 것이 실체가 없다고 믿거나 실체가 있는지 없는지 의심하는 사람들이 있다. 그들은 자기들이 생각하는 것을 가지고, 이것은 "헌법적이고" 이것은 "반헌법적이다"라고 말하고 다닌다. 그런 사람들의 말을 듣고 있는 한 우르다의 샘에 이를 길은 무망하기 짝이 없다. 이 세상에 사회적으로, 도덕적으로, 정치적으로 확실한 기반이 없는 나라도 있을 수 있다. 이제 시작하는 나라의 경우는 당연히 그럴 것이다. 하지만 영국은 다르다. 영국은 영국 헌법 위에 세워진 나라이고, 영국 헌법은 실제로 존재하는 탄탄한 토대이자, 기반이다. 그것 위에 서 있을 때 영국의 정치와 도덕과 사회 발전의 희망이 있고, 가장 영국다운 질서가 확립될 수 있다.

자유와 자유로운 제도, 좋은 정부는 개인과 재산을 보호하는 것만을 목표로 해서는 안 된다. 그게 중요한 게 아니다. 개인과 재산은 보호하면서도 나라 전체가 노예인 나라도 있다. 그런 나라는 시민의 의무와 책임이 뭔지도 모른다. 모든 국민들이 돈에 혈안이 되어서 자신을 위해서 열심히 돈을 긁어모으는 것을 최대의 미덕으로 안다. 이기심과 탐욕이 넘친다. 이기심과 탐욕은 독재국가의 미덕이고, 무기이다. 그런 나라에서는 결국, 개인과 재산이 안전할 리 없다. 뼛속까지 자유로운 영혼이 지배하는, 진정으로 자유로운 국가에서만 개인도, 재산도 최대한의 안전을 보장받을 수 있다.

진정한 자유는 국가의 일원인 개인이 자유민으로서 자신의 위치와 역할, 임무를 자각할 때만 실현 가능하다. 자유민은 개인의 이익과 안락만을 위해 움직이지 않는다. 공동체의 일원으로서 권리를 가지고 있고, 의무와 책임을 가지고 있다는 점을 깊이 인식하고 있다. 자신뿐만 아니라 같이 존재하는 동료들도 자유로운 사람들이며, 그들 모두의 행복과 발전을 위해서 소통하고 연대해야 한다는 점을 잘 알고 있는 것이다.

영국 헌법의 특징이 바로 이것이다. 이것 이상으로 뚜렷한 영국 헌법의 장점은 없다. 아직도 예전의 생기와 에너지를 기억하고 있는 영국 헌법은, 인류의 발전단계에 맞춰 그에 걸맞은 모습으로 바뀌어 왔다. 인류가 어떻게 발전해 왔는지를 보려면 영국 헌법을 보면 된다. 영국 헌법이 적극적으로 인정하는 수단을 사용하는지, 아니면 영국 헌법이 모르고 있거나 영국 헌법의 취지에 어긋나는 수단을 사용하는지를 보면 그것이 어느 정도 발전된 인간인지 알 수 있다. 가령, 무력과 화형은 영국 헌법에 반한다. 그건 자유의 적이나 인정하는 수단이다. 인류가 예전에 사용한 적도 있고, 어떤 나라에서는 의회가 제정한 법률을 근거로 지금도 사용하고 있다. 하지만 영국 헌법은 이를 부정한다. 그런 의미에서 영국 헌법은 인류의 발전과 궤를 같이 하고 있고, 그것이 바로 영국 헌법의 특징이다.

자유로운 계약과 사유재산의 보장은 - 두 개가 결국은 같은 말이기는 하지만 - 영국 헌법의 가장 핵심적인 조항이다. 그런데 어떤 나라들은 실정법으로 이를 제한하는 데도 있다. 그것 외에 더 중요한 권리가 있다고 주장하는 나라, 국익과 국가의 발전을 더 중시하는 나라가 바로 그런 나라들이다. 영국 헌법은 다르다. 과학과 기술, 농업의 발전을 위해 가장 중요한 것이 자유계약과 사유재산이라고 생각한다. 그런 믿음이 흔들리면 인류의 복지와 발전에 치명타가 된다. 아무리 선한 목적을 가지고 행동한다고 하더라도, 법과 제도의 기본원칙을 무시하거나 훼손하는 순간, 정치, 도덕과 사회의 존립기반이 흔들리고, 인류가 진보가 아닌 퇴보의 길로 들어서게 될 것이다. 미래로 향해 간다고 말하는 사람들이 오히려 우리를 반대방향으로 이끄는 것은 아닌지 항상 감시해야 한다. 우리 제도를 유지하는 가장 좋은 방법이 그것이다. 개인이 무엇을 추구하든, 그것이 국가에 대한 기본적인 의무를 저버리는 것이어서는 안 된다.

모든 개인에게 기본적 인권과 상속권을 보장한다고 확실하게 선언하고, 이를 법과 제도의 기본원칙으로 격상시키며, 모든 사람이 그 점을 행복하게 느끼고 공공연히 말하는 나라는 영국밖에 없다. 어느 시대에나, 어떤 정권에서나 이를 인정하는 것이 다른 어떤 권리를 인정하는 것보다 중요하다. 인류의 진보에 대한 확실한 보증이고, 어떤 이론가가 고안한 계획보다 선진적인 것이다. 우르다의 샘물 가운데 가장 깨끗한 물이 바로 이것이다. 영국에서는 법을 만들 때 허투루 만들지 않는다. 법을 글자로 적고 나면 그것은 수단이 아니라 목적이 된다. 사람이 만든 작품 가운데 법처럼 엄숙한 의식을 거치고, 법처럼 존경을 받는 것은, 영국에 없다. 기도를 하면 그런 능력이 나오는 건지 그건 내가 잘 모르겠지만, 영국에서는 법을 어기는 자들을 향해 어김없이 천둥과 번개가 내리친다. 그게 법이다. 그런데 그렇게 만들어진 법들도 그냥 내버려 두면 자칫 거미줄처럼 힘없는 그물로 전락할 수 있다. 모든 자유민이 자신의 자리를 지키면서, 사명감을 가지고, 법의 기본원칙에 가해지는 외부의 공격을 국가와 법이 인정하는 수단으로 막아내고자 하는 의지가 있어야 한다. 그게 없다면, 법은 거미줄만도 못한 것이 될 수 있다. 종이 위에 쓰인 이 헌법과 우리가 애써 만들어 온 법률을 우리가 어떻게든 지켜야 하는 이유다.

기본법과 제도가 제대로 된 것이기 위해서는 역사에 기반한 것이어야 한다. 인간의 본성에 부합하는 정당한 헌법에서 도출된, 불변의 원칙 위에 서 있어야 한다.

원칙주의자와 궤변가들의 차이는 이것이다. 원칙주의자는 늘, 어떤 경우에도, 불변의 원칙을 따르고, 원칙에 대한 타협과 훼손을 용인하지 않는다. 하지만 궤변가는 어떤 행동을 할 때마다 자신에게 편한 것을 따르고, 원칙주의자들이 잘못된 것을 잘못됐다고 말하는 것을 견디지 못하며, 그저 자신들이 옳다고 생각하는 것만 고집한다. 진정한 정치인과 정치가의 차이도 여기에 있다. 정치인은 실제로 실험을 통해 정립된 기본원칙을 충분히, 제대로 이해하고, 어떤 상황에 처하든 그 원칙이 지도하는 바에 따라 행동한다. 하지만 단순한 정치가는 원칙을 무시하기 십상이고, 자신이 목적한 바에 도움이 될 때만 원칙을 들먹인다. 상황을 모면하려 하고, 어떻게 하면 시류에 잘 영합할 것인가에만 관심을 가진다. 한 마디로 편법의 달인이 정치가다. 사회는 그렇게 움직여서는 안 된다. 원칙주의자들이 만든 규칙과 정치인들이 숭상하는 원칙이 가장 위대한 것으로 공인되고 누구든 그 원칙과 규칙을 충실하게 따르려고 할 때 건강한 질서가 유지되며, 영원한 발전이 가능하다.

그동안 역사와 인류문화사를 탐구해 온 사람들은 정부의 겉모습에 대해서만 글을 써 왔다. 하지만 이 글을 통해서 나는 진짜로 우르다의 샘에 이르는 길이 무엇인지 제시하고자 한다. 정확한 방법론을 따를 때만, 모든 질문에 대한 진실에 가까운 해답을 구할 수 있다. 우리가 할 일은 먼저 개개의 상황들에 대해서 폭넓게, 깊이 있게 연구한 다음에 그로부터 일반원칙(generalizations)을 도출하는 것이다. 그리고 그렇게 도출한 일반원칙을 분명하게, 공개적으로 선언하고, 그 원칙을 여러 가지 다른 상황과 조건에 대입해 보아야 한다. 그 결과 우리가 발견해 낸 원칙이 옳은 것이라면 모든 경우에 맞는 해답을 제공할 것이고, 그렇지 않은 것이라면 잘못된 해답밖에 제공하지 못할 것이다.

원칙 자체는 짧은 글에 지나지 않을 수 있다. 하지만 그것이 그 다음에 닥쳐올 사실에 대해 선명하게 설명할 수 있고, 문제를 해결하는 방법과 경로를 또렷하게 제시할 수 있다.

원래 진실이라는 것이 그렇다. 몇 마디 단어면 충분하다. 중요한 것은 적용해서 맞느냐 하는 것이다. 분명한 진리는 모든 이론과 실무에 정확하게 맞는 답을 제공해 줄 것이다.

정부 형태는 아주 단순하게, 둘로 나눌 수 있다. 하나는 주민자치정부이고, 다른 하나는 중앙집권정부이다. 그중에서 어떤 면이 더 강한가에 따라서 그 나라는 자유와 행복, 발전, 번영과 안전이라는 면에서 앞서기도 하고, 뒤처지기도 한다.

이렇게 정부를 두 가지로 나누는 것은 겉모습만 보고 나누는 방법이 아니라 내적인 깊은 관계를 보고 나누는 방법이다. 우리는 보통 정부를 군주국과 공화국, 민주국, 또는 혼합국가로 나눈다. 하지만 그렇게 나누는 것은 그 나라의 깊숙한 내면에 존재하는 관계를 전혀 설명하지 못한다. 같은 이름을 쓰지만 어떤 나라는 자유민의 나라이고, 어떤 나라는 노예의 나라가 되기도 한다. 이를 구별하는 제대로 된 잣대는 정부의 형태가 아니라, 그 나라의 헌법상 기본원칙이 주민자치정부를 추구하는지, 중앙집권정부를 추구하는지 여부에 달려 있다.

먼저 분명히 해 두어야 할 게 있다. 중앙집권주의라고 하면 보통 중앙의 누군가의 명령에 의해서 나라가 움직이는 경우를 생각한다. 마찬가지로 주민자치정부라고 하면 별 책임감도 없는 몇몇, 특히 지방 유지들이 운영하는 정부형태라고 생각하기 쉽다. 하지만 전혀 그렇지 않다.

여기서 말하는 주민자치정부란 최대한 많은 사람이, 현안에 대해서 충분히 아는 상태에서, 또 충분히 알 수 있는 기회를 가지고 있는 상태에서, 정부의 정상적인 운영에 최대한 관심을 가지면서 정부에 참여하고 결정하는 정치형태를 말한다.

반면에 중앙집권정부란 최대한 적은 수의 사람들이, 현안에 대해서 거의 모르는 상태에서, 또는 알 수 있는 기회가 거의 없는 상태에서, 정부의 운영에 대해서는 별 관심도 없으면서, 정부에 참여하고 결정하는 정치형태를 말한다.

이 주제와 관련해서, 영국 헌법의 실제와 진짜 모습에 대해서 대강의 그림을 먼저 그려볼 것이다. 바로 중요한 일반원칙에 대해 설명하다는 뜻이다. 그런 다음 그 일반원칙과, 일반원칙을 훼손한 사례에 대해서도 자세하게 살펴볼 것이다. 일반원칙을 지켰을 경우에는 어떤 모습으로 귀결되는지, 지키지 않은 경우에는 어떤 결과가 나오는지 비교 검토하고자 한다. 그리고 나서 이 전체 탐구의 중요성을 상징적으로 보여줄 특별한 사례들에 대해서 설명할 것이다.

분명히 해 둘 것은 앞으로 전개될 장에 대한 서문으로서, 여기서는 자세한 설명을 하나도 하지 않았다는 점이다. 이제 각장을 펼쳐보면 비로소 보다 선명한 아이디어가 폭넓게 제시된 게 보일 것이다. 그걸 통해 일반원칙을 적용하는 것이 얼마나 중요하고, 실제로도 얼마나 의미가 있는지 독자들이 확인할 수 있을 것이다. 그것이 바로 이 책의 주제이자, 목표이다.

지금부터 나올 얘기들은 소위 영국 헌법에 대해서 흔히 얘기하던 내용과는 아주 결이 다를 것이다. 진부하게 되뇌어 왔던 것들, 확실한 근거도 없는 헌법적 상식과도 당연히 다를 것이다. 한두 가지만 그 근거를 제시하고 나면 눈치가 빠른 독자들은 종래 얘기하던 상식들이 얼마나 근거가 없고, 허무맹랑한 것인지 바로 알 수 있을 것이다. 기존의 이론과 교리를 숭상하는 사람들은 오랫동안 진실인 것처럼 통용되던 주장에 대해 보다 확실한 근거를 제시해야 할 것이고, 그럴 수 없다면 이 책에서 제시하는 바를 전부 진실로서 수긍하고 인정해야만 할 것이다.

소위 말하는 추상적 "인권" 개념을 정치이론의 핵심으로 삼는 사람들에게 말해 두어야 할 게 있다. 내가 얘기하는 진정한 정치인이라면 그런 인권을 강조해서는 안 된다. 겉으로 볼 때 사람의 형상을 한 누구에게나 인권이라는 권리가 주어지는 게 아니다. 진정한 인간은 자신의 권리를 행사할 줄 알고, 어떻게 행사하는 것이 가장 바람직한지 이해하며, 다른 사람들의 권리도 똑같이 보장하기 위해 자신이 어떤 의무를 지고 있다는 점을 깊이 인식하고 있어야 한다. 권리만 있고 의무는 없는 그런 권리란 존재하지 않는다. 기본원칙에 충실한 제도 안에서는 굳이 강조하지 않아도 사람들은 자신의 권리가 무엇인지 알고, 또, 그 권리를 정확하게 행사할 줄 안다. 바로 그런 제도가 진정으로 자유로운 제도이다. 정치인은 자유로운 제도에 충실할 뿐이다. 제도가 추구하는 사회적, 도덕적, 정치적 목적을 위해 헌신할 뿐이다. 모든 구성원이 자유롭게 자신의 권리를 행사하는 것을 방해하는 사람이라면 정치인 자격이 없다. 그가 아무리 좋은 이름을 덮어쓰고 있어도, 그는 조국의 적이며 자유의 적이다. 그런 사람들은 우르다의 샘에 이르는 길을 찾을 수 없다. 우주수의 뿌리를 갉아먹는 용의 편에 있을 뿐이다. 그런 정치인은 끊임없이 우르다의 샘에서 맑은 샘물을 길어내는 우주수의 여인들 편이 아니다. 우주수의 몸통은 자유이고, 그 몸통으로부터 뻗어 나와 풍성한 열매를 맺는 가지가 바로 우리가 지금 가지고 있는 자유로운 제도이다. 이 제도 아래서 우리나라와 우리나라 사람들이 진정으로 영원한 평화와 행복을 누리고 살아갈 것이다.

제1장

영국 헌법

제1장

영국 헌법

　지금으로부터 400년 전에 수석재판관과 대법관까지 지내셨고, 영국법에 대해서 가장 잘 아는 석학 한 분이 말씀하신 바에 따르면, "자유는 신의 창조물인 인간의 본성이다. 자유를 박탈당했다고 느끼는 순간 인간은 기필코 이를 회복하려 한다. 마치 다른 생물들이 자연 속에서 누리는 자유를 빼앗겼을 때 이를 되찾기 위해 노력하는 것과 같다. 따라서 가장 악의적이고 근거 없는 주장은 인간이 자유롭지 않은 상태를 좋아하고, 또 즐긴다고 말하는 것이다. 그것은 전혀 사실이 아니다. 영국법 전체를 개관해 보면 인간은 모든 면에서 자유에 대한 갈망을 보여주고 있다.(Sir John Fortescue, 『De laudibus legum Angliae("In Praise of the Laws of England")』(ed. 1672) p. 101. 참조)(역자 주: 이 책은 헨리 6세의 아들로 웨일즈 왕자이기도 한 에드워드에게 법을 가르치기 위해 1470년대에 만든 책이다)"

　또 다른 저자의 말을 빌리면, "자유는 국왕의 하사품이 아니다. 국왕의 은총에 힘입어 인간이 누리게 된 게 아니라, 인간이 태어날 때부터 누려오던 하나의 권리이다. 자유가 있기 때문에 군주가 이 나라를 처음으로 다스린 이래로 지금까지 영국이 군주국가 중에서도 가장 자유로운 군주국가로 존속할 수 있었다."[2] 그는 또, "이것이 바로 내가 생

2　Sir Roger, 『Certain Considerations upon the Government of England』, p. 82.

각하는 대륙법과 영국법의 결정적인 차이다. 잘 아는 바와 같이 대륙에서는 국왕이 선포하면 법이 되지만, 여기서는 거꾸로, 오로지 이 땅의 주민과 사람들이 선택해서 선포한 법에 따라 국왕과 국가가 움직인다."

영국인으로서 우리가 느끼는 가장 큰 행복은 자유를 얻기 위해 국가를 상대로 새로운 투쟁을 할 필요가 없다는 데 있다. 자유란 아주 오래전부터 우리가 누려온 것이라는 사실만 확인하면 되기 때문이다. 우리가 할 일은, 여러 시대를 거쳐 오면서, 어떤 조건하에서 자유가 가장 잘 보장되었는지, 또, 가끔 자유를 억압하고자 한 시도로는 어떤 것들이 있었는지 정리하는 것이다. 아주 간단해 보이지만, 이보다 더 중요한 일은 없다. 그 결과물 역시 분명하다. 무엇보다, 우리가 물려받은 자유를 억압하기 위해서 어떤 방법을 사용했는지 역사를 통해 확인할 수 있다.

자주 사용된 가장 악의적인 방법은 역사적 사실 자체를 왜곡하는 것이었다. 노르망디 공 윌리엄이 정복자의 당연한 권리로서 영국인들의 의견을 듣고, 그 의견에 따라 영국인의 자유권 중 일부를 박탈했으며, 영국인들이 원하는 대로 노예 상태로 만들었다고 주장하는 것, 이것이 바로 역사 왜곡의 대표적인 사례다. 정복자에게 그런 결정을 할 권리가 있다고 믿는 사람들을 위한 근거 없는 설명이며, 우리 헌법상 제도가 아주 오랜 세월 동안 천부적으로 주어진 권리와 의무를 행사하는 가운데 자연스럽게 만들어진 것이 아니라, 국왕의 양보의 결과라고 믿는 사람들을 위한 궤변일 뿐이다.

어느 유명한 저자의 말처럼, "프랑스로 내려온 노르만족은 얼마 지나지 않아 자신들의 언어를 전부 잃어버린 채 프랑스어를 배워 프랑스 공국이 되었으며, 자신들이 원하는 방향으로 공국을 경영할 자유가 주어졌음에도 불구하고, 새로운 제도나 관습은 하나도 도입한 게 없다. 뭐 하나 제대로 개혁했다는 얘기도 들은 바가 없다. 그것이 영국과 다른 점이다. 영국은 오랜 세월 동안 색슨족이 살았지만, 그 이웃인 앵글스족과 주트족의 전통도 색슨족의 전통과 함께 그대로 보존하고 있다."[3]

영국의 법과 제도가, 윌리엄이 영국 땅을 점령하기까지 일관된 모습으로, 조금도 변함없이 존속해 왔다는 사실이 이를 증명한다. 윌리엄은 아무것도 바꾸지 못했다. 영국이 가꾸어 온 자유로운 제도는 그가 통치하는 동안에도, 또, 그 후세에도 더 생기 있는 모습으로 계속됐고, 더 활발하게 발전해 왔다.[4] 이런 역사적 사실에 대해서는 '둠스데이북(Domesday Book)(노르만의 잉글랜드 정복 이후 국왕이 된 윌리엄 1세가 조세를 징수할 기반이 되는 토지 현황을 조사하여 정리한 책: 역자 주)'이 아마도 가장 좋은 증거가 될 것인데, 이에 대해서는 아래 다시 한 번 언급할 것이다.

지금 중요한 것은 마음속에서 역사 왜곡이 빚어낸 잘못된 생각을 지우는 것이다. 윌리엄의 주장은, 특히 잊어버려야 한다. 윌리엄의 치세에 관해 얘기하는 자료들은 일반대중의 눈을 현혹하는 데 상당히 성공한 바 있으므로, 그런 자료들에 조금이라도 영향을 받아서는 안 된다. 대신 우리 헌법을 공부하고자 하는 사람들은 아주 초창기부터, 심지어는 타키투스 시대부터 시작해서, 하나도 건너뛰지 말고 1688년 명예혁명기까지 기록들을 찬찬히 읽어볼 것을 권한다. 우리의 역사적 전통이라는 것이 중간에 끊어지는 부분 없이 존속해 왔다는 점을 확인할

---

3 Johann Martin Lappenberg, 『A History of England under the Anglo-Saxon Kings』, vol. ii., Franklin Classics, p. 13, 2018.

4 이런 사실에 대해서는 Joshua Toulmin Smith, 『Government by Commissions Illegal and Pernicious: The Nature and Effects of All Commissions of Inquiry and Other Crown-appointed Commissions. The Constitutional ... and Importance of Local Self-government』, Hard Press, 2018, B. I., ch. ii., pp 57 and following에서 자세하게 설명한 바 있다.

수 있을 것이다. 기본원칙이 역사를 관통하면서 이어져 내려오고 있고, 때로 방해 세력이 등장할 때마다 이에 대항하면서 스스로의 존재이유를 거듭 확인하고 있다. 겉으로 드러난 모습에 주로 관심을 두는 역사가들은 표면에서 발생한 사건이나 행위에만 관심을 둔다. 하지만 중요한 것은 그 아래 유유히 흐르는 일관된 원칙이다. 표면에서 벌어지는 사건은 그 원칙의 외연에 지나지 않는다. 이 나라의 정치사회를 관통하는 원칙은 여러 세기를 거쳐 오면서 조금도 변하지 않았다. 늘 같은 모습을 유지하고 있다.

넓은 범위의 역사를 관찰하는 데 두 가지 방법이 있을 수 있다.

하나는 우리 헌법 제도의 중요한 특징들을 몇 가지 찾아보는 것이다. 그리고 다른 하나는 이를 몇 개의 단어로 정의한 다음 역사적 분석과 비교를 통해 그것이 언제 발생해서, 어떤 변화과정을 거쳐 실제 제도 속에 전체적으로, 또는 부분적으로 어떻게 구현되었는지 그 연대기를 작성하는 것이다.

하지만 두 번째 방법은 그다지 권하고 싶지 않다. 자칫 오해를 불러일으킬 수 있다. 역사의 어떤 시점에 천재가 한 명 불쑥 나타나서 역사적인 통찰력을 가지고 어떤 제도를 만들어서 이를 완벽한 모습으로 구현해 냈다고, 오해할 가능성이 있다. 그건 사실이 아닌데 말이다. 영국 헌법은 오랜 세월 동안 사람들이 하나하나 만들고 유지하고 보수해 온 거대한 구조물과 같다. 독일 숲속을 헤맬 때도 우리의 선조들은 자유인이었고, 이 나라 해변에 도착했을 때도 그들은 자유로운 열망과 연대의식으로 충만해 있었으며, 생활 속에서 이를 그대로 보존해 왔다. 그러다가 국가가 구체적인 모습으로 등장하자 그들 개개의 행동이나 상호작용 속에서 보존해 온 그들만의 특질을 너무도 자연스럽게 국정에 반영하였으며, 그 과정에서 제도가 구체적으로 만들어졌다. 그렇게 만들어진 제도는, 우리가 지금부터 자세히 들여다보겠지만, 위대한 어느 한 사람의 머릿속에서 만들어 내는 것의 수준을 한참 넘어서 있다.

꼼꼼한 연구자의 시각으로 볼 때 가장 놀라운 점은, 모든 사람에게 기회와 보상이 공평하게 주어진다는 점과, 따라서 모든 사람은 자기 또는 자기가 속한 집단에 관계되는 일에 대해 이해하고, 모든 조건을 다 고려한 다음 중요한 순간이 오면 스스로 결정을 내린다는 점이다. 또, 자기를 포함한 자유로운 국민 중 다수가 결정한 사항에 대해서는 적극적으로 협력한다. 영국 헌법은 사회가 구성원 모두에게 어떤 행위를 요구할 권리가 있고, 모든 개인은 국가에 대한 의무와 책임을 다하여야 하며, 의무와 책임의 면제는 있을 수 없다는 점, 그리고 앞에서 잠깐 언급한 것처럼 개인의 의무를 다하는 것이 가장 위대하고 고결한 자유의 조건이라는 점을 실제로 선언하고 있다.

현실에서 기회가 어떤 방식으로 주어지는지, 보상이 어떻게 제공되는지 자세하게 살펴보기 전에 일반적인 통치구조와 관련해서, 그리고 개개 구성원의 권리와 권리보호와 관련해서 영국 헌법의 기본원칙이라고 할 수 있는 것들의 전체적인 그림을 그려보기로 한다.

통치구조와 관련된 영국 헌법의 기본원칙은, 주민과 사람들의 일반의지가 일정 시간 동안 공공의 일을 처리해야 하는 사람들의 손에 주어지는 권한의 유일한 기초라는 점; 그 일반의지의 존재를 실제로 확인하기 위해 사용할 수 있는 확실한 수단이 있어야 한다는 점; 권력을 행사하는 모든 사람은 모든 행위에 관하여 국민들에게 직접 책임을 져야 한다는 점; 국민들의 의사로 명확히 확인되기 전에는 새로운 조치를 취하거나 새로운 법을 만들거나 새로운 직위를 창설할 수 없다는 점; 지역의 일은 그 지역 기구들이 관리·통제하고, 공동체 전체의 이익에 영향을 미치는 전체의 일은 중앙정부가 관리해야 한다는 점[5] 등이다.

또 개인의 권리보호에 관한 영국 헌법의 기본원칙은 개인의 생명과 신체, 재산에 영향을 미치는 어떠한 부담이나 권리 주장도 다른 개인이나 공권력의 담당자 개인의 의견만으로는 정당화될 수 없고, 반드시 진실에 대하여 잘 알고 있는 책임 있는 증인이 제공하는 사실에 기초하여 판단되어야 한다는 점; 개인과 재산에 영향을 미칠 수 있는 조사나 결정은 모든 사람이 자유롭게 참여할 수 있게 공개된 장소에서 이루어져야 한다는 점; 개인과 재산에 영향을 미치는 모든 조사와 부담 및 권리 주장에 대한 궁극적인 결정은, 그로 인하여 영향을 받거나 받을 우려가 있는 사람들이 집단이라면 집단 자체, 개인이라면 그가 속한 집단의 구성원인 동료들에 의하여 이루어져야 한다는 점[6] 등이다.

이와 같은 헌법원칙을 구현하기 위한 제도를 만드는 데 있어서 기본적으로 고려해야 할 사항은 다음과 같다.

1. 모든 사람은 자신의 일을 어떻게 관리할지 가장 잘 알고 있으며, 따라서 그들 스스로 관리하는 것이 그들의 권리이자 의무이며, 개인이 아니라 한 집단에 관한 문제 역시 마찬가지다.
2. 국가의 구성원 또는 특정한 이해관계를 갖는 집단의 일원으로서의 개인은 자신과 관련된 문제에 대하여 소상히 알 권리·의무가 있으며, 그에 관하여 공개적으로 토론하고, 토론이 끝난 다음에는 자신의 생각을 확실하게 말할 권리·의무가 있다.
3. 개인 또는 집단에 관련된 어떠한 문제에 대해서도 그 안에 있는 어떤 개인이나 한 분파가, 가까운 사이든 먼 사이든 상관없이, 다른 개인이나 분파에게 특정한 의견을 강요할 권리가 없다.

---

5 이와 같은 헌법적 원칙이 적용된 결과에 대해서는 Joshua Toulmin Smith, 앞의 책, B. I., ch. ii., 와 p 91에 자세히 소개되어 있다.

6 이와 같은 헌법적 원칙이 적용된 결과에 대해서는 Joshua Toulmin Smith, 앞의 책, B. I., ch. ii., 와 p 158에 자세히 소개되어 있다.

4. 어떤 경우든 법은 그로 인하여 영향을 받는 집단 자체가 만들어서 집행하여야 하고, 개인이 영향을 받는 경우에는 그가 구성원으로 있는 집단이 만들어서 집행하여야 한다.

다음으로 살펴볼 것은, 당연히 이 모든 논의의 중심에 있으면서 헌법의 본질과 관련되는 문제로서, 동의 또는 부동의 의견을 표현하고, 주민 또는 국민들의 일반의지를 확인하며, 법을 만들고 집행하는 제도로서 영국 헌법이 실제로 채용하고 있는 것이 무엇인가 하는 점이다.

어떤 나라도 구성원 전체가 모여서 회의를 할 수는 없다. 다 모이는 것 자체가 어려울 뿐만 아니라, 다 모인다 해도 그 자리에서 토의를 거쳐 하나의 의견을 모아 공표하는 것은 보통 어려운 일이 아니다. 따라서 제도라는 것은 이런 제한된 조건하에서, 또, 그와 같은 제한에도 불구하고, 위에 적은 헌법원칙과 이념을 구현할 수 있는 것이어야 한다.

영국 헌법이 그 예로 제시하고 있는 기구는 다음과 같이 세 가지다. 하나는 모든 개인들이 구성원의 자격으로 참여하는 자치(original)기구이고, 다른 하나는 대의(representative)기구, 마지막 하나는 대표(ministerial)기구이다. 이 각각이 영국 헌법안에서 어떤 모습으로 구체화되어 있는지 살펴보기로 한다.

첫째, 자치기구다. 사실 어떤 개인이나 개인의 집단도 앞으로 무슨 문제가 발생할지 모르기 때문에 특정 시점에 선거를 통해서 한 명 혹은 여러 명을 선출하고, 그들이 앞으로 무슨 일이 있든지 간에 전체를 대신해서 그 문제에 관해서 연구하고 대응하도록 하는 게 맞다. 그런데 이런 시스템이란 제대로 작동하지 않을 경우, 헌법적 제도보장과 국민이 선택한 제도라는 미명하에 몇몇 사람이 그들의 이익을 위해서 전체 주민과 국민들의 의지에 반하는 결정을 내리는 제도로 변질될 가능성이 있다. 그런 위험을 최소화하는 실질적인 방법은, 권력의 원천으로서 전체 국민이 직접 나서는 것이다.

자치기구는 이처럼, 주민 또는 국민으로 지칭되는 사람들이 공적 관심사에 속하는 문제를 직접 토론할 기회를 가짐으로써 그 문제에 관한 합리적 의견을 정해서 공표하고, 그들 자신의 의도대로 표현하고 집행하는 대표자를 선출하며, 혹은 사정이 허락하는 경우에는 그 외의 방법으로 무엇이 법인지 선언하고 이를 집행한다. 이런 방식으로 처리되는 일은 가끔 정치적 격변기에 발생하는 중대한 문제가 아니라 일상적으로 벌어지는 일로서 국민들의 정치적·사회적 생활환경과 밀접한 관련을 갖는 문제들이다.

영국 헌법은 이러한 특징에 부합하는 자치기구들을 여러 군데 지정해 두고 있다. 이 기구들의 특징은 한 마디로 주민자치정부(local self-government)라고 할 수 있는데, 영국에는 주민자치정부가 제도적으로 보장되어 있다. 주민자치정부는 영국 헌법의 기본원칙에 충실하며, 다른 한편으로는 앞에서 정리한 것처럼 헌법의 기본원칙으로부터 나오는 명제, 즉, 모든 법은 국민으로부터 나오며, 그 법을 집행하는 것 역시 국민이라는 명제에도 정확하게 부합한다. 영국에서는 어떤 새로운 제도나 제안이 제출되는 경우, 그것이 헌법의 기본원칙과 그로부터 파생되는 명제에 부합하는 것인지 확실히 판단하여야 한다. 그 결과 부합하지 않는다면 그 제도나 제안은 헌법 위반이라고 선언한다.

주민자치정부의 이념에 따르면, 모든 주민은 규칙적으로 자주, 정해진 시간에, 누구나 참여할 수 있는 회의를 열고 거기서 모두의 관심사에 속하는 문제를 상정하여 설명하며, 그 과정에서 솔직하고 합리적인 토론이 이루어지고, 실제로 주민의 의사에 부합하는 의견을 취합하여 이를 기록한다.

원래 거주지 경계뿐만 아니라 특별한 지역 관련이 있는 경우에는 조금 떨어진 곳이라도 같은 집단으로 취급해서 같은 자치정부를 구성한다. 지방처럼 인구밀도가 낮은 지역에서는 주(shire)라는, 일정 지역을 포괄하는 자치정부를 구성하고, 인구밀도가 높고 상인들이 많이 모인 곳은 시(city) 또는 자치구(borough)라는 이름의 자치정부를 구성한다. 이와 같이 만들어진 두 가지 종류의 자치기구는 법과 이성에 따라 상호 평등한 지위가 보장되고, 실제로 근래에 그런 일이 없었던 것은 아니지만, 원칙적으로는 서로에 대해 간섭할 수 없다.

다만 이렇게 구성된 자치기구에서도 특히 주처럼 넓은 범위를 아우르는 경우에는 그 구성원들이 전부 모여 자주 회의를 여는 것이 쉽지 않다. 따라서 모든 중요한 사안을 빠짐없이 처리하기 위하여 하위 기구를 둔다. 가령 주는 여러 개의 마을(Hundreds)로 나뉘고 시와 자치구는 여러 개의 구(ward)로 나누는 식이다. 그렇게 함으로써 실질적인 토론을 하기에 적합한 수가 편하게 자주 모일 수 있다.

여기서 주민자치정부가 어떻게 운영되는지, 그 분포는 어떠한지, 영국사회에 미친 중요한 사회적 함의와 영향은 무엇인지 자세하게 설명하지는 않겠지만, 주민자치정부야말로 독립성을 보장하는 확실한 수단이며, 모든 사회계급 간의 사회적 연대의식을 강화하고, 정치 및 사회 교육기관으로서 분명한 효과를 발휘하고 있다는 점을 강조하고자 한다.

자치기구에 대한 이와 같은 간단한 설명을 통해서도, 영국 헌법이 규정하고 있는 이 제도가 모든 문명사회에 공통적으로 적용할 수 있는 모범적인 것이고, 이성과 문명의 발달과 함께 그 가치와 효용성이 점점 더 높아질 것이며, 그 활발한 활동을 통해서 사람들을 계몽시키고, 문명을 한 단계 발전시키는 데 도움이 된다는 점을 알 수 있을 것이다. 그런데 다음 장에서 보는 바와 같이, 이 훌륭한 제도가 중앙집권주의의 득세로 인하여 시간이 지나면서 점차 변질되어 버리고 말았다. 중앙집권주의는 사회적 번영을 구가하는 데는 도움이 되었지만, 영국 헌법의 기본원칙에는 정면으로 반하는 것이었다.

주민자치정부의 기본원칙이 실제로 가장 도드라지게 구현된 제도가 바로 배심 제도이다. 주민들에 의하여 법이 적용되는 것이기 때문이다. 그런데 다른 주민자치정부 내 제도와 마찬가지로 배심 제도도 중앙집권주의를 꾀하는 세력들의 집요한 공격을 받았다.

최근에 설립된 성격이 이상한 지방법원(county courts)과 배심 제도를 혼동해서는 안 된다. 지방법원은 이름만 그럴듯할 뿐이지 그 실질은 배심 제도와 확연히 다르다. 그 구성을 살펴보아도 지방법원은 주민의 대표들로 구성된 법원이 아니다. 진정한 주민자치정부의 요소를 결여하고 있는 것은 물론이고, 우리 헌법의 기본원칙을 침해하는 기구라고 할 수 있다.

다음으로 대의기구에 대해서 살펴보면, 마을이 그렇듯이, 자치구나 주에 있는 모든 구(ward)도 정해진 시간에 모임을 가지곤 한다. 하지만 시와 자치구 아래 있는 구의 경우는 계속해서 신경 써야 할 사무가 있는 때에는 대의원을 선출해서 그들이 모여서 일을 처리하는 것으로 대신하기도 한다. 그리고 나중에는 지방의 마을들도 이와 같은 방식으로 운영되는 곳이 생겨났는데, 이것이 대의기구의 시작이다. 거기서 일을 하게 된 대의원들은 전체 구성원이 진심으로 원하는 바를 고려해서 상식적이고 합리적인 의견들을 제시해 왔기 때문에, 과두제와 분파주의로 전락하는 일이 거의 없었다고 한다.

오늘날 영국 의회가 바로 대의기구의 대표격이라고 할 수 있다. 의회는 고유한 권력을 가지고 있지 않고, 그럴 수도 없다. 권력의 원천이 아니라 권력의 대리인이기 때문이다. 의회가 가지고 있는 권한은 주민이나 국민들이 가지고 있는 본원적이고 고유한 권한과 다르다. 중앙집권주의자들은 의회의 권력을 당연한 것처럼 여기지만 이것이야말로 말도 안 되는 궤변이다. 영국 땅에서 모든 권력은 주민과 국민들로부터 나오고, 따라서 주민자치정부야말로 이 나라의 근간을 이루는 제도다. 의회가 정당성을 획득하고, 의회의 모든 행위가 헌법의 기본원칙에 부합하기 위해서는 먼저, 주민자치정부가 정상적으로 작동하고 있어야 한다. 의회라는 대의기구가 갖는 역할의 한계는 분명하고도 확실하다. 그들은 지역사회가 감시하고 통제하고 관할하는 영역에는 간섭할 수 없고, 대외관계처럼 모든 국민의 공통관심사에 대해서만 관여할 수 있다.

시의회(town councils)는 지역의 일에 관해 여러 번의 구민회의를 거쳐 다수결로 결정한 사안들을 실행에 옮기는 대의기구이다. 의회도 마찬가지로 전체 주민자치정부가 정상적으로 작동한다는 것을 전제로 해서 국가 전체의 사무에 관하여 주민 또는 국민의 다수가 먼저 의견을 결정한 다음, 주나 시, 자치구 같은 지역중심 기구 각각에서 선출한 사람들이 모여 각 지역의 결정 내용에 따라 국가 전체 사무의 방향을 정하고 집행하는 기구다. 의회 제도의 본질이 이것이다. 그런데 자신들의 권력이 어디서부터 나왔는지도 모르고, 자신들에게 주어진 사명이 무엇인지도 모르는 가운데 의회가 활동한다면 - 물론 의회에게 주어진 역할이 무엇이고, 그 역할 수행의 한계가 무엇인지에 대해서 여기서 전부 설명할 수는 없겠지만 - 이는 그 자체로 헌법 위반이며, 권력 찬탈이다. 한 사람이 모든 권력을 손에 쥐고 자의적으로 행사하는 것과 크게 다를 바가 없다. 의회의 권한 행사가 헌법의 기본원칙에 어긋나지 않기 위해서는 무엇보다 먼저 주민자치정부가 실질적으로, 또 정상적으로 자신의 역할을 다하고 있어야 한다.

마지막으로, 대표기구에 대해서 설명하고자 한다.

지역의 일과 중앙의 일 모두에 관하여 대의기구가 있는 것처럼, 대표기구 또한 존재한다. 대표기구란 예전에는 관습에 따라, 또 지금은 헌법의 기본원칙에 따라, 주민과 국민들의 자유롭고 직접적인 의사로 그들을 대표하는 직책을 만든 다음 그로 하여금 대표 역할을 하게 하는 것을 말한다. 십호반(十戶班, tithing)에 십호반장을 두는 것처럼, 군에는 군수라는 직책을 둔다. 시장이나 특별시장, 주(shire)의 주지사(sheriff) 등도 전부 대표기구의 하나이고, 국가의 우두머리인 국왕 역시 주민의 대표기구다. 이들 각각에게 주어진 역할은 큰 차이가 없다. 다만 그들이 대표하는 범위에 따라 더 특별한 역할이 주어지는 것일 뿐이다. 헌법적 관점에서 볼 때, 이들 대표기구는 주민이나 국민들이 가지고 있는 권력을 침탈하거나 침해해서는 안 된다. 국민들이 합리적으로 결정해서 적법하게 표시한 의지를 보다 효과적으로 집행하는 것이 대표기구의 존재 이유이기 때문에, 대표기구의 권한은 그 범위 내로 엄격하게 제한될 수밖에 없다.

현재로서는 이 정도로 영국 헌법의 특징적인 기구들을 살펴보는 것으로 충분할 것 같다. 다음 장에서 하나하나 그 기구들의 특성과 그 기구들 안에 우리가 앞에서 본 헌법원칙이 어떻게 구현되는지 살펴볼 것이고, 어떤 과정을 통해 이들 헌법적 기구들이 변질되게 되었는지, 그 결과는 무엇인지 설명할 것이다.

다만 한 가지 이 장을 마치기 전에 말해 두어야 할 것은 앞에서 언급한 것처럼 영국 헌법은 정치, 사회, 도덕적 복지증진을 위하여 고안된 진일보한 제도들을 전부, 또는 일부 도입하고 있다는 사실이다. 뒤에서 또 보겠지만, 영국은 헌법 안에서 모든 문제를 치밀하게 연구하고, 토론하고, 조정하고, 결정한다. 그런 연구, 토론 및 조정이 있기 때문에 문제해결의 과정에서 영국 헌법의 기본원칙과 토대가 위험에 빠질 일이 없다.[7] 튼튼한 몸통과 풍성하게 뻗은 가지 아래 달리는 건강한 열매처럼, 영국 헌법이라는 나무 안에서 모든 문제가 순조롭게 해결되고 있다고 감히 말할 수 있다. 중요한 것은 전체적인 법질서 안에서 일반 혹은 특별규정을 두어 문제를 해결해 가는 것이고, 개인의 창의적인 경제활동과 사회복지, 국가번영을 이루어가는 과정에서 새롭게 제기되는 문제들 역시 자유로운 토론과 연구, 이해관계의 조정이라는 헌법이 정한 논의과정을 거쳐야 한다는 점이다. 그것이 헌법의 요구이며, 이를 통해서만 새로운 제안의 가치와 필요성이 제대로 평가될 수 있다. 바로, 중앙집권주의의 문제해결 방법과 정확히 반대되는 방향이다. 진짜로 유익하고 가치 있는 제안만이 압도적 다수의 지지로 채택될 것이고, 그것이 가장 바람직한 문제해결 방법이다. 헌법이 정한 절차에 따른 최종판단이 내려지기 전까지는 새로운 제안은 이미 존재하거나 확립된 법과 같은 취급을 받을 수 없고, 반드시 주민 토론을 거쳐야 한다. 이게 상식이다. 마침 하원의 오래된 규칙 가운데 이와 유사한 게 있다. 즉, 지지의견이 많든 적든 상관없이, 새로운 제안을 내는 쪽은 "그것이 기존의 법을 바꾸거나 새로운 법을 도입하는 내용이라면 철회할 의무가 있다. 원칙적으로, 변경 또는 신설을 주장하는 쪽은 – 그것이 새로운 법이 되기 전에는 – 부당한 것으로 추정되어 불리한 취급을 받는다. 의회 내에서 의견이 갈릴 경우에는 그 차이가 크든 작든 상관없이 기존의 법이 우선"[8]이라는 것이다.

---

[7] 위의 책, 36-7면 참조.

[8] John Granville "Reports of Cases Determined and Adjudged by the Commons in Parliament, in the 21st and 22nd years of the Reign of King James 1st", S. Baker and G. Leigh, 1775, pp.5-6.

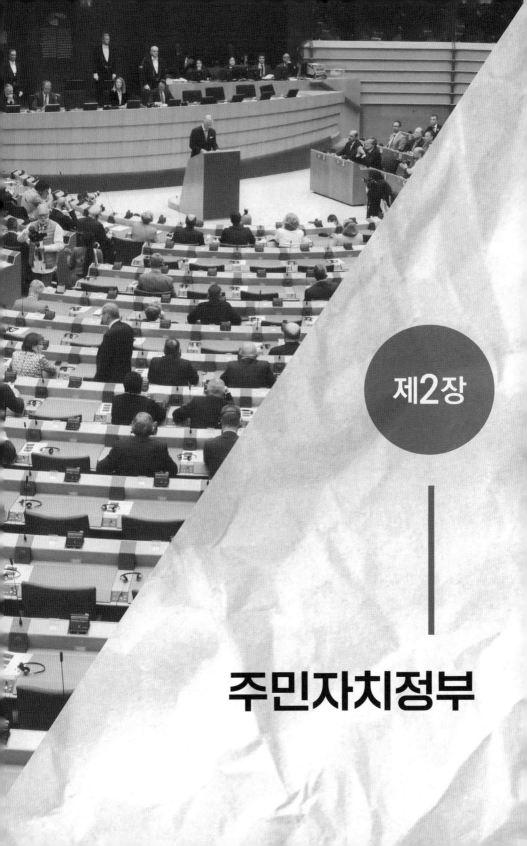

제2장

주민자치정부

주민자치정부

　지금으로부터 600년 전에 영국법에 관한 책을 쓴 저자의 말에 따르면, "전체 국민의 동의와 왕의 추인을 받아 적용되기 시작한 영국법은 그 법을 고안하고 발의한 입법자들, 그리고 전체 국민의 동의가 없는 한 변경되거나 폐지되지 않는다."[9] 조세 등과 같이 전체 국민의 관심사에 속하는 주제에 관해 "전체 국민들의 동의를 받아"[10] 법을 만들어야 한다는 것이다. 그런데 여기서 한 가지 생각해 보아야 할 게 있다. "영국에는 주, 시, 특별시 등 다른 이름을 가지는 지역들이 있고 그곳마다 다른 관습이 통용되고 있다는 사실이다. 그런 곳에서는 해당 지역의 관습이 무엇인지, 그 관습을 어떻게 반영할 것인지 연구하지 않을 수 없다."[11] 그렇다면 입법자들은 그런 걸 다 일일이 고려해서, 전체 주민의 동의를 받았다는 뜻일까? 지역상황에 따라 달리 적용되어야 하는 조건들을 다 감안하고 법을 만들었다는 뜻일까?

　헌법상 제도가 존속하고 통용되기 위해서는 지역의 현실을 정확하게 인식하고 반영해야 한다. 또, 정확한 인식을 위해서는 주민들의 개인적인 경험이 중요하다. 그런데 대의기구는 이런 점에 철저할 수 없

---

9 Henry de Bracton (1210-1268), "De Legibus et Consuetudinibus Angliæ", Lib i. ch. 2, § 7.

10 위의 책, Lib ii. ch. 16, § 8.

11 위의 책, Lib i. ch. 1, § 2.

다. 그들은 대의기구라는 가면 또는 위장막을 쓰고 몇몇 사람 혹은 단체의 이익을 위해 봉사할 뿐이다. 대의기구가 제대로 된 현실을 반영하기 위해서는 관심사항에 대한 전체 주민의 의사가 합리적으로 형성되어, 그걸 있는 그대로 전달하고 집행하는 체계가 갖추어져야 한다. 각 지역의 상황에 필요한 요구조건이 실질적으로 전달·반영되어야 하는 것이다. 이를 위해서는 먼저, 주민자치정부가 제대로 작동되어야 한다. 즉, 모든 주민이 자신들과 직접 또는 간접적으로 관련되는 문제에 대해 충분히 의견을 개진하고, 그 개진된 의견에 충분히 귀를 기울일 수 있는 환경이 보장되어야 한다. 또, 그런 토론과정을 주민들이 눈앞에서 생생하게 볼 수 있어야 한다. 의회, 또는 보다 좁은 범위의 특별한 이해관계가 반영되는 다른 대의기구에, 단순히 주민의견에 대한 정보가 알려지는 것으로는 안 된다. 주민들의 의견이 직접, 대의기구에 전달되어야 하는 것이다.

옛날부터 우리 영국에서 확립된 법과 실무는 주민들이 자주, 정해진 장소에서, 정기적으로 모이는, 격식 면에서 자유로운 회의를 통해 국가 전체의 공통 관심사에 속하는 사항이나, 다양한 사회계층의 복지 관련 문제에 관하여 정보를 듣고, 토론한 다음 의사를 결정하는 것이었다.

명목상의 주민자치기구가 있고, 중앙 또는 지역의 "대의"기구가 있고, 이론적으로 자유의 원칙이 적힌 헌법이 있고, 소위 자유언론이 있고, 또 보통선거가 시행된다고 하더라도 모든 주민이 모여서 자유롭고 활발하게, 아무런 제한 없이 토론하는 기회가 없다면, 그런 제도가 보장되지 않는다면, 법과 자유와 번영은 무망한 일이고 우리가 가지고 있는 정부는 전제정부일 뿐이다. 권력을 가진 자의 기질에 따라 덜 혹은 더 억압적인 모습을 보일 것이고, 그들의 정신과 신체가 얼마나 건전한지에 따라 전제정치를 좀 더 감추거나 아니면 덜 감출 뿐이다.

자유로운 주민자치정부와 전제정부의 차이는 국민들이 자신의 일을 직접 처리하는지, 아니면 남이 처리하도록 하는지에 달려 있다. 그런 면에서 보면 관료제 국가와 전제국가 사이에는 원칙적으로 아무런 차이가 없다. 둘 다 인류의 발전과 자유의 증진, 고상하고 관대한 열망과 수고의 결실을 맺는 데 해가 될 뿐이다. 다만 관료주의가 둘 가운데 더 안 좋은 체제라고 말하는 이유는 마치 자유로운 제도인 양 명칭과 형태를 속이고, 그 바람에 자유의 증진에 더 해로웠기 때문이다. 국민들이 일시적으로 현실을 직시하지 못하게 만들고, 그런 비정상적 상태의 유지라는 자신들의 목적 달성을 위해 집요하게 노력하고, 불과 몇 명의 무리가 동시대 사람들의 권리와 자유를 침해하는 데 주저하지 않는 게 바로 관료주의 정부다. 그래서 결국 그 적나라한 속성이 드러난다고 하더라도, 1인 독재를 하는 전제정치보다 전복이 쉽지 않다. 그런 의미에서 관료주의는 현대사회에서 인간의 자유 실현을 방해하는 적들이 가장 선호하는 제도라고 할 수 있다.

　　대의기구로서 의회가 있어서 지역이나 국민 전체의 공통관심사에 속하는 일과 대외관계에 관한 일을 처리한다고 가정해 보자. 그렇다고 해서 의원들의 활동과 자질에 대해서 국민들이 정확한 판단을 내리지 못하는 것은 아니다. 우리 국민들도 다 경험이 있다. 비슷한 문제에 관해서 직접 이해관계를 가지고 있는 사람들이 자유롭게, 일상적으로 토론하는 과정 속에서 이미 훈련이 되어 있고, 그런 훈련을 통해 국민들도 어떤 제도의 운영에 대해서 정확한 판단을 내릴 능력을 길러왔기 때문이다. 그것 이상의 좋은 경험은 없다. 그들 자신의 일이나 자기 지역의 일에 대해서 이해하는 훈련을 통해, 대의기구로서 의회나 보다 작은 규모의 군의회, 시의회가 국가나 시, 특별시와 관련된 일을 어떻게 처리하는지 정확한 판단을 내릴 수 있다. 자기 동네의 문제에 대해서 의견을 개진하고, 행동에 옮기면서 문제를 해결해 온 경험으로부터 주민들은 독립적으로 생각하고 행동할 줄 알게 되고, 그런 사람들만이 의회나 군의회에 보낼 적당한 대리인을 선출하고 그들의 행동에 대한 정확한 평가를 내릴 수 있다.

어떤 이유, 즉, 개인적으로 조금이라도 편하고자 하는 생각에서, 또는 국가적, 국제적 문제 해결에 적합지 않다고 생각해서, 어떤 사람들은 우리가 말한 문제해결의 열쇠인 자유로운 제도가 제대로, 완전하게 작동하는 상태를 오히려 불편하게 여기는 경우도 있다. 그 제도를 통해야 문제가 제대로 해결됨에도 불구하고, 그리고 그것이 사실적으로, 합리적으로 맞는 길임에도 불구하고, 그 사실을 흔쾌히 인정하지 못하는 것이다. 거기서 조금 더 잘못된 길로 들어서면, 영국은 "전체 국민의 동의가 있어야" 공통의 관심사에 대한 의견을 결정할 수 있는 자유로운 국가라는 사실을 부정하기에 이른다. 우리 헌법과 법률이 오랜 세월 확인해 온 사실들에 반하는 잘못된 방법으로 국가 대사를 결정하게 되는 것이다. 심지어 대의민주주의는 다 큰 아이들을 후리는 마술이나 장난감처럼 쓸데없는 거라고 주장하는 사람들도 있다. 하지만 진실은 그 반대다. 이 나라의 헌법과 법률에 따라 사람들은 자신과 관련된 일에 관하여 알고 이해할 기회를 더 많이 가져야 하고, 그 일에 관한 의견을 더 확실하게 표현해야 하고, 그럴 때만이 같은 사안에 대한 다른 사람들의 의견도 더 잘 이해할 수 있고, 그 근거도 더 잘 알 수 있다. 이게 우리 체제의 근간이다. 그걸 인정하거나, 최소한 인정하는 척이라도 해야 한다. 정치가들이 할 일은 항상 이런 생각에 기초해서, 모든 주민이 잘 알고, 잘 이해하고, 자신의 의견을 정확하게 표명할 수 있도록 돕는 것이다.

모든 사람은 자신의 일에 대해서 가장 잘 알아야 한다는 말은 단순한 수사가 아니라, 진리 가운데 하나다. 자기 일을 잘 처리하는 것이 가장 중요하다. 그리고 처리과정에서의 성공 또는 실패를 통해서 앞으로는 어떻게 처리해야 할지 더 잘 알 수 있다. 개인만 그런 것이 아니다. 조금 더 큰 단위로 가서 어떤 지역의 문제 역시 같은 논리가 적용된다. 지역 주민이 해결해야 한다. 국가의 문제를 해결해야 할 사람도 궁극적으로, 국민이다.

　　전국토에 걸쳐 주민자치가 완전하게 실현되지 않으면 자유로운 제도라는 것은 없는 거나 다름없고, 국가도 국민도 개인도 자유롭고 독립적인 존재라고 할 수 없다. 지역이기주의와 중앙정부의 간섭만 있을 뿐이다. 공통의 관심사에 관한 한 그 지역의 주민자치정부가 문제를 장악하고 있어야 한다. 지역사회 전체의 이익이 걸린 경찰과 공공사업, 조세, 그 밖에 행정업무 등이 다 그렇다. 중앙정부가 개입하기 시작하면 결국 독립성과 효율성, 신뢰도에 타격을 입는다. 이건 너무도 당연한 논리적 귀결이고, 그동안 정치 영역에서 너무 많이 확인된 사실이다. 주민자치정부를 지향하는 사람들은 지역사회의 일에 중앙정부가 개입하는 것에 반대한다. 그런데 자신의 세력을 넓히고자 하는 사람들은 주민자치정부를 억압하고, 이런저런 계획을 세워 각 지역에 강요하려고 한다. 그런 계획에 지속성이 있을 리 없다. 사익에 휘둘리지 않는 믿을 만한 정부라고 해도 결론은 같다. 무엇이든 남에게 기대서는 안 된다. 자기 자신의 일조차 처리하지 못하는 사람은 남의 동정이나 받는 바보가 될 뿐이다. 자기 지역의 문제도 해결하지 못하는 마을이나 공동체는, 또, 주어진 권한도 행사하지 못하는 기관은, 바보가 공동체에 아무런 쓸모가 없듯이, 아무것도 이룰 게 없다. 중앙정부는 죽었다 깨어나도 실제 주민들이 모두 아는 지역의 상황과 조건을 알 수 없고, 어떤 것이 지역사회에 가장 이익이 되는 해결책인지 이해할 수 없다. 그러면서 지역을 "보호"하겠다고 나서는 것은 전부 거짓말이고, 족쇄일 뿐이다. 주민자치정부만이 주민들을 보호할 수 있고, 그런 보호만이 확실하게 성공을 보장한다.

지역이기주의에 매몰되어 벌이는 지역사업만큼 끔찍한 게 없다는 견해도 있다. 하지만 만약 그런 일이 벌어지는 곳이 있다면, 그곳은 주민자치정부가 제대로 작동하지 않는 곳일 것이다. 백이면 백, 그런 곳에서는 지역의 문제에 대한 토론과 집행이 지역유지나 몇몇 사람에 의해 주도된다. 명칭은 주민자치위원회라고 그럴 듯하게 붙여 놓고도 실제로는 영국의 보통법과 헌법이 요구하는 이념이나 실무와 전혀 동떨어진 그런 기구 운영을 하고 있을 것이다. 영국 주민들은 자주, 정해진 장소에서, 규칙적으로 만나는 모임을 통해 지역주민의 위임을 받아 지역기구들이 실행하고 있는 문제에 대해서 토론하고, 다른 사람의 의견을 듣는 것을 개인의 권리이자 의무로 알고 있다. 이 기본적인 원칙이 보장되지 않으면 무슨 이름을 쓰든 그 모임은 파벌에 지나지 않는다. 그런 곳에서는 이웃들 간의 공동선보다는 몇몇 사람의 사사로운 이익이 중시된다. 그런 상황에서 중앙정부가 개입하거나 통제하게 되면 단점은 더 도드라지고, 방향은 더 나빠진다. 중앙정부가 그런 지역기구의 모습을 바꿀 수는 있겠지만 절대로 좋은 방향으로 바꾸거나 단점을 줄여줄 수는 없다.

진짜로 자유로운 제도의 기본원칙은 "공통의 관심사에 속하는 일은 지역의 주민자치정부가 실제로 관리·통제하고, 여러 개의 주민자치정부의 이익에 관련되는 문제는 주민자치정부를 대표하는 사람들로 구성된 대의기구가 관리해야 한다"는 점이다.

정치적 기구가 생겨서 존속하고, 규범적인 의미에서 그 구성원 누구에게든 충성을 요구할 수 있으려면, 모든 수단을 다해 그 기구 내에서 구성원 각자의 능력이 최고도로 발전되도록 해야 한다. 구성원의 발전에 도움이 되지 않는 요소나 제도가 있다면 그것은 정치적 기구가 가는 길에 방해가 될 뿐이며, 궁극적으로 국가에 대한 반역과 다를 바 없다.

어떤 형태의 정치 제도 또는 사회 제도도 제대로 작동하기 위해서는 두 가지 원칙을 지켜야 한다. 첫째, 정치사회적 관점에서, 자유민들은 자유로운 시민의 자격에서 그들 자신의 일을 관리하고 분쟁을 해결하여야 하며, 그들 자신의 선택이 아니라 다른 경로를 통해 주민들을 지배하게 된 사람들의 결정에 복종해서는 안 된다. 둘째, 논리적인 관점에서, 어떤 주제에 관하여 관심을 가지는 사람들이 많을수록, 그리고 그들이 그와 비슷한 주제에 대해서 다뤄본 경험이 많을수록 다양한 세부사항에 대해서 더 잘 알 수 있고, 존 포테스큐 경의 말처럼 사안의 진실이 "확연히 드러날"[12] 가능성도 높아진다. 이 두 가지 원칙은 영국에서 아주 일찍부터 확립되고 적용되었다. 정치적 기구의 일원으로서 모든 영국인들은 자신과 직접 또는 간접적으로 관련된 일에 관하여 고민한 다음 의견을 표현하고, 그 의견대로 실현되도록 노력할 권리와 의무가 있다. 그것이 영국 보통법이 오래도록 견지해 온 기본이념이다.

모든 사회는 구성원들에게 요구할 권리가 있고, 그 요구를 구성원들이 피부로 느껴야 한다. 그것이 진정한 의미의 자유이다. 모든 사람은 자유로운 시민으로서 동일한, 불가분의 권리 · 의무의 주체이며, 자유민으로서의 자격을 상실하지 않는 한, 자유민에게 부여된 의무를 무시해서는 안 되고, 벗어버릴 수도 없다. 누군가 우리를 위해서 우리의 문제를 해결해 줌으로써 우리가 자유로워지는 게 아니다. 공동체가 요구하는 바를 실제로 이행할 사람은 우리 자신이다. 우리에게 그런 권

---

12 Sir John Fortescue, 『De laudibus legum Angliae("In Praise of the Laws of England")』 (ed. 1672) p. 101.

리가 있고, 또 의무가 있다. 그걸 깨달아 알 때 우리가 비로소 자유로워지는 것이다.

　지역의 주민자치정부가 소중히 여기고, 실제로 구현하고 있는, 고결하고도 확고한 원칙이 이것이다. 주민자치정부는 모든 구성원의 사유와 행동을 기초로 움직이며, 국가 역시 각자 해내야 할 역할이 있는 개인들로 구성되어 있다. 그런데 중앙집권주의의 이념과 실무는 이것과 확실히 다르다. 그들은 국가를 구성원들과는 동떨어진 존재로 이해하고, 각각의 구성원에게 역할을 부여하는 것이 국가의 권리이자 기능이라고 생각한다. 국가가 구성원들의 역할을 정하는 것이고, 구성원들은 판단과 결정의 권한도, 의무도 없다고 믿는다.

　자유로운 국가에서 정부는, 자유롭게 해방된 개인이 사업을 하고 기술을 개발하고 부단히 노력하면서 자신의 원하는 바를 실현하는 것에, 어떤 인위적인 제한과 장애가 부과되거나 증가되지 않도록 책임지고 감시하는 것을 사명으로 한다. 그렇지 않고 직접 또는 간접적으로, 그와 같은 자유로운 사업과 기술개발과 노력에 어떤 제한을 가하는 편에 선다면, 또, 국민들이 원하는 바를 실현하는 것을 억압하거나 방해하려 든다면, 그런 정부는 아무리 힘이 있어도 신뢰를 저버리는 정부이고 권력을 찬탈한 정부에 지나지 않는다. 중앙집권주의가 바로 그런 모습을 하고 있다. 중앙집권주의의 직접 또는 간접적인 발전과정이 이를 보여준다. 제한과 억압, 방해가 있다는 사실을 교묘히 감추면서 발전해 온 것이 바로 중앙집권주의다.

　어떤 사람들은 국가가 하고자 하는 일에 간섭하지 않는 것이 국가에 충성하는 길이라고 생각한다. 하지만 그것은 우리 제도의 근본을 잘못 이해한 것이고, 자유민으로서의 책임과 자부심을 내팽개치는 짓이다. 자유민의 첫 번째 의무와 책임은 지금의 정부를 있는 그대로 존중하는 것이 아니라, 정부가 국민들의 의사를 반영해서 국민들의 뜻대로 일을 하고 있는가를 감시하는 데 있다. 국가가 실질적으로 국민의 명령을 제대로 수행하고 있는지 봐야 한다. 원본이 튼튼하고 건강하지 않으면 거울에 비친 모습도 튼튼하고 건강할 수 없다. 우리가 제대로 서 있어야 우리의 정부가 따로 놀지 않고, 자유로운 국가로 유지할 수 있다. 모든 국민이 자신들의 의견이 정확하게 전달되는지, 그리고 우리의 위임을 받은 자와 그의 직원들이 임무를 제대로 수행하는지 감시해야 하고, 그것이 자유민의 가장 중요한 의무이다. 이를 통해서 튼튼하고 건강한 우리들의 생각이 현실에서 제대로 반영되고, 국가가 공공의 이익을 위하여 노력하게 될 것이다.

모든 지역의 이익집단들은 제각각 다른 목표를 가지고 있다. 이미 말한 것처럼, 몇몇 사람의 공통된 관심사에 속하는 문제는 그 사람들의 손으로 해결해야 하고, 아무 책임도 지지 않는 외부인들의 지시를 받거나 간섭을 받아서는 안 된다. 이것이 바로 이익집단의 운영원칙이다. 그런데 어떤 시대에는 특별한 목적을 가진 이익집단들이 선두에 나서서 지역의 대표행세를 하고, 또 다른 경우에는 그와 성격은 조금 다르지만 행태가 비슷한 이익집단들이 나서서 마찬가지 대우를 요구하곤 했다. 그럼으로써 주민자치정부라는 제도가 어떤 집단의 목적을 위해서 봉사하는 것과 같은 인상을 주고, 궁극적으로 특정한 집단의 이익을 위해 움직이는 주민정부를 등장시키는 경우도 있다. 이것은 자유와 책임의 주체인 인간들이 모인, 정치사회적인 결사의 기본원칙을 왜곡하는 일이다. 우리 헌법과 보통법은 이런 걸 한 번도 허용한 적이 없다. 현대에 와서 법을 만든다고 하는 사람들이 이와 같은 방식으로 공동선이 아닌 잘못된 이익을 실현하는 것을 바보 같이 거들고 있을 뿐이다.

주민자치정부라는 것은 많은 사람이 상상하는 것처럼, 선출을 하든 뭘 하든, 하위기구를 두어 그들이 지역의 일을 전부 처리하도록 하지 않는다. 국가에 의회가 있는 것처럼 지역에도 주민대표기구가 있기는 하지만, 주민자치정부의 본질은 그와 같은 행정위임이 아니다. 자유민의 정기적이고, 반복적이고, 고정적이고, 개방된 모임이 모든 업무를 관장하고, 지역적인 것이든 일반적인 것이든, 지역 대표기구가 다룬 문제들은 고스란히 주민들 앞에 상정되어, 토론하고, 추인 또는 기각된다. 국가기관의 일부든, 아니면 독립된 기관이든, 지역공동체는 그와 같은 모임을 통해 공통관심사를 전체적으로 조망하고 토의하며, 이런 과정을 거칠 때만이 어떤 문제에 관한 여론을 정확하게, 평화롭고 건전하게 확인할 수 있다.

이처럼 단순하면서도 복잡한 주민자치정부 제도는 대중적인 연설을 듣고 모자를 집어던지며 환호하는 시끄러운 수천 명의 군중과는 근본적으로 다르다. 음흉한 의도를 숨긴 중앙집권주의자들은 군중의 환호를 좋아할지 모르지만 그런 모임은 가장 위험한 모임이라고 하지 않을 수 없다.

주민자치정부가 짊어지고 소중히 여기는 고결하고 위대한 책임과 의무는 그 성격도, 결과도 주민들의 일에 간섭하는 정부의 그것과는 차원이 다르다. 정부는 주민들에게 맡겨두고 건드리지 말아야 할 문제에 개입해서 자신의 생각을 강요하려 하지만, 주민들이 어떻게 자신의 문제를 다루는지에 대한 노하우도 모르는 상태에서 하는 그와 같은 일 처리는 실패와 불만을 불러일으킬 수밖에 없고, 그 부담을 벗을 방법도 딱히 없다고 할 수 있다.

지금부터 200년도 더 지난 옛날에 이미 자유로운 국가가 견지해야 할 원칙이 다음과 같이 선언된 바 있다. 비록 각각의 원칙을 서로 합쳐서 잘 짜인 이념의 형태로 정돈하는 데 이르지는 못했지만, 재야의 이론가가 언급한 것치고는 나름대로 현실의 문제를 제대로 짚어내는 면이 있고, 각각의 명제들만을 따로 떼어놓고 보면 우리가 얘기하는 자유로운 제도의 원칙과 긴밀하게 부합하는 것 같다.

원칙과 공리:

"전쟁이나 사회정의, 범죄예방 등 국가의 대소사를 다루고 있는, 우리가 아는 의회나 협의회는 앞에서 본 정부와는 다른 과두정으로 운영되고 있다. 몇몇 유명한 나라들에서 보는 바와 같이, 평민이나 서민이라고 할 수 있는 사람들이 단순히 생계를 위한 보수나 전리품을 노리고 의원이 되고, 치안판사가 되고, 공무원이나 군인이 되기 때문이다."

"평민들 가운데서 치안판사를 뽑을 때, 잘 살아보려고 그 일을 지원하는 사람을 뽑으면 안 된다."

"치안판사의 임무가 끝나면, 공개적으로 사람들 앞에서 그들이 한 일과 성과에 대해서 평가를 받도록 해야 한다."

"사람들마다 잘 할 수 있는 일이 다르기 때문에 판사를 뽑으려면 사건의 쟁점에 관하여 전문성이 있는 사람들을 골라 뽑아야 한다."[13]

중요한 주제이기도 하고, 또, 개별 주제에 대한 완전한 이해가 실질적으로 어렵다는 점을 감안할 때, 주민자치정부의 이념과 기본원칙에 대해서는 여러 방면에서 구체적으로 검토해 볼 필요가 있다. 특히 주민자치정부가 사회와 개인에게, 정치적으로 끼칠 수 있는 실제적인 효과에 대해서 깊이 생각해 보아야 한다.

첫째, 정치적인 면에서 실제로 발생할 결과들이다. 무엇보다 주민자치정부의 이념이 완벽하게 실현되는 경우에는, 그것이 지역의 문제든 전체의 문제이든 상관없이, 문제를 제대로 완벽하게 이해할 수 있고, 모호하지 않고, 충분히 정제된 의견을 확인하고 즉각적인 의사결정을 할 수 있다.

---

13 "The Prince; or Maxims of State" Walter 경이 작성해서 1612년 Henry 왕자에게 제출한 팸플릿 32면에서 인용.

주민자치정부가 제대로 운영되고 있다는 사실만으로도, 지역이든 전체든, 어떤 특별한 문제를 담당하기로 위임된 사람들에 대한 자연스러운 통제가 이루어질 수 있다. 그렇지 않고 그냥 둘 경우에는 위임을 받은 권한을 마치 자신의 권한인 것처럼 자의적으로 행사함으로써 헌법상 기본원칙을 어길 우려가 있다.

지역의 문제를 효과적으로 해결하는 과정을 보면서 문제해결 방법을 모두가 정확하게 이해할 수 있고, 보다 큰 문제를 다룰 때도 사태를 더 잘 이해하고 해결할 수 있다. 주민자치정부라는 제도를 통해서 국가의 일반의지가 평화적으로, 그리고 합법적으로 표현되며, 폭력과 모반을 막을 수 있는 가장 강력한 안전장치가 마련된다. 또, 경솔한 판단, 분파적인 이익, 박약한 근거에 따른 업무 실행을 막을 수 있고, 그로 인한 주민들의 불만과 불신의 싹을 미리 잘라버릴 수 있다. 이것이 바로 실제 집행에 앞서, 모든 관점이 토론되고, 이해되는 주민자치정부의 효과이다. 주민자치정부는 성급하게 의제를 올리고, 성급하게 결정하는 그런 잘못을 범하지 않는다.

주민자치정부가 제대로 작동되는 곳에서는 사람이 만든 제도가 제공할 수 있는 가장 확실한 안전장치, 즉, 어떤 문제도 성급하게, 충분한 근거 없이 다루어지지 않는다는 점이 보장된다. 모든 제안과 관련해서, 직접적으로 또는 간접적으로 관련을 가지는 모든 구성원의 이익이 빠짐없이 고려된다. 문제를 다양한 각도에서 검토할 때 더 다양한 이해관계가 드러난다. 더 많은 사람이 같은 문제에 관심을 갖는 것이 중요한 이유다. 사람들은 각자 자신의 문제를 해결하는 방식이 다르다. 진지한 토론 기회가 주어진다면 한두 사람만이 관여하거나 특별한 목적 없이 모인 군중들이 결정하는 것보다, 여러 사람이 한 문제에 진정으로 천착함으로써 더 옳은 결정을 내릴 가능성이 훨씬 커진다.

주민자치정부는 편견과 자만에 휘둘릴 가능성이 다른 어떤 제도보다 적다. 또 개인들의 에너지가 합쳐져서, 공동체의 이익이나 공동체에 속한 사람들의 이익을 위해 바람직한 프로젝트들을 밀고 가는 힘도 덩달아 커질 것이다.

주민자치정부에서 또 하나 중요한 것은 결국, 가장 정확한 최선의 해법이 무엇인지 찾아내서 적용하게 될 것이라는 점이다. 인간은 원래 불완전하기 짝이 없다. 여러 가지 문제에 부딪쳐서 이를 해결하다 보면 실수를 하기도 하고, 잘못된 생각에 사로잡히기도 한다. 그래서 목적 달성에 실패하기도 한다. 하지만 그럼에도 불구하고 바람직한 인간은 한두 사람이 늘 전횡하도록 내버려 두지 않는다. 시간이 지날수록 책임감과 의무감으로 무장한 사람들이 전면으로 나온다. 문제를 토론하고, 또, 토론을 통해서, 정당한 결론에 이르게 되는 것이다. 모든 개인이 자신의 에너지를 충분히 발휘할 기회가 주어지기만 하면, 다시 말해서 주민자치정부가 제대로 작동하기만 하면, 모두를 위해 진정으로 최선의 해법이 무엇인지 찾아 이를 실행할 수 있다.

주민자치정부와 대의기구 간의 반목도 없다. 주민자치정부는 주민과 국민들이 직접 모여 토론하는 곳이고, 대의기구는, 광역이든 기초든 불문하고, 주민의 위임을 받아 토론하는 2차적 기구이다. 주로 단순히 지명된 의원으로 구성되는 대의기구는, 그 대의기구 자체가 하나의 트릭이고 위장단체라고 생각하지 않는 한 더 적극적으로, 더 신속하게 주민과 국민들의 의견을 취합해서 집행할 것이라는 점에 의문의 여지가 없다. 주민들의 의지가 무엇인지 알 방법만 있다면 대의기구로서 자신의 역할을 신속하게 수행할 수 있다. 그렇게 하라고 자유민들이 자발적으로, 의도적으로 만든 기구가 대의기구다. 정해진 기일에, 규칙적으로, 자주, 최대한 많은 자유민이 모이는 자리에서 모든 의제를 상정해서 토론하고, 현장의 분위기와 국가 전체의 의사를 모를 리 없는 주민자치정부에서는 조금의 주저 없이 결정된 대로 업무를 실행에 옮길 수 있다. 마찬가지로 대의기구인 의회가 결정한 것은 즉시 주민자치정부에 상정되어 승인 또는 불승인 결정을 받는다. 대의기구 내에서 진정으로 생각이 깊고, 경험이 많은 의원들이 표현한 논리와 의견이라면 주민자치정부에서도 적극적인 지지를 받지 못할 이유가 없다. 주민자치정부도 책임감과 의무감에 충만한 사람들이 모여서, 논리에 맞는 정확한 의견을 평가해 온 오랜 경험이 있기 때문이다. 대의기구는 이처럼 실천적이고 훈련된 자유민들의 전폭적인 지지를 받고 있다는 것을 곧 깨닫게 될 것이다.

그렇게 자주 모이는 것이 불편하지 않느냐 하는 질문에 대해서는 그렇지 않다, 고 간단하게 답을 하고자 한다. 그런 기구가 필요하다면, 그런 기구를 유지하는 데 필요한 수고쯤은 문제가 되지 않는다. 주민자치정부라는 소중한 유산과 관련해서, 주민들이 제기하는 특별한 문제에 대해서 자세하게 이해하고, 토론하면서 어느 정도의 시간을 투자하는 것에 반대할 사람은 거의 없을 것이다. 자신과 주위 동료들의 관심사에 관한 소중한 의견에 도달하고 이를 공표하는 것은 절대 의미 없는 일이 아니기 때문이다.

보통 일반대중들은 논리와 건전한 토론 같은 것에 무감하다고 말하기도 하는데, 그건 사실이 아니다. 주위사람들은 다 자신보다 못하다고 잘못 믿는 사람들의 오해일 뿐이다. 건전한 토론과 논리를 잘 이해하지 못하거나 심지어 무시하는 사람들은 소위 교육을 받은 사람일 경우가 많다. 이유는 간단하다. 요즘 말하는 "교육"이라는 것이 그런 걸 가르치지 않기 때문이다. 국가가 전국민에게 강요하는 교육은 인간의 뇌를 정상적으로 발전시키는 게 아니라, 잘못된 구조물을 박아 넣는 데 몰두하고 있다. 사람을 편견과 인습 덩어리로 만든다. 전문가 그룹도 마찬가지다. 그들의 건전한 생각을 적극적으로 표명해야 하는 위치에 있음에도 불구하고, 편견에 가득 차서 건전한 논리와 토론으로 가는 길을 오히려 막고 있다.

늘 그렇다. 부끄러우리만치 단순한 사람들이 어느 시대에나 있다. 그들은 자치라는 것이 자유민의 천부의 권리이면서, 동시에 가장 중요한 의무라는 점을 자주 망각하곤 한다. 남들도 나와 똑같은 권리와 의무가 있다는 점을 잊으면 안 된다. "너가 싫은 일은 남에게도 하지 마라"라고 하는 것은 기독교에서만 통하는 명령이 아니다. 그건 주민자치정부의 원칙이기도 하다. 공공의 일에 참여하기를 거부하고, 지역모임에도 안 나오는 사람은 국가와 공동체의 성과물을 나누려고 하면 안 된다. 자기 자신과 가족, 크게는 국가와 신에 대한 의무를 저버리는 사람은 은혜를 누릴 자격이 없다. 그런 사람은 자신과 자신의 탐욕과 성공이 인생의 목적이다. 이웃의 안녕이나 나라와 후손의 행복은 늘 뒷전이다. 그들의 억지에 가까운 업적과 헛된 미사여구, 마지못해 내는 기여금 같은 것은 별 도움이 되지 않는다. 진정으로 의미 있는 것은 책임감을 가지고 적극적으로, 자신을 보상 없이 투입하는 것이다. 그건 다른 사람이 대신할 수 없다. 누군가에게 돈을 주고 시킬 수도 없다. 그런 사람들은 우리가 말하는 주민자치정부에 대해서 절대로 이해하지 못할 것이고, 그런 사람들만 있다면 자치정부라는 것도 정상적으로 유지될 수 없을 것이다.

투자하는 시간에 대해서 말하자면, 주민자치정부 내의 상시 대표 기구에서 일하는 게 아니라면, 모든 사람이 실제로 많은 시간을 투자할 이유가 없다. 이 기구의 핵심은 실제로, 많은 사람이 모이되 실제적인 토론이 가능한 정도의 숫자가 모여야 한다는 데 있다. 몇몇 사람이 연단에 서고 나머지는 그저 멍하니 바라보는 그런 모임이 아니다.

아니 반대로 말해서, 실제로 상당히 많은 시간이 소요된다고 하면 그게 과연 우리 국민들의 자유를 위해서 가치가 없는 일일까? 만약 그렇게 생각한다면, 그것은 자유와 그 가치에 대해서 잘못 이해한 탓이다. 이렇게 경쟁적인 사회에서 잠깐 쉬어갈 시간을 준다고 해서 그것이 사람들의 복지증진에 대단히 방해가 되는 일은 아닐 것이다. 개인의 영달을 위해 죽기 살기로 달려드는 시간 사이사이에 몇 시간 동안이라도 공동의 관심사를 가지고 있는 이웃과 형제, 동료들이 있다는 것을 깨닫는 시간이 얼마나 소중할 것인가? 만약 그 정도 시간을 투자하는 것이 아깝다는 생각이 든다면, 주위를 한 번 둘러보자. 우리 중 많은 사람은 일주일에 하루를 십계명에 따라 신에게 바치는 시간으로 비워두고 있다. 그리고 그들의 계명 중 하나가 "네 이웃을 네 몸과 같이 사랑하라"이다. 그렇다면 7일에 하루가 아니고, 28일에 하루 정도는 이웃을 위한 시간으로 남겨 두어도 괜찮지 않을까?

주민자치정부는 혁명의 위험에 대한 실재하는 유일한 안전판이다. 가능한 많은 사람이 참여해서, 제안 배경에 대해서 정확하게 이해하고 무엇이 가장 좋은 방안인지 깊은 관심을 가지게 되면, 그렇게 해서 얻어진 결론은 확실한 것이고 가장 발전된 것일 수밖에 없다. 이런 제도에 참여하는 자들은 갑자기 연락을 받고 그 자리에 나온 게 아니다. 느닷없이 불려 나와 특별한 주제에 대해서 결정하라고 하면 제대로 된 토론이 이루어질 리도 없고, 그들의 결정과 결정 이유에 대한 이의제기가 잇따를 수밖에 없다. 무엇보다 일상의 관심사에 대한 상시적이고 지속적인 토론이 있어야 하고, 그래야 토론 주제에 대한 관심도 높아진다. 그러다가 어떤 부족한 점이 발견되면 즉시 의제로 올리고 모든 사람이 그 문제를 어떻게 해결하는 게 가장 좋을지 토론한다. 이렇게 해서 사회는 지속적으로 발전 가능한 것이고, 혁명무력 같은 것이 끼어들 여지가 없어지는 것이다.

최근 들어 정부에 대한 "외압"이 증가하고 있다. 정부가 외압에 흔들리고 있다는 얘기가 끊임없이 들린다. 하지만 주민자치정부에서는 그런 건강하지 못한 현상은 없다. 외압은 보통 의도적이고, 음흉하며, 건강에 해롭다. 반대로 주민자치정부에서는 일상의 모든 문제가 외압이 아니라, 건전하게 형성된 여론에 따른다. 그 여론이 평화롭게, 합법적으로 형성될 기회를 끊임없이 제공하고 있다.

이 점과 관련해서 또 하나 강조해야 할 것은, 주민자치정부는 더이상 선동에 휘둘릴 일이 없다는 점이다. 이 제도 안에서는 모든 사람이 적절한 교육을 받고 충분한 경험을 쌓았기 때문에 선동가들이 파놓은 함정 같은 것은 조롱거리밖에 되지 않는다. 제대로 된 의견과, 상식에 부합하는 주장에만 사람들이 귀를 기울인다. 감정과 편견, 악의적 의도를 부추기는 얘기들은 이 정치 제도에서는 아무런 힘을 발휘하지 못한다. 보통 얘기하듯이, "사람들에게 무기를 들도록 부추기는 그럴 듯한 구실로, 종교라는 게 있었다. 그것은 모든 사람의 자유를 파괴하고, 정의를 무너뜨리며, 지독하리만치 사악한 의도를 숨긴 구실 중 하나였다." 그런데 사람들이 자신의 권리와 의무를 명확하게 인식하고, 토론하고 점검하며, 그들을 위해 가장 좋은 것이 무엇인지 고민하는 사회에서는 이런 구실들은 먹히지 않는다. 지독하리만치 사악한 의도가 실제로 발현될 가능성이 거의 없는 것이다.

지금 우리나라의 정치지형을 보면, 정치적 공동체로서 자치구가 여러 개 존재해 왔고, 그 점이 선량한 시민들이 주도하는 정치체제를 만드는 데 상당히 유리한 환경이었다. 그런데 얼마 안 되는 시간 동안 이 땅의 헌법과 대의민주주의의 기본원칙을 어기는 행위들로 인해 효율적인 주민자치정부의 존립기반이 죽어버렸다. 무엇보다 제대로 검증되지 않은 자들이 능력도 없는 자들을 맞지 않는 자리에 갖다 놓고 쓰는 것을 막아야 한다. 제대로 된 주민자치정부만이 사람을 제대로 파악하고 가려낼 수 있다. 각자의 능력을 최대한으로 발휘하게 하고, 정상적인 교육훈련을 받은 사람들이 맡은 바 임무를 충실히 수행하게 하고, 특정 행정기능과 관리기능 수행에 적합한 사람들을 적소에 배치할 수 있다. 그럼으로써 시민들이 그들의 업적을 바로 확인할 수 있다.

　이 제도 자체가 공적 업무에 관한 전문성을 부여해 주는 것은 아니다. 중요한 것은, 사람이란, 자치를 해야 하는 상황이 오면 더 이상 오랫동안 기대해 오던 전통과 "권위"에 얽매이지 않는다는 점이다. 대신 현실과 여론에 따른다. 그들이 알던 전통이라는 것이 결국은 거짓에 불과하며, 불규칙적이고 과도하며, 대중의 신뢰를 받지 못할 것이라는 점을 곧 깨닫게 된다. 질적으로 다른 자치정부 제도 아래 모든 사람은 자신이 개인적으로, 인격적으로 국가의 어엿한 구성원이며, 구성원으로서 계속 행위하여야 한다는 점을 자각한다. 선동가들이 자극하는 감정과 허영에 기초한 뜬금없는 자만심이 아니다. 책임을 질 줄 아는 인간의 속성이 드디어 그의 존재에 깃들고, 그의 생각과 행동 모두를 지배한다. 열심히 쫓아다니면서 한 장의 선거권을 행사하는 것과는 비교가 안 되는 경험이다. 그런 일로는 이 정도의 독립성을 획득할 수 없다. 선거는 몇몇 귀족의 정치체제를 만드는 불쏘시개 역할밖에 하지 못한다. 생각이 있는 사람들은 그 점을 일찌감치 알아차린다. 앞에서 설명한 주민자치정부에서 모든 자유민은 자신의 목소리와 의견을 표현할 권리가 있으며, 당연히 정부는 그 목소리와 의견을 경청할 의무가 있다. 누구든 진실을 발견하면 그것을 즉각 선포하려 한다. 그것이 허용될 뿐만 아니라 적극적으로 권고되기도 한다. 모든 개인과 지역의 에너지가, 멀리 있는 다른 기구나, 책임감이 결여된 몇몇 지도자의 취향과 변덕에 좌지우지되지 않는다. 도대체 그들이 무엇을 알 것인가. 아무리 의도가 좋아도 그들이 아는 사실은 일부의 견해에 근거한 것이고, 그것도 일방적으로 수령한 정보에 기초한 것이다.

주민자치정부의 형태가 아닌 현실정치에서는, 모든 사람이 나름대로 정치색을 가지고 있으며, 그 정치색이라는 것은 사실 정치적 불만세력들이 모여 꾸미는 범죄음모 이상도 이하도 아니다. 하지만 모든 주제를 완벽하게 토론할 기회가 주어지는 곳에서는 이런 정치색이 완전히 배제된다. 누구든 자유롭게 자신의 의견을 표현할 수 있고, 그에 걸맞은 객관적인 평가를 받을 수 있다. 그리고 결국, 그 가운데 다수의 지지를 받는 의견이 채택된다. 이처럼 진정한 여론은 정당한 전제 위에서, 정당한 절차를 통해서만 발견할 수 있다. 그게 국민여론이다. 선동가들이 화려한 수사를 써서 급조하거나, "권력자"들이 밀실에서 만들어 낸 일방적인 "보고서" 같은 의견은 여론이 아니다. 합법적이고 정당한 국민의 목소리가 아니다.

마지막으로 주민자치정부의 진정한 가치에 대해서 깨달아 알게 되면 모든 사람은 자기들이 사는 나라의 제도에 선뜻 복종하며, 법을 존중하고, 법을 어길 경우에는 예외 없이, 기꺼이, 그에 상응하는 제재를 받는다. 불만스러운 점이 있다고 하더라도, 국가의 지배를 인정하고, 되지도 않을 혁명 따위는 꿈꾸지 않는다. 급격한 변화에 병적으로 집착하지 않는다. 모든 만병통치약은 어리바리한 다수를 잘못된 길로 인도할 뿐이다. 건전한 보수의 이념이 인간의 속성에 가장 부합한다. 법과 제도가 매일 매일 작동하고 있다는 것을 중시하는 마음, 진정으로 건강한 발전의 기회를 누구에게나 보장해 주고자 하는 마음, 제도를 흉내 내는 것이 아니라 제도 자체가 살아서 활동하게 하고픈 마음, 자유와 독립을 이름이나 허울이 아니라 실제로 실현하고자 하는 마음이 중요한 것이다.

두 번째로 사회적인 면에서 주민자치정부는 다음과 같은 결과를 가져올 것이다.

지금까지 우리는 진정한 주민자치정부 제도하에서는 모든 자유민과 이웃들이 모이는 공공의 자리가 중요하다는 점을 강조했다. 그 어떤 것도 은밀히 이루어지지 않는다. 모든 사람이 모이는 자리에서 결정이 이루어진다. 밀실도 없고, 사적 공간도 없다. 또, 자주 보기 때문에 생기는 친근감이나 인간된 도리가 아니라, 자유민으로서 공동관심사에 속하는 일에 대해 알게 된 사실에 근거해서 의사결정이 이루어진다. 그런 체제하에서는 도움을 필요로 하는 가난한 사람들이 왜 자신의 얘기를 들어주지 않느냐고 무릎 꿇고 피눈물을 흘릴 일도 없다. 아무리 가난하고, 아무리 힘이 없는 사람이라도, 자신의 문제를 얘기할수 있고, 그에 대해 언제든 동감할 자세가 되어 있는, 주민총회가 법에 따라 존재하기 때문이다.

주민자치정부는 현재 아무 데도 없고, 정치적 실체로 활동하는 곳도 없다. 그것이 이름이 아니라 실체가 되기 위해서는 새롭고 가치 있는 이 프로젝트를 시작하고자 하는 능력 있는 사람들이 필요하다. 공동선을 위하여 제안된 것들이 전부, 완벽하게 공론에 부쳐지고, 모든 참가자가 최선을 다해 최대한의 발전이 무엇인지 진지하게 고민하게 될 것이다. 그 고민의 결과에 대해 이웃의 추인을 받으면 되는 것이고, 제안을 한 자는 그 노력의 보상을 받게 될 것이다.

애국심은 주민자치정부를 키우는 양분이다. 사람과 사람 사이를 이어주는 양분이다. 그 빈도가 높을수록 모든 사람이 지속적으로 교류하게 되고, 바로 그런 힘들이 사람들을 그들의 근원 또는 제도 속으로 끌어모은다. 하지만 여기서 말하는 애국심이란 편협한 애국심이 아니다. 모든 자유로운 나라의 모든 자유민이 기쁨으로 환호하고, 그 나라에서 누리는 것들을 다른 나라에서도 그대로 누리게 하는 방법을 찾는다. 이것이 바로 자유를 진정으로 사랑하는 사람들의 자세이다. 소수에게 영웅 칭호를 주고 특권을 베풀거나, 남을 이긴 자에게 상을 주고 마는 그런 얄팍한 애국심이 아니다.

분명히 해 두어야 할 것은 주민자치정부는 몇몇 도시나 몇몇 지역이 특권을 누리는 것에 반대한다. 도시에 있든, 지방에 있든 상관없이, 모든 주민자치정부 안에서는 자유민들이 자신의 권리를 100% 자유롭게 향유해야 하고, 동시에 책임과 의무를 100% 완수해야 한다. 이름만 자유민으로 사는 것이 아니라 실질이 자유민이어야 한다. 이를 위해서는 주민자치정부가 실제로 존재하면서 끊임없이 작동해야 하고, 그 안에서 권리를 누리고 의무를 다하도록 해야 한다.

주민자치정부는 계급 간 반목을 부추기지 않는다. 이익과 이익이 충돌하는 일도 없다. 그런 거라면 보통의 정치제제에서는 늘 만병통치약처럼 반복되는 일이겠지만, 주민자치정부는 그렇게 굴러가지 않는다. 대중을 선동해서 귀족과 맞서게 하거나, 집주인과 세입자, 공장주와 노동자로 나누지 않는다. 주민자치정부가 활동하면 할수록 이웃 간 연대가 강해지고, 공통의 관심사가 많아지는 등 사회를 인간중심적으로 만드는 효과가 생긴다. 다른 계급끼리 더 친절해지고, 일상에서 자신이 하기를 원하지 않는 일을 남들에게도 강요하지 않는 그런 사회가 된다. 사회의 치부를 더 깊이 숨기는 사회가 아니라, 여유가 있는 사람들이 오히려 그런 어두운 면이 있지는 않은지 꼼꼼하게 감시하는 사회가 된다. 잘못된 점은 뭐든 바로 드러난다. 임계점에 도달해야 갑자기 폭발하는 화산처럼, 썩은 부분이 끝내 곪아 터지는 그런 일은 없다. 문제가 깊어지기 전에 다 드러나서, 곧바로 적절한 처방이 주어진다. 주민자치정부에서 사람들은 자기의 이익을 추구하는 사람이 아니라 건강한 개인이 되고, 개인들은 사회 자체에 대한 지분을 가지고 있다고 믿는다. 자기 자신을 위하여서는 물론이고, 그의 동료들을 위하여 반드시 지키고 늘려야 하는 그런 지분을 가지고 있다고 믿는다. 관용이 확산되고, 친근함이 지배하며, 이기적인 충동은 급격히 줄어든다. 사람들은 돈을 벌고 자신의 욕망을 충족시키는 것 이상으로 가치 있는 일이 있다는 것을 깨닫게 된다.

주민자치정부는 모든 사람의 관심과 에너지를 끌어모아, 모든 사람에게 이익이 되는 일을 도모하되, 다른 한편으로는 모든 개인이 자신의 일에 최선을 다해 노력하도록 한다. 이것이 바로 주민자치정부와 다른 정치체제를 가르는 특징 가운데 하나다. 어떤 정치체제에서든 공공의 이익이라는 것이 있다. 하지만 모든 것이 다 공익이 되는 것은 아니다. 그런데도 어떤 곳에서는 모든 것이 다 공익이라고 주장하면서, 개인의 능력과 노력을 인정하지 않고, 전부 공익에 쏟아부으라고 명령하기도 한다. 개인을 죽이고 공익만 남기는 것이다.

우리가 아는 바로는, 모두가 존중해야 할 개인의 영역이라는 것이 있다. 바로 가정이 그런 영역이다. 사회적 지위가 어떻든 간에 모든 개인은 가정의 일에 관한 한, 모든 책임을 다해야 한다. 그리고 동시에, 다른 사람도 그와 똑같은 의무를 다할 수 있도록 존중해 주어야 한다. 이 같은 존중과 독립의 철학 위에서 서로에 대한 인정과 존경이 가능하다.

의사소통의 수단이 발전하면 발전할수록 우리가 얘기하는 주민자치정부는 더 효과적으로 발전하게 될 것이다. 도로 상태가 엉망이고 의사소통이 훨씬 더 까다로웠던 시대에도 주민자치정부가 정상적으로 작동했다는 것은 틀림없는 역사적 사실이다. 이제 길이 더 잘 뚫리고 소통 수단이 많아지면 주민자치정부는 얼마나 더 많은 일을 할 수 있을까. 모든 마을 주민이 국가의 일에 대하여 목소리를 내고, 깊은 관심을 갖는다. 그런 가운데 건전한 경쟁구도가 여러 마을 사이에 퍼져나간다. 한쪽 공동체에서 이뤄낸 성과는 바로 다른 공동체에 알려진다. 여러 마을의 상황에 대해서 잘 알고 있고, 새로 생긴 제도의 이전가능성에 대해서 잘 알고 있는 사람들이 이렇게나 많은데, 그런 사람들이 한 공동체의 변화를 오랫동안 모르고 지나기란 쉽지 않을 것이다. 또, 모든 공동체마다 자신의 역할에 충실한 공무원들이 널리 퍼져 있다. 그들이 자신의 일을 제대로 하지 않으면 주민들이 옆 동네 사례를 가져와 바로 들이밀 것이다. 모르고 지나가기가 여러모로 쉽지 않다.

자, 여기까지가 주민자치정부가 공적 생활에서 가져올 변화다. 다음으로, 개인의 삶에서의 변화를 생각해 보자. 무엇보다 주민자치정부는 개인의 덕성 면에서 실질적인 차이를 가져올 것이다.

지금까지 말한 바에 의하면, 독립정신, 의무와 책임의 자각, 자존감의 증진과 자기 확신, 관용 등이 주민자치정부가 실질적으로 구현되면 일어나게 될 구성원 각자의 변화목록이다. 여기에 더 보탤 목록은 없어 보이지만, 구체적으로, 어떤 심리적인 변화가 있을지에 대해서는 조금 더 설명이 필요할 것 같다. 주민자치정부를 통해 사람들은 이기심에서 벗어나 책임감 있는 시민으로 거듭 태어난다. 모든 구성원이 모범적인 삶을 살게 된다. 게다가 사람들은 지속적으로 모임을 갖고, 토론하고, 서로에 대한 의견을 교환한다. 이런 사회에서 각자의 자존감은 더 커질 수밖에 없고, 자기통제력도 더 강해질 것이고, 타인과 타인의 의견에 대한 존중과 관용의 태도가 더 깊어질 것이다.

그런 훈련을 받은 사람들은 편견과 욕심이 가득한 사람들에게 굽

실거리는 모습을 보이지 않는다. 우리에게 뭔가 해 줄 수 있는 능력 있는 사람들, 의회의원이나 고위직에게 찾아가서 뭘 좀 해 달라고 부탁할 정도로 타락하는 일은 전혀 없다. 주민자치정부에서는 그런 부탁을 해 봐야 아무 소용이 없다. 모든 개인은 자기 자신의 이익과 공동의 선을 위하여 서로 협력해야 할 의무가 있기 때문이다. 그걸 저버리고 청탁이나 하러 다니는 사람은 없다. 여기서는 사익과 공익이 반대 개념이 아니다. 같이 달성할 수밖에 없는 숭고한 목표가 된다.

마지막으로 사람들은 지적인 면에서 달라질 것이다.

주민자치정부에서는 진정한 의미의 교육이 가능하다. 예전처럼 학교나 대학이 주도하는 교육이 아니다. 학교나 대학은 학생들을 괴롭히고 족쇄를 채울 뿐이다. 다른 사람들과 과도한 경쟁을 하게 함으로써 개인 능력의 반 이상을 허비하게 만들고, 쓸데없는 예절과 인습에 물든 사람을 만든다. 공손하고 세련된 것에 대해서 가르치기는 한다. 하지만 그것은 사람을 사람답게 만드는 데 큰 도움이 되지 않는다. 우리에게 필요한 학교는 더 넓은 곳이어야 한다. 사람의 모든 능력을 발휘하는 진정한 훈련을 할 수 있는 곳이어야 한다. 우리나라 헌법과 법률의 구성요소와 적용에 관한 지식을 가르치고, 그를 통해서 사람들이 자신의 삶에서 주어진 역할과 책임을 최대한으로 수행하도록 해야 한다. 그리고 무엇보다 마음의 힘을 기르고, 기술 습득에 필요한 최선의 환경을 만들어 주어야 한다. 바로, 주민자치정부와 같은 공개된 기구 안에서 토론하고 소통하는 기회를 가져야 하는 것이다.

개인이 주민자치정부라는 최고의 학교에서 배울 것은 사고와 행동이다. 자유롭고 완벽한 토론 가운데서 사람들의 사고가 최대한으로 발전하고, 행동하고자 하는 의욕이 생긴다. 행동이란 우리 사회 몇몇 엘리트의 지시나 기호에 맞게 조절하고 짜 맞추는 일이 아니다. 모든 사람의 최선의 이익을 위해서 필요한 행동이란 공동선을 향해 꾸준히 노력하는 것 자체를 의미한다.

사람들이 토론 주제에 대해서 충분한 관심을 가지고 있지 않으면 토론을 제대로 해 낼 수 없다. 생각하지 않아도 모든 것이 저절로 이루어지는 곳에서는 생각할 필요가 없는 것과 같은 이치다. 스스로의 힘으로 살아내야 할 때, 사람들은 무기력으로부터 깨어나 자신의 에너지를 투입하고, 능력을 최대한 발휘할 수 있다. 그렇게 해서 생존이라는 결과를 얻게 되면 자기 확신과 자립의 정신으로 충만해진다. 즉, 사람들은 행동을 하면서 자기 자신을 찾는다. 행동을 하기 위해서는 먼저 생각을 해야 하는 것이다.

대중매체가 아무리 발달하고 표현의 자유가 보장된다고 해도, 그것이 주민자치정부가 얘기하는 진정한 교육의 장이 될 수는 없다. 대중매체에서 전달되는 정보가 아무리 정확한 것이라고 해도 그것은 그냥 정보일 뿐이다. 정보는 추론이라는 과정을 거쳐 개인의 의견이 된다. 대중매체는 지성의 연금술이라고 할 수 있는 토론의 기회를 제공해 줄 수 없다.

대중매체 자체가 없는 경우에도 주민자치정부가 있다면, 모든 정보가 전달되고 토론을 위한 최고의 환경이 마련될 수 있다. 언론의 자유라는 것을 강조하지 않아도, 주민자치정부에서는 자유가 완벽하게 보장된다. 반대로 언론의 자유가 있다고 해서 현실사회에서 자유가 완벽하게 보장되는 것은 아니다. 언론의 자유는 사실, 주민자치정부가 활발하게 움직일 때만 진정한 가치를 발휘한다. 언론의 자유는 의사소통의 확실한 수단이고 사고의 발달을 통한 인류의 진보를 가속화하는 것이기 때문에, 주민자치정부를 만날 때 가장 큰 생산력을 보일 것이다.

지금까지 나는 주민자치정부에 대해서 설명했고, 그것의 실질적인 가치와 중요성에 대해서 설명했다.

주민자치정부 내에서 주민들에 대한 실질적인 정치교육이 가능하고, 주민들의 건강하고 건전한 여론을 형성할 수 있다. 그리고 무엇보다 그렇게 형성된 여론을 합법적으로 표현하는 데 가장 좋은 정치체제가 바로 주민자치정부다. 아무리 합법적인 선거를 통해서 선출된 사람들이라고 하더라도, 맹목적으로 지역이나 국가의 몇몇 지도자를 따르고 당파의 권위와 판단에 내맡기는 것은 공동체의 목표를 달성하는 데 별 도움이 되지 않는다. 모든 국민들이 각자 권리와 의무를 다하고, 자신의 권리는 다른 사람의 권리에 제한된다는 점을 인식하며, 공동체의 일에 대해 끊임없이 관심을 가지고, 위임을 받은 공직자들이 자신의 임무를 성실히 해 내는지 감시해 나가야 한다.

주민자치정부라는 제도가 없는, 모든 정치"개혁"은 하나의 환상에 불과하다. 아무런 결과도 없이 사람들을 배반하기를 반복할 것이다. 마찬가지로 주민자치정부가 없을 때, 모든 대의민주주주의는 귀족주의로 이끄는 유혹에 불과하다. 이름만 대의제이고, 실제로는 국민의 의사를 조롱하는 정치체제로 전락하고 말 것이다. 오로지 주민자치정부 안에서만 실질적이고, 지속적이고, 풍부한 인류의 발전이 가능하다. 사람들은 자신이 자유민이라는 점을 기쁘게 느낄 것이고, 자유민으로 생각하고 행동할 것이며, 선조들이 어렵게 만들고 지켜왔으며 아주 오랫동안 우리가 조금씩 그 의미를 잃어버린 이 위대한 헌법을 어떻게 재평가하고 구현할 것인지 피부로 깨달아 알게 될 것이다.

진리와 진보라는 우리의 프로젝트를 성공시키기 위해서, 자유로운 정보의 교환과 토론이 중요하다는 점은 이미 밝힌 바와 같다. 중앙집권주의라는 획일화된 체제에서 선동으로 대중을 설득하는 것과는 차원이 다르다. 주민자치주의하에서는 진리와 진보, 다양한 시도에 대해서 아무런 족쇄나 제한을 달지 않은 채, 크고 작은 모든 문제가 걸러지고, 그에 대한 해답이 즉각적으로 결정되고 실행된다. 작금의 정파들이 모두 양분으로 삼고 있는 계급갈등의 문제가 주민자치정부에서는 말끔하고도 확실하게 해결되고, 지위가 높은 자와 낮은 자 간의 연대의식이 강화된다는 것은 이미 확인된 바와 같다. 많은 사람을 짓누르고 있을 뿐만 아니라 모든 계급에게 공히 부정적인 효과를 내고 있는 양극화에 대한 유일한 해법이 바로 주민자치정부다. 그 안에서 모든 구성원의 요구사항이 투명하게 공개될 뿐만 아니라, 그 해법을 가장 잘 알고 있는 사람들에게 바로 전달될 것이기 때문이다. 그래서 가장 높은 단계에 있는 의사결정권자가 내는 일시적인 미봉책이 아닌, 문제의 근원을 파고 들어가는, 가장 좋은 해법을 제시해 줄 것이다. 사람들은 모두 알고 있다. 다른 동료들 앞에 서서 자신이 처한 어려움이 무엇인지, 자신의 계급이 마주하고 있는 문제가 무엇인지 자유롭게 얘기할 기회가 합법적으로 주어지기 때문이다. 거기서 누구든 동료들의 따뜻한 원조와 지지를 받을 수 있다.

주민자치정부라는 이 체제하에서 동료들 사이에 믿음이 생기고, 진리가 발견되며, 자신의 에너지, 노력, 자유로운 시도에 대한 신뢰로부터 무한한 희망이 자란다. 신조와 계급, 지위를 불문하고 모든 사람의 마음속에 관용이 싹튼다. 우리는 믿음과 희망과 관용이 최고의 덕목이라는 얘기를 듣고 자랐다. 그 가운데도 최고는 역시 관용이다. 실제로 주민자치정부는 믿음과 희망, 관용의 제도이고, 관용은 인류의 행복과 번영을 위한 길에서 이 제도를 가장 고귀하게 빛나게 하는 덕목이다.

주민자치정부는 최고의 교육 기회가 된다는 점은 이미 강조한 바와 같다. 장학사를 두고 모든 국민을 훈련의 길로 내모는 데 여념이 없는 그런 교육이 아니다. 주민자치정부의 교육은 무엇보다 사람들이 자기의 권리와 의무, 책임을 인식하게 하고, 완수하게 하는 교육이다. 그런 교육을 통해 사람은 진짜 사람이 되고, 사회의 일원으로서 자신의 역할을 다 하게 될 것이다.

주민자치정부의 정치, 사회, 도덕, 지식 면에서의 장점을 살펴보았다. 이를 통해서 우리가 기반하고 있는 법과 제도의 기본원칙을 확인할 수 있었다. 과장된 말이 아니다. 주민자치정부에서만이 사람들은 다시 태어날 수 있다. 여기서는 사람들이 동료를 먹잇감을 찾아 떠도는 짐승의 무리로 여기지 않는다. 금가루를 찾아다니는 탐욕의 화신으로 보지도 않고, 머릿수로 계산이 가능한 사람의 덩어리로 인식하지 않고, 오로지 고귀한 인간으로 인식한다. 사람은 법만큼이나 가치 있는 존재로서, 끊임없이 진화하는 존재이고, 권리와 의무의 주체이며, 사회적 역할이 부여된, 끝없이 확장해 나가는 존재이다. 그들의 정신이 최대로 확대되고, 주어진 책임을 완수하며, 권리와 의무를 누리고 지키고, 인류가 모두 무한히 진보하는 곳! 이 땅의 법과 제도가 온전히 유지되며, 개인이 법처럼 존중되기 위해서는 주민자치정부라는 체제가 실질적으로, 온전하게, 여기 구현되어야 한다.

제3장

중앙집권주의

중앙집권주의

중앙집권주의의 기본이념은 불신이다. 사람을 믿지 않고, 희망을 믿지 않고, 불변의 진리를 믿지 않는다. 관용마저도 아무 쓸모없는 단어로 여긴다.

무분별한 통제, 간섭, 마구잡이 과세가 중앙집권주의의 동의어이다.

우리는 앞에서 주민자치정부의 장점에 대해 여러 가지 각도에서 자세하게 살펴본 바 있다. 따라서 그 반대에 해당하는 중앙집권주의에 대해서는 그렇게 길게 설명할 이유는 없을 것 같다. 다만 주민자치정부를 봤던 것과 같은 순서로, 영국의 경험에 기초해서, 중앙집권주의가 초래할 결과들을 대략적으로 정리해 보기로 한다.

먼저 정치 면에서의 효과다.

어떻게 주민자치정부가 자신이 가지고 있는 고유한 에너지의 힘으로 인류의 진보를 추동하는지 살펴본 바 있다. 중앙집권주의에서는 그런 에너지가 전부 고갈되어 있다. 권력을 가진 자가 자신의 이익을 위해서가 아니라 남 좋은 것을 목적으로 일을 한다고 해 보자. 그가 일을 열심히 할 이유가 없고, 효과적인 수단을 쓸 이유가 없다. 하다 말다 하는 게 전부고, 비옥한 땅을 일궈서 열매를 잘 맺게 하겠다는 생각을 할 리가 없다. 이렇게 열심히 하지 않다 보면 아래로부터 불만이 쌓이고, 어느 순간 대중의 분노가 폭발한다. 그리고 그런 대중의 분노는 지배자가 무시할수록 더 커지며, 끝내 혁명으로 귀결될 수밖에 없다. 혁명은 거듭 혁명을 낳고, 그때는 다른 치유 방법이 없다. 자유민이 주체가 되어 자신의 의무와 책임을 완수하는 주민자치정부를 구성하는 것이 유일한 해답이다. 그것만이 군주와 독재자의 무기인 중앙집권주의를 뿌리 뽑을 수 있다. 중앙집권주의하에서는 아무런 희망도 없고, 건전한 사회도, 지속적인 발전도 없다. 거기서는 깨어난 정신과 에너지로 자신들에게 부족한 게 무엇인지 알고 끊임없이 채우려고 노력해야 할 사람들이, 오히려 작아지고, 죽어가고 있다. 체제의 중심이 흔들린다. 가끔 사람들이 에너지가 충만해 있는 것을 느낄 때쯤 되면 또 다른 세력이 개입해서 통제를 가하고 힘을 빼놓기 일쑤다.

중앙집권주의가 하는 일은 이처럼 이해하기 어려운 것투성이다. 무책임한 공무원들이 떼로 모여 줄 하나씩을 잡고 한꺼번에 당기면, 그를 따라 국민들이 전부 한 방향으로 움직인다. 그러다가 일방적으로 당기는 줄이 끊어질 때쯤, 국민들의 분노가 극에 달하고 그 모든 움직임을 주도하는 자에게 비난의 화살이 돌아간다. 프랑스의 역사가 생생하게 보여주는 바가 바로 이것이다. 우리 영국의 역사에서도 이와 유사한 위기가 계속 조성된 바 있다.

중앙집권주의의 이 같은 폐해에 물들지 않은 깨어 있는 사람들은 진리를 믿고 끊임없이 견디는 것만이 유일한 승리의 해법이라는 점을 잘 알고 있다. 반면에, 믿지 못하는 사람들은 자신들의 목적 달성을 위해 의회가 만드는 법률을 이용한다. 자유로운 사고와 행동을 옥죄는 법률을 양산하는 것이다.

국민의 손에서 빼앗은 권력으로 행정부 내에 자리를 차지하고, 권력자에게 아부나 하면서 자리를 유지하는 공무원들은 국가에 대해서는 물론이고 그 일부에 대해서조차 아무런 책임감을 느끼지 못한다. 그들이 장황하게 적어서 가끔씩 일반에 공개하는 "보고서"라는 것은 우리나라 발전에 아무런 도움이 되지 못하고, 그걸 작성한 자에게조차 새로운 깨달음을 주지 못하며, 조작된 증거들로 가득 차 있다. 진리를 왜곡하고, 못 믿을 정보를 양산한다. 이 제도에 이미 익숙해져 있는 사람들을 더 눈멀게 하고, 더 호도할 뿐이다. 족쇄를 더 단단하게 하는 음흉한 장치에 지나지 않는다.

중앙집권주의는 또 다른 형태의 공산주의다. 그 목적은 모든 자유민이 자신의 소유물을 자유롭게 이용하고, 자신의 재능과 창의력을 발휘하며, 각자의 노력으로 삶의 변화를 이루어내는 것을 방해하는 데 있다. 몇몇 교묘한 이론가의 계획에 전부 복종하게 하고 그럴 때만이 인류가 진보할 수 있다고 호도한다. 수백만 명의 개인이 끊임없이 힘을 모아 계획하고 혁신하며, 매일 만나 일상의 어려움을 극복할 방안을 고민하고, 모두가 다다라야 할 공동선을 위해 각자 맡은 바 임무를 완수할 때에만 인류의 발전이 가능하다는 사실을 숨기고 있다. 중앙집권주의란 이처럼 스스로의 역겨운 모습을 감추는 선동문구에 지나지 않는다. 이 나라의 주민과 국민들이 모두 검토하고 동의한 것이 아니라, 검증되지 않은 몇몇 사람의 결정을 법이라고 선언해서 나라 전체에 적용되도록 한다. 무책임한 공무원들은 그런 말도 안 되는 법을 가지고 모든 주민이 자신의 소유물을 처분하고, 자신의 의지대로 결정하는 것을 감히 방해하려고 한다.

자유민의 권리와 책임의 원칙과는 맞지 않게 자기들 멋대로 권력을 사유한 사람들이 중앙집권주의의 부속이 되어 움직이고 있다. 가진 권력을 더 공고히 하기 위해 그들은 뇌물과 부패의 왕국을 점점 더 넓혀가면서, 사회 전체에 암세포를 퍼뜨리고 있다. 공익을 배반하고 매관·매직을 일삼는다. 사회 곳곳에 자신의 이익에 충실한 지원군들을 포진시켜 놓고, 부패를 키우고 있다. 이런 체제하에서는 "공무원들이 국민을 위해서 일하는 것이 아니라, 국민들이 공무원의 안위를 위해 존재한다." "거대한 공무원 집단은 국민들의 고혈로 호의호식하는 사람들이다." 그들이 하는 일 중 어떤 것은 쓸모없는 일이고, 어떤 것은 공익이 아니라 자기 자신을 위해서 하는 일이다. 그럼에도 불구하고 거기서 한 걸음 더 나아가 공무원들은 개인의 사업과 활동에 개입하고 간섭하기를 멈추지 않는다. 자유와 인권에 대해 조금이라도 아는 사람들은 도저히 용납할 수 없는 그런 일을 그들이 자행하고 있는 것이다.

중앙집권주의는 결국, 모든 사람의 영혼을 갉아먹고 짓밟게 될 것이다. 항상 의심에 가득 찬 눈과 귀로 내밀한 대화나 행동, 심지어 사고까지 염탐하고, 신과 자연이 명한 대로 인간이 자신의 의지와 능력으로 새롭게 변화하고자 하는 것을 가차 없이, 잔혹하게 억압할 것이다. 그 간섭의 구실로 악의 척결을 얘기하지만, 그런 구호는 자신의 탐욕을 채우고 국민을 기만하는 장치에 불과하다. 그들이 말하는 것은 대부분 근본적인 해결책도 아니고 그저 보여주기다. 이런 막무가내인 공상가들이 떠벌이는 일은 실현 불가능한 일이거나, 심지어 우리 사회에 치명적인 것일 가능성이 높다.

우리는 그동안 꽤나 현학적으로, 현존하는 정치체제에 각각 다른 이름을 붙여 왔다. 전제군주국가, 귀족국가, 민주국가 등이 그것이다. 그런데 이들 가운데 어떤 곳에서도 중앙집권주의라는 괴물은 똑같이 자라난다. 정치체제에 붙여주는 이름이라는 것은 그저 허울일 뿐이다. 어떤 나라에서도 국민들의 자유가 억압되고, 관료주의가 팽배할 수 있다. 19세기 전반기 유럽을 보라. 당시는 중앙집권주의가 아니었던 나라가 없다. 프랑스처럼, 말은 민주주의라고 하면서 선거를 통해 과두제 정부를 만들고, 어떤 독재국가나 세습군주국보다 강력한 억압정치를 감행했던 곳도 있다.

국가가 어떤 이름을 쓰든지 간에, 일단 중앙집권주의의 철학을 받아들이고 나면, 그 국가는 이름과는 딴판이 된다. 지방의 주민사무에 조차 간섭이 일상화되고, 적법절차가 무시되며, 한 계급의 이익이 다른 계급의 이익에 종속되는 일이 벌어진다. 정부의 권위라는 이름으로 모든 잘못과 방임, 폭력이 포장된다. 책임감은 어디에서도 찾아볼 수 없고, 적절한 보상도 없다. 모든 자유민이 법 제정에 참여하고, 동의할 권리와 책임 같은 것은 헌신짝처럼 버려지며, 서로 힘을 합쳐 그 법을 지키고 집행해 나가는 미덕도 사라지고 만다.

앞서 본 주민자치정부의 모습과 중앙집권주의를 비교해 보자. 한쪽에는 건강한 사회와 국가가 있고, 다른 한쪽에는 건강하지 못한 사회와 국가가 있다. 개인을 신뢰하고, 생명과 재산을 보호하며, 자기결정권을 존중하고, 개인의 능력을 최고도로 발휘하게 하는 사회가 있는가 하면, 이 모든 것을 부정하고 모든 개인을 무책임한 권력 아래 무릎 꿇도록 하는 사회가 있다. 중앙집권주의는 처음 시작할 때는 별 위협이 아닌 것 같지만, 시간이 흐를수록 생각이 깨어 있는 사람들의 눈에, 불안과 불확실성을 증폭시킨다. 개인과 개인의 권리에 대해서 성가실 정도로 간섭하고, 개인의 창의와 발전에 제멋대로 족쇄를 채운다. 어떤 때는 별 탈 없이 조용해 보일 수도 있지만, 끊임없이 불만과 짜증을 유발하는 속성 자체는 변하지 않고, 중앙집권주의는 끝내 사회의 해체로 귀결될 것이다.

두 번째로 볼 것은 사회적 효과에 관한 것이다.

우리는 앞서 주민자치정부에는 많은 자원봉사자들이 가세해서 개인의 창의력이 끊임없는 열매를 맺을 수 있도록 남들을 흔쾌히 도와주며, 결과적으로 한 사람의 업적이 그 사람의 전유물로만 남지 않는다는 점을 지적한 바 있다. 그런데 중앙집권주의는 그 반대다. 개인의 창의적인 아이디어는, 아무도 인정하지 않지만 스스로는 전체사회를 책임진다고 자임하는 사람들의 구미에 맞아야 비로소 널리 전파될 수 있다.

　주민자치정부가 제대로 발달하지 않은 곳에서도 개인의 창의력이 불필요한 간섭을 받지 않고 자신이 의도한 대로 발휘되어서 믿기지 않은 성과를 낸 적이 있다. 하지만 중앙집권주의에서는 그게 불가능하다. 모든 제안은 현장의 관심에 대해서는 알 리 없는 먼 곳에 있는 사람들의 심사를 받는다. 공정하고 객관적인 검토 대신에 편협되고 비상식적인 시각으로 조정되기 일쑤다. 그 때문에 창의적인 노력과 에너지가 오히려 줄어들거나 무시된다. 보통 다른 곳에서라면 훨씬 더 값진 열매를 맺었을 것인데도 불구하고, 이 체제 안으로 들어오면 가장 창의적인 의견이 오히려 부정적인 효과를 낸다.

　자유로운 나라에서는 공동체나 그 일부의 행복과 복지가 누구 한 사람에 의해 좌지우지되는 법이 없다. 부서 최고위직이나 영향력이 있는 사람의 구미 같은 것은 하나도 중요하지 않다. 그렇게 한두 사람의 성격이나 기호에 따라 법이 달리 집행되는 곳에서는 어느 누구도 법률의 일부로서 존중을 받는 진정한 자유민이라고 할 수 없다.

　주민자치정부에서는 마음과 정신의 발전을 위한 기회가 누구에게나 공평하게 열려 있다. 더 새롭고 더 나은 안이 나왔음에도 불구하고 이를 조용히 무시하는 경우도 없고, 그 안으로 인해서 몇몇 사람의 이익에 영향을 준다고 해서 안 자체를 못마땅해 하는 사람도 없다. 모두 가장 최선의 길이 무엇인지에만 신경을 쓰면서, 자유롭고 공정한 토론에 부친다. 그 결과 그것이 진리에 부합한다고 하면 못 받아들일 이유가 없다. 누가 봐도 가장 효과적인 안은 모든 사람의 이익에 부합하는 것이기 때문이다. 사익을 위해 공익을 이용하는 일도 없다. 모든 공공의 사업은 누구나 알고 있는 상태에서 진행되고, 그걸 승인하는 것도,

아니면 이유를 들어 거부하는 것도 다 공개되기 때문에 사익을 추구하는 것 자체가 불가능하다. 한 정파나 영향력이 센 사람이 어떤 계획을 독단적으로 수행하는 것도 말이 되지 않는다. 하지만 중앙집권주의하에서는 이와 같은 투명한 경쟁이 불가능하다. 발전하고자 하는 노력을 방해하고, 자원의 효율적 이용을 위한 요구를 묵살하는 것이 중앙집권주의의 특징이다. 개인의 재능과 도전을 응원하고, 공익을 위한 발전방안 등을 만들어 내는 것을 독려하는 대신, 몇몇 사람이 밀실에서 만들어 낸 이론을 법이라도 되는 양 강요한다. 아무리 좋은 제안이라고 하더라도 그런 이론에 맞지 않으면 무조건 배척하고 만다. 창의적인 생각이 시들 수밖에 없고, 생산성이 말라갈 수밖에 없다.

중앙집권주의하에서 모든 위대한 재능과 자원이 최대한으로 결합할 수 있다고 강조하지만, 그것은 그들의 주장일 뿐이다. 실제로 그런 일은 전혀 일어난 바 없고, 오히려 반대의 결과가 나타나고 있다. 중앙집권주의가 내세우는 이론은 사실 거짓투성이다. 공공의 이름으로 할 때보다 개인이 주도해서 할 때 모든 사업이 더 성과가 좋고, 비용이 더 적게 든다. 생각해 보면, 위대한 재능이나 기술은 정부가 고용할 때보다 사기업이 나서서 적극적으로 성과를 내려고 할 때 더 힘을 발휘하는 법이다. 비싼 값을 주고라도 가져다 써서, 최대한의 능력을 발휘하게 하는 것이 정도다. 사람들 말이 틀린 게 없다. 정부가 가지고 있는 정보를 이용해서 시장에서 제일 좋은 것들만을 모아서 사업을 해도 그 결과는 실망스러운 경우가 대부분이다.

우리는 주민자치정부하에서 나눔의 정신이 어떻게 발휘되는지 살펴보았다. 기독교의 박애사상이 구체적으로 실현되어, 이웃이 배가 고프고 목말라 하거나, 병들었거나, 벌거벗었거나, 감옥에 갇혀 있을 때마다 그 이웃에 대한 책임감과 의무감으로 돕고자 하는 사람들이 나타난다. 하지만 중앙집권주의에서는 그런 나눔과 연대의 정신이 죽어 있다. 겨우 명맥을 유지하는 선량한 사람들조차도, 무책임한 공무원의 까다로운 지시를 따를 때에만 나눔 활동을 할 수 있다. 돕고자 하는 마음조차 위원회를 만들어서 하라고 하는 게 중앙집권주의다. 무슨 일이든 위원회나 감독관의 수중으로 몰아서, 진정한 나눔의 정신이 시들게 하고 만다.

이런 체제하에서 사회적으로 어떤 결과가 나타나는지 구체적으로 보여주는 사례가 두 가지 있다. 요즘 일어난 일 가운데도 예를 들 게 얼마든지 있을 수 있지만, 1850년대에 일어났던 이 일은 구체적으로 중앙집권주의의 비인간적이고 무지막지한 얼굴을 보여주는 사례로 가장 유용할 것 같다.

그해에 어린 아이에게 폭행을 가하는 사건으로 생각 있는 많은 사람이 격노한 적이 있다. 사회적, 도덕적 책임 원칙에 따라, 가해자 중 한 명을 교구사람들이 고발해서 처벌받게 했다. 그런데 처벌이 끝나고 나서 열린 빈민법위원회(Poor Law Board)는 가해자를 처벌하는 데 든 비용을 교구에 보전해 주지 않는다고 결정했다. 그 결정으로, 남의 일에 나서서 돕고자 하는 사람들이 마음에 상처를 입었다. 아이들이 학대를 당하고, 가해자는 악의적으로 아이들을 괴롭히는 와중에, 지역의 복지담당관은 정말 아무것도 하지 않았다. 침묵으로 방조를 한 것이나 다름없다. 그러던 중에 더 끔찍한 사건이 터졌다. 하지만 그 전 사례를 겪으면서 사람들 생각은 이미 바뀐 뒤였다. 지역 교구는 가해자를 처벌하려고 노력하지 않기로 결정했다. 모든 면에서 헌신적이고 인간적인 교구담당자도 공개적으로 이렇게 말했다. 빈민법위원회가 이번에도 또 소추 비용을 대지 않을 거라서 자기도 선뜻 나설 수가 없었다고.

인간으로서의 연민과 사회적 책임감으로 무장한 사람들이 어떻게 이런 기괴하기 짝이 없는 체제를 그냥 놓아둘 수 있을까? 그런 체제가 설치고 다니도록 아무런 노력도 하지 않을 수 있을까?

그렇지 않아도 유해하고 비정상적인 중앙집권주의가, 감상주의에 물들기 시작하면 그야말로 최악의 결과를 만들어 낸다. 그때는 더 이상한 체제가 되어서 효과적으로 저항하기가 쉽지 않다. 그 기회를 틈타 중앙집권주의는 점점 이상한 본색을 드러낸다. 건강한 개인과 책임감이 사라진 곳에서는 위선과 싸구려 감상이 득세한다. 도덕적으로 반기를 드는 사람도 드물어지고, 있다고 해도 이 체제에 대해서 저항하는 것이 점점 더 힘겨워진다.

이와 관련해서 꼭 지적해야 할 폐해가 바로 사회적 기만(Social treachery)이라는 것이다. 사회 구석구석에 염탐행위가 벌어지는 게 바로 이 체제의 특징이다. 모든 시민이 공통의 이익을 위하여 연대하는 대신, 그중 누군가는 아까 본 공무원들처럼, 다른 곳에서 자신의 사리사욕을 채우는 데 여념이 없다. 은밀한 수단과 물 밑 영향력을 이용해서 자신의 이익을 챙긴다. 아무런 책임감도 없는 공무원들은 정보를 넘겨주면서 자신의 잇속을 챙긴다. 그러면 누구에게도 도움이 되지 않고, 오직 그 염탐꾼에게만 도움이 되는 계획이 막무가내로 추진된다. 결국 많은 사람의 재산이나 기대이익은, 주는 사람과 받는 사람, 이 두 협잡꾼의 이익을 위한 희생양이 되고 만다. 이게 가끔 일어나는 일이 아니다. 중앙집권주의하에서는 반드시 일어나는 일이고, 누구나 예측 가능한 수순이다. 영국에서도 이미 일어난 바 있고, 지금은 전세계로 널리 퍼져 나가는 중이다.

세 번째로, 도덕 면에서 중앙집권주의의 폐해를 보자.

노예근성과 아첨, 이기심과 무관심이 중앙집권주의가 만들어 내는 심성의 특징이다.

중앙집권주의에서는 실질적으로는 아무런 책임감도 없는 고작 몇몇 사람의 의견과 동의에 따라 체제가 움직이기 때문에, 독립심과 자기 존중의 덕목보다는 노예근성과 아첨이 강조된다. 이런 사회에서 주로 득세하는 축은 우연히 높은 자리에 앉은 사람들을 맹목적으로 따르는 족속이다. 원래 사회가 발전하고 건강하게 확장되기 위해서는 모든 사람이 자신들의 장점을 살려 여러 방향으로 노력해 나가야 한다. 모든 사람이 그렇게 할 자유와 기회를 누릴 때 진보가 있고, 발전이 있다. 미리 만들어진 규칙이나 권력을 가진 자의 의견에 맞춰 모든 것이 조정되는 사회에서는 발전이 무망하다. 중앙집권주의가 해로운 이유가 바로 그것이다. 중앙집권주의는 인간의 사고와 행동의 독립을 짓누르고, 개인의 창의적인 에너지, 자기 존중을 인정하지 않으며, 모든 면에서 그런 덕목들이 주도하도록 내버려 두지 않는다. 인간성의 궁극적인 발전을 억압하고야 만다. 그 결과 추악하고, 비굴하고, 조잡하고, 저급한 것들만 남게 되는 것이다.

불행하게도, 중앙집권주의라는 수단을 통해서 자신의 목표를 이루려고 하는 자들은 진리에 대한 자각과 도덕적 고결함도 없기 때문에, 다른 사람의 가치를 떨어뜨리는 방식으로 목표를 달성하려고 한다. 자기 확신이 아닌 자만에 가득 차서 제멋대로 만든 계획에 어긋나는 것은 들으려고도 하지 않는다. 자기 확신은 자만과 다르다. 아니, 다를 뿐만 아니라 오히려 반대되는 속성을 가지고 있다. 자만하는 자는 자신이 아주 중요하다고 생각하면서도, 모든 개인의 노력에 방향성을 제시해 주는 진리에 대한 탐구정신이 없다. 반면에 자기 확신은 책임감을 가지고 진리를 찾고자 하는 노력의 다른 이름이다. 성실하게, 열심히 자기 할 일을 다 하는 자기 자신을 믿는다는 뜻이다. 외부의 도움에 기대려 하지 않는다.

자만에 가득 찬 사람은 잘난 체하는 것이 몸에 배어 있다. 자유민들의 입장에서 보면 중앙집권주의를 획책하는 자들이 늘 입에 올리는, 추켜세우는 목소리보다 더 혐오스러운 게 이것이다.

　　중앙집권주의가 또 자주 하는 짓은 인간의 물욕에 아부하면서, 도덕적, 정신적 무장을 느슨하게 하는 것이다. 물질적인 풍요와 안락, 편의를 다른 모든 가치에 버금가는 것으로 만든다. 그런 다음 그걸 무기로 사람들을 유혹한다. 원래 물질적인 풍요라는 것은 인간이 도덕적, 지적 능력을 발휘해서 그것이 가장 바람직한 결과를 낼 때 저절로 따라오는 것이다. 그런데 중앙집권주의에서는 물질적 풍요 자체가 인생의 목적인 것처럼 가르친다. 또, 노력 없이 풍요로워지는 것을 삶의 목표라고 말하기도 한다. 개인은 정신적으로, 도덕적으로 아무런 노력도 하지 않고, 공무원 무리들이 물질적 풍요를 가져다 줄 수 있으면 가장 좋은 것이라고 우리를 호도하고 있다.

　　인간의 덕성과 지식이 물질만을 추구할 때는 필연적으로 아주 나쁜 결과가 나온다. 보통, 물질문명이 발달한다고 해서 반드시 도덕적 타락이 오지는 않는다. 그런데 지난 세월 동안 이런 불행한 결과가 자주 나타났고, 영국도 예외가 아니었다. 그나마 한 가지 다행스러운 것은, 영국은 그 정도 폐해는 스스로 해결할 힘이 있다는 점이었다.

　　중앙집권주의자들이 그렇게 강조한 덕분인지, 인류의 물질문명은 실제로 엄청난 발전을 이루었다. 기찻길과 증기기관차는 인간이 꿈꾸지 못한 기적을 가져올 것처럼 보였다. 하지만 인류 전체를 놓고 보면 물질문명의 발달로 모든 인류가 어느 곳에서나 똑같은 번영을 누리게 된 것은 아니다. 물질문명이 진정으로 빛을 발하기 위해서는 주민자치정부가 구현되어야 한다. 그런 제도를 사회 전체가 이해하고, 그 가치를 실제 생활에서 구현할 수 있을 때에만 문명에 미치는 효과가 배가 될 수 있다.

사회 전체에 중앙집권주의가 영향을 미쳐 사람들의 물질적 풍요가 최고도에 이른 상태를 "품위가 있다"라고 부르지만, 사실 그것은 품위하고는 전혀 상관없는, 건강하지 못한 상태다. 겉으로 보이는 것을 가장 중요하게 여기고, 내면에 있는 중요한 덕성들을 무시하는 것이기 때문이다. 사람을 고상한 쪽과 저속한 쪽으로 나누는 이상한 태도를 키운다. 사실, 고상해 보이는 겉모습은 그저 겉모습일 뿐이다. 그걸 필사적으로 쫓는 사람들은 솔직하고, 똑바르며, 진실하고, 순수한 인간의 가치를 알지 못한다.

공동체를 세련되게 하고 인간의 지성을 발전시키는 것이 거꾸로 독립정신을 느슨하게 하고, 급기야 인간의 가치를 떨어뜨리는 결과를 낳기도 한다. 이미 오래전에 타키투스가 알아차린 바와 같이, 모르는 사람들은 문명이라고 추켜세우겠지만, 그것은 사실 노예의 징표에 지나지 않는다. 문명은 인생의 목표를 물질적 풍요라고 하지만, 그것은 국가 전체를 노예로 만들기 위한 책략에 불과하다. 문명이 여러 나라를 최악의 상태로 내몰았고, 혁명밖에는 구제 방법이 없게 만들었다. 진정한 문명과 풍요는 의무와 책임을 다하는 개인들의 힘으로 이 땅에 구현될 때 훨씬 의미가 있고, 주민자치정부가 활발하게 작동할 때 그 진정한 가치가 드러난다.

중앙집권주의는 계산에만 밝은 차가운 이기주의를 양산한다. 국가나 이웃에 대한 의무를 이행하지 않아도 누구나 일정 금액을 내면 아무에게도 방해받지 않고, 자기 자신만의 평온한 삶을 살 수 있다고 가르친다. 심지어 그걸 미덕이라고 말한다. 그러다가 문제가 발생하면, 국가가 만든 빈민청이나 보건위원회, 경찰에게 맡기면 된다고 한다. 그런 기관들이란 국민이 낸 돈으로 운영되는 것이기 때문에 국민이 굳이 고민할 필요 없이 거기서 처리하게 하면 된다는 것이다.

중앙집권주의하에서 널리 퍼져 있는 이런 나태와 무관심은 우리가 관심을 가지고 지켜보아야 할 중요한 문제 가운데 하나다. 그런 상태에서라면 사람들이 공공의 복지를 위해 필요한 일을 하고, 공동선을 위해 자신을 희생하게 하는 것이 지극히 어려워진다. 불행하게도 이것이 중앙집권주의의 종착역이다. 수뇌들은 육체적으로는 문명화되어 있지만 도덕적으로는 아직 야만상태나 다름없고, 대중들은 육체적으로나 도덕적으로 나아질 환경에 있지 않다. 중앙집권주의가 늘 만들어 냈고, 또, 만들려고 하는 나라의 모습이 이렇다. 그럼에도 불구하고 국민들은 자신의 안락을 건드리지 않는 한, 아무 생각 없이 그런 사회를 내버려 둔다. 바람직한 인류사회의 모습이 아님에도 중앙집권주의가 발을 들일 때마다 늘 반복되는 일이다.

마지막으로 지적인 면에서의 변화를 살펴보자.

자기 확신을 파괴하고, 자존감과 예지력을 죽이는 제도가 인간의 지성에 초래할 결과는 분명하다. 모든 사람이 자신의 능력을 최고도로 발휘하게 하는 대신 중앙에서 지시하고 통제함으로써, 지적으로, 도덕적으로 무감각한 사람으로 만든다.

인류사회의 궁극적인 목표는 모든 사람이 자신의 재능을 최대한 발휘해서 가장 높은 단계의 인간으로 거듭나는 데 있다. 주민자치정부가 바로 그런 일을 하는데 적합한 제도임은 누차 강조한 바와 같다. 반면에 인간의 지적, 도덕적 발전을 가로막는 가장 효과적인 방법은 그를 의존적인 사람으로 만들어서, 끊임없이 다른 사람을 쳐다보게 하고, 그로부터 지령을 받게 하는 것이다. 모든 것은 내 힘으로 내가 하는 것이 아니라, 나를 위해서 다른 사람이 하는 것이라는 생각을 심는다.

인간이 배운다는 것과 지시를 받는다는 것은 아주 다른 결과를 낳는다. 단순한 작업을 할 때는 그 차이가 크게 보이지 않지만, 인간의 지성과 사고에 지속적으로 작용하면 그 차이는 엄청나게 커지고 만다. 지시를 받을 때, 사람의 마음은 복종과 종속, 무조건적인 흉내에 익숙해지고, 반대로 배운 바대로 목적을 달성해 가는 과정에서는, 자존감과 독립심, 깊이 생각하는 습관이 밴다. 진정한 배움의 자세를 갖게 되면, 인간이 설정한 목표는 저절로 이루어질 수도 있다. 우리는 앞에서 주민자치정부가 진정한 배움의 기회를 제공한다고 말한 바 있다. 중앙집권주의는 반대로, 교육을 말살시킨다. 창의력과 자유로운 사고력, 지적 호기심을 죽여 인간의 지성을 빈사상태에 놓는 것, 그것을 교육이라고 한다. 인공구조물을 삽입해서 지성의 복원을 방해하고 왜소하게 만들고는, 품위가 생겼다고 말한다. 진정한 교육과는 정반대 방향으로 유도하는, 그야말로 교육의 확실한 적이라고 할 수 있다. 좋은 교육은 무엇보다 능력을 키우는 것이어야 한다. 그런데 중앙집권주의하에서의 교육은 능력을 죽인다. 능력을 키우기 위해서는 연구를 하고 토론을 해야 하는데, 중앙집권주의에서는 그게 가능하지 않다. 인간의 정신과 사고를 황무지로 만들고, 그런 상태를 평화와 문명이라고 부른다. 인간이 태어난 목적은 다른 사람의 도구로 살기 위한 것이 아니라고 믿는 사람의 입장에서는, 그런 사회에서는 혁명 외에 다른 도리가 없다. 인간을 황무지로부터 구원하고, 그러면서도 동시에 혁명이라는 과격한 방법 말고 다른 방법으로 이 세상을 개조하기 위해서는 주민자치정부의 원칙을 최대한으로 구현하도록 노력하는 수밖에 없다.

중앙집권주의는 정치, 사회, 도덕, 지식의 모든 영역에서 사람들의 기운과 활력과 노력을 저해하고 억제하는 것을 목표로 한다. 그런 상태라야 몇몇 무책임한 공직자가 마음대로 조정할 수 있고, 간섭할 수 있기 때문이다. 그런 사회에서 인간은 타락하고, 퇴화한다. 자유와 자유로운 제도의 이념과는 전혀 다른 방향으로 가는 것이다. 진실은 질식되고, 참된 탐구는 길을 잃는다. 조심스럽게, 합리적으로 진실을 찾아가는 것이 아니라 극히 개인적이고, 이해관계에 좌지우지되는 계획이 선포되고 집행된다. 그런 사회에서는, 경우에 따라 정도가 심하거나 약한 차이는 있을지 몰라도, 궁극적으로 인간의 능력을 개발하는 것이 아니라 퇴보시키는 결과가 나온다. 사람들의 능력이 최대한으로 발휘되는 주민자치정부에서에서는 모든 것이 자기 주도적으로 진행되고, 지역과 개인의 역량이 결집되는 데에 반해, 중앙집권주의에서는 정반대의 결과가 도출되는 것이다.

아담 스미스는 복권에 투자하는 일이 얼마나 어리석은 것인지 다음과 같은 예를 들어 설명한 바 있다. "만약 여러분이 모든 복권을 사기로 마음먹는다면, 여러분은 100% 돈을 잃게 될 것입니다. 복권을 많이 살수록 잃을 확률이 높아집니다. 그러다가 전부를 사게 되면 반드시 잃는 결과가 나옵니다. 수학이 그걸 정확하게 보여 줍니다." 이와 같은 지적은 중앙집권주의에도 똑같이 적용된다. 중앙집권주의를 처음 도입할 때, 그 고유한 폐해를 숨기기 위해 일부분이나, 작은 부분에만 적용되는 것으로 위장한다. 하지만 점점 더 그 영역이 확대된다. 그래서 자유의 정신에 투철한 사람들은 이런 제안이 오면 처음부터 거절한다. 조금 더 물질적으로 풍요롭기 위해서 자유와 독립의 정신을 버리고 노예의 길로 들어설 수는 없기 때문이다. 중앙집권주의의 길로 들어서면 결과는 똑같다. 폐해가 모든 자유민에게 똑같이 돌아간다. 복권을 사면 살수록 손해를 보는 것처럼 한 걸음, 한 걸음 양보하다 보면 필연적으로 중앙집권주의의 족쇄를 차게 된다. 오늘은 빈곤법을 핑계로 대고, 내일은 건강권, 경찰 제도를 핑계로 댄다. 그렇게 하나하나 족쇄를 채워 가면서 다음 단계로 이행한다. 자유민과 자유로운 제도는 시들어갈 수밖에 없다. 그것이 바로 역사가 알려주는 바다.

중앙집권주의는 전제군주의 지배방식이고, 공동체주의는 자유민의 제도이며 활동영역이다. 오늘날 우리 공동체가 하나둘 없어지고 문을 닫으면서 우리는 매일 원기와 활력을 잃어가고 있다.

분명히 강조해야 할 것은, 중앙집권주의로 가는 길은 모든 선량한 시민들이 최대한 저지하고 저항해야 할 것이지만, 그 대안에 대해서도 다시금 바른 생각을 할 필요가 있다. 우리를 그냥 내버려 둬라, 라고 하는 것은 대안이 아니다. 진정으로 자유로운 사람은 자치의 정신을 자신들의 생래적 권리로서 주장할 것이고, 그것을 가장 자랑스럽게 여길 것이지만, 그것 역시 의무와 책임에 따라서 제한을 받을 수밖에 없는 제도라는 점도 잊지 않는다. 자유민은 남들이 자신의 일에 개입하고 간섭하는 것을 용인하지 않을 테지만, 반대로 공동선을 위하여 자신의 책임을 다하여야 한다는 점도 잊지 않는다. 아무것도 하지 않는 것은 자유민의 자세가 아니다. 중앙으로 집중시키는 것은 군주의 기술이자 책략이며, 바깥으로 분산시키는 것은 좋은 정부를 바라는 사람들의 지혜로운 결단이다. 주민자치정부의 발전을 위해서는 이와 같은 결단의 자세가 필요하다.

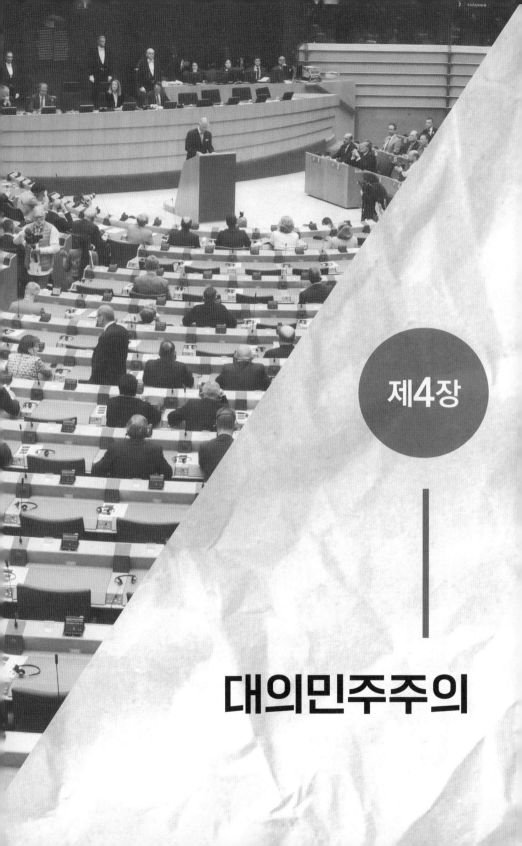

제4장

대의민주주의

제4장

대의민주주의

헨리 3세 재위 9년 되던 해에, 교황은 영국 왕에게 몇 가지 요구사항을 전달하기 위해 대사를 영국에 파견했다. 하지만 교황이 받은 대답은, 영국 국왕은 영국 교회와 주민 모두의 이해가 걸린 사항에 대해서는 아무런 결정도 하지 않을 것이고, 할 수도 없다는 것이었다. 그 똑같은 취지가 헨리 3세의 아들인 에드워드 1세 재위 23년이 되던 해에도 발표된 적이 있다. "모든 국민의 권리에 관련된 일은 국민들이 결정해야 한다"라는 원칙이다.

헨리 3세 재위 23년, 이번에는 로마교황이 아니라 영국 왕이 웨스터민스터 수도원장을 거간으로 세워서 런던 시에 관련된 문제를 당시 런던시장과 협의하고자 했다. 그러자 이번에는 런던시장이 똑같은 내용의 답을 전했다. "우리 시에 관련된 일에 대해서는 시민 전체의 동의가 있어야 한다"라는 것이다. 왕은 왕국 전체의 대표자이지만, 런던시장은 런던 시민 전체의 의사를 따를 수밖에 없다는 뜻이다.

이외에도 수많은 사례가 있겠지만, 바로 이런 사례가, 지역이든 국가 전체든 상관없이 우리가 얘기하고자 하는 대의민주주의의 본질을 정확히 보여주는 것이 아닌가 싶다. 영국 헌법의 기본원칙에 따르면, 주민들의 진정한 동의가 없는 한 그 어떤 것도 법이 될 수 없다. 모든 안건은 주민자치정부에 제출되어 토론의 과정을 거쳐야 하고, 주민들은 전체의 의사를 표현하고, 그를 실현할 수 있는 방법도 결정해야 한다. 마찬가지로 특정 지역 내의 사안에 대해서 전권을 가지고 있는 주민자치정부도 국가 공통의 일에 대해서도 자신의 의견을 표현할 수 있고, 지역마다 약간의 편차가 있을 수밖에 없는 그 의견들을 한 데 모으는 장치가 마련되어 있어야 한다. 그런 장치가 바로 주민자치정부를 보충하는 장치로서 의미가 있다.

여기서 한 가지 명심해야 할 것은, 대의제 정부라는 말 속에 이미 국민이 그 권력의 원천이라는 사실이 포함되어 있다는 사실이다. 의회 자체가 가지고 있는 권력이나 권위가 따로 있을 수 없다. 그 권력은 오로지 원천으로부터 나온 것이고, 원천은 의회보다 훨씬 더 중요하다. 자손이 부모를 억압하고 이기려 하면 더 큰 불행이 닥치는 것과 같다. 주민자치정부가 활동을 멈추면 의회는 아무런 헌법적 근거가 없으며, 그 주민에 대한 일을 논의할 정당성도 없다. 그것은 마치 권력을 찬탈한 독재자가 아무도 그에게 권한을 주지 않았음에도 불구하고 혼자서 권력을 행사하는 것과 같다.

요컨대, 의회 제도의 본질은 위임받은 권력을 행사하는 데 있다.

한 나라의 의회가 할 일은 대외관계 등 국민 일반이 관심을 가지고 있는 사안에 관한, 국가 전체의 의견을 취합하는 일이다. 이를 위해 긴급회의 등 국민의 의견을 전체적으로 수렴할 기구를 만들고, 국민의 의사를 집행할 방법을 고안해 내야 한다. 이것이 바로 주민자치의 원칙에서 도출되는 당연한 결론이다. 그렇지 않고 다른 기구를 두어 의견을 수렴하거나 아니면 중앙정부가 지역의 의사를 대변하는 것은 전부 좋은 방법이 아니다. 의회는 또, 국가 전체에서 마치 최고 상소법원과 같은 역할도 해야 한다. 그런 일은 영국처럼 상원이 할 일이 아니다. 법률문제가 까다롭고 전문적이라는 것을 핑계로 상원이 찬탈해 간 것 같은데, 그것 역시 중앙집권주의적인 발상이다. 상원이든 하원이든 의회가 아무 일이나 자기 것인 양 가져가려 해서는 안 된다.

옛날 법을 들춰보면 나의 이런 생각과 똑같은 내용을 표현하는 글이 많다. 가령, 우리나라의 시의회는 그 지역의 문제와 관련해서 법에 정한 대로 집행하고, 고충을 처리하기 위해서 설립된 기관이라는 점이 여러 군데 명시되어 있다.

이처럼 대의제와 관련해서 꼭 기억해야 할 것은 대의기구가 그 자체로 권력의 원천이 되어서는 안 된다는 점이다. 의회는 대의민주주의를 위해서 만든 기관에 불과하고, 그 자체로는 실체가 없다. 국가의 당연한 구성부분도 아니고, 하위기구를 둔다고 해서 약해지고 말고 할 자기 본질도 없다. 의원들의 특권을 위해서 그를 파견한 국민의 자유가 침해되는 것은 따라서 말도 안 되는 일이다.

이 점을 특히, 끊임없이 강조해야 한다. 요즘은 의회나 시의회를 중심으로 귀족정치가 자행되고 있다. 그들이 가면을 쓰고 요술을 부린다. 국민을 억압하는 독재를 흉내내고, 의회라는 이름으로 국민의 자유를 강탈하려는 시도를 자행한다. 벌리 경(Lord Burleigh)이 영국이 망한다면 그 이유는 의회 때문일 것이라고 말한 이유가 그것이다. 1688년 이후 영국에는 의회를 포함해서, 구의회 등등의 자질구레한 대의기구들이 늘어나고 있다. 그러다가 최근 들어 그 정점에 이른 것 같다. 요즘 많이 얘기하는 선거구 제도를 생각해 보자. 선거구는 의원을 찍어내기 위해서 만들어 낸 허구에 지나지 않는다. 의회가 하라는 일은 안 하고 어떻게 하면 의원이 될 것인가만 고민하고 있다는 점을 여실히 보여주는 사례가 바로 그 선거구 제도이다.

대의민주주의에서 의회의원이 국민 몇 명을 대표하고, 국민이 자신의 일을 처리할 권한을 의원에게 주어 의회가 구성된다는 것은 해괴망측한 이론이다. 나라 전체를 놓고 보면 결국, 공통의 관심사를 가진 일정 수의 사람들이 있을 수 있다. 그것이 시나 구와 겹칠 수도 있고, 시나 구 안에 다른 여러 묶음이 있을 수 있다. 그리고 그 사람들, 즉, 주민들에 관한 일 외에 국가 전체와 관련되는 일도 당연히 있다. 하지만 틀림없는 것은, 그중 지역의 일은 지역주민들이 알아서 해결할 것이지, 국가 전체를 대표하는 기구가 간섭하거나 통제할 일이 아니라는 점이다. 마찬가지로 국가 전체를 대표하는 기구는 개인의 일에도 간섭할 수 없다. 의회는 여러 기구의 의견을 대표할 뿐이지, 국민 개개인을 대표하는 게 아니다. 따라서 의회가 담당할 일은 국가의 업무에 국한된다. 개인의 일도, 특정 지역의 일도, 그것이 국가 전체의 일과 관련되어 있지 않은 한 의회가 다룰 일이 아니다.

의회가 공동선을 추구하는 기구가 아니라 중앙집권주의와 독재화에 앞장 서는 기구가 되지 않기 위해서는 국민이, 개인적으로 또는 단체로, 의회를 감시해야 한다. 모든 문제에 대해서 의회에 따질 준비가 되어 있어야 한다. 프랑스의 경우는 국민의 보통선거를 통해 의회를 만들어 놓고, 결국은 나라 전체를 귀족 몇 명에게 헌납하고 말았다. 진정한 대의민주주의국가라고 할 수 없는 나라가 된 것이다.

의회의 권력이 유래하는 유일한 원천이 무엇인지 제대로 알지 못할 때 생기게 되는 폐해 중 하나는, 자유의 적들이 국가 제도를 국왕의 하사품이나 아이디어 정도로 여긴다는 데 있다. 권력은 국왕으로부터 나오는 것이 아닌데도 말이다. 이에 관해서는 윌리엄 1세의 사례에서 이미 설명한 바와 같다. 최근에 조금 더 놀랍고 위험한 주장이 대두되었는데, 그것이 바로 영국 의회는 비교적 최근에 시작된 제도이고, 헨리 3세(1207~1272) 재위 49년 이전에는 아예 없었다는 주장이다. 주로 1688년 이후에 대두된 이 주장은 영국 헌법과 영국법의 기본원칙과도 맞지 않는 주장들 가운데 하나인데 어쩌다 적지 않은 지지자를 얻게 되었다. 화이트로크(Whitelocke)는 찰스 2세 앞에서, 자기가 쓴 글이나 말로는 왕의 호감을 살 방법이 없다고 생각했는지 의회 고대기원설은 허무맹랑한 것이라고 왕이 듣기 좋게 말을 한 다음에, 실제로 의회의 기원에 대한 연구를 시작한 바 있다. 그가 공들여 쓴 논문 "왕의 영장에 관하여" 가운데 의회 부분이 있는데, 거기 보면 전부는 아니지만 고대사에 존재한 의회에 관한 기록을 상당 부분 연구한 흔적이 있다. 그런데 1688년 혁명 이후에 아첨하기 좋아하는 작자들이 또 나타나서 영국 의회의 근대기원설을 다시 주장하기 시작했다. 그게 의회를 낮게 보는 왕의 환심을 사고자 하는 사람들에게는 더없이 좋은 주제로 보였던 모양이다. 그 이후로도 계속 이런 주장이 나왔고, 헌법사에 대한 제대로 된 공부가 시들해진 틈을 타서 다수 학자가 거기 포섭되었으며, 요즘에는 아예 정설로 굳어지고 말았다. 아주 잠깐 동안만 역사적 사료를 들여다보아도 금세 바닥이 드러날 것인데도 말이다.

먼저, 의회(parliament)라는 단어 자체가 헨리 3세 즉위 49년, 즉 1256년 이전에 만들어진 단어다. 글자로는 그 이전에 발간된 기록에 나오고, 글자가 아닌 의회 자체에 대한 기록도 당연히 찾을 수 있다. 런던 시 기록보존소(Archives of the Corporation of London)의 "Liber de antiquis legibus(고대법서)"라는 기록에 보면 여러 번의 의회가 개최되었으며, 그중 두 번은 헨리 3세 재위 38년과 40년에 개최된 바 있다고 기록되어 있다. 매튜 패리스(Matthew Paris)의 흥미롭고 중요한 역사책에 보면 이 의회에 대한 설명이 나오는데, 그에 대해서는 나중에 다시 인용하기로 한다.

이미 앵글로-색슨 왕조 시절에 영국 의회가 자주 열렸고, 그 사실은 현재도 존재하는 법령이 확인해 주고 있으며, 당시 편지를 통해서 확인되기도 했다. 이 주제를 연구하는 유명한 학자 한 명이, 전부는 아니라고 하면서 총 120회에 걸친 앵글로-색슨 왕조 치하 의회의 목록을 제시한 적도 있다. 심지어 어떤 사람은 그보다 더 숫자가 많았다고 주장하기도 한다.

윌리엄이 해롤드를 불러 윌리엄이 영국 왕위를 요구하는 경우 이를 돕기로 한 서약을 지키라고 한 데에 대해서, 해롤드는 이렇게 대답한다. "영국 왕위와 관련된 합의에 이를 때 제가 반드시 지켜야 하는 원칙은 영국 국민이 만든 법과 의회의 동의가 없으면 저는 아무것도 할 수 없다는 것입니다." 바로 이 말을 직접 듣고 적은 역사가가 윌리엄 1세의 아들, 헨리 1세 치하에서 살던 사람이다.

윌리엄 1세 시절에는 의회가 많이 열리기도 했지만, 그 의회의 구성에 관해서도 아주 흥미로운 사실이 발견된다. 이 점은 잠깐 뒤에 다시 언급할 것이다.

존왕 재위 15년, 귀족들뿐만 아니라 왕국 내의 모든 도시와 자치구에 대하여 의회에 참석하라고 명령하는 취지의 소환장이 발송되었으며, 지금도 보관되어 있다. 의회가 실제로 열렸다는 점을 보여주는 대목이다.

대헌장의 문구를 보면 영국 전체 의회의 동의를 받아 만들었다는 점을 확인할 수 있고, 헨리 3세 재위 9년판을 보면 백작과 남작, 기사, 자영농, 그리고 왕국의 모든 주민이 왕을 도왔다는 문구가 나온다. 의회의 동의를 받았다는 뜻일 것이다.

에드워드 1세 재위 29년에 교황의 친서를 가져온 대주교에게 왕은 "왕국의 사무와 관련된 일에 대해서는 그 결정의 영향을 받는 국민들로 구성된 의회의 동의를 받아야 한다는 것이 영국의 원칙입니다"라고 대답한 바 있다.

지금까지 제시한 걸로 충분한 증거가 되겠지만 그보다 더 확실한 사례로는 고대로부터 전해 내려오는 왕의 선서(Coronation Oath)(최소한 에드워드 1세 시절부터는 존재했음)가 있다. 그 선서에 따르면 왕은 즉위에 앞서 "모든 주민과 국민들이 선택한 제도와 법을 지키고 보존하겠다"라고 선언해야 한다.

또 하나 확실한 예는 헨리 3세에 관한 일화에서 찾을 수 있다. 그는 재위 49년에 원하지 않지만 사정상 당시로서는 새로운 제도라고 할 수 있는 의회를 소집해야만 했다. 그 결과 이브섐(Evesham) 전투를 승리로 이끌 수 있었다. 만약 그가 다시 그 이후로 의회를 소집하지 않았다면 의회의 명맥이 끊어질 수도 있었다. 하지만 헨리 3세는 순리와 원칙에 따라 의회를 계속 소집하기로 했고, 이를 "영국이 요구하는 원칙"이라고 말한 바 있다.

앞에서 잠깐 언급한 것처럼 아직도 존재하는 윌리엄 1세 시절의 법령에는 의회의 구성에 관한 놀라운 사실이 하나 적혀 있다. 본 주제와도 관련이 깊을 것 같아서 정리해 보자면, 당시 의회는 "보안관들과 장로들, 중앙과 지방의 행정관들"로 구성된다. 즉, 영국 전체에 산재해 있는 주민자치정부의 수뇌들을 그 구성원으로 하고 있는 것이다. 이미 앞에서 본 것처럼 이렇게 구성해야만 진정한 대의민주주의의 취지를 구현할 수 있기 때문이다. 주에서는 보안관이 오고, 읍에서는 장로들이 오고, 자치구와 시 등에서는 행정관이 온다. 의제에 대한 각 지역의 의견을 가장 잘 아는 사람들이 채택 가능한 안을 제시하고 그중 하나가 채택되는 것이다. 의원 개인 자격에서 보면 왕이 원하는 바에 맞춰주는 것이 좋겠지만, 자신들이 할 일은 맡고 있는 지역의 의견을 전하는 것이고, 또, 지역민들의 분위기를 잘 알고 있기 때문에 어디까지가 수용 가능한지 판단할 수 있다. 당시는 물론이고 윌리엄 1세 이후도 오랫동안 보안관은 자유민들 가운데서 선출되었다는 점도 기억할 필요가 있다. 장로와 그 밖의 행정관도 마찬가지다. 이 점에 대해서는 다음 장에서 더 자세히 설명하겠지만, 당시에는 장로와 그 밖의 행정관도 다 주민이 선출해서 의회에 파견했다.

　의회 구성원으로서 자격이 무엇이었는지에 대한 흥미로운 기록도 남아 있다. 의회 구성원은 어떤 사람이어야 하는지에 대해서는, 처음 의회에 관한 기록이 등재되었을 때와 지금이 많이 다를 것이다. 다음 기록은 헨리 6세 재위 3년인 1425년 의회에 대한 것이다. 코크 경이 이 기록을 읽고 조금 더 알기 쉽게 정리하고 있는데, 원본보다도 훨씬 더 이해하기 편할 것이다.

의원 자격과 관련해서

　"의회 기록에 보면 이 의회의 이름은 시의회이고, 구성원은 시의원이라고 부르는데, 시의원은 다음과 같이 세 가지 특징을 갖추어야 한다. 첫째, 화가 없어야 하고, 둘째, 강고하고 굽힐 줄 몰라야 하며, 셋째, 완벽한 기억력을 갖추어야 한다. 이런 특징을 모든 의원들이 가지고 있어야 하는데, 생각해 보면, 첫째, 화가 없다는 것은 악이나 원한, 분노, 질투 등이 없어야 한다는 점을 강조하는 것 같고, 둘째, 의원은 일관된 자세를 유지하여야 하고, 압력이나 대가, 특혜에 굴복하거나 그로 인하여 의견을 바꾸어서는 안 된다는 점을 지적한 것 같다. 또, 의원은 판단을 함에 있어서 누구에게도 영향을 받아서는 안 된다. 셋째, 기억력이 좋아야 하는 이유는, 과거의 일을 잘 기억해야 미래의 위험에 대비할 수 있다는 점을 기록이 강조하고 있는 것 같다. 여기에 덧붙여 나는 두 가지가 더 추가되어야 한다고 본다. 하나는 아무리 능력이 좋은 의원도 사교성이 있어야 한다. 생각해 보면 몰려다니는 동물이 덜 위험한 법이다. 양과 사슴이 그렇다. 반면에 혼자 다니기를 좋아하는 곰이나 여우는 위험하고 해롭다. 또, 의원은 인간에 대한 애정이 있어야 하고 그것이 의원들을 옳은 길로 인도할 것이다. 모든 의원은 이런 속성을 갖추어야 한다."

　보통 주민자치정부의 책임자라고 할 수 있는 보안관이나 행정관들이 의회의 구성원이 되고, 자유민 전체의 모임에서 이들을 선출한다. 다만 경우에 따라 그들이 전부 지역을 비우고 떠날 때를 대비해 대신 의회에 출석할 사람을 따로 뽑기도 하는데, 그 선출 방법 역시 주민투표였다. 물론 이 점에 대해서는 확실한 직접증거를 댈 수는 없다. 주와 관련해서는 헨리 6세 당시 법령 제7호 제3장에 이를 확인할 수 있는 내용이 들어있을 뿐이다. 해당 법령은 귀족정치를 시작하기 위해 일부 국민의 선거권을 제한하는 취지의 개정이었다. 또, 간접증거도 있다. 그 이전의 법과 기록에 의하면 시민은 그가 누구든 상관없이 선거에서 한 표를 행사할 수 있다. 다만 시의 경우는 얘기나 상황이 약간 다르다. 주와는 달리 시에서 선거권이 제한되기 시작한 것은 개혁법(Reform Act)이 발효되고 나서였다. 그 외에도 지역에 따라 편차가 있었겠지만, 보통법의 선거원칙은 확실하다. 즉, 모든 주민에게 투표권이 있다는 것이다. 제임스 1세 재임 23년 영국의 유명한 법률가들로 구성된 선거위원회는 숙의 끝에 선거권은 보통법상 보편적인 권리라는 사실을 선언한 바 있다. 자유민에게만 주어진 권리가 아니라 모든 주민과 가족구성원, 성내에 사는 주민 모두가 보편적인 권리로서 선거권을 가지고 있다는 것이다.

농노라고 해서 선거권이 없다는 규정도 없었다. 농노를 노예라고 잘못 해석하는 문헌들이 있지만, 농노는 노예가 아니다. 주민자치정부의 일원이고, 직접 주민총회(Folk Mote)에 참석하지 못해도, 정당한 계약으로 주종관계를 맺고 있는 귀족을 통해 권리를 행사할 수 있다. 또, 귀족과 농노의 관계도 우리가 생각하는 것 같은 강력한 종속관계가 아니었다. 농노도 자신의 일에 대해서는 스스로 결정할 권리가 있고, 그 외의 일에 대해서는 귀족에게 자유롭게 의사표시를 위임하는 방법으로 권한을 행사했다. 즉, 주민자치정부의 이념이 여기서도 정확하게 구현되고 있다.

옛날 기록에 보면, 최근과 달리 마을과 도시의 규모가 조금 더 작다. 주 인구도 지금보다 작기 때문에 주 안에 또 다른 대의기구를 둘 필요가 전혀 없었다. 기초의회라고 할 수 있는 주의회에 모든 주민이 소환장을 받았고, 거기 참석해서 모든 문제에 대한 의견을 제시할 수 있었다. 영국의 주민자치주의가 그만큼 잘 작동하고 있었다는 사실을 보여주는 대목이다. 모든 주는 100인회로 나누어지고, 시와 자치구는 작은 구(ward)로 나뉜다. 각 하위그룹의 구성원이 자주, 정기적으로 만났으며, 조금 더 큰 의회가 구성될 때 가서 자신의 의견을 정확하게 발표하는 훈련이 잘 되어 있었다. 우리가 요즘 보는 주민총회와는 모습이 많이 달랐다. 보여주기식 토론이 아니라 진짜 토론을 통해서 주민 대소사에 대한 결정이 이루어졌다.

다만 배심원은 우리가 지금까지 본 주민자치정부와는 약간 다른 면이 있었다. 배심원은 주민 전체가 참여하는 기구가 아니라 그 특성상, 일종의 대표기구였다. 행정적인 일처리를 해 줄 대표자를 뽑아서, 그들이 시와 주의 일을 대신 처리해 주었다.

어떤 자리에, 어떤 사람을 뽑는 선거이든지 간에, 선거가 있으면 항상 그 일시와 장소에 대해서 모든 선거권자에게 통지를 했다.

중요한 것은, 주민총회에는 늘 선거가 있다는 점이다. 주민자치정부의 다른 업무와 마찬가지로 선거 역시 공개적으로, 모든 주민이 보는 앞에서 이루어졌다. 의원 선거와 관련해서 헨리 4세 재위 7년에 통과된 법 제3장을 보면 영국의 보통법 원칙들이 비교적 선명하게 선언되어 있다.

"의회 소집명령이 떨어지면 바로 다음 차수의 주민총회 일시와 장소가 공표되어야 하고, 거기 참석한 모든 주민, 그리고 별개의 소송으로 주민총회에 참석한 원고들도 전부 의회에 보낼 의원 선거에 참여한다. 주민총회에서는 어떤 명령이나 부탁에도 자유롭고, 투명한 선거권 행사가 보장되어야 한다. 왕의 명령도, 영장을 포함한 어떠한 강제 수단도 이를 방해할 수 없다."

선거는 모두 현장에서의 직접선거를 원칙으로 한다. 최근 도입된 우편선거는 당시에는 있을 수 없는 일이었다. 그런 것은 자기가 속한 공동체에 관한 의사결정권을 정확하게 행사하지 못하도록 하는 중앙집권주의자들의 계략일 뿐이다. 선거는 당일 아침 8시에 시작해서 11시에 끝나도록 되어 있었다.

주민총회에서 자주 회합을 갖는 것이 얼마나 중요한지 주민들은 잘 알고 있었다. 임기는 왕을 제외한 모든 공직에서 1년을 원칙으로 했다. 그것이 헌법정신이었으며, 의회에 파견될 의원도 마찬가지였다. 그리고 의회는 최소 1년에 한 번 열리는 걸 원칙으로 한다. 헨리 3세 재위 2년인 1258년 옥스퍼드 위원회는 의회 개최에 관한 원칙을 정하기 위해서 열렸는데, 여기서 다음과 같은 안을 만든 바 있다. "의회는 1년에 3회 열리는데, 한 번은 성-미카엘 축일 이후 8일 이내에, 또 한 번은 성촉절 다음날, 마지막 한 번은 성-요한의 날 3주 전인 6월 1일로 한다"라는 것이다.

여러 법령에서 확인할 수 있는 바와 같이 영국 의회는 영국법의 유지와 민원 처리를 위해서 매년 최소 1회 열리며, 필요한 경우에는 임시회를 연다고 규정되어 있다. 실제로 1회 이상 의회가 열렸던 기록도 여러 군데서 찾을 수 있다. 하지만 왕들은 예나 지금이나 의회가 거추장스럽다. 그래서 여러 번 열리는 것에 반대하는 목소리를 내기도 했다. 반대로, 의회가 너무 자주 열리는 것에 대한 불만의 목소리도 없지 않았다. 그만큼 자주 선거를 해야 하기 때문이었다. 하지만 어떤 경우에도 영국법상의 원칙은 모든 선거는 주민 전체의 총의에 따른다는 것이었다.

찰스 1세 재위 16년 우리의 관심을 끄는 법령이 하나 통과되었는데, 그 취지는 왕이 의회 소집명령을 발하지 않아도 의회는 자주 열려야 한다는 것이었다. 왕이 불법적으로 오랜 기간 동안 의회를 열지 않고 통치하는 일을 방지하기 위한 조치였다. 헨리 4세 시절 법률 제7호 제15장을 인용하면서 이 법령은 같은 원칙을 거듭 선언하고 있다. 매년 열려야 한다는 것에 동의하는 사람들은 지금도 이 법령의 존재를 중히 여긴다. 왕이 3년 동안 의회를 소집하지 않으면 왕의 소집명령 없이도 세 번째 해의 마지막에 의회가 열린다는 뜻이다. 이런 내용은 보통법과 그 이전에 선포된 여러 법령의 취지와도 부합한다. 하지만 찰스 2세 재위 16년에 이 법령은 폐지되었고, 대신 세 번째 해 말에 왕은 의회 소집을 명해야 한다는 것으로 문구가 바뀌었다. 의회소집권을 혁명이 아닌 방법으로 왕에게서 빼앗아 오는 것을 포기하고, 의회를 소집할 권한 자체는 왕에게 남겨두는 대안을 택한 것이다. 사실 이런 조치는 영국 법에 반한다. 그동안 발표된 법을 특별한 수권도 없이, 일방적으로 바꾸는 것이었기 때문이다. 이어서 조지 2세 때에 오면 소위 7년법이라는 법도 통과되었다. 자유로운 제도를 달가워하지 않는 적들이 이제는 3년이 아니라 7년 동안 의회가 안 열려도 된다고 선언한 것으로, 영국의 보통법과 헌법 상 원칙에 정면으로 반한다. 이후로 수세기 동안 이러한 실무가 굳어져 갔다. 중앙집권주의라는 악령이 오랜 역사를 가진 영국인의 권리를 침해한 사례로 후세에 기록될 것이다.

주민자치주의를 구현하는 주민총회는 한 개인의 힘으로 좌지우지할 수 있는 제도가 아니다. 자주, 규칙적으로, 정해진 날에 주민들이 만난다. 당연히 통지를 하는 게 행정관의 의무이지만, 설령 소집명령서가 없더라도 주민들은 만날 권리가 있다. 특히 최근에는 주민총회가 한 달에 한 번 열린다는 게 영국의 법이다. 자신의 권리와 의무를 제대로 인식하고 있는 자유민들은 그들 모두에게 관련된 문제를 토의하고 결정한다. 오래전부터 그들의 특권이자 권리인 이것을 의회나 정부가 좌지우지하도록 내버려 두어서는 안 된다. 암묵적으로 의회의 그런 간섭권을 인정하는 것은 여러 사람을 위험에 빠뜨리게 하는 일이다. 그럼에도 자유의 적들은 의회 자체보다도 더 중요한 주민총회라는 제도를 폐지하려고 하고 있다. 주민자치주의의 이념과 실무에 더 빠르게 침입해 들어오고 있는 것이다.

의회의 구성원들은 법으로 그들이 한 일에 대한 보수를 청구할 권리가 있다. 구성원으로서 지금이라도 이 금액을 청구할 수 있다. 입법자의 모든 활동의 근거가 되는 헌법과 보통법을 무시하고, 직접 또는 간접적으로 주민의 자유를 침해하는데도, 그 일에 대한 보수를 요구한다는 것이 사실, 마땅치 않아 보이기는 한다. 하지만 이것 역시 법을 지키는 문제이고, 일을 한 사람에게 보수를 지급하는 것은 주민자치정부의 기본이념에 부합하는 일이다. 나라의 자유를 증진시키기 위해 노력한 사람은 당당하게 보수를 요구할 수 있고, 영국의 보통법과 실정법은 이를 당연한 것으로 여긴다.

상원은 헌법적으로 볼 때, 주민총회와 대의민주주의가 결합한 독특하고 흥미로운 사례다. 우리는 앞서 노예와 주인으로서가 아니라, 서로 합의한 원칙에 의거해서, 자유민 한 사람이 여러 사람들을 대신해서 주민총회에 참석하는 경우가 있다고 했다. 총회에서 자유민은 자신의 일에 대해서는 자신을 위해서, 남들의 일에 대해서는 남을 위해서 행위하면 된다. 배심원들이 그런 것처럼, 귀족은 자신을 대표하는 자유민으로, 다른 한편으로는 다른 사람의 대리인으로 주민총회에 참석한다.

대의민주주의의 일환으로서 이와 같은 상원에 대하여 이상하게 여기는 사람들이 많다. 따라서 설명을 위해서, 자주 인용되는 사례 가운데 하나를 소개하기로 한다. 바로 에드워드 3세 재위 14년에 일어났던 일이다. 당시 왕에게 국민의 지지가 필요한 일이 생겼다. 하지만 귀족들과 자유민들 모두 자신에게 주어진 책임과 역할을 잊지 않고 있었다. 그래서 다음과 같이 대답했다고 기록되어 있다. "우리 성직자들과 백작과 남작은 우리 자신과 소작인들을 위해서 일을 할 것이고, 주의 기사들은 기사들 자신과 이 땅의 모든 주민을 위해서 일을 할 것입니다. 귀족은 자신들을 대표할 뿐만 아니라 자신들에게 권한을 위임해 준 사람들을 대표하는 것이고, 주의 기사들은 자신들은 물론이고 그 기사들이 없다면 자신의 뜻을 의회에 전할 수 없는 모든 평민들을 대표합니다."라고. 이런 태도야말로 양식 있는 시민들이 모든 문제를 다룰 때마다 가져야 하는 태도이고, 의회로서의 상원이 견지해야 할 자세라고 할 수 있다.

그런 면에서 오늘날의 상원은 우리가 예전부터 가지고 있던 시의회와 유사하다고 할 수 있다. 그때도 시의회 의원은 선거를 통해 선출되었으며, 선출된 사람들 각각은 자기 지역의 이익을 대표했다.

한 가지 궁금한 것은, 의회 안에 오늘날의 상원과 같은 기구가 어떻게, 왜 살아남게 되었는가, 하는 점이다. 지금은 귀족과 평민의 구별이 없기 때문에 상원의 대의기구로서의 역할은 이미 없어진 지 오래인데, 어떻게 그 이름이 남아 있는지 의문이 아닐 수 없다. 상원의원들이 지금도 각자가 대표하는 지역의 복지를 위해서 열심히 노력하고, 상원의원으로서의 정보접근권 등을 십분 활용해서 지역민들을 위해 필요한 사업들을 벌이고 있다면, 그것이 헌법적으로 약간 이상한 제도라고 해도 어느 정도 인정해 줄 수 있다. 이름이 무엇이든 간에 그들은 대의기구로서의 역할을 충실히 하는 것이기 때문이다. 그리고 다행스럽게도 이런 평가가 무색하지 않게 일을 하는 상원 의원들도 있다. 그들이 진짜로 자신의 역할을 그런 대의기구의 일원이라고 여기고 있는지에 대해서는 의문이 없지 않지만, 시류에 흔들리지 않고, 자신들만의 의견을 표명하는 기관이 있다는 것은 의미가 없지 않다. 가끔 국민들의 지지를 못 받는 경우가 있어도 존속할 필요가 있다고 보는 것이다. 상원이, 그 기원면에서 볼 때 반헌법적인 기구임에도 불구하고 궁극적으로는 헌법정신에 반하지 않는다고 보는 이유가 그것이다. 헌법은 어떤 문제이든지 간에 모든 주민의 의견을 들어서 결정하라고 요구하고 있다. 그런 차원에서, 상원이 혹시 사각지대에 있는 사람들의 의견을 반영할 가능성도 없지 않다고 본다.

우리는 제8장에서 영국의 의회 제도가 자기에게 주어진 역할을 완수하기 위해 어떤 안전장치가 필요한지 자세하게 설명할 것이다. 지금 중요한 것은, 이 제도가 어떻게 하면 제대로 작동될 수 있을까 하는 점이다. 의회는 그 자체가 권한이 있는 것이 아니라 위임을 받은 기구이기 때문에 가급적이면 주어진 역할과 활동범위를 바꾸거나 넓히지 말아야 한다. 코크 경이 "모든 법원은 보통법과 교회법, 시민법, 또는 특별법이나 관습이 지시하는 바에 따라, 법과 관습을 존중해야 한다. 마찬가지로 의회 제도가 성공하기 위해서는 상·하원 모두 의회법과 관습의 범위 안에서 움직여야 한다"라고 말하는 이유가 그것이다. 코크 경은 또, 사람들이 혁신이나 개선이라는 명목하에 의회에 관한 새로운 절차를 만드는 것은 아주 위험한 일이고, 단호히 반대해야 하는 일이라고 주장한다. 그런 안은 의회 자체보다도 훨씬 더 중요한, 의회 제도의 기본원칙에 반할 우려가 있기 때문이다. 의회 권력이 너무 세져서 위임을 한 사람들의 자유를 도리어 억압할 위험이 있다.

어떤 저명한 학자는 영국 앵글로-색슨 시대의 의회가 제정한 법에 대해서 설명하면서, 법은 영국을 구성하는 다양한 세력 간의 협약에 불과하고, 그 세력들이 우위에 있느냐, 열위에 있느냐에 따라서 끊임없이 개정되어 왔다는 주장은 아주 잘못된 것이라고 지적하고 있다. 모든 대의기구를 그런 관점에서 바라보는 것은 의도가 의심되는 위험한 거짓말이다. 대의기구는 자유민의 모임이 각각 파견한 사람들의 모임이며, 파견된 사람들은 대의기구 내에서 자신에게 주어진 역할을 수행할 뿐이다. 그 역할을 제대로 하지 않을 때 의회나 의원 자신의 권력이 생기고, 대의기구가 과두정치로 변질된다. 코크 경이 의회의 활동 목적에 관해서 다음과 같이 말한 것은 바로 이런 대의기구의 본질을 강조하기 위함이다. "의회가 할 일은 두 가지다. 하나는 모든 국민의 동의를 받은 의견을 모아 하나로 하는 것이며, 다른 하나는 개인적인 목적이나 다른 불순한 의도가 아니라 공동선을 위하여 결집된 의지를 실행하는 것이다."

의회가 수행해야 할 가장 고결하고, 본질적이며, 중요한 일은 국가 전체에 걸쳐 기본법과 제도가 우위에 있음을 확인하고, 그런 법과 제도를 회피하거나 침해하려는 시도를 막아내는 것이다. 이 같은 방식의 침해는 우연히 많은 권한을 위임받게 된 개인이나, 지역기구, 개인사업자 등이 감행해 올 것이며, 그들의 목표는 자신들의 이익을 최대화하는 데 있다.

불행하게도 우리 영국은 아주 오랫동안 의회가 자신의 역할에서 동떨어진 일을 해 온 나라이고, 그 결과 중앙집권주의가 자유로운 제도를 짓눌러 온 나라이다. 의회는 자기 역할이 무엇인지 망각한 채 아무런 도움도 될 수 없는 엉뚱한 일에 개입하고 간섭해 왔다. 그 결과, 어떤 사람도 제대로 해낼 수 없는 너무 많은 일을 떠안고 말았다. 의회가 중앙집권주의를 강화하는 도구로 전락하고 만 것이다. 의회는 이제 주민자치의 정신을 철저하게 억압하는 내용의 정부 법령을 등록하는 기관으로 바뀌었으며, 합법적이고 정상적인 제도가 불법적이며 비정상적인 중앙집권주의로 대체되는 데 이용된 셈이다. 조세와 입법에 대한 의회의 통제는 겨우 허울만 남아 있다. 대신, 별로 중요하지도 않은 사소한 일에서만 아주 가끔 자기 일을 열심히 하는 양 지역민의 의사를 강조한다. 의회는 이제, 국가 전체에 막대한 세금을 안기는 안이나 국민의 자유를 악의적으로 제한하는 법률들에 도장을 찍는 기구로 전락했다. 그것도 제대로 된 토론이나 심사 한 번 없이 형식적으로 가결되고 있다. 그런 의안들은 급히 상정되거나 심지어 몰래 의사록에 들어가 합리적인 근거도 없이 급속도로 처리되고 있다. 진짜 의회가 하는 것을 지금 의회는 흉내만 낼 뿐이다. 의회가 최소한의 자존심이라도 있다면 이런 방식의 운영에 대해서는 당연히 반대 목소리를 내야 한다. 의원들의 품위를 위해서도 그렇고, 의회를 억누르는 강압 조치에 반대하기 위해서도 그렇고, 의회가 맡기로 한 역할을 제대로 수행하기 위해서도 그렇고, 국가의 자유를 지키기 위해서도 그렇다. 의회는 헌법이 명시적으로 선언한 자기 역할을 수행하는 데 최선을 다해야 하며, 제대로 된 대의기구가 합법적으로, 정상적으로 운영되도록 환골탈태하여야 한다.

다시 한 번 강조하고자 한다. 의회는 영국 전역에 존재하는 여러 자유민 집단의 대의기구로서 존재한다. 자유민 집단이 자치정부의 주체로서 본원적인 권력을 가지고 있고, 거기서부터 대의기구의 권력이 유래한다. 그들 자신에 관한 문제는 물론이고, 국가 전체의 복지에 관한 문제에 대한 여론이 만들어지는 것도 그곳이지, 의회가 아니다. 의회는 그 여론을 받아서 집행하는 기구에 불과하다. 그럴 때 그것이 진정한 국가의 대의기구 역할을 다하는 것이다. 자치정부의 실현을 방해하고 억압하려는 자들이야말로 지역과 국가 전체의 대의 제도를 뿌리째 흔드는 세력이라고 하지 않을 수 없다.

제5장

___

왕권

제5장

왕권

주민자치정부의 이념과 실제를 제대로 이해하기 위해서는 국왕의 헌법적 역할에 대한 이해가 반드시 필요하다.

국왕은 행정부의 수반이다. 시에 시장이 있고, 주에 보안관이 있는 것과 같다. 국왕은 국가라는 공동체를 대표하는 행정관이다. 원래 그 자리는 군대의 수장 직위에서 시작되었고, 나라마다 나름의 철학과 지도원칙에 따라서 그 성격이 달라졌으며, 어떤 권한을 위임받았는지, 또 처한 환경이 어떤지에 따라 권한을 남용한 경우도 있고, 정상적으로 행사하는 경우도 있다.

지금으로부터 600년 전에 브랙튼(Bracton)은, 영국법은 그 법을 사용하게 될 국민 전체의 동의와 제청을 통해서 만들어졌으며, 왕은 취임선서를 통해 영국 법을 지킬 것을 선언한다고 했다. 왕이 법률을 만드는 사람이 아니라, 법률을 집행하는 자리에 있다는 점을 명확히 한 것이다. 이게 바로 국왕의 역할이다.

브랙튼은 다른 저서에서도 이 점을 다시 한 번 강조한 바 있다. 왕 위에는 신이 있고, 왕을 왕위에 오르게 하는 것은 법이다. 또, 550년 전 플레타(Fleta)는 왕국 내에서 신과 법 말고는 왕 위에 있는 것이 없고, 왕을 만든 것이 법이기 때문에 영국은 법이 지배한다고 선언하고 있다. 법이 왕에게 권력과 권위를 주었기 때문에 왕은 다른 무엇보다, 법을 지키려고 노력해야 한다는 것이다. 이런 저자들의 지적에 의하면, 왕을 정복자라고 부르는 것은 아주 잘못된 발상이다. 왕은 자신의 독자적인 권력 없이 법을 지키기 위해서 법이 만든 자리이기 때문이다. 앞에서 본 바와 같이 왕이 취임선서에서 "영국 국민이 선택한 법과 관습을 지킬 것이다"라고 선포하는 이유가 그것이다. 만약 법이 아니라 왕의 자의로 나라가 움직인다면 그 왕은 더 이상 왕이라고 불릴 자격이 없다는 게 브랙튼의 생각이다. 플레타 역시, 왕이 자신의 역할을 망각하면 폭군이 되고, 법을 지키기 위해 선출된 왕은 오로지 모든 국민에게 정의가 구현되도록 하여야 한다고 강조하고 있다. 코크 경이 왕의 명령과 법의 명령은 같은 것이며, 왕은 법에 따라서 명령을 해야 한다고 지적한 것도 같은 맥락이다.

이처럼 왕은 국가를 대표하는 행정관으로서 보안관과 시장이 주와 시의 법을 지키는 것처럼 왕도 나라의 법이 잘 지켜지는지 감시할 의무가 있다.

왕의 권위는 거기서 나오고, 그것만이 왕을 존경하고 왕에게 충성하는 이유다. 만약 시장이 자신에게 주어진 행정청으로서의 역할을 수행하던 중에 모욕을 당하거나 분노를 사게 된다면, 그 모욕과 분노는 시의 모든 구성원을 향한 것이며, 그 점은 왕도 다를 바 없다. 행정청으로서 왕에 대한 모욕과 분노는 이 땅의 모든 자유민에 대한 모욕과 분노이기 때문이다.

법보다 지시와 통제를 우위에 두는 것이 중앙집권주의의 특징이다. 법에 따르면 왕의 역할은 행정기관에 머물러야 하며, 왕이 중앙집권주의에서처럼 지시하고 통제하는 일을 하게 되면 그것은 폭군이나 다름없다. 합법적인 왕이라고 볼 수 없다.

중앙집권주의와 통합(Unity)은 서로 다른 단어이며, 이 점을 구별하는 게 특히 중요하다. 통합을 중앙집권의 한 형태라고 잘못 인식하고 있는 사람들이 있다. 하지만 통합된 사회에서, 행정기관이 자신에게 주어진 행정업무를 처리하는 것은 주민들의 자유를 침해하는 일이 전혀 아니고, 오히려 주민들의 자유를 지키는 일이다. 그것과 중앙집권주의는 다르다. 자기 일도 아닌 남의 지역 일에 간섭하고, 주어진 행정권한 외에 다른 권한을 갖거나 사용하려고 하면 그것은 월권이 된다. 자유의 원칙에 부합하는 일이 아니기 때문에 국민들의 인정을 받을 수 없고, 충성을 이끌어낼 수 없다.

우리 헌법 전체에 걸쳐 상호주의의 정신이 지배하고 있다. 서로에 대한 의무와 책임의 원칙이다. 개인 간에도, 이웃 간에도 있고, 행정부의 공무원과 그 수장 간에도 있다. 왕도 마찬가지다. 실제로 영국 역사가 이를 보여주고 있다. 평민이 귀족에게 하는 것처럼, 왕에게도 충성 서약을 한다. 하지만 그들 간에는 일방적인 관계가 아니라, 서로에 대한 의무가 있다는 점은 여러 저술가들이 지적한 바 있다. 색슨 법에 따르면 상호합의의 원칙이 존재했다고 한다. 또, 브랙튼의 말에 따르면, 충성 서약은 사람과 사람 간의 연대의 정신을 표현하는 것으로 특히 중요하다고 한다. 귀족은 다른 어떤 자들의 위협으로부터 평민들의 땅을 지키고 보존해 줄 것이며, 평민들은 그런 귀족을 위해 최대한 봉사할 것이다. 이와 같은 관계는 귀족과 평민 간의 상호 합의로 이루어지고, 또 반대로, 상호 합의로 폐기되기도 한다. 모든 것은 처음 만들어진 방법으로 해체되어야 한다는 자연법적인 원칙에 충실하다. 글랜빌의 지적과 같이 평민은 귀족에게 충성하여야 하고, 귀족은 평민을 보호해 주어야 한다.

왕과 국민 간에도 이와 같은 상호주의의 원칙이 지배한다는 것을 보여주기 위해 들 수 있는 사례는 아주 많다. 그 가운데 여기서는 몇몇 왕의 예만 들면 될 것 같다. 먼저 에드워드 1세가 자신의 의무를 이행하지 않았다는 이유로 상호주의 원칙에 따라 국민이 충성서약을 폐기하였고, 리처드 2세 역시 같은 이유로 의회에서 서면통첩을 받았다. 영국의 전통법과 판례에 따라 전체 국민의 동의하에 왕을 폐위시키고, 다른 왕을 추대할 수밖에 없다는 내용이었다. 그러고 나서 몇 년 후에 리처드 2세는 공식적으로 폐위되었고, 그 과정 역시 영국의 관습에 부합하게 진행되었다고 한다. 현존하는 의회명부(Rolls of Parliament)에 적혀 있는 기록이다.

브랙튼의 저서에 이 점과 관련해서 흥미로운 대목이 나온다. 국민에 대한 왕의 책임과 상호주의를 지켜야 하는 왕의 의무에 관하여 우리 선조들이 어떤 생각을 가지고 있었는지 엿볼 수 있는 대목이다.

"왕은 위로 신을 두고 있고, 자신을 왕으로 만든 법이 있으며, 자신의 동지들이 있다. 그 동지들 가운데는 당연히 스승이라고 불릴 만한 자가 있다. 만약 왕 자신이 법이 정한 한계를 지키지 않으면, 동지들이 반드시 이를 제지하여야 한다. 그렇지 않으면 그들은 동지로서 의무를 저버리는 것이고, 국민의 원성이 신에게 가 닿을 수밖에 없다. '신이시여, 저들의 턱을 재갈과 고삐로 꿰어 주소서!'라고. 그러면 신께서 이렇게 답하실 것이다. '내가 멀리 있는 힘 센 종족 가운데 말도 통하지 않는 종족을 보내 그들을 파괴하고, 그들의 뿌리를 지상에서 완전히 뽑아 버릴 것이다. 그것이야말로 백성들에게 올바르게 하지 못한 것에 대한 벌이 될 것이니.' 그렇게 신께서 왕과 그 일당들의 사지를 묶어 지옥불과 깊은 어둠 속으로 던져 버릴 것이고, 그들은 거기서 목 놓아 울며 이를 갈 것이니."

노기 가득한 이 글과 정확하게 같은 내용이 보다 간결하고 실용적인 존왕의 대헌장이라는 실정법에 적혀 있다. "왕과 그 무리들이 이 헌장의 어느 구절이라도 어길 경우 국민 스스로가 이를 응징하기 위한 수단을 발동할 것이며, 그들이 보기에 만족스러울 정도로 응징이 되었다고 할 때까지 왕을 괴롭히고 왕에게 간섭할 것이다"라고 선언하고 있는 것이다.

이미 인용한 여러 저서에서 왕 자신이 국민의 선거로 선출된다는 사실을 거듭 확인한 바 있다. 왕은 선거를 통해 특수임무를 부여받았다. 그렇다면, 국민으로부터 위임을 받은 것이기 때문에 그 권력은 다른 누구의 권력보다 강하고 권위가 있다고 할 수 있을까? 이 점과 관련해서 브랙튼은 "왕은 선거를 통해서 권한을 위임받았기 때문에 모든 사람에게 정의가 구현되도록 해야 한다"라고 강조하고 있다. 즉, "국민의 법과 생명과 재산의 보호를 위하여 왕의 직위에 오른 것이기 때문에, 그것 외에 왕에게 주어진 다른 권력은 있을 수 없으며, 왕은 권력으로 국민을 지배하려고 해서는 안 된다"라는 것이다. 헌법상 요구되는 취임선서에도 약간 다른 각도에서 이 점이 적시되어 있고, 1688년 혁명 이후에 나온 확장판에서도 그 취지가 완전히 삭제되지 않았다. 영국 왕은 오로지 선거를 통해서만 왕의 자리에 오르고, 아주 특별한 경우에는 선출된 왕의 자손이 그 임무를 인계받을 수 있지만, 그렇다고 해서 왕이 선출된 자라는 사실이 달라지지 않는다. 물론 현재는 왕위에 오르는 조건 등에 관하여 의회가 제정한 법이 적용된다. 하지만 의회가 적당하고 생각해서 정한 것이라면, 그 정도 변형이나 제한은 큰 문제가 되지 않을 것이다.

어떤 자유로운 나라에서든 자유로운 제도를 계속 유지하기 위해 행정권의 수반이 어떤 모습을 갖추어야 하는지에 대해 자유로운 토론과 검토가 필요하다. 미합중국처럼 자주 선거를 하는 경우도 있고, 영국처럼 조금 더 지속 가능한 방식으로 왕위가 선택되는 경우도 있다. 어느 쪽이 더 좋은지에 대해서는 누구도 결론을 내리기 쉽지 않다. 다만, 한 가지 분명한 것은 세습을 받는 왕은 선출된 왕과 조금 다를 수 있다는 사실이다. 왕궁이라는 좁은 공간에서 자란 사람이 선왕에게 위임된 진정한 권한과 그 위임의 메커니즘을 잘 몰라서 국민의 자유를 침해할 위험이 있다. 왕족이라는 겉모습과 별 의미도 없는 예식 같은 것을 보고 지레 열광하는 것도 그다지 정상적인 일이 아니다. 하지만 반대로 계속 선거로 왕을 뽑는 것에도 위험 요소는 얼마든지 있다. 왕의 임기를 평소 꿈꿔 오던 야망을 실현하는 시기로 생각해서 기존의 법을 지키는 것에는 등한시하는 것도 문제고, 전임자보다는 더 잘하고 싶은 욕구를 주체하지 못해서 나라에 더 큰 해를 끼칠 수 있다는 것도 문제다. 영국 왕처럼 헌법이라는 단단한 굴레가 없기 때문에 왕이 국민과 불필요한 권한 다툼을 벌일 수도 있다.

"왕위를 상속받는 왕자들 가운데는 위임에 기초한 왕권과 선조로부터 물려받은 상속재산을 혼동하는 경우도 없지 않다. 국민도 2개의 상속권을 혼동한 나머지 재산처럼 왕권도 왕가에 속한다고 생각하기 쉽다. 이런 혼동으로 인해 실제로도 많은 문제가 발생했다"라고 한다. 구구절절이 옳은 지적이다. 하지만 다행스러운 것은, 주민자치의 정신과 원칙으로 무장한 주민자치정부가 존속함으로써 그동안 우리 영국은 국민의 자유를 훌륭하게 지켜왔다는 사실이다. 그런 주민자치정부라는 제도 대신, 선거만 반복적으로 행해졌다면 국민의 자유를 지금처럼 지킬 수 있었을까. 물론 복잡하고 어려운 문제이고, 여기서 다 답을 낼 수는 없다. 다만, 의회가 정한 일정한 조건하에 왕권의 상속이 일부 이루어졌다고 하더라도, 영국 왕권의 존재 자체는 자유로운 제도를 유지하는 데 크게 방해가 되지 않았다는 점은 강조해 두기로 한다.

권리청원(Bill of Rights)이 논의되던 시기에, 영국 하원 주재하에 코크 경과 셀덴 경, 최고위 법정변호사 글랜빌 등을 포함해서 영국의 유명한 법률가들이 모여 왕의 합법적인 역할에 관한 진지한 토론을 한 적이 있다. 왕권의 예외, 즉, 왕의 고유권(Sovran power) 규정을 넣을 필요가 있다는 주장이 귀족들 가운데서 나왔기 때문이다. 글랜빌이 대독한 위원회의 결의문은 이 문제에 관해 다음과 같은 결론을 내리고 있다. "영국 보통법과 우리가 지금 선포할 권리청원에 따르면, 영국에는 왕의 주권이나 특권 같은 것은 없으며, 그런 권리를 들어 영국민이 태어나면서부터 누리는 자유권과 상속권을 부정하거나 약화시켜서는 안 된다. 왕국의 주민들은 누구나 생래적인 권리로서 상속권과 자유권, 자유에 대한 이익을 가지고 있으며, 그것은 그들의 선조로부터 물려받은 것이고, 다시 후손 대대로 전해질 것이고, 권리청원은 이를 선언함으로써 그 권리의 존재에 대해서 다시금 확인하고자 한다. 일부에서 주장하는 왕권은 국민의 생래적인 상속권과 자유권, 자유에 대한 국민들의 이익, 그리고 이를 선언하는 법과 법률을 수호할 목적으로, 국민이 왕에게 위임한 권한에 지나지 않는다." 이런 지적은 그 400년 전에 브랙튼이 말한 것과 정확하게 일치한다. 법을 만들고 개정할 권한은 오로지 국민에게 있고, 국왕은 취임선서에서, 자신에게 주어진 권한으로 그 법을 지킬 것을 맹세해야 한다는 것이 브랙튼의 설명이다. 같은 주장이 영국사에서 반복되고 있다. 지금으로부터 300년 전에 "국가(Commonwealth)"라는 책에서 스미스 경(Sir Thomas Smith)은 "당시 위원회는 제출된 안을 기초로 합의된 법률을 만들기 위해서" 양원 합동으로 구성되었다고 한다. 즉, 법을 만드는 것은 전체 국민의 위임을 받은 의회의 권한이지 왕의 권한이 아니다. 그런데 최근 들어 이런 주민자치와 대의민주주의에 대한 위협이 왕을 보좌하는 장관들로부터 나오고 있다. 그들이 다 만든 법률을 의회에 넘기면서 통과시켜 달라고 하는데, 이는 반헌법적일 뿐만 아니라 아주 위험한 발상이다. 국왕이 할 일은 국민이 대의기구를 이용해서 만든 법을 확인하는 것이지, 새로 법을 만드는 것이 아니다. 취임선서에서도 왕은 법을 지킨다고 하지, 만든다고 하지 않는다. 그런데 이런 식으로 왕이나 휘하의 장관들이 자기들 마음대로 다 만들고 다듬은 법을 새로운 법이라고 의회에 내미는 것은 가장 최악의 중앙집권주의를 강요하는 셈이다. 또, 모든 불법적이고 자의적인 조치를 법률이라는 이름으로 법전에 밀어 넣는 행위이기도 하다. 우리 헌법이 유일한 입법권자이며 개정권자라고 선언하고 있고, 현실에 관하여 가장 잘 알고 있는 직접 이해관계자인 국민의 동의 없이 법을 만드는 일을 감행하겠다는 취지다. 그동안 중앙집권주의가 득세하면서 우리 실무를 야금야금 잠식해 온 탓에, 이런 반헌법적이고 위험한 작업을 장관들은 당연한 것인 줄 안다는 게 개탄스럽기 짝이 없다. 이런 작태는 당장 그만두어야 한다. 중앙집권주의의 음험한 시도를 저지하고, 권리 의무를 중심으로 하는 자유로운 우리 고유의 제도를 지키기 위해서라도, 상식적이고 전면적인 헌법 원칙의 부활이 시급하다.

이 중요한 문제를 제대로 이해하기 위해서는 의회명부와 기타 역사적인 기록에 대해서 정확하게 알아야 한다. 좋은 정부라는 것은 진정으로 주민자치주의에 부합하는 제도를 정상적으로 운영해 나가는 정부를 말한다. 요즘 세대에서 그러는 것처럼 잡다하고, 세세하며, 자주 바뀌는 의회법을 이용해서 자의적으로, 불완전한 통치를 이어가는 것은 좋은 정부가 할 일이 아니다. 법이라는 것은 원래 주민자치정부가 대의기구를 통해서 만드는 것이기 때문이다. 그리고 의회명부라는 기록도 다시 생각해 봐야 한다. 그 안에는 크게 세 가지 기록이 담겨 있다. 단순한 행정기구로서 왕이 한 일에 대한 기록이 있고, 최고위 상소기관으로서 의회가 결정한 판결에 대한 기록이 있고, 마지막으로, 입법자로서 의회가 한 일에 대한 기록이 있다. 이 세 가지를 한 데 섞어서 구별 없이 기록하고 있는 게 의회명부다. 그런데 만약 이 가치 있는 기록을 한 종류라고 생각하고 혼동하기 시작하면, 아주 큰 실수를 범하게 된다. 시대 순서로 앞에서 말한 다양한 종류의 기록이 들어 있다는 점에서 그렇다. 가령, 우리 선조들은 너무 원칙에 충실한 나머지 왕이 단순히 행정적인 일을 할 때도 혼자 결정하지 말고 자신이 따로 구성한 협의회의 자문을 구할 것을 요구하였는데, 그 협의회는 반드시 고위공직자나 성직자로만 구성되는 게 아니었다. 그 자문단의 의견은 입법에 관한 의견이 전혀 아니고, 왕의 행정업무 수행에 대한 자문이었다는 점도 이론이 없다. 그런데 그걸 국왕이 제시한 입법안이라고 생각한다면 과연 어떤 일이 벌어질까? 의회명부에 왕의 지시사항이 있는 것을 보고 '아, 왕도 법안을 내는구나'라고 잘못 생각할 위험이 있다. 자유의 적들은 의회명부를 그렇게 읽고, 이상한 결론을 내린 바 있다. 같이 놓지 말아야 할 기록을 같이 둠으로써 마치 왕이 입법에 관한 의견을 제시할 권한이 있었던 것처럼 호도하고 있다. 진실은 그게 아니다. 누군가 행정과 관련해서 민원을 제기하면 왕이 검토해서 해법을 정한다. 그리고 그 해법은 현존하는 주민자치정부라는 제도를 통해서 시달되고, 시행된다. 다만 왕은 단지 그렇게 하라고 명령을 한 것뿐인데 그것이 의회명부에 들어 있다는 이유로 왕이 입법안을 제시한 걸로 해석해서는 안 된다. 그건 왕이 할 일이 아니기 때문이다. 가령, 1306년에 플릿트 강(Fleet River)의 통행금지에 관한 민원이 제기됐다. 왕은 이를 살펴보고 런던시장과 주 보안관에게 법에 맞게 적절한 해법을 찾으라고 지시했다. 그런데 의회가 개회 중에는 그 지시사항을 의원이 받아서 시장 등에게 전달하는 게 관례이다. 그러는 바람에 의회명부에 이 기록이 등재되게 되었다. 하지만 분명한 것은 이 기록은 행정행위, 그중에서도 왕의 지시사항을 기록한 데 지나지 않는다. 법과 관습을 바꾸는 내용도 아니고, 오히려 법과 관습의 범위 내에서 조치를 취하라고 명령하는 내용이다. 왕은 법을 만들지도 못하고, 행정법규를 만들지도 못한다. 그것은 권력을 찬탈하는 것과 다름없는 일이다.

이 모든 것은 권리청원을 제출하던 당시의 문맥 속에서 파악할 때 가장 확실하게 이해할 수 있다. 의회명부에 적힌 내용을 이해하려면, 당시의 상황 속으로 일단 들어가 보아야 한다. 당시는 장기의회가 지배하던 시대가 아니었다. 그 몇 년 전에 열린 의회였고, 그때는 왕의 권한에 대한 반감이 크게 올라온 시절도 아니었다.

권리청원을 제출하기 전이든 후든 상관없이, 당시에 가장 중요한 화두는 왕이 영국의 법과 제도를 있는 그대로 집행하는 행정기구의 역할만 하는 것인지, 아니면 그 외에도 독자적인 재량권이 있는지 하는 것이었다. 왕도 자기 책임하에 위원회(Committee)를 구성해서 그 위원회로 하여금 법을 제정하게 할 권한이 있는지, 아니면 주민자치정부가 조사하고 판단해서 만든 법을 집행할 권한만 갖고 있는지가 문제였다.

법을 어긴 데에 대한 민원이 계속 쌓이게 되면 왕은 그 민원들과 관련해서 일종의 교시를 내리게 되는데, 왕은 의회가 그 교시의 권위를 인정해 주기를 바랐다. 하지만 하원은 왕의 뜻과는 반대로, 그 쟁점에 관한 법이 무엇이며 그에 따른 해법이 무엇인지 의회명부에 기록함으로써 법은 다른 곳에 있다는 점을 확인하고 있다. 그러던 중에 몇몇 의원들의 구미에 맞는 왕의 교시를 국무장관이 다시 제출하자, 코크 경이 벌떡 일어났다. 그러고는 큰 목소리로 유일하고 확실한 헌법 원칙에 대해서 말하였다. 선조들이 했던 것처럼 이번 기회에 영국 국민의 인권을 확실하게 선언하자는 것이다. 조금 늦게 알려진 감이 있지만 코크 경이 했던 지적을 여기서 한 번 음미해 보기로 한다. "왕의 교시가 어떤 문제에 대해서 확실한 답이 되었던 적이 있습니까? 우리가 언제 왕이 한 말을 이 나라의 법으로 인정했습니까? 국민이 문제를 제기하면 그걸 해결할 곳은 의회입니다. 의회가 왜 왕의 메시지를 그렇게 중하게 여깁니까? 국민은 자신의 권리가 무엇인지 물어본 것이고, 역대 왕들은 법을 확인해서 대답을 해 왔습니다. 법이 제대로 집행되지 않은 것을, 그래서 국민의 권리가 침해되었던 것을, 앞으로는 제대로 집행하라고 하면 왕의 임무는 끝나는 것입니다. 이런 왕의 수고가 고맙지 않은 것은 아니지만, 그렇다고 그게 법이 될 수 있느냐 하는 것은 전혀 차원이 다른 문제입니다. 저는 개인적으로 왕을 나쁘게 생각하지 않습니다. 하지만 왕은 자기 말을 해서는 안 됩니다. 기록된 것을 말하는 것이 왕입니다. 그것도 구체적인 문제에 대한 답을 하는 사람이지, 그 문제들에 공히 적용될 법을 말하는 사람이 아닙니다. 왕이 말하면 법이 된다는 얘기는 들은 적도 없습니다. 모든 왕은 이렇게 말합니다. '날 믿어라. 나도 우리 선조들이 그랬던 것처럼, 이 문제에 대한 내 의견을 말할 것이다. 그걸 신뢰하면 된다'. 맞습니다. 왕이 의견을 말할 수는 있습니다. 하지만 그걸 의회에 전달할 이유는 전혀 없습니다. 국민에게 공히 적용될 인권선언을 하는 것은 우리 의회가 할 일이지, 왕이 할 일이 아닙니다." 그런 취지에서 코크 경이 기안한 인권선언이 의회에서 공표되었고, 법이 되었다. 그런데 귀족들은 한 가지를 더 추가하고 싶어 했다. 요즘 우리나라의 장관들이 하는 식으로 법안을 의회에 넣어 아무 생각 없는 의회의원들의 동의를 받는, 그런 불법적이고 끔찍한 일을 벌이고 싶었던 것이다. 여기에 대해서 하원이 분명하게 반대의사를 표시했다. 그리고 이 나라의 자유를 위해서 가장 중요하고도 가장 위험한 순간, 코크 경이 다시 자리에서 일어났다. "예전의 인권선언을 하나하나 보십시오. 어디에도 왕의 권한에 대한 내용이 없습니다. 왕권은 의회가 언급할 단어가 아닙니다. 그렇게 되면 대헌장은 물론이고, 우리가 제정한 모든 법률에 반합니다. 영국 법에 따르면 국민의 권한은 절대적입니다. 왕권이 들어갈 자리가 없습니다.

그런데 우리가 이 자리에서 그런 자리를 만들게 되면 우리는 우리 법의 근간을 훼손한 사람들이 됩니다. 우리 법이 곧 무너질 수도 있습니다. 조심하십시오. 대헌장에는 왕권에 관한 내용이 없다는 점, 명심하셔야 합니다."

자치구 헌장과 비교해 보면 이 점을 더욱 잘 이해할 수 있다. 많은 사람이 그런 헌장의 법적 의미에 대해 잘 모르면서 얘기하는 것 같은데, 자치구 헌장이야말로 우리 헌법의 이론과 실무의 근거가 되는 주민자치의 원칙에 정확하게 부합하는 것이다. 어느 장소든 간에 주민들은 자치구라는 이름의 아주 특별한 공동체를 만들 자유가 있고, 이것은 그 주민들의 일이고, 보통법에 따르면 자치구를 만드는 것은 생래적 권리에 속한다. 자치구를 만들기로 합의한 다음 주민들은 행정기구인 왕에게 간다. 자신들의 결정사항을 왕이 추인해서 공식화해 달라는 것이다. 자치구 헌장에서 왕이 할 일은 이런 행정처리가 전부다. 헌장의 기초는 주민들 간의 합의이며, 그런 합의가 없다면 어떤 자치구 헌장도 무효가 된다. 왕은 이 문제에 관한 한 아무 권리가 없다. 법원에서 어떤 종류의 영장을 발부할지, 또, 개인과 개인 간의 민사소송에 대해서 어떻게 판결할지, 왕은 아무 할 말이 없는 것과 같다. 주민들의 합의에 기초한 자치구 헌장은 보통법을 어기지 않는 한 유효하다. 자치구 헌장이 보통법에서 인정하는 권한을 침해한다든지 그 지역 외의 다른 지역의 이익을 침해하면 그건 보통법에 따라 무효이다. 왕이 인정을 하든 말든 무효다. 하지만 런던시민들이 그들 자신에 관한 헌장을 만들기로 합의하면 그건 아무 문제 없이, 그대로 법이 된다. 보통법에만 반하지 않으면 되는 것이다. 혹시 보통법에 반하는 내용이 들어가면 국민의 대의기구인 의회의 승인을 받아야 한다. 이런 비슷한 문제가 제기된 적이 있었다. 1835년 런던자치운영위원회 헌장이 런던 시

내 반경 7마일 이내에 시장 설치를 금지하는 내용을 선언함으로써, 이미 존재하던 스미스필드 시장에 대한 런던 시의 권리를 침해하는 바람에 무효가 된 사건이었다. 이 헌장에 왕이 서명을 하더라도 그것이 무효라는 점은 변함이 없다. 명시적으로 또는 묵시적으로 의회의 동의나 추인을 받은 바 없다면 휴지조각에 불과하다. 의회의 동의가 있어야 법적 효력을 갖는다.

코크 경도 헌장에 대해서 이런 말을 한 적이 있다. "법적인 면에서 헌장은 무효이고, 만약 동의한 시민의 수가 부족할 경우에는 그 헌장을 폐기할 수 있다." 제임스 1세 시절 하원에 설치된 위원회는 숙의 끝에, 의회에 보낼 의원을 선거하는 모든 시민의 고유권을 제한하는 내용의 헌장은 무효라고 선언한 바 있다. 여기에 관해 코크 경은 "메리여왕 시절의 그 헌장은 의원 선거권을 규정할 수도 없고 바꿀 수도 없다. 헌장이 도시 전체를 한 행정구역으로 묶거나, 그전에는 포함되지 않았던 지역을 추가하거나, 자치의 형태를 바꿀 수는 있다. 그건 그들 자신의 정부나 권리, 특권에 관한 문제이기 때문이다. 하지만 의원 선거권이라는 영국 국민의 보편적인 권리를 제한할 수는 없다. 그건 그야말로 국가 전체에 관한 문제이고, 영국 전체의 자유에 관한 문제이기 때문이다. 선거란 가장 많은 목소리를 담아낼 때, 가장 합리적인 선거일 가능성이 높다. 그런 의미에서 선거권을 제한하는 것은 영국의 선거 제도를 가장 비효율적으로 하려는 시도에 다름 아니다."라고 발언했다.

모든 행정기구의 수장들이 자신들 먼저 법을 지키고 국가 전체의 법질서를 수호하겠다고 다짐하는 것은 수장직에 오르는 것에 대한 대가로서 합의한 것이고, 영국은 이런 전통을 오래도록 지켜왔다. 앞에서 인용한 바와 같이 취임선서의 그 한 단어 한 단어가 헌법적으로, 역사적으로 중요한 의미를 가지고 있다. 장기의회와 찰스 1세가 고작 한 단어를 두고 치열한 논쟁을 벌인 적도 있다. 왕 자신은 취임선서의 한 마디도 고친 적이 없지만, 그것이 어떤 내용인가는 왕에게도, 국민에게도 아주 중요한 일이다. 단순히 형식 문제가 아니다. 알려진 바에 의하면 취임선서는 이미 에드워드 1세 때부터 지금과 같은 내용으로 굳어졌다고 한다.

의원명부에도 여러 번 취임선서에 관한 언급이 나온다. 심지어 선서 내용을 제대로 지키지 못했다고 왕이 자백하는 장면도 있다. 가령, 에드워드 3세 재위 14년 법률 제1편 제15장과 재위 20년 법률 제1장에 그런 내용이 나온다. 그리고 제임스 1세는 1616년 성청법원에서 한 연설에서 "저는 선서를 통해 영국 법을 수호하겠다고 했습니다. 따라서 제가 법률을 어긴다면 저는 국가에 대하여 위증을 한 셈이 되는 것입니다"라고 말했다.

다양한 세대에 걸쳐 왕들이 어떤 방식으로 권한의 찬탈을 시도했는지 여기서 다 살펴볼 수는 없다. 다만 그중 몇 가지 풍경만 간단하게 설명하고자 한다. 왕의 본래 역할을 넘는 실무와 이론이 본격적으로 등장한 것은 1688년 혁명 이후이다. 그전에도 그런 시도가 없었던 것은 아니지만, 금세 발견되고 저지된 바 있다.

어떤 아첨꾼이 처음 말을 꺼내서 마치 진리인 양 후세에 전하는 바람에 지금도 많이 쓰이는 말로 "왕은 불의를 할 수 없다"라는 격언이 있다. 불의를 저지르지 말아야 한다는 것이 아니라 불의를 저지를 수 없다고 강조하는 문구이며, 그게 왕의 특권인 것처럼 묘사하고 있다. 어떻게 그런 말도 안 되는 이론이 나오게 되었는지 황당하기까지 하지만, 이런 문장이 격언으로 선언되는 것 자체가 헌법에 대해서 우리가 얼마나 무지한지를 보여주는 예다. 에일리언(Mr. Alien)처럼 나름 배웠다는 사람도 그런 격언이 영국 법 어딘가에 있기는 했었는지 의심조차 하지 않고 격언으로 인용하고 있다는 게 그저 놀라울 뿐이다.

분명히 말하지만 영국 법에 그런 격언은 없다. 헌법 어디를 봐도 마찬가지다. 왕도 법에 따라야 하며, 선서로 법에 따르겠다고 다짐을 했다는 점은 앞에서 본 바와 같다. 그럼에도 불구하고 그 취지에 정면으로 반하는 격언이 어떤 책에 나오는지 멀리 돌아가서 찾아볼 필요도 없다. 그렇게 굴욕적이고, 허무맹랑하며, 반헌법적인 격언에 대해 그 유명한 브랙튼이나 코크 경이나 그루크(Crooke) 대법관 등이 아무 것도 몰랐다는 것 자체가 말이 안 된다. 몰랐을 뿐만 아니라 이들은 정반대 취지를 강조한 걸 보면, 그 격언은 틀림없이 최신에 급조한 이론을 바탕으로 하고 있을 것이다. 과거 색슨 족의 속담 가운데 "왕은 불의를 할 수 없다"라는 말이 있다. 하지만 그것은 "왕은 불의를 저질러서는 안 된다"라는 뜻을 표현한 것이지, 왕이 속성상 불의를 못하는 사람이라는 뜻은 전혀 아니다. 브랙튼은 "왕의 권력은 옳은 일을 하기 위해서 주어진 것이지 옳지 않은 일을 하기 위해 주어진 것이 아니기 때문에, 왕이 할 수 있는 일은 옳은 일밖에 없고, 옳은 일을 할 때 왕은 신의 신하이며, 옳지 않은 일을 할 때는 사탄의 졸개다"라고 말한 적이 있다. 앞에서 본 격언과는 정확하게 반대되는 취지의 말이다. 왕에게 무슨 특권이 있는 것이 아니라, 오히려 의무가 있다. 코크 경도 이와 비슷한 취지로 말한 적이 있다. 엘리자베스 여왕의 특권을 주장하는 견해에 대해서 반박하는 기회에서였다. "법은 불의를 없애기 위하여 만들어진 일반적인 행위준칙이기 때문에 법에서 왕이 예외가 될 수는 없다"라고 했다. 유명한 햄덴(Hampden) 사건에서 국왕법원의 판사 중 한 명이었던 크루크는 같은 취지로, "왕의 특권이 누군가에게 어떤 불의를 저지르는 핑계가 될 수는 없다"라고 하면서, 앞에서 한 말을 거의 그대로 옮겨 적고 있다. 그로부터 약 50년 후 소머스 경(Lord Somers)은 왕에 대해서 말하면서 "옛날 속담에 따르면 왕은 불의를 저지를 수 없다고 한다. 이 말은 왕은 법에 어긋나는 일을 해서는 안 된다는 뜻이고, 또, 어떤 것도 법이 인정하지 않는 한 왕에게 유리하게 해석해서는 안 된다는 뜻이다"라고 친절하게 부연 설명한 바 있다.

이처럼 영국의 법과 헌법이 시퍼렇게 살아서 적용되고 있는데 그걸 알면서도 앞에서 본 것과 같은 아첨에 가까운 말을 하는 것을 보면 보통 뻔뻔한 사람들이 아닌 것 같다. 왕의 특권을 주장하는 사람들은 실제로 이를 뒷받침하는 이론을 만들어 내기도 했는데, 그들이야말로 왕권의 고결함을 부정하는 내부의 적이고, 국민의 왕에 대한 충성심을 갉아먹는 자들이다. 더 예를 들 필요도 없이, 일고의 가치가 없는 명백하게 잘못된 말을 하고 있다.

지금까지도 사람들은 "왕으로부터 모든 직위가 나온다"라고 얘기한다. "왕은 불의를 저지를 수 없다"라는 말만큼이나 무슨 뜻인지 모호하기 짝이 없는 말이다. 그것이 왕의 특권을 암시하는 말이라면, 다른 격언처럼 정확하게 같은 이론에서 나온 말일 것이다. 이 격언에 대해서는 여러 군데서 나름 새로운 해석이 나오는데, 그중 몇 개만 소개하기로 한다.

모든 사람이 최고로 치는 작위는 아마도 기사 작위일 것이다. 역사를 조금이라도 읽어 본 사람이라면 이 작위는 받는 사람이 어떤 계급 출신인지와 상관없이, 전장에서 장군이 전사에게 내리던 것이라는 사실을 알 것이다. 왕도 당연히 군대의 수장이므로 그런 작위를 내렸다. 그래서 작위 또는 직위는 왕으로부터 나온다고 말했을 수 있다.

시장이나 주 보안관 등은 귀족들이 자기 지역에서 주로 차지하는 직위다. 하지만 이 중 어떤 것도 왕이 하사하는 건 없다. 모두가 알다시

피, 시장은 지금도 선거를 통해 선출된다. 헌법에 따르면 보안관도 마찬가지다. 주의 주민들이 자기 주의 보안권을 선출할 권리는 여러 법률에서 확인되고 있으며, 당연히 보통법과 관습에도 부합한다. 물론 에드워드 2세 재위 9년에 통과된 법률에 보면, 재무성 심판관이나 기타 고위직에게 보안관을 지명할 권리가 부여된 적이 있다. 하지만 그것은 특별한 상황에 대처하기 위한 특별입법이었고, 보통법상 주 선거권을 주민들에게서 박탈하는 내용으로 법이 바뀌었다고 보기는 어렵다. 그럼에도 불구하고 보안관 지명권을 왕에게 주고 싶어하는 사람들은 이 법률을 자꾸 예로 든다. 실제로 주민들의 보안관 선거권을 흔드는 왕의 시도가 여러 번 기록된 바 있다. 그때마다 주민자치정부라는 제도를 통해서 국민이 성공적으로 저지했다. 그 결과 지금도 많은 곳에서 주 보안관은 선출직으로 남아 있게 된 것이다. 고대로부터 존재하던 고위직 중 하나이던 검시관도, 아주 최근 들어 몇몇 법률이 이를 침해한 적이 없지 않지만, 전처럼 주민들의 선거로 선출되고 있다.

헌법적으로 볼 때 모든 직위와 권위는 자유민으로부터 나오고, 자유민이 모든 공직의 원천이라는 점은 단지 지방정부에만 국한된 얘기가 아니다. 국가직도 마찬가지다. 국민의 대의기구인 의회가 선택하고, 추인한다. 그 예가 너무 많아서 여기서 다 들 필요도 없겠지만, 기록에서 확인되는 것만 봐도 대법원장과 대법관, 재무관(Lords of the Treasury)은 "고대의 관습에 따라" 의회가 지명하거나 의회의 승인을 거친다. 추밀원도 그렇고, 장군들도 그렇고, 공작 직위, 섭정과 호민관 직위도 다 그렇게 추대된다. 자리에 오를 때는 물론이고 자리에서 내릴 때도 의회의 승인을 요구하는 경우가 많다. 심지어 매년 의회의 추인을 받는 방안이 여러 번 제출된 바 있다. 그 기록에 왕의 서명이 있다고 해서 왕이 직위를 내린다고 생각하면 안 된다. 그건 자치구 헌장에 있는 왕의 서명과 같은 의미에 지나지 않는다. 아마도 모든 공직이 왕에서 나온다고 하는 말은 이 서명을 오해한 탓이 클 것이다.

우리는 지금으로부터 200년 전에 법률에 왕에 대한 유보조항을 넣고자 하는 시도가 있었다는 사실에 대해서 살펴본 바 있다. 불행하게도, 그런 시도는 오늘날도 반복되고 있다. 노이(Noy)는 이에 대해서 "유보조항을 두는 것은 좋은 방법이 아니다. 그런 애매한 문구를 두는 것은 모든 법률해석을 호도할 위험이 있다"라고 지적한 바 있고, 글랜빌 대법관은 그런 조항은 "보기에 그럴 듯해 보이고, 별 문제가 없어 보이지만 실제로는 가장 위험한 결과를 가져올 것이다"라고 경고한 바 있다.

이처럼 왕이라는 이름이 모든 것을 다할 수 있다는 오해를 불러일으키는 바람에 아주 오래도록 그 권한과 영향력을 확대하고자 하는 시도가 끊이지 않았다. 헨리 8세는 자치구의 주민자치정부의 독립성을 침해하는 조치를 계속 시도한 바 있고, 그 후임자들도 이를 이어받았다. 자치구의 책임자 몇 명을 뽑아서 그들에게 감독권을 주기로 한 것이다. 전체 주민자치 제도를 전부 부정할 수는 없으니까 이처럼 군데군데 고분고분한 곳에 대한 각개격파를 통해서 왕권강화를 시도했다. 그런 시도는 최근까지 계속되었고, 최근의 법률 제정과정에서 최고조에 이르렀다. 다행스럽게도 하원의 위원회들이 이를 인지할 때마다 성공적으로 그 시도를 무산시킨 바 있다.

왕이라는 직위에 대한 오해를 이용해서 왕에게 주어진 권한과 역할을 확대하고자 하는 시도 가운데 내가 가장 최근에 인지한 것은, 왕이 직접 권한을 행사하는 것이 아니라 다른 사람을 이용해서 영향력과 통제력을 높여가는 방식이다. 특별직을 만들어 놓고 거기 자기 사람을 심은 다음에, 왕의 이름으로 역할 일부를 행사하게 하는 것이다.

우리 법이 전혀 인지하지 못한 방식이고, 법에 대한 간접적인 침해라는 점, 의문이 없다. 과거에 국가 위기 시에 예외적으로 사용하던 방식이기 때문에 국민들은 그게 합법이라고 오해하게 되었고, 왕권도 마치 합법인 것처럼 강변하기에 이르렀다. 왕이 직접 권한을 행사하는 것도 아니고, 권한 자체를 타인에게 위임하는 것도 아니기 때문에 국민들의 경계심이 다소 느슨해질 수 있다는 점을 이용한 것이다. 게다가 많은 개인에게 일종의 이권을 주면서 그런 권력 찬탈을 합법화한다는 점에서 더욱 더 위험한 시도가 아닐 수 없다.

이것이 얼마나 위험한지는 조금만 생각해 보면 알 수 있다. 왕에게 위임된 권력을 남용해서 만든 이 "위원회"에 속한 사람들은 보통의 왕이 가지고 있는 최소한의 책임감마저도 없다. 왕은 그래도 선서라는 것을 한다. 그런데 위원회는 자신이 직접 권력을 행사하는 것이 아니기 때문에 불법적인 행위에 대한 책임감을 느낄 이유가 없다. 그들은 오로지 왕에게만 책임을 진다고 말한다. 국민에게 선서한 바 없기 때문에 선서 위반도 아니다. 심지어 그들은 국민의 선택을 받은 게 아니므로 국민에게 책임질 이유도 없다.

이런 제도는 우리 보통법과 헌법의 기본원칙에 정면으로 반하는 것이고, 왕의 권한에 의거해서 만들든, 의회가 제정한 법에 따라 만들든, 불법적이라는 점에 차이가 없다. 의회도 영국 법의 기본원칙에 반하는 행위를 할 자격이 전혀 없고, 그런 종류의 입법은 무효라는 것을 여러 번 선언한 바 있다. 학식이 높은 한 판사님께서 그런 법에 대해서 적절하게 지적하신 바와 같이, "법과 이성에 반하는 무효인 법"이라고 할 수 있다.

이와 같은 반헌법적이고 비이성적인 조치가 우리 시대에 와서 절정에 이르고 있다. 의회가 거듭 선언한 바와 같이 전부 불법이다. 이 땅의 자유주의 원칙에 대한 침해이고, 왕이라는 역할을 만든 기본 이념과 원칙을 정면으로 부정하는 일이다. 찰스 1세 재위 초창기에 벌어진 여러 가지 사건을 바로 옆에서 진지하고 치밀하게 연구한 학자의 경고에 따르면, 오늘날 우리 영국에서 새로 생겨나서 점점 더 확대되고 있는 것과 성격이 유사한, 그런 위원회 때문에 "영국은 족쇄를 찬 자유롭지 못한 나라가 될" 수도 있다고 한다. 중앙집권주의가 특히 그런 위원회를 좋아한다. 그건 자유의 유일한 안전핀인 법을 뿌리째 흔드는 일이다. 그런 위원회를 통해서, 국민과 법에 대해서 무책임한 몇몇 공무원 무리들이 세금을 집어삼킬 것이고, 이 땅의 기둥과 근간을 흔드는 일을 할 것이다. "법도 아니고, 관행도 아니고, 외국에서 수입한 군주론에 바탕을 둔 것일 뿐이다. 우리 헌법의 이론은 물론이고 실무에도 반하는 것으로 궁극적으로, 우리 법과 자유를 전복시키고 말 것들이다."

지금처럼 그 폐해가 최고도에 이른 시점이 아니라 이제 막 왕을 보좌하는 장관들이 그런 제도를 도입하기 시작한 때에 버크는 다음과 같이 경고한 바 있다. "거의 죽어 버려서 아무런 실체도 없는 것 같았던 왕권이 소위 '영향력'이라는 새로운 망토를 쓰고 부활해서, 훨씬 더 강력하고 훨씬 더 방만한 힘을 우리 사회에 행사하고 있다. 그 영향력이라는 것은 시끄럽지도 않고, 강압적이지도 않다. 반대파를 권력의 하수인으로 개종시키는 능력을 가졌고, 끊임없이 자라고 바뀌며, 이 나라를 고통으로도, 번영으로도 이끌 수 있는 끔찍한 제도이다. 이런 제도야말로 왕의 독재권력의 완벽한 대체물이다. 아주 오래된 유물에서 끄집어내서 강력한 힘으로 우리나라를 퇴보와 해체의 길로 이끌고야 말 것이다."

그럴듯한 수많은 핑계와 가림막을 세우고 보다 음험한 형태로 왕권강화를 획책하는 이 영향력의 정치는, 한편으로는 조국을 발전시키는 것처럼 보이지만, 실제로는 조국을 끝없는 고통으로 이끈다. 영국의 법과 헌법, 영국민의 자유에 대한 치밀하고 위험한 도전임에 틀림없다. 왕의 특권을 주장하는 것보다 훨씬 더 위험한 이러한 침해에 맞서 싸울 사람이 필요하다. 수 세기 동안 자신의 권한을 확대하려는 왕의 노골적인 시도에 맞섰던 것처럼 훨씬 더 위험한 이 공격에 대비할 필요가 있다.

간단하지만 중요한 사실을 기억해야 한다. 왕은 법의 산물이며, 법을 지키는 국가의 상징으로 선출된 행정기구, 그 이상도 이하도 아니다. 독립적인 실체가 있을 수 없고, 독자적인 권한이 있을 수 없다. 직접적이든, 간접적이든, 왕에게는 입법권이 없다. 직접 시도하든, 대리인을 내세우든, 법보다 우위에 있고자 하거나 법으로부터 독립되고자 하는 시도는 보통법과 헌법의 기본정신에 반하는 일이고, 자유민의 권리와 의무, 생래적 기본권 자체에 대한 침해. 자기 마음대로 선택한 사람에게 권력이나 권한을 위임할 수도 없다. 영국민의 생명과 재산, 영국민과 영국 제도의 자유로운 활동을 보장할 사람은 왕 자신이지, 다른 누구도 아니다. 지시와 통제는 왕이 할 일이 아니다. 왕은 실정법에 구속되며, 그 자신이 실정법의 수호자라고 선언한다. 따라서 왕에게는 법 바깥의 재량권이란 없고, 왕은 누구에게도 위임이라는 것을 할 수 없다. 왕의 역할이란 필요할 때 법을 집행하는 일이고, 유구한 세월 이 땅에 존재해 온 주민자치정부를 정상적으로 작동하게 돕는 일이다. 그럼으로써 이 땅의 법을 온전하게 수호할 수 있다. 유일한 권력의 원천인 주민자치정부가 정상적으로, 건강하게 작동할 때 이 땅의 자유민들의 권리와 자유가 보장된다. 이 점을 잊지 않는 것이 또한 자유민들에게 주어진 사명이다.

제6장

보통법

보통법

이 책에 여러 번 나온 이름 가운데 헌법 쟁점의 토론에 있어서 없어서 안 될 단어가 있다. 바로 보통법이다. 엄청나게 중요한 개념이면서, 그것 자체의 역사가 아주 깊다.

보통법이 나올 때마다 조금씩 다른 의미로 쓰일 수 있기 때문에 여기서 먼저 가장 보편적으로 쓰일 법한 정의를 제시하고자 한다.

보통법이란 영국 주민과 국민으로부터 유래하는 법으로 그들이 직접, 즉시 적용하는 법의 총체를 말한다.

보통법이란 자유로운 민족의 습성과 정신으로부터 유래하는 기본 원칙과 그것을 국가 전체에 적용한 경험에 대한 기록이자, 법의 총체다. 그 법을 사용한 사람들의 건전한 상식에 기초해서 기본적이고 충분한 동의를 받았으며, 그 속성상 필연적으로 자유의 정신이 그 안에 구현되어 있다. 영국은 권력을 위임받은 누군가의 의지나 재량에 의해서가 아니라, 권력을 위임한 영국 주민과 국민에 의하여 다스려져야 한다는 것이 보통법의 원칙이 되는 이유가 그것이다.

보통법의 이런 특징에 대해서는 지금까지 본 사례를 통해서도 충분히 설명되었겠지만, 여기 몇 가지만 첨가하고자 한다.

왕은 취임선서를 통해서 영국 주민과 국민이 선택한 법과 관습을 수호하겠다고 선언한다. 그 가운데, 영국 국민이 자신들의 공동체인 영국과 관련해서 결정한 것과 결정할 것들이 모두 보통법이 된다. 왕은 그 보통법을 수호할 것을 선언하는 것이다.

지금으로부터 700년 전에 글랜빌은 영국인들은 정기적으로 이 땅에 적용될 법을 만들기 위한 모임을 가져왔으며, 노예로 태어난 자들마저도 우연히 그 모임에 일원으로 참여하고는 했다고 한다.

윌리엄 1세는 재위 14년 되던 해에 남작들의 조언에 따라(그 조언 취지를 오해했는지는 모르겠지만) 총 12명의 배심원을 선정했다. 각 주에서 2명씩 뽑아 선서를 하게 한 다음에, 이쪽저쪽으로 절대 치우침 없이, 빠지거나 보태거나 왜곡하지 않고 각 지역의 법과 관습을 적게 한 것이다. 그렇게 모든 주의 주민총회에서 승인된 법과 관습과 규범이 모여 보통법의 뼈대를 구성하게 되었다.

아주 오래전에 승인된 격언인 "모든 사람에 관련된 일은 모두가 동의하여야 한다"(다수의 결의에 따른다는 것)라는 것도 그 보통법의 내용에 포함되었다.

아주 오래된 관행으로서 지금은 더 이상 실무에서 행해지고 있지 않은 의원선거총회 소집장(writ of election)이 발송되면, 모든 주에서 2명의 기사, 시에서 2명의 시민, 주 내의 자치구에서 2명의 주민이 자신과 지역공동체의 일에 관한 전권을 가진 채로 참석한다. 영국 전체 의회에 파견할 의원을 선거하는 절차로서, 이를 통해 영국 의회의 결정에 대한 동의권이 부여된다. 그런 동의권과 적법한 선거가 없다면 영국 전체의 사무는 제대로 처리될 수 없을 것이다. 의원총회 또는 의회가 소집되는 이유는 그것이다. 따라서 의원선거총회 소집장에 벌써 의회의 역할은 무엇인지 설명해야 하고, 주민들의 동의가 없으면 어떤 일도 합법적으로 결정되고 진행될 수 없다는 점을 명시해야 한다.

법률가들 가운데 가장 높은 직위에 있는 대법관(Serjeant at law)은 예전에는 지금보다 훨씬 더 중요한 일을 하던 자리였다. 대법관 선서에 따르면 "대법관의 할 일은 영국 국민에게 봉사하는 일"이라고 했는데, 대법관 직위를 제대로 이해하기 위해서는 이 serjeant 라는 단어를 먼저 이해해야 한다. 그 단어는 라틴어의 '봉사자(serviens)'의 변형이 아니라, 정확하게 말하면 '법에 대한 봉사자(Serviens ad Legem)'의 변형이다. 국민에게 봉사하는 일은 결국 법에 봉사하는 일이라는 것을 대법관의 직책과 선서를 통해서 확인할 수 있다. 대법관(Serjeant at law)은 이름에서 보듯이, 법에 대해서 봉사함으로써 국민에게 봉사하는 직업이다.

모든 주민자치정부는 의회나 왕의 동의 없이 자치정부의 운영에 필요한 내규를 마음대로 정할 수 있다. 브랙튼도 같은 취지의 말을 한 적이 있고, 코크 경도 간결하지만 단호한 어조로, "모든 국민의 동의는 왕의 승인보다 더 힘이 세다"라고 했다. 그리고 다른 책에서는 "마을 주민들은, 관습에 따로 정한 바 없다고 하더라도, 그들 모두의 이익을 위해서 필요한 때에는 내규와 명령을 제정할 수 있다"라고 적고 있다. 다만 그것이 보통법에서 인정하는 모든 국민의 생래적 권리와 자유를 제한하는 내용이어서는 안 된다. 주민들의 동의가 있다고 하더라도 보통법 상 권리를 폐지하거나 축소할 수는 없기 때문이다. 주민들이 동의해도 안 되는데, 하물며 의회의 결정으로 이를 제한하는 것은 말이 되지 않는다. 그만큼 보통법은 영국에서는 최고의 권위를 인정받는 규범이라고 할 수 있다.

어떤 주민자치정부 내에서 모든 사람이 해야 할 일을 대신하는 조직으로서 배심(jury)은 자체 결정으로 법과 사실을 확인하는 일을 한다. 이 점은 브랙튼의 글도 지적하고 있는 대목이다. 보통법이란 이처럼 어떤 사례에서 주어진 사실관계에 대한 배심의 결정을 집대성한 것이다.

처음 시작될 때부터, 보통법은 자유를 중시했다. 그게 보통법의 위대하고도 고결한 원칙이며, 우리는 오늘날 이 점을 전적으로 이해하고 동의해야 한다. 보통법 안에는 자유와 자유로운 제도에 관한 이념들이 가득 들어가 있다. 우리의 소중한 유산이며, 보통법을 그대로 유지하는 것이 영국민의 자유와 권리와 정신을 지키는 길이기도 하다.

보통 쓰는 말로 "보통법상의 원칙"이라는 말과 보통법 자체를 혼동해서는 안 된다. 보통법은 주로 포괄적이고 기본적인 원칙만을 담고 있다는 점이 그 특징 가운데 하나다. 자유민들의 생각과 의식이 실제 생활에서 적용되는 과정에서 기본원칙이 나오고, 따라서 그 기본원칙은 시간이 지난다고 해서 낡은 것으로 치부될 일이 아니다. 자유로운 제도가 운영될수록 그 내용이 오히려 풍부해지며, 상황에 맞춰 개별 사례에 이를 적용되면 되는 것이다. 실생활에 적용되는 과정에서 보통법의 근본사상과 가치를 다시 확인한다. 수많은 사례 가운데서 다음 사례 하나면 이에 대한 보충설명으로 충분할 것 같다.

보통법의 기본원칙 가운데 하나로, 이웃의 피해로 다른 누군가가 이익을 얻어서는 안 된다는 게 있다. 왕이 면허나 특허를 주면서, 그에 비례하는 세금이나 부담, 불이익을 부과하는 것은 해서는 안 될 일이다. 단순히 옳지 않을 뿐만 아니라, 무효라고 할 수 있다. 또, 어떤 사람이 사업을 하고 공사를 함으로 인해서 혹시라도 이웃 주민의 삶에 방해가 되거나 피해를 입히면 그것은 불법이고, 제재나 금지 대상이 된다. 이렇게 공공의 이익에 반하는 일들은 바로 보통법에 저촉되며, 보통법에 정한 처벌을 받는다. 다만 보통법의 또 다른 원칙으로, 이런 모든 문제는 주민자치정부라는 제도를 통해서만 해결될 수 있다는 원칙이 있다. 공공의 이익에 반하는 일이나 주민의 이익과 복지에 반하는 일이 발생할 경우, 이를 주장하는 자가 사람들 앞에서 증거를 제시해야 한다. 그러면 그 진실성, 진정성, 심각성에 대한 심사가 이루어진다. 만약 그 과정에서 그 주장이 진실임을 밝히지 못하거나, 공익은 핑계에 지나지 않고 문제를 제기한 이유가 공익을 위한 것이 아니라 다른 개인적인 목적 달성을 위해서였다는 것이 밝혀지면, 주민들 앞에서의 입증은 실패하고, 패소판결을 받는다. 이게 보통법이 정한 절차이다. 그런데 요즘은 이런 종류의 사건이 주로 왕이 지명한 위원회로 회부되고, 위원회는 사익을 도모하는 자들의 손을 들어주는 거수기로 전락하고 말았다.

이런 사례만 봐도 보통법상 기본원칙을 이해하고 존중하는 것이 얼마나 중요한지 짐작할 수 있을 것이다. 보통법이 가장 강조하는 바는 모든 국민이 자신의 일에 대해서 결정해야 하고, 게으름으로 이를 소홀히 하거나, 어떤 위임 받은 권력의 꼬드김에 못 이겨 다른 누군가나, 아무 생각 없는 공무원들이 그 일을 처리하게 하지 말아야 한다는 것이다. 자유로운 국가에서, 생각이 있고 책임감이 있는 국민들은 자신들의 일을 스스로의 힘으로, 스스로를 위해서 처리한다. 그 과정에서 다른 사람들의 도움을 받는 것은 당연히, 아무런 문제가 없다. 보통법이란 그런 모든 사람의 투쟁의 기록이다. 그 안에 훨씬 더 깨인 생각과 사상들이 발견될 수 있고, 현재 사례에 그 깨인 생각과 사상들을 적용하는 게 맞다고 생각하면, 보통법은 적절한 해법을 제공해 준다. 이처럼 보통법이 적용될 것이냐 말 것이냐에 대한 가장 확실한 기준은, 과거의 사례가 지금도 의미 있는 답을 줄 수 있느냐 하는 점이다.

사람들이 잘 아는 것처럼 보통법의 발전이 지체되고 있는 이유는 그 원천이 점점 부패해 가기 때문이고, 최근 들어 유독 심해지는 현상 가운데 하나로 법관들이 실무상 자신이 보통법의 유일한 해석자인 것 같은 태도를 취하기 때문이다. 유일한 법의 선언기구인 주민자치정부가 최근 들어 잘 작동되지 않는다는 점 때문에 이 문제가 더 심각해졌다. 법관이 법을 해석하는 순간, 법관은 법을 만드는 사람이 된다. 주민자치정부가 아니라 법관이 만드는 법을 우리가 쓰는 셈이다. 지난 100년 동안 편협한 사고와 기술적인 조작으로 가득한 그런 가짜 법들이 많이 만들어졌다. 진정한 보통법의 정신과 이념을 훼손하는 일이며, 당장 치료가 필요한 심각한 해악이라고 하지 않을 수 없다.

그럼에도 그런 해악에 깊이 젖어 있는 사람들이 우리 시대 웨스터민스터 홀을 차지하고, 성공한 법률가들이 되어 있다. 우리 제도의 원천을 깊이 연구한 사람들도 아니고, 국민에게 봉사할 목적으로 우리 법의 기본원칙을 고민한 사람들도 아니고, 오로지 과거 사례를 머릿속에 가득 담고 여러 명의 법관이 했던 말을 되뇌며, 아무 의미도 없는 인위적인 분류법에 정통한 사람들이다. 하지만 그들의 치세는 오래 가지 못할 것이다. 우리의 소중한 유산인 보통법이 부활하는 날이 머지않아 올 거라고 믿는다. 그 기본원칙을 정확하게 이해하고 확인시키면서, 우리 배심들이 주민들의 대표로서 상식이 승리하는 결정들을 내릴 것이다. 법관들이 말하는 자의적인 설시를 되뇌는 것이 아니라, 증거가 사건에서 어떤 말을 하는지, 그 사건의 고유한 특징은 무엇인지, 그리고 우리가 아는 보통법의 어떤 원칙이 거기 적용되는지 판단해서 가장 정확한 답을 내 줄 것이다. 모든 자유민은 그 원칙을 반드시 이해해야 한다. 그것이 모여 우리 소중한 유산인 보통법이 되고, 그 보통법이 이 땅을 지배해야 하기 때문이다.

제7장

실정법

실정법

보통법이란 영국 주민과 국민으로부터 유래하는 법으로 그들이 직접, 즉시 적용하는 법의 총체를 말한다고 정의한 바 있다.

실정법은 반대로, 국민의 위임을 받은 기구가 만든 법의 총체를 말한다.

보통법이 자유로운 정신과 자유와 책임의 원칙에 기반해 있다면, 실정법은 자유로운 제도와 자유와 책임의 정신을 끊임없이 침해한다. 보통 권력을 가지게 된 사람들은 끊임없이 그것을 강화하고 확대하려 한다. 의회, 즉 입법권을 위임받은 기구는 그래서 헌법원칙에 따라 제한을 받아야 한다. 이것이 바로 헌법이 제시하는 안전판이다. 안전판이 작동을 해야 의회가 왕의 권력 찬탈을 추인하는 기구로 전락하지 않는다. 의회는 그저 위임을 받은 사람들에 불과하며, 권력은 근본적으로 국민으로부터 나온다는 점을 잊지 않고 지킬 수 있다. 다음 장에서 우리는 헌법이 어떤 안전판을 두고 있는지 자세하게 보겠지만, 그 전에 먼저 실정법이 어떤 특징을 가지고 있는지 살펴보기로 한다.

권력은 스스로 강화하려는 경향이 있고, 따라서 끊임없이 감시해야 한다. 하지만 경우에 따라서는, 실정법에도 보통법과 자유로운 제도의 원칙과 완벽하게 부합하고 조화를 이루는 내용이 들어갈 때도 있다. 그건 너무나 바람직한 일이라고 할 것이다.

시대가 바뀌고 상황이 바뀌면서, 국내외적으로 영국 전체에 적용되는 일반법이 더 필요할 수도 있다. 그것이 바로 실정법이 담당할 영역이다. 뿐만 아니라 앞에서 본 인권선언처럼, 적절한 때가 되면 보통법 상의 기본원칙을 다시 한 번 실정법으로 선언해서 원칙이 무시되거나 침해받는 일이 없도록 하는 것도 충분히 의미 있는 일이다. 하지만 어떤 경우에도 실정법은 지역의 일을 다루어서는 안 된다. 주민자치정부의 범주를 넘어서는 다른 문제가 발생한 경우를 제외하고는 주민자치정부의 일을 침해해서는 안 된다.

실정법이 합법적이고 구속력이 있으려면, 첫째, 전체 주민의 동의를 받아야 하고, 둘째, 전체 주민의 이익에 부합하는 것이어야 한다.

특정 법률을 제정할 목적으로 설립된 의회가 제정해야 하며, 왕의 지명이나 기타 독립적인 권력에 의지해서 제정한 것이어서는 안 된다. 다음에 인용하는, 에드워드 3세 법률 제51권에 나오는 구절은 실정법이 반드시 지켜야 할 원칙을 설명하고 있는데, 보통법의 정신과 완벽하게 부합하는 것으로 보인다.

"하원은 하원 전체의 동의 없이 성직자들이 제출한 법률 또는 명령을 제정하거나 추인할 수 없고, 성직자들에게 유리한 헌법 규정에 구속되지 않는다. 하원 전체의 동의가 없는 법률이나 명령에 구속되어야 할 이유가 전혀 없다."

또, 헨리 5세 법률 제2권에는 "그들 자신의 동의가 없는 한 어떤 법이나 법률도 제정할 수 없다는 것이 하원의 자유에 관한 원칙이다"라고 적혀 있다.

이 점에 대해서는 수많은 사례를 제시할 수 있다. 지금이야 이런 말들이 수사의 하나로 여겨지고 있지만, 당시에는 규범력을 갖춘 원칙이었다.

앞에서 본 바와 같이 의원선거총회 소집장은 모든 주와 시, 자치구의 대표가 참여하지 않으면 의원총회 전체의 업무가 정상적으로 이루어질 수 없다는 점을 강조하고 있다. 여기서 말하는 업무란 국가 내외적으로 일반적인 법률을 제정해서 영국 법의 정신이 보다 더 잘 구현되게 하는 것과 주민들의 민원을 해결하는 것이다.

주민자치정부가 제대로 작동하지 않으면 어떠한 위임을 받은 권력도 제대로 일을 할 수 없다는 것은 틀림없는 사실이다. 주민자치정부가 합법적으로 구성된 수임기구에게 권한을 주고 국민이 그 권한 행사를 계속 감시하지 않으면 실정법은 그저 임의로 만든 자의적인 규정에 지나지 않을 것이다. 그때그때 상황에 맞게 임기응변적인 내용을 담을 뿐이다.

성격 면에서도 그렇고, 권위 면에서도 실정법은 보통법의 한참 아래 있다. 먼저, 동의의 차원이 다르다. 원천 권력과 그로부터 유래한 권력의 동의는 권위 면에서 다를 수밖에 없다. 둘째, 실정법이 합법적이라는 판단을 받기 위해서는 보통법의 광범위하고 추상적인 원칙 규정을 구체화하는 내용을 담아야 한다. 그렇지 않고 명시적으로 또는 묵시적으로 보통법을 넘어서려고 해서는 안 된다. 그것은 권한 남용의 징표이며, 국민의 자유를 위험에 빠뜨리게 하는 일이다. 의회의 동의가 있어도 보통법이 국민 모두에게 보장하는 자유와 권리를 침해하거나 제한할 수 없다. 그런 일을, 위임을 받은 2차적 권력이 감행할 수는 없는 것이다.

실정법의 집행 역시 보통법에 따라 영국 국민이 할 일이다. 의회는 위임받은 권력이기 때문에 그 역할을 누구에게 위임해 줄 수 없고, 국민이 원천적으로 가지고 있는 집행권을 빼앗아 갈 수도 없다. 그리고 법은 그것을 사용할 국민이 직접 집행까지 할 때 그 취지를 더 정확하게 이해하고 구현할 수 있다.

실정법이 무엇을 규율하든 간에 헌법적으로 정당화되기 위해서는 그 목적이나 수단 면에서 특별한 상황이 요구하는 바를 명확하게 규율함으로써, 보통법상 원칙을 근본적으로 훼손하는 것이 아님을 보여주어야 한다. 원래 지역의 일에 관해서는 각 지역의 책임하에 모든 것이 해결되는 것이 원칙이고 실정법이 개입할 일도 없다. 하지만 실정법이 이처럼 보통법상 원칙을 구체화하는 데 도움을 준다면 그걸 특히 반대할 이유도 없을 것이다. 다만 법 제정이 필요한 특별한 상황을 이유로 실정법이 자의적인 권한을 행사하거나, 감독권을 내세우거나, 세세한 규정을 마련해서 원래 자치로 해결해야 할 사안에 대해서 자신들이 다 하겠다는 식으로 나서는 경우에는 그것은 실패한 법, 그리고 해로운 법이 된다. 그런 실정법으로 인해서, 일시적으로는 자신의 이익을 추구하는 자들이 국가 전체의 자유로운 제도에 재갈을 물리는 데 성공한 것처럼 보일 수 있겠지만, 그건 영원할 수도 없고, 자유로운 시민들의 자발적인 지지를 얻어낼 리도 없다. 그런 법이란 인간의 발전과 새로운 시도, 토론과 책임감 같은 덕목들을 억압하는 것이며, 인간의 격을 낮추는 것이기 때문이다. 자유로운 인간의 특징이라고 할 수 있는 자신의 일에 대한 책임감, 자기 존중, 건전한 상식 등을 흐릿하게 하는 결과를 낳을 뿐이다.

그 기원부터, 보통법은 실용적인 법인 반면에, 실정법은 이론으로 만든 법이다. 항상 의심스러운 눈으로 감시하지 않으면 그 이론적인 속성을 드러내고야 말 것이다. 속성상 실정법은 중앙집권주의의 위험을 숨기고 있다. 가상의 상황에 대비해서 이론적으로 생각해 낸 해법을 법으로 만든 것이기 때문에, 그 자체가 공격적이고 해로울 수밖에 없다. 이 점은 앞에서 주민자치정부에 대해서 설명할 때 이미 검토한 바와 같다.

보통법을 실정법보다 우위에 두어야 한다는 것과 실정법을 만드는 데 있어서도 어떤 원칙이 있다는 것을 헌법적인 관점에서 설명하면 다음과 같다. 가령 왕권의 경우 그것이 주민들과 영국 국민으로부터 유래한 권력이라는 것을 가끔 잊어버리는 바람에 불법적인 권한 남용에 이르는 경우가 있다. 그리고 그것을 실정법이 도와주기도 한다. 그런 실정법은 당연히 보통법이 요구하는 조건들을 다 갖추지 못했음에도 불구하고 일단 법전 속으로 들어가 보통법과 어긋나는 말을 한다. 그와 같이 형식적으로 적법한 모양을 갖추고, 그래서 권력을 쥔 누군가의 추인을 받아 일정 기간 법으로서 효력을 발휘한다고 해도, 실정법의 불법성이 줄어들거나 없어지지 않는다. 그런 법이 존재한다는 사실로부터 우리는 자유민들의 한 가지 중요한 의무를 다시금 깨닫게 된다. 자유민들은 자신의 권리와 의무를 한시라도 잊어서는 안 된다는 것과 유래한 권력이 원천이 되는 권력에 부합하게 행사되도록 하는 헌법적 안전판이 제대로 작동하는지 끊임없이 감시해야 한다는 것이다.

사람들 가운데는 의회가 제정한 법에 최고의 권위가 있다고 오해하는 사람들이 있다. 하지만 그런 생각은 아주 큰 실수이다. 우리 헌법은 그 같은 독재주의자들의 주장을 지지하지 않는다. 헌법에 대해서 제대로 알고 있는 사람들은 의회가 제정한 법률이 절대로 침해해서는 안 되는 기본적인 법이 있다는 점도 잘 알고 있다. 다만 어떤 법률이 실제로 불법이라고 과감하게 선언하는 예가 그동안 별로 없었을 뿐이다. 다행스럽게도 다음 사례는 그런 불법성을 정확하게 지적하고 있어 여기 소개하기로 한다. "리처드 2세 법률 제11권 제3장에 따르면, 판결이나 몰수 선고를 받은 사람들은 누구도 사면을 청원할 수 없다는 구절이 있는데, 이것은 예를 들 것도 없이 비합리적인 것이며, 의회의 법률과 관습(Law and Custom of Parliament)에 어긋나는 것이다. 따라서 의회의 소관위원회가 이 법을 무효라고 선언하고 폐기하기로 한다."

법률이 결국 취소할 수 있는 것인지 판단하기 전에 먼저 법률이 "법과 이성, 정의"에 부합하는지 입증할 필요가 있다고 말하면 의아하게 여길 사람도 있을 것이다. 모든 자유민이 자유롭고 평화롭게 살기 위해서 가장 중요한 것은 확실하고도 분명한 기본법과 제도가 있어야 한다는 점, 그리고 모든 영국민에게 생래적 권리와 상속권이 보장되어야 한다는 점이다. 그것을 확인하고 유지하는 것이 자유민의 첫 번째 의무이다. 그럼에도 불구하고 왕권이라는 이름으로, 또 실정법이라는 이름으로 권력의 찬탈이 이루어져 왔고, 한때 그런 시도가 성공하기도 했다. 그런 경우에 대비해서 우리 기본법과 제도는 분명하고 단호한 검증기구를 만들었는데, 이를 통해서 실정법의 합법성이 검증될 수 있고, 검증되어야 한다. 이 땅의 헌법에 대한 연구가 소홀하던 시절에는 사람들이 현대 실정법의 허점을 잘 모르고 지나가기도 했다. 그러는 와중에 실정법이 뿌려 놓은 해악이 자라서 우리 앞에 실제로 존재하는 경우가 있다. 모든 자유민의 각성이 필요한 이유다. 이 같은 다양한 형태의 전제주의의 침투에 대비해야 하며, 특히 실정법이라는 포장을 덮고 침입해 들어오는 중앙집권주의에 대해 저항해야 한다. 자유로운 제도의 이념과 실무를 유지하고, 무엇보다 실정법이 보통법에 어긋나지 않도록 해야 한다. 주민자치정부를 다시 활성화해서 실정법과 보통법을 비교하고 점검해야 한다. 영국 보통법의 산실로서 주민자치정부야말로 보통법의 정신이 이 땅에 제대로 구현되고 있는지를 점검하고 확인하는 가장 확실한 제도이기 때문이다.

제8장

헌법의 안전판

제8장

헌법의 안전판

우리는 앞에서 보통법이 무엇인지, 실정법이 무엇인지 살펴보았다. 실정법은 끊임없이 그 한계를 넘어서려고 하는 경향이 있고, 그런 가운데 실정법과 보통법이 조화를 이루기 위한 유일한 방안은 진정한 주민자치정부가 건강하게 존속하고 활동하도록 하는 것이라는 점도 강조하였다.

그리고 이제 실질적이고도 중요한 질문을 던지고자 한다. 주민자치정부의 활동이 어떻게 보통법과 실정법의 조화를 가져온다는 것일까? 그 대답을 위해서는 우리 헌법이 안전판이라는 이름으로 규정하고 있는 것들에 대해서 생각해 볼 필요가 있다.

이 쟁점의 중요성은 아무리 강조해도 지나침이 없다. 우리 선조들이 살던 시대를 조롱하는 듯한 태도로 바라보는 사람들은 우리 시대에 이루어낸 진보와 계몽에 대해서 자랑하곤 한다. 하지만 내가 보기에는 그 사람들만큼 우리 스스로를 격하하는 사람들이 없는 것 같다. 이 주제와 관련된 사실을 정확하게 연구한 사람들은 누구나 다음과 같이 결론을 내린다. 즉, "예전에는 자유가 있었다면, 지금은 독재가 있다"라고. 정치학이나 사회학의 관점에서 볼 때 우리는 진화하고 있는 것이 아니라, 퇴보하고 있다.

권력 찬탈이 광범위하게 이루어지지 않기 위해, 권력을 위임받는 사람들에 의한 기본법 침해에 대항하는 실질적인 수단인 안전판이 어느 사회에나 존재한다. 특히 안전판으로서의 목적을 달성하기 위한 수단 가운데 가장 효과적이고, 상식적이고, 만족스러운 것이 바로 주민자치정부라고 할 수 있다.

알다시피 미국에는 연방대법원이라는 곳이 있다. 법이나 형평법의 관점에서 헌법적 쟁점이 문제 될 때 그 모든 사건에 대해서 결론을 내려주는 곳이다. 의회의 법률이나, 주의회의 입법, 헌법상의 제도 등이 미합중국의 헌법에 어긋나는 것인지 판단한다. 그런데 이렇게 중요한 판단을 하는 그 연방대법원은 겨우 일곱 명의 대법관으로 구성되어 있고, 그 가운데서도 실제로 결론을 내리는 재판부에는 대법관 4명밖에 없다.

이런 연방대법원 제도에 대해서 좋게 보는 견해들이 있고, 특히 어떤 사람들은 영국에도 이와 비슷한 제도가 도입되어야 하는 것이 아닌지 반문하기도 한다. 하지만 그런 제도는 특히 성문헌법이 있어서 그 자구에 대한 해석을 판단의 기초로 하는 나라에서라면, 일시적으로 제대로 작동하는 것처럼 보일 수 있어도, 결국은 그 성문헌법 자체에 대한 반감을 불러일으키고 말 것이다. 하물며 영국처럼 문장으로 된 헌법도 없고, 아주 오랜 세월 자유민들이 그들이 누리는 자유에 대해서 끊임없이 확인해 온 나라에서는 이런 제도가 제대로 작동될 리 없다.

우리나라 사법부는 원래 자기 권한이 아님에도 불구하고 자기 권한인 것처럼 법이 이것이다, 라고 선언함으로써, 자유로운 제도의 존재와 발전을 저해하는 우를 범하곤 했다. 그들은 자유롭고 확장적인 인간의 정신을 억압하는 일을 자주 해 왔고, 이를 통해서 보통법의 정신에 철저하게 반하는 중앙집권주의에 봉사해 왔다. 그나마 한 가지 다행스러운 것은 우리나라에는 법원은 있지만 대법원은 없다는 점이다. 농담이 아니라, 무엇이 헌법에 반하는지, 아니면 반하지 않는지 하는 문제를 최종적으로, 확실하게 결정하는 권력이 오로지 4명의 손에 쥐어져 있다는 것 자체가 너무 위험한 일이다. 보통 상식적인 사람들의 생각으로는 4명에게 그런 결정을 맡기는 것보다는 자신의 역할을 제대로 알고 있는 두 개의 대의기구, 즉 상원과 하원에게 맡기는 것이 훨씬 낫다고 판단할 것이다.

오로지 법률가만 이해하고, 법원만 설명할 수 있는 그런 헌법이 도대체 무슨 가치가 있는 것일까.

모든 대의기구가 2차적 권한밖에 가질 수 없는 이유는 그 기구가 위임을 받은 기구이기 때문이다. 이런 원칙은 4명 혹은 그 이하의 인원으로 구성된 영구적인 사법부에 대해서는 더욱 엄격하게 적용되어야 한다. 상소의 방향은 위임받은 기구가 그 원천에 대하여 제기하는 것이 맞지, 위임받은 기구가 원천으로부터 더 멀어진 소수의 자들에게 제기하는 것은 도무지 이치에 맞지 않고, 어리석은 일이다. 미국처럼 성문헌법이 있는 나라에서는 일시적으로는 말이 되는 것인지도 모르지만, 그 헌법이라는 것도 결국은 쇠퇴하는 속성을 가지고 있다. 그런 헌법이 존재하지 않고, 다행히 그보다 훨씬 더 고결하고 확실한 실체인 보통법을 가진 나라에서는 일시적으로도 도저히 용납할 수 없는 일이다.

그런 제도는 특히 중요한 사실 하나를 간과하고 있다. 이게 더 근본적인 반대 이유인데, 실정법에 위임을 한 주체이면서 보통법의 시작이라고 할 수 있는 그 원천에게 물어보는 것이 가장 확실한 테스트가 아니겠는가 하는 점이다.

영국의 헌법 제도는 미국의 연방대법원과 같은 허술한 제도와는 달리 헌법 자체에 몇 가지 안전판을 가지고 있다. 이 가운데 일부는 지금은 잘 쓰지 않는 제도가 되어 단순히 외형만 남아 있지만, 그런 안전판들 모두 내적인 생명력을 가지고 있다는 점을 기억해야 한다. 의원들 중 누구 한 명이라도 그 복원을 주장하고, 여기에 많은 구성원이 동의를 해 주면 언제든 부활해서 진짜 안전판으로서의 역할을 해 줄 것이다. 그 안전판은 문장으로 써 내려간 인위적이고 이론적인 장치에 지나지 않는 것이 아니라 인간의 본성에 부합하는 원칙으로서, 사회의 어떤 발전단계에서도 공히 적용될 수 있는 것들이다.

앞에서 본 바와 같이 헌법을 연구한 사람들은 하나 같이 의회의 권한이라는 것은 그 자체로 한계가 있다는 점을 지적한다. 코크 경은 "의회의 절차를 혁신하거나 새롭게 하는 것은 가장 위험한 일"이라고 하면서, "모든 법원이 그 운영에 관한 법과 관습을 가지고 있는 것처럼, 의회도 그 독특한 법과 관습이 있다"라고 강조한다. 그리고 "상·하원이 모두 의회의 법과 관습 안에서 행위를 하면" 그 권한에 대한 문제가 생기지 않을 것이라고 결론을 내린다.

코크 경 시대부터 지금까지 진화해 온 이 의회의 법과 관습이라는 것의 핵심은 대의기구인 의회와 주민자치정부 사이의 관계에 대한 원칙이다. 그 관계를 지금과 같이 정상적으로 유지하는 것이 헌법적 안전판의 가장 중요한 기둥이 된다. 그를 통해서 몇몇 개인의 자의와 장관 몇 명의 목소리로 제도가 좌지우지 되는 것을 막을 수 있다. 대신 위임을 하는 자와 위임을 받는 자 모두 일종의 책임감을 느껴야 한다. 자신의 문제에 관하여 고민해야 하는 것은 그들 자신이고, 진지한 고민의 결과를 실정법으로 담아내야 하는 것도 그들 자신이며, 그 실정법의 내용은 보통법을 더 발전시킨 것으로서, 궁극적으로 보통법에 부합하는 것이어야 한다.

이런 안전판은 크게 보면 두 종류로 나눌 수 있다. 하나는 1차적인 안전판으로서, 모든 권력의 원천으로서 자유민의 권리와 책임을 확인하는 것을 그 목적으로 하는 주민자치정부라는 제도에 관한 것이다.

이 제도에 대해서는 모든 관점에서 상당히 자세히 살펴본 바 있지만, 그중 몇 가지를 조금 더 자세히 들여다보기로 한다. 그러면 다음과 같은 안전판을 확인할 수 있다.

    I. 자주, 정해진 시간에, 정기적으로, 모든 사람이 참여할 수 있는 주민총회에 모든 자유민들이 실제로 참여해서 지역 또는 전국적인 문제에 대해서 토론하는 것;

    II. 주민총회에서 지역의 관리와 지역 또는 전체의회에 파견할 대표를 공개적으로 선출하며, 어떤 간접투표도 있어서는 안 된다는 것;

    III. 모든 관리와 대표에 대한 선거는 자주 해야 한다는 것

다음, 2차적 안전판도 있다. 굳이 이것을 2차적 안전판이라고 부르는 이유는 그것이 덜 중요해서가 아니라 권력을 위임받은 기구에 국한된 문제이기 때문이다. 그 기구에 대한 안전판을 가급적 간결하게 정리하고 그 중요성에 대해서 설명하기로 한다. 특히 기억해야 할 것은 이 모든 안전판의 목표는 첫 번째 안전판처럼 권리와 의무에 대해서 확인하는 것이 아니라, 그 위임된 기구가 자행하는 권한 남용을 방지하고, 실정법을 최대한 보통법에 부합하게 만드는 데 있다는 사실이다.

Ⅰ 빈번하고 정기적인 의회의 소집

이 필요성에 대해서는 이미 여러 군데서 확인한 바 있다. 법률 가운데 에드워드 3세 제4권 제14장과 제36권 제10장에서 매년 1회 이상 의회를 소집할 것을 요구하고 있고, 비슷한 내용이 헨리 4세 제7권 제15장에 나와 있다. 특히 여기서는, 의회의 법과 관습에 따른 선언이라고 전제하면서, 선거는 이에 반대하는 청원이나 명령이 있다고 해도 반드시 열려야 하고, 왕이 소집명령 또는 다른 방법으로 통지하지 않더라도 개최할 수 있다고 선언하고 있다. 또, 찰스 1세 법률 제16권 제

1장은 그 내용을 그대로 반복하고 있다. 그런데 바로 이어서 찰스 2세 법률 제16권 제1장에서 이 법률이 폐지되었다. 게다가 1716년 통과된 조지 1세 법률 제3권 제18장은 소위 7년법을 제정하고 말았다. 영국 역사상 가장 반헌법적이고 퇴보적인 법률로, 의회를 7년에 한 번 여는 것으로 규정하게 된 것이다.

II **지역의 일에 관해서는 전적인 책임을 지고, 전체 국가와 관련된 일에 대해서도 독자적인 담당기구를 두어 의견을 표명하는 등 실질적으로 활동하는 주민자치정부를 의원이 대표할 것**

의회 구성원이 동시에 왕의 지휘를 받은 관리가 되는 것을 금지하는 법이 여러 번 제정된 바 있다. 과연 그와 같은 인위적인 제한이 필요한가에 대해서는 약간 회의적이다. 그런 가능성을 전부 알고도 주민자치정부가 그 의원을 뽑은 거라면, 헌법적 안전장치를 통해서 제어하면 될 일로 보이기 때문이다. 그리고 지금처럼 왕이 만드는 위원회 등을 통해서 왕이 간접적이지만 훨씬 더 영향력을 가지고 의원들을 조종하는 상황에서, 왕 밑에 관리로 가는 몇몇 의원을 솎아낸다고 해서 대의기구가 더 순수해질 거라는 보장도 없는 것 같다.

첫 번째 안전판 중 하나로 본 것과 같이 모든 선거는 주민총회에서 공개적으로 이루어져야 하며, 현장 집계를 원칙으로 한다.

이처럼 정상적인 대의기구 구성이 얼마나 중요한지에 대해서는 이미 의회명부 등을 통해 여러 번 확인한 바 있다. 가령, 헨리 4세 법률 제7권 제15장은 "적절치 못한 선거로 인해서 주에 얼마나 큰 손해가 발생했고, 공동체 업무 수행에 얼마나 큰 장애가 발생했는지"에 대해서 고발하는 내용이 나온다. 아래에서 그 외 다른 예에 대해서도 살펴볼 것이다.

III 의회의 모든 구성원은 정기적이고 지속적으로 모임에 출석할 것

코크 경은 의원들이 모두 참여하면 그 의회는 가장 성공한 의회가 될 것이라고 말한 바 있다. 의회가 제정한 법률이라는 외양을 하고 있음에도 불구하고, 그것이 일부 의원들만 관여한 법이라면 그 법률은 기속력이 있거나 만족스러운 법률이라고 할 수 없다. 그런데 최근 그런 법률들이 자주 제정되고 있다. 예전에는 그야말로 어림도 없는 일이었다. 상원 의장은 모든 의원이 매일 아침 늦어도 8시까지는 의사당에 출석해야 한다고 강조한다. 어떤 의원도 특별 허가를 받지 않으면 의사당에서 이탈할 수 없고, 그 경우 중한 벌을 받는다.

이런 안전판이 작동한 예를 정확하게 보여주는 사건이 헨리 3세 재위 39년에 일어났다. 소집된 의원들이 전부 출석하지 않았다는 이유로 의회가 왕이 요청한 원조금의 승인을 거부한 것이다. 14세기 출간된 "의회 운영 규칙(Modus Tenendi Parliamentum)"에 의하면 과세 요구가 있는 경우에는 전원이 참석하는 의회에서 전원의 동의를 받아야 한다고 명시되어 있다.

이 같은 주의사항은 의회소집명령서 규정을 설명할 때 이미 지적한 바와 같다.

포테스큐(Fortescue)는 다른 나라의 입법절차에 대해서 설명하면서 "법이 그와 같이 일부의 동의만 받고 통과된 경우는 그대로 국민의 피해로 돌아간다"라고 하면서, "왕의 기호가 아니라, 전체 국민의 동의에 따라 법이 만들어지는 영국에서는 그런 법은 있을 수 없다"라고 강조한 바 있다. 실제로 법이 국민이 선택한 의원 300명 전부가 아니라 한 사람의 지혜와 아이디어에 의지하거나, 그중 100명에게 의지하는 경우는 제대로 법이라고 할 수 없다는 게 보통사람들 생각이다.

포테스큐가 글을 쓰던 시절에는 이 300명 의원 전체가 참여해야 기속력 있는 법이 되었다는 점을 확인할 수 있고, 이 점에 대해서는 대법원장과 법무부장관도 특히 강조한 바 있다.

약 40명 정도의 의원만 있으면 법을 통과시킬 수 있다는 생각은 심각한 권력찬탈이자, 상식에 대한 조롱이다. 그런 시도가 발견된 경우 공공의 품격과 품위에 대한 침해로 여겨질 것이다. 당연한 일이 아닐 수 없다.

프린(Prynne)은 또, "회기 첫날 기도를 올리거나 덜 중요한 문제를 다룰 때, 다른 의원들이 다 오기 전에 잠깐 40명만 모일 수는 있다. 하지만 보조금을 지급하는 문제나 의안을 읽고 통과시킬 때, 중요한 문제에 대해서 토론할 때, 그 정도 숫자는 충분한 숫자가 될 수 없다. 의회의 규칙 및 관습에 따르면, 거의 모든 구성원이 출석한 다음에라야 토론을 시작하고, 결론을 내리며, 법안을 통과시킬 수 있다"라고 한다.

이와 같은 안전판은 해로운 입법을 저지하기 위해서 반드시 필요한 것이다. 보통 그런 입법은 어떤 권위나 존경도 바랄 수 없는 몇 안 되는 사람들 손에 좌지우지되곤 했다.

공적인 일을 하는 대가로 의회의 모든 구성원은 적정한 보수를 받을 권리가 있다는 점은 앞에서도 강조한 바 있다. 그런 면에서 보더라도 지속적인 참여와 출석이 중요하다. 하지만 한 가지 강조하지 않을 수 없는 것은 공직을 담당하겠다고 나선 사람이 자기가 일할 곳에 계속 나와야 한다는 것은 사명감의 문제가 아니라, 너무도 당연한 상식의 문제라는 사실이다.

Ⅳ   의심스러운 경우 위임을 한 사람들과 모여서 협의를 하는 것

에드워드 3세 재위 13년 되던 해에 왕은 의회에 대하여 자금 지원에 관한 표결을 요청했다. 상원은 문제 없이 승인을 했는데, 하원이 반대하고 나섰다. 그러면서 아래와 같이 대답했는데, 이 대답을 통해서 제대로 된 주민자치정부의 활동이라는 것이 무엇인지, 위임을 하는 자와 받는 자의 관계가 어떻게 유지되어야 하는지에 대한 해답을 찾아볼 수 있다. 그 요지는 위임을 받은 자가 어떤 이상한 짓을 하더라도 위임을 한 주민들의 권리가 침해되는 일은 없어야 한다는 점이다. 그 당시 힘이 세고 열정이 넘치는 왕에게 하원은 "왕의 재산을 잘 살펴보았고, 투표의 목적을 검토해 보았으며, 왕의 입장에서는 의회의 지원이 필요하다는 점을 잘 알 수 있었습니다. 하지만 지원이 필요하다고 하더라도 전체 국민에게 의견을 물어 확인하기 전까지는 하원은 감히 동의를 해 줄 수가 없습니다. 하루라도 빨리 의회를 열기를 바라고 계시오니, 저희는 모든 구성원이 각자 자기 지역으로 내려가서 왕의 요구에 대해서 국민의 동의가 있는지 최대한 빨리 확인하도록 하겠습니다"라고 대답한 바 있다.

코크 경은 또, "지원금 등을 요구하는 새로운 안을 왕이 의회에 제출하면 의회는 왕의 재정상태를 확인할 것이고, 지원 여부를 검토하겠지만, 먼저 지역구 주민들과 협의를 하지 않고는 동의해 드릴 수 없다고 대답하는 것이 우리 의회의 법이고 관습이다. 의원과 주민의 회합 자체가 의회법에 따라 보장된다는 의미다"라고 강조했다.

이 중요한 원칙과 관련해서 예전이나 최근의 의회명부에 보면 많은 사례가 나온다. 위에 인용한 문구에서도, 주민자치정부가 활동하고 있는 한 모든 지역공동체가 과세 요구에 대해서 충분히 확인하고 동의를 해 주지 않으면 과세가 불가능하다는 점을 확인할 수 있다. 그래서 정부는 계속 과세 요구를 했고, 의회는 계속 이를 거부했다는 것도 기록에서 확인된다. 의회 구성원들은 주민들의 동의를 받아오도록 최선을 다하겠다, 라고 약속한 경우에도 실제 동의가 없으면 찬성 투표를 할 수 없다. 실제로 영국 국민은 과세 요구가 있었다는 점과 그 이유를 잘 알고 있다. 결국 과세는 각 지역에서 실현되어야 하기 때문에, 그들 자신의 첨예한 이익이 걸린 문제다. 의원들 누구도 독자적으로 과세 부과에 대한 투표를 할 수 없다. 요즘 많이 하는 것처럼 위원회 위원 자리나 다른 직위 등을 뇌물로 걸고 장관 제출 법안에 찬성표를 받는 것은 당시에는 불가능한 일이었다.

이미 본 것처럼 의원들은 유권자들의 의견을 구한 다음에 자기들끼리도 충분히 상의해서 동의를 얻은 안을 기초로 법안을 만들어 줄 위원회에 보낸 다음, 최종적으로 그 법안에 대해서 의회가 인준을 한다.

본인이 오랫동안 하원의원을 해서 이러한 실무에 대해서 잘 아는 코크 경은 이미 검토한 바 있는 안전판을 두루 살펴본 다음에 이렇게 설명하고 있다. "그동안 수많은 선례를 보면서 확인한 바와 같이, 저널 북이나 기타 기록에서 좋은 평가를 받고 있는 법안이나 조치도 처음부터 좋은 평가를 받은 것은 아니었다. 처음에는 설득하는 데 성공하지 못했어도, 그렇다고 바로 폐기하지 않았으며, 그 결과 다음 또는 그 다음 회기에 다시 살아나기도 했다. 가치 있고 생산적인 도전의 성과라고 할 수 있다." 충분한 의견수렴을 거친 입법과정(자유민들은 오로지 이런 형태의 제대로 된 입법만을 정당한 법으로 인정할 것이다)에서 실무적으로 발생하는 문제에 관해서는 헌법적 안전판을 제대로 지킬 때 더 좋은 해법을 발견할 수 있다는 점을 강조하는 대목이다.

Ⓥ 모든 쟁점에 대해 논의한 결과를 의원들이 주민들에게 보고할 것

에드워드 3세 재임 14년에 왕은 증세 동의를 받기 위한 장치 가운데 하나를 발동해서 자신의 현재 재정상태를 설명하면서, 만약 의회가 동의를 해 주지 않으면 자신은 영원히 불명예를 안을 수밖에 없고, 나라도 파탄에 빠질 거라고 주장했다. 하지만 의회는 그런 호들갑에도 불구하고 냉정하게 대응했다. 왕의 요구를 다각도로 충분히 검토한 다음, 지원 필요성을 인정하면서도 유권자들에게 가서 상황을 설명하기 전에는 찬성표를 던질 수 없다고 했다. 결국 다시 선거가 열렸고 몇 년 후 두 번째 의회가 구성되었으며, 이때 지원을 늘리는 데에 대한 위원회의 보고서가 제출되었다. 의회는 그럼에도 불구하고, 이를 받아 자세하게 검토하면서 아주 분명한 어조로 "주의 기사들은 각 지역에 이 문제를 보고하라"라고 명한 바 있다.

이처럼 의회에서 이루어지는 중요한 절차에 대해서 의원들이 유권자들에게 보고했다는 기록은 여러 군데서 찾을 수 있다. 다음 사례는 영국 역사상 가장 최악의 권력 찬탈 사례 중 하나로, 본인들 스스로를 종신직으로 인정한 장기의회에서조차도 다음과 같은 보고 관련 명령서가 있었다는 점을 확인해 주는 대목이다.

"1647년 2월 11일 금요일
오늘 의회에서 통과된 선언문은 충분한 부수를 인쇄해서 의회로 보내줄 것. 그리고 각 주와 시, 자치구, 5개 항구를 지역구로 하는 기사들과 시민들, 주민들, 5개 항구의 남작들은 인쇄본을 지역구에 전파하도록 할 것.
하원 운영부 서기 엘신지"

VI **주민총회나 기타 주민자치정부의 수장을 맡은 주지사나 행정책임자가 모든 의회법률을 인쇄하거나 낭독할 것**

코크 경은, "잘 알려진 바와 같이 영국에서 인쇄가 시작되기 아주 오래전에도 의회를 통과한 법률은 대중에게 공표되었다. 왕의 서명이 포함된 명령장과 함께 여러 개의 법률이 포개져 소포 형태로 각 주의 보안관에게 보내진 것이다. 그런 다음 자유민이든 아니든 상관없이 관할 내 모든 사람이 들을 수 있도록 보안관이 공개적으로 낭독했다. 인쇄술이 전파되고 난 다음에도 이런 관행은 계속되어 헨리 7세 때까지 유지된 것으로 보인다"라고 증언했다.

현대사회에는 여러 가지 허구가 있는데, 그중 가장 불합리하고, 악의적이고, 말도 안 되는 것이 모든 사람이 법의 내용에 대해서 알고 동의한 것이기 때문에 법을 지킬 의무가 있다는 생각이다. 그런데 영국은 예외다. 영국에서는 이게 허구가 아니라 현실이었다. 영국에서는 모든 사람의 집에 전달되어 그 내용을 알고 사람들이 동의하기 전에는, 법이 될 수 없었다. 그렇기 때문에 법은 모든 사람이 봐서 이해할 수 있도록 간결하고 분명하게 작성되어야 했고, 쓸데없이 긴 문장은 그 법안을 제출하고 승인한 사람들이 어리석고 모자란 탓이라고 생각했다. 사람들은 통과된 법을 보안관이 주민총회에서 읽으라고 요구했으며, 이로 인하여 법을 만드는 방식에도 변화가 불가피했다. 듣는 사람도, 읽는 보안관도, 법을 만드는 의원들도 그 법이 무엇인지 알 수 있도록 해야 했던 것이다.

이와 같은 중요한 안전판도 인쇄기술의 발명 및 보급으로 인해서 변화가 불가피했다. 하지만 그렇다고 해서 근본적인 원칙이 달라진 것은 아니었다. 법률이 인쇄본으로 나와 사람들이 읽어보고 좋으면 그걸 사 볼 수도 있겠지만, 그렇게 사 보는 것과 법률 내용에 대해서 안다는 것은 별개의 문제였다. 인쇄술의 발달과 상관없이, 법이 종래 방식대로 모든 국민에게 전달되어 국민이 그 법에 대해서 알게 되었던 것이다. 법을 있는 그대로 읽어서 사람들이 이해할 수 있을까, 생각해 보면 실로 놀라운 일이 아닐 수 없다.

당시에는 주민총회에서 법률을 읽을 때, 그 법률이 간결하고 분명한 어조로 되어 있고, 평이하고 이해하기 쉽게 쓰여 있어서 사람들이 바로 이해했다고 한다. 법을 교묘하게 비꼬아서 잘 알아들을 수 없게 만들었는지 국민이 감시할 이유도 없었다. 오늘날 중앙집권주의자들이 어리숙한 유권자들을 속이는 것과 같은, 그런 이상한 짓을 하지 않던 시대였다.

대헌장도 인준이 될 때마다 모든 주에 보내 보안관들에게 공표하게 했고, 또는, 보안관과 유사한 업무를 담당하던 행정책임자가 읽어서 사람들에게 전달하게 했다. 헨리 3세 재임 2년에 발부된 명령장이 지금도 남아 있는데 거기 보면 여러 명의 보안관에게 "가을 주민총회에서 소환된 자유민들과 남작, 기사들 앞에서 법을 낭독하라"라고 명령하는 대목이 나온다.

또 하나 앞에서 설명한 대표자로서의 귀족의 위치에 대해서 짐작할 수 있는 것으로, 각 귀족들에게, 주민총회에서 보안관이 그랬던 것처럼 가신들 앞에서 법을 읽으라고 명하는 명령장도 발견된다. 보통법에서는 노예의 지위에 있든 아니든 상관없이, 모든 사람은 자신들이 지켜야 할 법에 대해서 알 권리가 있었고, 사람들이 모인 어떤 장소에서든 법을 공표해야 할 필요가 있었다.

게다가 가끔, 아주 세세한 것까지 공표하라고 요구하는 경우도 있었다. "누구도 법을 몰랐다고 해서 피해갈 수 없도록" 모든 규정을 여러 번 읽어주라는 명령장이 지금도 남아 있는 것이다. "지금부터 영국의 모든 보안관은 윈체스터 법을 1년에 4번, 관할 내에서 열리는 백인회에서 읽어주고, 시장에서는 서기가 읽도록 하여야 한다"라는 취지다.

이런 제도 때문에 많은 사람들이 혼란스러워 하기도 했다. 그렇게 법을 많이 읽어주는 것을 보면 영국 사람들이 법을 지독히도 안 지키는 것 같다고 생각하는 사람들도 있다. 하지만 우리 선조들의 의도는 전혀 그게 아니었다. 그들은 철저하게 실질을 따지는 사람들이다. 여러 번 읽어주어 그 내용을 확실하게 알게 하는 것이 그들의 목표였다.

모든 왕이 취임을 할 때 법을 지키고, 특히 대헌장을 지키겠다고 선서를 하는 민족이다. 게다가 매년 그 선서 내용을 주민총회를 통해서 주민들에게 공개하는 민족이다. 그럼으로써 법을 사용하게 될 국민 누구도 자신들의 동의와 추인을 얻은 법에 대해서 모르지 않도록 하고자 하는 것이 우리 선조들의 생각이었다.

보안관들에게 공표를 하라고 명하는 영장의 내용도 아주 흥미롭다. 그중 하나를 소개하면 다음과 같다.

"링컨 주 보안관에게 명하노니, 영국 국민의 이익을 위해 지난 회기 웨스터민스터에서 열린 의회에서 성직자와 귀족, 영국 전역의 대표자들의 동의를 얻어 제정된 법을 여기 동봉하여 보내는 바, 본 영장과 동봉한 법률을 보는 즉시 주민총회와 각 도시와 자치구, 시장 및 기타 장소 가운데 가장 적절하다고 생각하는 곳에서 읽어 공표하도록 하라."

실제로 보안관이 공표하는 것은 단지 법률뿐만이 아니었다. 의회의 절차 가운데 국민에게 공지할 게 있으면 요즘처럼 아무도 안 읽는 신문 지면에 광고를 올리는 것이 아니라, 이와 같은 전통적인 방법으로 공유하도록 했다. 에드워드 3세 재위 13년에는 사면장을 받은 사람들이 그 대가로 수리사업을 해야 할 장소를 주민총회에서 보안관들이 낭독한 적도 있다. 그와 비슷한 예를 아주 여러 군데서 찾아볼 수 있다.

Ⅶ 법관의 의회 출석

법의 수호를 위해 필요한 조치를 취하거나 국민의 민원을 해결하거나, 국민이 피부로 느끼는 일상생활의 문제에 관해서 법이 해 줄 수 있는 게 있는지 검토하는 것이 의원들의 의무다. 그런데 여기에다가, 우리 선조들은 이 과정에 법관이 관여하는 길도 열어 두었다. 국민이 직접 선언하고 집행하는 보통법을 매일 다루는 것이 법원이기 때문에,

법관들이 법에 관한 가장 확실한 정보를 줄 수 있다고 생각했기 때문이다. 법관들의 의회 출석 의무는 그렇게 시작되었다.

코크 경의 보고에 의하면, "상원 회기 중에 법 전문가라고 할 수 있는 법관들과 장관들이 상원의장 옆에 배석했다. 그들은 다른 발언권이 없고, 법에 대해서 묻는 것에 대답하는 역할을 했다"라고 한다.

앞에서 소개한 "의회 운영 원칙"이라는 작은 책자는 사람들이 생각하는 것만큼 그렇게 오래된 것은 아니지만, 중요성 면에서는 아주 손꼽히는 자료 중 하나인데, 거기 보면 "직책상 의회에 출석해야 하는 사람들은 영장이 없더라도 의회 全회기 동안 출석할 의무를 부담한다"라고 적혀 있다. "재무성의 남작들이나 대법관, 서기, 왕의 보좌관과 왕의 특보 등이 그런 사람들에 속한다."

지금도 형식상으로나마 의회의 개회, 정회, 산회 시에 한두 명의 법관이 입회해 있는 것을 볼 수 있는데, 이런 것들을 보면 법이 요구하는 법관의 출석 의무라는 것이 시간이 지나면서 많이 형해화되었을 거라는 점도 능히 짐작할 수 있다.

Ⅷ 모든 청원에 대한 회기 내 답변

"지위 고하를 막론하고 상원 최고재판부에 청원을 넣은 자는 진술을 하고, 청원 내용에 대해서 충분히 설명할 권리를 갖는다."

보통법이 요구하는 안전판 가운데 이것보다 더 중요한 것은 없을 것 같다. 이 안전판은 의회와 왕이 그들의 권한 범위 내의 일을 보다 충실하게 수행하게 하고, 의무의 불이행을 근본적으로 방지하는 장치다. 청원인들의 진술권을 보장한다는 얘기는, 청원의 내용에 대해서 심사를 한 다음 대답할 의무가 있다는 뜻이다. 요즘 하는 것처럼 구석에 처박아 놓고 무시해서는 안 된다. 또, 의회의 경우는, 잘못 만들어진 법으로 인해서 피해를 본 사람들이 청원을 하면 거기 대답할 의무가 있기 때문에, 부주의하게 아무 법이나 빨리빨리 통과시키면 그뿐! 이라는 생각을 하지 못한다. 공직을 이용한 사익 추구는 시민들의 고발을 통해 바로바로 드러나고, 그런 고발을 테이블 밑에 묵혀 둘 방법도 없다. 공직자의 비위사실을 숨기거나 공식적인 해명으로 피해갈 수도 없다. 모든 청원에 대해서 정확한 대답을 해야 하는 것이다.

코크 경의 증언에 의하면, "적시에 제기된 청원은 아무리 그 숫자가 많다고 하더라도, 그 의회의 회기가 끝나기 전에 답변을 해 주는 것이 의회의 법과 관습"이라고 한다.

"청원에 대한 토의가 이루어지지 않았거나, 답변이 결정되지 않은 때에는 의회는 산회할 수 없다. 만약 왕이 이를 허가한다면 왕은 거짓 선서를 한 셈이 된다."

리처드 2세 재위 2년 법전에, 앞으로 의회에 제기된 청원은 의회가 산회하기 전에 반드시 답변을 하여야 한다는 법이 등재되었다는 기록이 있다. 보통법상의 이런 원칙을 실정법으로 기록해서 후대에도 계속 적용되게 하기 위한 것으로 보인다.

이상 소개한 안전판들에게 대해서 하나하나 더 자세히 설명하지 않아도 그것이 우리 의회 제도의 정상적인 운영에 얼마나 중요한지 독자들이 잘 이해했을 것으로 믿는다. 지금 우리가 하는 방식에 대해서 많은 불만이 있을 수밖에 없다는 점도 간접적으로 확인할 수 있다. 우리 의회는 지금 일을 하는 것이 아니라, 일을 하는 흉내를 내고 있을 뿐이다. 원래 그들의 할 일에 속하지 않는 수많은 일에 관여함으로써, 정작 몇몇 의원의 충실한 노력이 하나도 결실을 맺지 못하고 있는 그런 형국이다. 의원은 무엇보다, 국민과 유권자들의 목소리를 들어야 한다. 국민의 지적에 무감하면 그로 인해서 많은 피해가 발생한다. 또, 의원들이 만드는 실정법은 철저하게, 보통법에 부합해야 한다. 권력을 위임하는 자와 위임을 받는 자 사이에 상호 협력해야 하며, 결국 법은 그것을 사용하는 국민의 동의로 만들어진다는 것이 우리 영국 법의 확고한 기본원칙이다. 의회는 이 점을 잊어서는 안 된다. 그래야 영국의 안위와 발전에 도움이 되는 의회가 될 수 있다.

제9장

현대의 입법

제9장

현대의 입법

보통법과 실정법의 차이와 특징에 대해서 살펴보았고, 그 둘이 조화를 이루기 위해서는 헌법적 안전판이 작동되어야 한다는 점을 강조했다. 여기서는 그런 헌법적 안전판이 무시됨으로써 요즘 입법이 어떻게 잘못된 방향으로 가고 있는지에 대해서 간단히 살펴볼 것이다. 영국의 보통법과 기본원칙이 더 우위에 있다고 생각하는 우리 견해와 달리, 안전판을 제대로 지키지 않고 법이 보통법을 어기면 어떤 현상이 벌어지게 될까? 그 결과, 그래도 만족스러운 법이 나올 수 있을까?

어떤 나라든 가지고 있는 법과 제도를 제대로 잘 지켜나가는 것이 중요하다는 점에 대해서는 이미 강조한 바와 같다. 다만 이 문제에 대해서는 조금 더 근본적인 검토가 필요할 것 같다. 요즘은 '개혁'이라는 이름으로 보다 많은 변화를 이루어내는 것이 자유의 증진에 이바지하는 길이라고 잘못 생각하는 사람들이 많다. 그저 흉내내기에만 바쁜 게으른 아이처럼 새로운 길로만 우루루 몰려가는 것은 사실 좋은 방법이 아니다. 우리가 가지고 있는 법과 제도를 존중하면서도 변화하는 상황에 맞게 발전시켜 나가려는 노력이 훨씬 더 중요하다. 진보라는 것은 매번 새롭게 시작하는 데 있는 게 아니라, 안전하고 탄탄한 기초 위에서 앞으로 나아가는 데 있다. 확신도 없이 새로운 실험에만 맡기는 것은 진보의 길이 아니라, 진보의 적이 되는 길이다. 우리나라의 질서 가운데 가장 기초적인 것들 중 하나인 소유권이나 개인의 자유로운

152

행동권은 확립된 법으로 보장되어야 한다. 모든 사람이 자신의 소유물을 자유롭게 통제하고 사용하는 권리를 통해서 이 사회에서 자유로운 기회 보장이 가능하다. 영국 법이 강조하는 원칙이 그것이다. 그런데 돌팔이 의사나 실험가는 이 중요한 원칙을 잘 알지 못한다. 그들이 개인의 안전과 재산권, 자유로운 행동권에 심각한 위협이 되고, 우리나라의 정통성을 지키는 데에도 해가 되는 이유다.

입법이라는 이름으로, 국민의 생명과 재산에 대해서 모든 종류의 실험을 할 수 있는 권리를 몇몇 사람에게 주는 것은, 무슨 핑계를 대더라도 자유를 위한 길이 아니다. 모든 사회는 복지와 안전의 기초로서 통일되고 안정적인 법이 있어야 한다. 완벽을 추구한다는 이유로 끊임없이 바뀌는 법보다는 차라리 불완전하더라도, 확실하고 일관된 법이 낫다. 잘 알다시피 우리 형법에 따르면 법에 대한 무지는 용서받지 못한다. 즉, 항변 사유가 되지 않는다. 하지만 지금과 같은 법전을 가지고는 그런 말을 할 수 없을 것 같다. 법이 매년 바뀌고, 추가되고, 폐지되고 있다. 수많은 종류의 특별법이 나오고, 옛날 법들은 전체적으로 또는 부분적으로 사라지고 있다. 이런 상황에서 국민에게 법을 왜 모르느냐, 라고 비난하는 것은 말이 되지 않는다. 새로 만든 법은 서로 맞지도 않고, 서로 모순된 말을 하는 경우도 있고, 그런 와중에도 계속 새로운 법이 나오고 있다. 법이 할 일을 제대로 할 수 없는 상태라고 할 수 있다.

코크 경이 적절하게 지적한 바와 같이, "중요한 문제들은 사실 보통법의 어떤 원칙이 잘못되었다는 데서 나오는 것이 아니라, 법도 잘 모르는 사람들이 만들어 낸 양도증서나 법문서에서 나온다. 목사나 행정사, 기타 법을 제대로 못 배운 사람들이 유언장을 복잡하게, 말도 안 되게 작성한다. 심지어 의회에서 만든 법이라는 것도 법적인 판단력도 없는 사람들이 단서를 달고, 문장을 추가하고, 생각도 없이 가필한 것으로 차고 넘친다. 이렇게 마구잡이로 가져다 붙이고 고친 법만큼이나 위험한 게 또 있을까?"

이미 강조한 바와 같이 법이 존경을 받고 완결된 체계를 갖추기 위해서는 일반원칙 위에 확고히 서 있어야 한다. 새로운 제도를 추구하는 것이 아니라 이미 존재하는 제도를 확장하고 더 잘 운영될 수 있도록 돕는 것이어야 한다. 그래야 사람들이 익숙한 길을 따라서 갈 수 있고, 그게 사실은 더 안전하고 빠른 길이다. 새로운 문제가 발견될 때마다 이미 여러 번 했던 것을 포기하고 새로운 방법을 성급히 도입하는 것은 문제를 더 어렵게 만든다. 중앙집권주의가 득세하면서 종래의 법 제정 방식이 바뀌고 말았다. 실정법과 보통법이 조화를 이루는 데 필요한 헌법적 안전판을 점점 더 줄이고 있다. 그들의 목표는 좋은 법이 제대로 적용되도록 하는 것이 아니라, 법전 속에 급조한 법, 실험적이고 전례가 없는 법을 채우는 것이라고 오해할 정도다. 과잉입법은 모든 의회에 끊임없이 붙어 다니는 죄악이다. 중앙집권주의는 모든 상황마다 이미 실패로 검증된 해법을 적용한다. 오랜 세월 사람들이 새로운 문제가 생길 때마다 그 문제를 해결하기 위해 사용해 왔던 좋은 제도를 다 버리고, 안 되는 길로만 우리를 인도하고 있다.

알프레드 왕은 Witena-gemote(7세기부터 11세기 사이에 존재했던 고대 의회로서 현자들의 모임이라는 뜻이다: 역자 주)가 추인한 법의 서문에서 다음과 같이 선언하고 있다. "나는 내가 원하는 내용의 법을 제정하지 않으려고 한다. 앞으로 이 법 아래서 살아갈 사람들이 그걸 좋아할지 내가 지금 알지 못하기 때문이다"라고. 이것이 바로 자유로운 나라에서 법을 만드는 사람들의 자세이고, 그 결과 만들어진 법의 모습이다. 오늘 우리 입법자들은 이것과 정확하게 반대되는 방향으로 움직이고 있다.

　모든 조치는 시행하기 전에 늘 두 가지 점에 대해서 생각해 보아야 하는데, 첫째가 목적이고, 둘째가 그 목적을 달성하기 위한 방법이다. 목적이 좋거나 혹은 나쁠 수 있고, 반대로 방법이 좋거나 혹은 나쁠 수 있다. 그런데 오늘날 성급하게 법을 만들고자 하는 사람들은 (가끔씩이라면 그나마 다행이겠지만) 주로 첫 번째에 신경을 쓰는 것 같다. 지나가면서 힐끔이라도 두 번째를 검토하는 것 같지 않다. 장관이 제출한 법인지, 어떤 파벌에게 이익이 되는 법인지, 오로지 그것만 생각한다. 그 결과 우리가 익히 아는 그런 희한한 법전이 나온다. 두껍고, 복잡하고, 중구난방인 그런 법전 말이다. 그것이 법률가에게는 이익이 될지 몰라도, 일반국민 눈에는 가시철조망처럼 얽히고설킨 나쁜 구조물일 뿐이다.

　코크 경은 새로운 법률이 제안될 때마다 다음과 같은 순서로 생각을 해 보아야 한다고 권고한다. 특히 다른 누구도 아닌 법 전문가라면 가장 먼저 "자기가 속한 나라의 법에 대해서 제대로 알아야 한다. 법을 바꾸거나 뒤집어엎는 것은 가장 위험한 것이고, 차라리 다른 것을 바꾸는 것이 덜 위험하다. 전에는 같은 문제에 대해서 어떤 법률이 존재했고, 현재 법문은 어떻고, 또, 그 해석은 어떻게 되는지를 먼저 파악하여야 한다. 그런 다음 과거에 그 문제로 인하여 공익 실현에 어떤 위험이나 방해가 있었는지 경험적 연구를 통해서 확인하여야 한다. 그리고 최종적으로, 제안하는 새로운 법이 적용될 경우 과거의 문제가 반복될 가능성이 있는지 뿐만 아니라, 미래에 더 큰 해악이 발생할 가능성이 있는지 따져 보아야 한다."

　이미 나열한 바와 같은 헌법적 안전판이 제대로 작동될 경우에는 위에 얘기하는 모든 순서를 다 지킬 수 있지만, 그것이 없을 경우는 그걸 제대로 지킬 수 없다. "법은 평이하고 간결하게 작성되어 상하 양원의 모든 구성원들이 이를 똑같이 이해할 수 있어야 한다"라는 안전판과 입법적 기능의 한계를 의식하고 지키고 있는지, 하는 안전판 말이다. 최근 입법의 특징 가운데 하나는 세세한 세부규정이라는 형식을 빌려 몇몇 사람이 이론적으로 내린 결론을 강요함으로써, 사람들이 책임감을 가지고 자유롭게 활동할 여지를 없앤다는 데 있다. 바로 이런 법률들이 수많은 해악을 만들어 낸다. 세세하게 규정한다는 것이 그 법의 가장 큰 단점이다. 논리의 측면에서 봐도 그렇고, 영국의 보통법의 측면에서 봐도 그렇다. 몇 개를 나열한다면 거기 포함되지 않은 나머지는 제외되는 문제가 생긴다. 어떤 누구도 다가올 모든 상황을 예견할 수 없고, 현재가 어떤 결과를 초래할지 알 수 없다. 세세한 규정을 많이 둘수록, 포괄적인 원칙에 바탕을 두고 문제를 해결하는 인간의 능력이 저하된다. 미리 정해놓은 해답에 비해 앞으로 발생할 문제는 훨씬 더 다양할 것이기 때문에 세세한 법 규정은 큰 도움이 되지 않는다. 게다가 이런 법들이 많아지면 법전이 점점 더 두꺼워지고, 사람들이 더 이상 그 내용을 알려고 하지도 않는다. 몇 가지 간결하고 확실하고 일관되고 분명한 법 대신 너무 많고, 복잡하고, 까다로우며, 심지어 모순적이고, 끊임없이 변하는, 결과적으로 불확실성과 의심으로 가득 찬 법만 남는다. 법전이 신중하고 사려 깊은 사람들에게 밝은 길을 제시하기보다는 신중하지 못하는 사람들을 낚아채는 야비한 도구로 전락한다.

요즘 제조(이 단어를 쓰는 게 가장 적절한 것 같다)되는 법의 특징과 그 제조방법을 보면 심각한 우려를 하지 않을 수 없다. 그 두 가지 모두에서, 주민자치정부의 제도적 역할과 역학관계가 무시되고 있고, 헌법적 안전판 중 어떤 것도 지켜지지 않고 있다. 잦은 선거로 의회는 사명감과 책임감이 없고, 의원들은 실제로 주민자치정부라는 발전적인 제도의 대표자도 아니며, 의원들의 의회 참석도 저조하고, 앞으로 시행할 조치에 대한 유권자들의 의견이나 자문도 구하지 않고, 결과를 보고하지도 않고, 통과된 법률을 다양한 주민자치정부 내에 주민들이 모두 모인 곳에서 공표하지도 않고, 현재 법률에 대해서 판사들에게 묻거나 그 외 다른 방법으로 확인하지도 않고, 의회에 대한 청원은 접수하고, 검토하고, 답변하지 않는다.

특히 요즘 입법의 특징은 지극히 즉자적이라는 데 있다. 우연한 특수상황에 맞춰 급조된 법이 대다수다. 모든 특수상황에 공통적으로 적용되는 기본원칙에 대한 심오한 탐구가 없다. 그 기본원칙을 특수상황에 적절하게 일관되게 적용함으로써 더 좋은 결과를 얻을 수 있는데도 말이다. 어느 시대에나 통용되는 확실한 진리는 응급조치는 좋은 방법이 아니라는 점이다. 기본원칙을 주의 깊게 탐구하고, 그동안 결정되었던 것, 시도되었던 방법을 참고해서 새로운 사례에 적용 가능한지, 적용하면 어떤 결과가 나올 것인지 연구하는 자세가 중요하다. 과학과 의학뿐만 아니라 법학의 역사도 이와 같은 탐구의 역사다. 그 에너지를 계속 발전시키려는 노력이 필요하다.

이러한 점들은 다른 곳에서도 충분히 검토해 보았기 때문에 여기서 더 길게 말할 필요를 느끼지 못하지만, 꼭 한 가지에 대해서는 조금 더 설명을 해야 할 것 같다. 대부분의 의회 구성원에게 가장 부담스러운 일이며, 그것 자체로 가장 해롭고, 의회가 하지 말아야 할 불법 행동 가운데 하나인 지방의 법(Local acts)에 개입하는 것이다.

지방의 법은 여러 가지가 있다. 철도법과 같은 공공사업에 관한 법도 지방법 중 하나다. 만약 그런 법이 하나의 주민자치정부의 소관 범위를 벗어나면, 다시 말해서, 주나 자치구의 입법적 관련성을 벗어나 여러 개 주민자치정부의 이익이 충돌하게 되면, 그걸 그대로 안은 채로 의회로 법률안이 넘어갈 게 아니라 미리, 관련된 주민자치정부 간 협의가 있어야 한다.

한편 이것과는 또 별개로, 아예 의회의 논의사항이 되어서는 안 되는 지방법도 많다. 자치구법 대부분과 그와 성격이 유사한 법들이 여기 속한다. 현재 입법절차의 문제는, 이런 법들이 전체주민은 알지도 못한 채 몇몇 제안자의 손을 타고 의회로 밀려들어온다는 데 있다. 주민들은 그런 법률안의 장점이 무엇인지 알지도 못하고, 그 법으로 인한 주민 각자의 권리와 재산권 침해를 막을 방법도 없다. 심지어 그런 법이 통과되어 지역에 적용된다는 사실을 아는 경우에도 그 내용에 대해서는 알려진 바가 없어서, 실제로 영향을 받는 주민들은 까맣게 모르고 있을 수 있다. 법에 반대하거나 이의를 제기할 힘도 없다. 의회 위원회 앞에 가서 이의를 제기하는 비용이 너무 많이 들어서 그런 기회를 준다는 것 자체가 사실은 하나의 조롱으로 들릴 뿐이다.

이와 같은 지방법 체계는 중앙집권주의의 폐해 중 하나다. 오늘날 만들어지는 모든 지방법은 주민자치정부의 손발을 묶는 것과 같은 효과를 발휘하고 있다. 알다시피 주민자치정부는 그들의 이익이 관련되는 사항에 대해서는 전적인 입법권을 행사하여야 하고, 그로부터 발생하는 모든 결과에 대한 책임을 져야 한다. 하지만 현재와 같은 지방법 체계에서는 주민총회나 지역총회가 단순한 행정기구로 전락하고 말았다. 주민자치정부의 가장 중요한 속성이라고 할 수 있는 저작권을 빼앗기고, 중앙에서 지시하는 대로 만들어진 시나리오를 그대로 적용하는 기구가 돼 버린 것이다. 이런 해악을 고치는 방법이란 그저 유력자에게 가서 간청하는 것밖에 없는데, 그것 자체가 또 다른 엄청난 해악의 시작이다.

어떤 관점에서 보아도 현재의 지방법 제정방식은 불법적이고, 반헌법적이다. "법과 규칙은 적용 받을 자가 만들어야 한다"라는 기본원칙에도 반한다. 저작권자인 주민의 동의도 없이 만들어지는 법이고, 토의나 토론의 기회도 전혀 없는 법이다.

이런 법이 대거 만들어진 배경에는 행정수반인 왕권에 대한 의회의 월권이라는 잘못이 존재한다. 의회는 누가 뭐라고 해도 입법권을 가지고 있기 때문에 그 입법권을 조금 더 넓게 행사하는 것의 폐해를 사람들이 잘 모르고 넘어갈 수 있다. 하던 것을 더 하는 거라고 생각하고 만다. 왕이 행정권이라는 고유한 권한을 넘어서는 권한을 행사하는 것보다 더 위험한 이유가 그것이다. 의회가 입법권을 확대해서 왕의 권한을 침해한 것이 바로 지방법이다.

왕은 특정지역에만 적용되는 특칙을 정할 수 있다. 경우에 따라서는 입법권의 흠결을 이유로 특정 지역에 적용을 배제할 수도 있다. 법은 원래 주민들의 동의로부터 나오지만, 이를 보충하는 것은 왕의 권한이기 때문에 이런 행위 자체가 무효라고 볼 수는 없다. 그런데 문제는 의회가 여기에 개입한다는 점이다. 장관이 법을 보충하는 규정을 만들어서 특정 지역에 공포하는 과정에서, 의회명부에 등재가 된다. 하지만 이런 일은 의회가 관여할 일이 아니다. 편의상 의회명부에 등재할 뿐이라는 점은 앞에서 본 바와 같다. 그것 이상으로 의회가 특정 지역의 문제에 개입할 경우 아주 위험한 결과가 발생할 수 있다.

지방법이라는 이름으로 의회가 손을 대는 순간 자유민의 헌법적 자유와 권리에 대한 침해가 일어난다. 그런데 문제는 이를 저지할 방법이 마땅치 않다는 데 있다. 보통법의 이념과 정신에 반하는 방향으로, 의회가 입법과 관련해서 월권을 하는데, 그 법으로 인해 피해를 받을 사람들은 내막을 전혀 모른다. 그런 역할이란 애초에 의회에 기대한 것도 아니다. 누군가 뒤늦게 들여다보면 한 번도 들어본 적도 없거나, 들어봤더라도 자신과 관련된 법인지 생각지도 못한, 어떤 의회가 제정한 법으로 인해 자신의 권리가 침해된다. 또, 보통법에 따라 당연히 누리는 권리도 제한된다. 왕명은 물론이고, 본인 스스로의 동의로도 제한할 수 없는 권리의 제한이 의회에 의해 자행되고 만 것이다.

코크 경은 이와 같은 지방법 체계가 등장해서 확산되기 전부터도 이미 다음과 같이 경고한 바 있다. "국민과 국민 간의 사적 관계를 규율하는 법을 통과시켜서는 안 된다. 그것은 법원이나 형평법원에 가서 분쟁의 원인을 면밀히 검토한 다음에 적절한 해답을 찾아서 해결하면 될 일이다." 이와 같은 경고가 더욱 더 강력하게 필요한 영역이 바로 지방법이다. 지금까지 얘기한 것은 의회가 제정한 지방법으로 발생하는 문제의 극히 일부에 불과하다. 이 문제도 앞서 개인과 개인 간의 분쟁해결처럼, 분명한 해결책이 하나 있다. 바로 주민자치정부가 그 원인을 면밀히 검토한 다음에 적절한 방안을 찾아서 해결하면 된다. 지방법을 그대로 두는 것은 자신들과 관련되는 일을 스스로 검토하고 결정해서 해결하는 능력을 빼앗아 가는 것임은 물론이고, 국민의 자존감을 뭉개고, 권리와 의무에 관한 일반의 상식을 파괴하는 일이다. 바로 중앙집권주의로 가는 길이다. 자기조정과 자기통제는 모든 주민자치정부에 보장된 고유한 권리인데, 그것을 찬탈해서 무분별한 법을 만듦으로써 의회는 주민자치정부의 역할을 정면으로 부정하고 있다. 이렇게 되면 국민은 그 법을 적용하거나 변경하려 할 때 권력을 탈취한 자에게 가서 빌어야 한다. 게다가 그렇게 제정된 법은 하나 같이 기본원칙을 선언하는 것이 아니라, 세세하고 복잡한 규정으로 가득하다. 평이하고 확실한 규정이 아니라, 교묘하고 음험한 '가필로' 가득 찬 규정이 대부분이다.

의회가 이처럼 부당하게 간섭해서 주민자치정부의 고유한 권리와 자유를 침해했다면 그 해결방법은 간단한다. 주민자치정부가 나서서 그런 불법적인 법률을 폐기하고 헌법원칙에 기초한 보다 간단한 법을 제정하면 된다. 그리고 궁극적으로는 주민자치정부와 보통법의 원칙에 부합하게, 시민의 권리선언을 통해 의회가 다시는 이런 일을 하지 못하도록 못을 박아야 한다.

지금까지 본 것이 현대입법 가운데 가장 문제가 되는 것이지만, 입법의 방법으로 가도 그만큼 불만스러운 점이 있다. 방법 면에서도 헌법적 안전판을 전혀 지키지 않고 있다. 문제가 있는 법들일수록 미사여구로 서문을 장식해 놓고, 개인적 이익과 이해관계자 배려 규정, 주민의 자유와 권리에 대한 무분별한 침탈 등을 슬그머니 합법화한다. 그때마다 국민의 대의기구인 의회가 지켜야 할 원칙을 위반한다. 법안들은 보통 심사할 시간도 없이 성급하게 제출되고, 법안이 있다는 사실 정도만 아는 상태에서 극소수 의원들의 힘으로 패키지로 통과된다. 지루하고 장황한 말잔치만 들어 있어서 조금이라도 생각 있는 사람들의 혐오감을 불러일으키는 경우도 자주 있다. 의회에서 뭘 하고 있는지 주민들이 모르게 하려는 꼼수나 부리고, 심지어 같은 의원들도 모르게 한다. 설사 알게 되더라도 어떻게든 속여서 법전 속에 밀어 넣으면 된다고 생각한다. 법 만드는 일이 요즘은 밀수하는 것과 같다. 부끄러워하는 기색조차 없이 최악의 밀수행위가 자행되고 있다.

이상과 같은 지적은 의회의 어느 한 부분에만 해당하는 것이 아니다. 지역 이슈이든 국가 이슈이든 의회에서 벌어지는 일에는 다 이런 폐해가 존재하고, 예산표결도 이와 다르지 않다. 헌법적 안전판이 전혀 작동하지 않는다. "예전에도 이런 일이 없지는 않았다. 상·하원이 유기적으로 돌아가지 않고, 교묘한 말잔치에 의회가 놀아나고는 했다." 하지만 그때는 상·하원 모두 국민 편이었다. 잘못된 게 발견되면 바로 고치려는 노력이라도 했다. 하지만 지금은 그렇지 않다. 의회가 고의로 그런 짓을 한다. 자신들의 이익을 위해 교묘한 말잔치로 스스로도 속는 척 하고 있다. 그래서 그 피해가 고스란히 국민들에게로 간다. 결국 이를 고칠 방법은 의회의원들 손 안에 있다. 지금이라도 그들이 보통법의 원칙으로 돌아가면 좋겠지만, 그렇게 하지 않는다면, 그들의 월권행위를 교정할 방법이 없다.

또 하나 최근의 법 제정 내용을 보면 기가 막힌 게 또 하나 있다. 이미 보통법에 다 나와 있는 것을 새로운 것처럼 법으로 만든다. 그러면 다음과 같은 피해가 발생한다. 첫째, 법 문구를 주로 들여다보기 때문에 보통법의 기본원칙은 망각하고 법 규정만 해석해서 이를 적용하게 된다. 보통법에 따라 법을 해석하는 것이 아니라 자구에 따라 법을 해석하게 되는 것이다. 둘째, 그럼으로써 자유민의 자유와 권리의 기원에 대한 잘못된 생각을 갖게 된다. 그것이 우리의 오래된 유산임에도 불구하고 엉뚱하게 다른 곳, 다른 시대에서 기원을 찾아 궁극적으로 자유와 권리를 제한하고 억누른다. 셋째, 거기서 그치지 않고, 적절한 시기가 오면 자기들 마음대로 줄이거나 없앤다. 자유민의 생래적 권리라고 생각하지 않고 법에 따라 부여받은 권리라고 생각하기 때문이다. 이런 예를 여러 개 들 수 있겠지만 그중 가장 황당한 것이 바로 「인신보호법」이다. 그건 오래 전부터 보통법에 따라 존재하던 것이었다. 법률에 규정되어 우리의 권리가 된 것이 아니다. 그 기원인 보통법에 따르면 인신보호청구권을 제한한다는 것은 말이 되지 않는다. 그럼에도 사악한 정부는 그것이 법적인 권리라는 이유로 인신보호청구권 제도 자체를 정지하기도 한다. 보통법에서는 시도조차 해 본 적 없는 일이다.

실정법이 진짜로 보통법에 충실하기 위해서는 선언적인 법률을 만들어야 한다. 그것은 지나간 역사에서 그 근거를 퍼오기 때문에 더할 나위 없이 숭고한 가치가 있다. 우리가 잘 알고 있는 인권선언이 바로 그런 선언적 법률 가운데 하나다. 법률이 선언적이냐, 실험적이냐 하는 것은 엄청나게 큰 차이가 있다. 지난 수 세기 동안 수많은 시련 가운데서도 우리의 자유와 권리를 지키는 데 노력을 해 온 그런 성실한 애국자들에게는 가장 소중한 무기가 바로 선언적 법률이다. 그런 법률은 원칙을 얘기할 뿐, 세세한 각론을 말하지 않는다. 각론을 정하는 것은 주민자치정부가 알아서 채울 일이지 법을 선언하는 사람들이 할 일이 아니다. 진정한 입법자들은 그들의 임무가 기본원칙을 충실하게 선언하는 것이라고 생각한다. 세세한 규정들을 명령하듯이 채워 넣는 것은 그들의 일이 아니라고 생각한다. 사람들을 자유롭게 하는 것은 그들에게 '자유로워라'라고 명령함으로써 되는 것이 아니다. 그들 스스로 자신의 권리와 의무를 알게 하고, 스스로 그 권리를 행사할 수 있는 기회를 주면 된다. 그래서 의회에서는 거듭, 권리와 의무를 선언하기만 한다. 그걸 교회에서 낭독하고, 주민총회에서 인쇄해서 배포하고, 시장에 외친다. 국민의 자유와 권리가 침해되는 순간이 오면, 우리가 할 일은 헌법적 안전판을 지킬 것을 촉구하고, 우리 선조들로부터 물려받은 자유와 권리를 거듭 선언하는 것이다. 우리가 이 세상에서 해야 할 가장 중요한 일 가운데 하나는 그 자유와 권리를 후손들에게 똑같은 크기로 물려주는 것이다.

위임입법

위임입법

왕의 권한남용 방법에 대해서는 이미 앞에서 설명한 바 있다. 그는 자기 자신이 위임받지도 않은 일을 자기가 뽑은 사람에게 맡김으로써 위임 권한의 한계를 벗어나려고 한다.

앞에서 말한 헌법적 안전판이 잘 지켜지지 않으면, 의회는, 의도는 조금 다를지라도, 왕이 한 것과 같은 권한남용을 그대로 반복하려는 경향을 보인다. 궁지에 몰리면 고르디우스의 매듭(Gordian knot, 고르디우스의 매듭은 '풀기 어려운 문제'를 뜻하며, 고르디우스 매듭을 푸는 행위는 '난해한 문제를 해결하다'는 뜻으로 사용된다: 역자 주)을 끊듯이 위임 받은 권한을 남에게 넘김으로써 문제를 해결하려고 한다.

독재정치의 의도를 가진 모든 정부는 국민의 권리를 제한하려고 하고, 그런 법을 만들 권한을 자꾸만 남에게 위임한다. 이것이 어떤 새로운 방법보다도 더 효과적이라는 것을 잘 알고 있기 때문이다. 겉으로 볼 때는 대의기구가 제대로 작동되는 것처럼 보이지만, 실제로 안에서는 가장 자의적이고 무책임하게 입법 권한이 몇몇 사람의 손에 들어간다.

특히 의회의 위임을 받아서 다른 기관이 특정 주제에 대한 "보고서"나 백서를 출간하는 경우 전제주의의 시도는 가장 빛을 발한다. 입법자에게 영향을 미치고, 국민들을 호도하는 것으로 이만한 게 없다. 대단한 권위에 근거해서 결론을 내리는 것 같지만, 실제로는 일방적이고 교활한 의견을 포장한 것에 지나지 않는다. 그 목적은 결국 자의적이고 무책임한 권한을 유지하고, 그 권한 행사로 인해 발생하는 폐해를 숨기는 데 있다. 토론과 치밀한 탐구를 통해서 건전한 판단을 내리고, 그걸 정확하게 실현하는 것과는 정반대의 방향으로 일을 처리하는 것이다.

이것 이상으로 심각한 폐해가 없고, 이것이야말로 정면으로 영국 보통법에 반하는 일이다. 그런데도 오늘날 어느 정파나 상관없이, 권력을 잡은 사람들은 끊임없이 이런 방법을 구사한다. 개혁을 빙자한 각종 실험적 법률 제정, 입법을 빙자한 사익 추구가 그들의 전략이며, 그를 통해 토론의 기회와 효과를 차단하려고 한다.

이와 비슷한 예를 들자면 이 책 전체를 할애해도 부족하겠지만, 특별히 강조할 것은 영국에 위임입법권을 확대하는 새로운 기술이 도입되고 있다는 점이다.

잘 알려진 바와 같이 관세와 소비세를 부과하는 법률이 제정되었는데, 이것은 권력 가운데 가장 자의적인 권력을 부여하는 것으로서 보통법의 취지와 어긋남은 물론이고, 자유민의 자유와 권리를 명백하게 침해하는 것이다. 게다가 수많은 경우의 수에 적용되는 규칙제정권, 명령권까지 주었는데 그 과정에서 법의 적용 대상이 되는 주민들의 동의나 추인을 전혀 받지 않았다는 문제가 있다.

영국의 중앙집권주의를 완수하는 가장 교묘한 장치로서 '빈곤법위원회(빈민구호소 등이 식단까지 간섭하는 위원회)'의 폐해도 이에 못지않다. 그 위원회에도 위에서 본 바와 같은 자의적인 권한이 부여된 바 있다. 그 자세한 내용을 소개하면 형식 면에서나 실질 면에서나 역사상 가장 악의적이며, 음흉하고, 타락한 모습으로, 공격적이고 자의적으로 운영된 조직의 실상을 보여주는 사례가 될 것이다. 어떤 나라에도 이런 예가 없었다. 의회 제도라는 것이 어떻게 하면 자의적이고 무책임한 전제주의와 공존할 수 있는지 그 실례를 보여주려는 것이 이 위원회의 목표라고 생각할 정도다. 그만큼 책임 있는 국가기관의 모든 노력과 그 독립의 정신을 송두리째 부정하는 제도였다.

「지방법 사전조사법(Local Acts Preliminary Inquiries Acts)」은 "교묘한 말장난으로 의회를 속여" 독립적인 조사와 판단 기능을 포기하고, 의회를 왕이 지명한 무책임한 위원들이 일방적으로 만든 법을 통과시켜주는 기구로 전락시키는 법이다. 그나마 다행스러운 것은, 그 법이 내세운 핑계가 의원들 자신의 이익에 반하는 기만적인 것이었다는 점이 일찍 발견하게 되었다는 데 있다.

한편 「공중보건법(Public Health Act)」은 지금까지 말한 것보다 더 심하게 책임입법의 원칙을 훼손한 사례다. 유럽의 어떤 나라도, 심지어 독재국가로 알려진 나라도 법이라는 이름으로 이런 조치를 감행하는 나라가 없었다. 그걸 제출한 장관들도 창피해해야 할 일이고, 통과시켜 준 의회로서도 불명예스러운 일이다. 그런 법이 통과될 때까지 아무런 힘도 못 썼다는 점에서 국민도 자존심이 상하고 사기가 무너질 지경이다. 이 법은, 법의 기본원칙에 대한 침해는 차치하고라도, 왕이 지명한 아무 생각 없는 위원으로 구성된 위원회가 영국 전역에서 이 법의 적용과 실행을 위하여 필요한 조건을 설정하고, 필요한 경우 제한을 가하는 등 광범위한 법령제정권을 가지게 되었다는 점에서 심각한 문제가 있다. 그리고 그들이 필요하다고 판단하는 경우에는 기존에 있는 모든 지방법의 폐지와 변경, 확대 적용 및 그 실행까지 감행할 수 있는 권한을 주고 있다. 의회의 역할이나 자유로운 제도의 특성 등을 송두리째 부정하는 것으로는 이만한 예가 없다.

코크 경은, 모든 위원회가 다 그렇듯이, '하수설비위원회(Commissioners of Sewers)'도 위임된 권한을 확대하려고 시도할 가능성이 높다고 지적하면서, "하수설비위원회뿐만 아니라 어떤 누구도 그런 절대적인 권한을 가져서는 안 되고, 모든 절차는 법에 따라야 한다"라고 강조한 바 있다. 그런데 요즘 우리가 보는 위원회나 왕이 조직한 기구들은 하나같이 법에 어긋나는 일을 한다. 그런 기구를 만든 목적 자체가 법을 위반하기 위한 것이었고, 그들의 마음에 드는 법을 만들기 위한 것이었다. 법으로 인해 당장 영향을 받는 국민이나 의회는 아랑곳하지 않고, 기존에 있는 법을 고치려고 만든 기구였던 것이다.

왕이 지명한 이사회나 위원회의 창설을 허가하는 법률 가운데, 그 핑계와 구실을 뭐라고 하든 상관없이, 아주 중요한 주제에 관해서 의회에게 주어진 역할을 대체하는 위헌적 조항이 없는 곳이 없다. 특히 최근에는 추밀원도 많은 주제와 관련해서 의회의 권한을 침해하고 있으며, 법률이라는 이름으로 의회의 권한 중 일부를 추밀원이 가져갔다. 또, 성청법원(Star Chamber)이나 고등판무관(High Commission)처럼 불법적이고 자의적이며, 해로운 법원들이 여럿 존재한 바 있다. 의회는 무책임한 행정부가 남발하는 법령을 받아서 기록에 남기는 기구로 전락하고, 중앙집권주의의 실현을 돕는 도우미가 되었다. 주민자치정부와 마찬가지로 의회도 국가 전체가 선출한 주민총회가 운영하는 것이 아니라, 왕의 가신들이 뽑은 몇몇 정치꾼이 운영하고 있다. 헌법에 따르면 어떤 기구나 사람들에게도 속할 수 없는 권한이 왕이 조종하는 몇몇 관료에게 독점적으로 주어져 있다. 그들이 자기들 마음대로, 공격적이고 자의적인 방법으로 "관할권을 갖고, 권한을 행사하고, 권력을 휘두르고 있다." 영국 법의 기본원칙에 따르면 어느 것 하나도 그들이 가져서는 안 되는 것을 가지고 있는 셈이다.

아래에서는 중요한 헌법권위자들의 의견을 빌려, 이러한 위임입법이 불법적이며, 헌법정신에 반하는 것이라는 점을 밝히고자 한다.

먼저 브랙튼은 당시 국법이든 지방법이든 불문하고 모든 법의 유일한 원천이자 권위가 무엇인지 지적하고 있다.

포테스큐도 이미 인용한 구절을 통해 영국에서 법은 어떻게 만들어져야 하는지, 상하 양원 전체가 어떻게 동의하면 되는지 설명하고 있다. 그러면서 다음과 같은 설명을 덧붙인다. "정상적이고 상식적인 절차와 국민들의 지혜의 산물인 법이, 입법자들이 당초 의도한 대로 효과를 거두지 못할 경우에는 당연히 얼른 고치는 게 맞겠지만, 그것마저도 법을 처음으로 고안한 사람들의 결정에 따라 국가 전체와 의회의 동의가 있어야 한다."

앞에서 본 것처럼 코크 경은 "예전에도 이런 일이 없지는 않았다. 상·하원이 유기적으로 돌아가지 않고, 교묘한 말잔치에 의회가 놀아나고는 했다"라고 말한 다음에, "의회가 먼저 안을 세우고 특히 중요한 사안의 경우에는 상하 양원의 동의를 얻어야 하는데, 여기서 중요한 것은 의회가 기획하고 실현하고자 하는 안이 국가 전체를 위해서 의회가 할 수 있는 범위 내의 것이어야 하고, (의회가 거기에 대해서 동의를 하게 된 계기인) 법의 목적이 법률 안에 명확하게 기재되어야 한다는 점이다. 상하 양원 중 어느 곳도 자신의 권한 범위 밖의 것을 하고자 하면 그 법의 목표를 달성할 수 없고, 기획안 일도 성과를 거둘 수 없다"라고 강조하고 있다.

그런 의미에서, 이 장에 설명한 모든 사례는 코크 경이 말한 원칙에 반하는 것이고, 또, 의회의 권한 범위 내에서 한 일도 아니다. 의회는 보통 당대 사람들이 느끼는 필요에 따라 어떤 계획을 세우고 법안을 만든다. 그런데 경우에 따라서는 "개혁"이라는 거창한 이름으로 압력이 들어오면 그 법안의 장점이 무엇인지 진지하게 생각하지 않고 섣 불리 동의를 하고 만다. 법의 목적이 법률 안에 명확하게 기재되어 있는지 확인하고 점검하는 대신, 두세 사람에게 알아서 잘 하라고 맡겨두고 마는 것이다.

목적을 법률 안에 명확하게 기재하는 것과 앞에서 본 것처럼 입법자가 세세한 규정을 두어 간섭하는 것은 차원이 다른 일이다. 입법권을 넘기면 세세한 규정으로 간섭하고, 법을 잡다하고 복잡하고 괴롭게 만든다. 반대로 목적을 법률 안에 명확하게 기재해 놓으면, 입법자가 의도하는 안이 기존의 법, 기존의 원칙과 어떤 관계에 있는지 선명하게 알 수 있다. 자의적이고 새로운 조치를 국민들에게 속여 파는 게 아니라, 기존의 제도를 어떻게 활용해서, 또, 자유민의 권리와 의무를 어떻게 행사해서 새로운 목적을 달성할 것인지를 보여줄 수 있다.

의회의 고권을 몇 사람의 손에 넘겨주는 것은 의회의 품위를 훼손하는 것이므로, 그 몇 사람을 위한 위원회는 애초에 존재해서는 안 된다.

최근까지 영국에서 의회가 직접적으로, 대놓고, 위임입법을 시도한 예가 한 번 있었다. 그 사례를 보여주는 것이 다른 어떤 설명보다 중요할 것 같다. 때는 리처드 2세 재위 21년으로 의회의 이름으로 위원회가 구성된 바 있다(당시만 해도 왕이 지명해서 위원회를 만드는 데까지는 이르지 않았었다). 계급 전체에서 골고루 몇 명씩을 선출해서 "그들이 의회에 제기된 청원 전부를 조사하고, 답변하고, 필요한 결정을 내리도록 했다. 의회의 이름으로, 자신들이 볼 때 가장 적절하다고 생각하는 자문을 하거나 조치를 취한 것이다." 그 결과 어떤 일이 벌어졌을까? 불과 몇 달도 되지 않아, 리처드 2세가 팜플릿 성(Pomflet Castle)에 구금되고 말았다. 그리고 그 위원회를 폐지하는 법률이 통과되었다. 이 불법적인 위원회로 인해서 "많은 법률과 명령이 제정되었으며, 유권해석이 내려졌고, 기구가 설립되었다. 많은 존경을 받는 귀족과 영주들을 폐위시키고 그 가계를 파괴하는 끔찍한 조치들이 자행되"었다. 뿐만 아니라 의회의 공식기록에 이 위원회는 "국가의 모든 소유관계의 불안정을 초래했으며, 앞으로 다시는 의회가 그와 같은 권한 위임을 해서는 안 되고, 이 위원회의 결정이 미래에 선례로 남아서도 안 된다"라는 경고가 붙었다. 이 위원회보다 더 큰 폐해를 남긴 위임입법 사례를 찾기가 어려울 정도였다. 아주 광범위한 국토에 영향을 미쳤고, 그로 인해서 의회가 불법이라고 기록하고, 재발방지를 공언하기에 이른 것이다.

대의기구가 입법권을 위임 받아 행사한다는 것에는 입법권의 일부를 다른 사람에게 넘길 수 있는 권한은 전혀 들어 있지 않다. 재위임을 받은 사람들이 권한을 남용하는지 점검하고 예방한다고 해서 그런 위임 자체가 적법한 것이 되는 것도 아니다. 입법권은 위임 받은 사람이 직접 행사해야 하고, 스스로 그럴 능력이 없다고 판단이 되면 위임을 한 사람에게 그 권한을 반납하면 된다. 그 입법권을 가지고 그들이 최대한으로 할 수 있는 일은 어떤 특별한 문제를 다룰 위원회를 구성해서 그 위원회로 하여금 연구하게 한 다음, 그 결과를 전체 의회에 보고해서 전체 의견을 구하는 것 정도다. 이것이 바로 "의회의 법과 관습이" 허용하는 최대치다. 헨리 3세 재위 42년에 24명으로 구성된 위원회의 활동 결과 통과된 법이 합헌이라고 평가를 받은 이유다. 당시 사정 상 그런 특별위원회가 필요했고, 그것이 의회를 대체할 의도도 아니었고, 대체하는 결과도 발생하지 않았다.

에드워드 3세 재임 51년 기록에 의하면 다음과 같은 일도 있었다. 성직자들이 따로 명령을 만들어 그것을 공표하고 적용하려고 한 것이다. 이에 대해 하원은, 헌법적 안전판은 제대로 지켜졌지만, 전체 국민의 동의 없이 자신들이 가지고 있는 입법권을 성직자들에게 양도할 수 없다는 이유로 다음과 같이 선언했다. "의회는 그 자신의 동의 없이 통과된 법률이나 명령에 기속될 것을 선택할 수 없다"라는 것이다. 하물며 왕이 뽑은 사람으로 구성된 위원회나 이사회가 만든 법률이나 규칙, 명령에 의회가 기속되는 것은 말이 안 된다.

보통 이런 위원회나 이사회에는 두 종류가 있다. 하나는 집행권만 가지고 있는 위원회이고, 다른 하나는 집행권과 함께 입법권도 가지고 있는 위원회이다. 이 가운데 후자의 경우가 압도적으로 많은데, 그 두 가지 모두 자유민의 자유와 권리, 보통법에 위반된다는 점에서는 차이가 없다. 두 번째 것이 불법이라는 것은 충분히 설명한 바와 같고, 첫 번째 것도 집행권 역시 주민자치정부에 속한다는 원칙에 반하므로 불법이라고 할 수 있다.

19세기에 들어오면서 이런 위원회나 이사회들이 훨씬 더 많아졌고, 다루는 주제도 다양해졌다. 예전에 "국민들에게 감당할 수 없는 부담을 지우고, 자의적인 권력과 자의적인 정부를 만드는 수단으로 악용된다"라는 이유로 불법이라고 선언했던 시절과 비교할 수 없을 정도로 비중이 커졌다.

이런 위원회나 이사회에 대해서 우리 선조들이 어떤 생각을 가지고 있었는지 보여주는 사례가 여러 개 있다. 인권선언도 그 예 가운데 하나인데, 코크 경이 선언한 원칙이나 이념과 궤를 같이 한다. 코크 경은 "그럴 듯한 핑계를 가지고 있는 모든 새로운 것들은 국익에 반한다"라고 지적한 최초의 법률가로서, "새로운 위원회라고 하는 것들은 처음에 핑계로 댄 위대한 소통창구가 되기보다는 국민을 억압하고 괴롭히는 기구로 전락할 것이다"라고 경고한 바 있다.

위임입법 체계 안에서 대의 제도는 하나의 환상에 지나지 않는다. 위임입법의 목적은 종전에는 오로지 주민자치정부만 행사할 수 있었던 입법권을 왕이 지명한 비밀위원회에 넘겨주는 것으로, 의회가 대의 기구로서 주민자치정부에 책임을 진다는 원칙과 정면으로 배치된다. 위임권의 행사 과정에서 국민에 대한 의무를 저버렸다는 이유로 국민들이 이런 위임입법에 반대할 때, 무엇보다 그 내용을 잘 들여다보아야 한다. 위원회의 창설을 목적으로 하는 정부의 행정명령에 서명하기 전에 그것이 실제 생활에 어느 정도 영향을 미칠지를 냉철하게 따져보아야 한다. 정부가 의회에 추인을 구하는 형식이 문제라면, 그 안의 각 규정을 살펴볼 이유가 없다. 하지만 조금 귀찮다는 이유로 입법내용 전체를 면밀하게 따져보지도 않고 왕의 부하들에게 입법권을 전부 넘기는 것은 의회가 절대로 해서는 안 되는 일이다.

역사 속 다양한 정부에 대해서 진지하게 연구한 사람들은 정부 속 정부(imperium in imperio)의 해악을 잘 알고 있다. 주민자치정부 자체는 정부 속 정부가 아니다. 그것은 하나하나가 모여 그것 자체가 전체를 구성하기 때문이다. 하지만 의회는 다르다. 앞에서 본 것처럼 의회의 역할은 국가 내 모든 지역의 공통관심사를 처리하는 것에 국한되고, 각 지역의 고유 업무에 대해서는 아무런 관할권이 없다. 그런데 의회가 자신에게 주어진 입법권을 다시 위임함으로써 중앙집권주의에 기여하고, 궁극적으로 정부 속 정부를 창설하는 해악을 국민 전체에게 끼칠 수 있다. 그로 인해서 법의 충돌이 일어나 온 나라를 혼란 속에 빠뜨릴 수도 있다. 그 가운데 가장 위험한 것은 이런 위원회와 같은 정부 속 정부가 보통법까지 어기게 되는 경우다. 보통법은 자유민의 법이고 자유의 법인 반면에, 위원회는 노예들에게나 적합한 억압과 자의의 법을 양산할 수도 있다.

입법과정을 단순하게 하고, 효과적이고 건전한 법을 만드는 방법은 많은 학자가 제안한 것처럼 새로운 체계를 만드는 데 있지 않다. 오늘날 우리가 보고 있는 이런 입법이 되지 않도록 하면 되는 것이다. 성청법원과 고등판무관실을 없애듯이, 위임입법 기구들을 없애는 게 맞다. 의회의 역할은 입법을 통해서 다양한 실험을 하는 것이 아니라 "우리나라의 법을 유지하고, 혹시나 있을지 모르는 민원을 해결"하며, 헌법적 안전판이 작동하도록 하는 것이라는 단순한 진리를 기억하면 된다. 그러면 의회가 할 일도 적어져서, 그 임무를 전부 특별한 어려움 없이 완수해낼 수 있다. 의원 개인들의 부담도 훨씬 줄어들 것이고, 의원 자리가 지금보다 더 품위 있고 영향력 있는 자리가 될 것이다. 꼭 필요한 때 꼭 필요한 일을 하는 의회가 되는 것이고, 법이 간결하고, 평이하고, 단순해질 것이며, 의회가 이루고자 하는 목적이 법률에 명확하게 규정되고, 상하 양원의 모든 구성원이 쉽게 이해하는 법이 만들어질 것이다. 아울러 그 법을 사용하게 될 국민들도 그 내용을 이해하고 동의하는 데 아무런 문제가 없을 것이다.

지금 좋은 이름과 좋은 명분으로 포장한, 자유로운 제도를 반대하는 거대한 음모가 진행되고 있다는 점을 알아야 한다. 그들도 말로는 자유주의를 말하고 인권을 강조하지만, 사실은 몇몇 사람이 그어 놓은 독재의 선 안으로 사람들의 생각과 책임감, 자발적인 노력과 에너지와 행동의 자유를 제한하려고 한다. 그들이 애용하는 수단은 변하지 않았다. 언제든, 어느 곳에서든, 그들이 손에 쥔 것도 다름이 없다. 직접적으로, 간접적으로 그들은 이 수단을 사용하려고 한다. 바로 이름과 형식은 의회가 만든 법으로 하면서도, 실제로는 아무런 책임도 지지 않는 위임입법을 감행하는 것이다.

제11장

청원권

제11장

청원권

　의회 제도가 합법적으로 정상적으로 운영되기 위해 지켜야 할 헌법적 안전판에 대해서 설명했고, 그 가운데 하나가 청원에 대한 즉각적인 답변이라는 점을 지적한 바 있다. 이제 의회와 관련된 여러 가지 다양한 문제를 추가적으로 검토하기 전에 청원권 문제에 대해서 조금 더 살펴보려고 한다. 사실 이 주제는 정부의 올바른 운영이라는 관점에서 엄청나게 중요한 주제임에도 불구하고 그동안 그 헌법적 의의에 관해 잘 알려진 바가 없다. 그래서 실무에서는 남용되는 일도 많았고, 생생하고 실질적인 제도로 인식하기보다는 오히려 중앙집권주의를 강화하는 도구 중 하나로 오해한 적도 있다.

　이미 앞에서 본 바 있지만, 청원의 헌법적 성격에 대해서 이해하기 위해서 한편으로는 '왕'의 역할, 다른 한편으로는 국가적 대의기구, 즉, '의회'의 역할에 대해서 정리할 필요가 있다. 이 땅의 자유민들이 자유로운 상태에서 행복하게 살게 하기 위해 헌법이 이 두 기구를 만들었고, 오랜 세월 동안 헌법이 부여한 임무를 수행해 왔으며, 국가 전체를 구성하는 모든 기구가 그렇듯이 권력의 위임을 받은 이 두 기구도 긴밀한 소통 가운데 주어진 역할을 담당해 왔다. 모든 개인과 주민자치정부는 왕에게 어떤 경우에도 법을 충실히 집행해 줄 것을 요구할 천부의 권리가 있고, 주민자치정부는 또, 의회에게 국가 전체의 이익과 관련되는 사항에 관하여 토론하고 검토해서 적절한 조치를 취해 달라고 요구할 천부의 권리가 있다. 이것은 마치 모든 국민은 자유민들이 모인 총회에서 청원을 제기할 천부의 권리가 있는 것과 같다.

이렇게 간략하게 정리한 기본적인 아이디어는 주민자치정부의 대의기구와 다른 기관 사이의 관계에서도 똑같이 적용된다.

주민자치정부가 어떤 형태를 취하든 간에, 총회가 할 일은 당연히 전체적인 주재자로서 충분한 정보교류와 토론이 이루어지도록 하는 것이다. 그리고 총회의 결정사항의 구체적인 집행은 어차피 개인들에게 위임할 수밖에 없다. 행정 또는 집행을 담당할 여러 명의 공무원을 선택해야 하고, 그들은 주민총회에 대하여 책임을 진다. 또, 많은 경우 대의기구를 내세워 일을 하게 할 수 있고, 그들 역시 주민총회에 대하여 책임을 진다. 여기서 대의기구가 존재한다는 것은 한 명 또는 여러 명의 국민은 대의기구의 업무범위 내에서는 어떤 일이든지 간에 그 대의기구에게 청원할 권리가 있다는 의미다. 의회를 포함한 다른 대의기구, 또는 집행 책임을 지는 모든 개인에 대한 청원을 통해, 주민들의 의견을 구체화하거나 민원이 해결되도록 할 수 있다. 마찬가지로, 영국 전체의 이익을 위해 선출되어 공익실현의 의무를 부담하는 왕에게 모든 영국인은 직접 청원할 권리가 있다. 국민들의 이와 같은 청원권은 태어나면서부터 누리는 권리이다. 제임스 2세 재위 시절 7명의 주교가 왕에게 청원을 넣으면서 왕을 비방했다는 이유로 재판을 받을 때, 국왕변호사조차 이와 같은 천부의 권리를 부정하지 않았고, 의심하지 않았다. 7명의 주교에 대한 재판에서 법무부장관도 "밀려드는 민원인으로 위원실 문이 닫힐 사이가 없고, 모든 국민이 왕에게 청원할 권리가 있다는 것은 우리 모두가 너무 잘 아는 사실이다"라고 말한 바 있다.

지금까지 설명한 내용을 통해서 독자들은 청원권의 이념을 철저하게 구현하는 것이 얼마나 중요한지 잘 알게 되었을 것이다. 이제 문제는 어떻게 국민에게 주어진 청원권을 행사하는 것이 그 이념에 부합할까 하는 점이다. 모든 원칙이 그렇듯이 원칙 자체가 흔들리면 실무도 흔들린다. 제도가 자유를 확인하고 구현하는 대신 자유를 위험하게 하는 도구로 전락할 수 있는 것이다.

전에는 회기가 시작되면 청원을 접수할 대표자를 지명하는 것이 의회의 실무였다. 국민들이 청원을 하려면 어떻게 해야 하는지 고민하지 않게 하기 위한 조치였다. 그런데 비록 의도한 것은 아니라고 하더라도 청원에 관한 한 현재 실무가 그런 합법적인 경로에서 많이 이탈해 있다. 이를 해결하기 위해서는 먼저 의회의 진짜 역할이 무엇인지 다시 한 번 검토해 보아야 한다.

제대로 준비하고 서명까지 받은 청원은 특별한 요청이나 애로사항을 전달하는 훌륭한 창구가 된다. 그런데 그렇게 되기 위해서는 법제도가 제대로 작동하고 있어야 한다. 즉, 개인이 내는 청원을 제외하고, 모든 청원은 공개적인 토론을 통해서 확정된 것이어야 하는 것이다. 억지로 서명을 받아서 만든 것은 진짜 청원이라고 할 수 없다. 그렇게 되면 청원인의 진정한 의도는 사라지고, 청원의 진정성도 확인할 수 없으며, 청원의 효과도 기대하기 어렵다. 이런 '조작된 청원' 문제가 그동안 오래 곪아 왔다는 것은 주지의 사실이다. 수백 개 서명을 돈을 주고 산 사례도 많다. 그런 청원 실무는 자유로운 제도의 실현에 도움이 되지 않는다. 그것 자체가 사악한 의도를 대변하는 것이며, 그렇게 해서는 청원의 효과가 제대로 구현될 리 없다.

그동안 청원권이 어떻게 남용되었는지를 잘 보여주는 두 가지 사례가 1850년에 일어났다. 영국의 가장 큰 도시 가운데 한 곳에서 상원에 청원을 냈는데, 몇몇 의원은 그것이 허위일지도 모른다는 의심을 하게 되었다. 그래서 사기 또는 위조의 방법으로 의회에 청원을 내는 데 공모한 두 사람을 감옥에 처넣었는데, 이런 것을 보통 '조작된 청원'이라고 부른다. 매일 의회에서 일어나는 일이다. 또, 같은 해에 영국의 오래된 도시 가운데 한 곳에서 주민들의 관심이 많은 사안에 관하여, 유례없이 많은 사람이 모여 공청회를 열었다. 그런데 장시간 치열한 토론 끝에 준비한 청원문을 공식견해로 채택하지 않기로 결론이 났다. 그러자 이 공청회를 통해서 자신들의 의견이 통과되지 않은 것에 격분한 사람들이 원칙에 어긋나는 행동에 나섰다. 도시를 돌면서 서명을 받으러 다니기 시작한 것이다. 바로 이런 것이 청원권에 대해서 사람들이 고개를 절레절레 흔들게 만드는 작태다. 어렵게 이끌어낸 여론을 무시하고, 인위적인 수단을 동원해서 여론을 만들어 내는 것 말이다. 이것을 우리는 '청탁에 의한 청원'이라고 부른다.

두 가지 모두 진정한 청원이라고 보기 힘들다. (이것은 사실 그다지 큰 문제가 아닐 수도 있지만) 청원인이 무언가를 요구하고 있다는 점이 서명을 통해서 나타나기는 하지만, 첫 번째로 청원인의 의도가 없고, 두 번째로 진정한 서명이 없다. 또 한 가지 확인 가능한 것은, 모든 합법적인 안전판이 무시되었다는 점이다. 청원이 얼굴을 맞댄 공개적인 토론을 통해서 형성된 전체 여론에 기초한 것이 아니라, 은밀한 수단에 의해서 만들어진 것이기 때문이다. 이런 불법적이고 비생산적인 청원 제도는 뒤에서 보는 바와 같이 중앙집권주의의 교활한 목적에 봉사하는 수단으로 전락할 위험이 있다.

반면에 주민자치정부라는 제도 내에서 정기적이고 규칙적인 회합의 기회에, 자유민의 토론과 추인, 수정 등을 통해서 준비한 청원은 그것과 격이 다르다. 그런 청원은 건전한 진짜 여론을 반영하고 구현하는 것으로, 최대한 존중할 필요가 있다.

여기서 청원권이 어떻게 하면 그 취지가 훼손됨이 없이 충분히 보장될 수 있는지를 한 번 생각해 보자. 우선 거짓 청원이 많아지면 진짜 청원도 그 영향에서 자유로울 수 없고, 전체 청원 제도에 대한 관심과 존중도 사라질 수밖에 없다. 실무적으로 보면, 아무리 숫자가 많고 적힌 서명이 많더라도 그런 청원은 일상에서 일어나는 문제에 대한 진정한 여론으로서의 의미가 전혀 없다.

천부의 권리인 청원권이 제대로 실현되기 위해서는, 조사 또는 해결을 요구하는 사실에 대해서 구체적으로 적고, 그것이 여론의 반영이라는 사실이 확인되어야 한다. 적법하게 이루어진 청원은 다음과 같다. 1. 개인 또는 개인들의 청원이나; 2. 결사의 목적이 분명한 사람들의 모임에서 그 목적과 관련되어 제기된 청원; 그리고 3. 공청회 또는 보다 합법적이고 영향력이 큰 것으로 주민자치정부의 제도 내에서 정기적인 회합과 토론의 결과 확정된 청원이다. 자유로운 제도의 원칙에도 부합하고, 청원권을 보다 더 강력하게 보장하기 위해서는, 개인 또는 공통의 문제를 겪고 있는 개인들의 집합이 제기한 청원이나, 모임의 목적과 관련해서 그 모임 자체가 제기한 청원, 주민자치정부의 정상적인 활동 과정에서 정기적으로 또는 우연히 이루어진 공론화의 결과에 따른 청원만 유효하다는 원칙이 세워져야 한다.

어디에 청원을 넣을지도 중요한 쟁점 중 하나다. 오랜 경험을 통해서 확인한 것처럼, 어떤 청원이든 간에 그것을 다룰 적절한 권한이 있는 지역의 대의기구 또는 행정청에 제기되어야 한다. 따라서 의회나 왕에게 넣는 청원은 그보다는 훨씬 더 좁은 범위의 구체적 관할권 있는 사안에 관한 것이어야 한다.

몰라서 그랬든 알고서 그랬든 상관없이, 이 중요한 기본권 가운데 하나인 청원권의 남용과 부적절한 행사방법의 이용으로 인하여 그렇지 않아도 청원권의 행사를 못마땅하게 생각해서 제한하려고 하는 사람들에게 좋은 핑계거리가 생겼다. 따라서 다음과 같은 점들을 잘 짚어 볼 필요가 있다.

지금까지 설명한 것을 바탕으로 생각해 보면, 주민자치정부는 진정한 여론을 형성하기 위하여 필요한 지식과 기회를 제공하고, 토론을 통해서 만들어진 여론을 정확하게 공표해야 한다. 주민자치정부가 활발하게 활동하고 있으면 청원이 왜곡되거나 남용될 위험도 적다. 모든 사람은 자기가 생각하는 문제를 공론에 부칠 방법이 있고, 그럼에도 불구하고 그렇게 하지 않는다면, 그것은 그가 제출한 안에 대해 여론의 지지를 얻지 못할 거라고 판단하기 때문이다. 그런 의미에서 주민자치정부를 거치지 않은 채로 의회로 가는 청원은 사실 신경을 쓸 필요가 없다. 거의 대부분의 사회적·정치적 해악이 그렇듯이, 부당하게 또는 비상식적인 방법으로 이루어지는 청원의 관행에 대해서는 다른 치유 방법이 없다. 오로지 주민자치정부가 제대로 복원돼서 활동하는 것 외에는 이를 막을 방법이 없는 것이다.

전에 이루어졌던 주민청원의 예로 수백 개는 들 수 있지만, 그중에 몇 가지만 보는 것으로도 충분할 것 같다. 아래 목록은 주민총회에서 채택된 청원의 예다.

"에섹스와 허트포드 주민 청원"
"데본셔 주 영주 일동 청원"
"노포크와 서포크 영주 및 주민 청원"
"서섹스 주 영주들의 청원"
"이번에 소집된 의회의 현명하고 분별력 있는 의원들에게 콘웨일 주민 일동이 청원합니다"

그리고 다음은 1642년 3월 25일 장기의회에 제출할 청원으로 켄트 주가 채택한 것이다.

"존경하는 의원님들께. 켄트 주 주민과 지주, 성직자들은 주민총회(general Assizes)를 통해 결의한 바에 따라 다음과 같이 청원합니다."

위 청원은 당시 general Assizes 라고 불렸던 주민총회가 얼마나 활발하게 활동했는지 보여주는 역사적인 기록이라고 할 수 있다. 1642년 4월 1일 하원 회의록 첫 번째 문단에 보면 "주민들의 총의를 모아"라는 글자가 선명한데, 실제로 당시 의회에 "주민 2,000명가량이 집결해서 청원을 제출했다"고 한다. 주뿐만 아니라 시나 자치구도 상황은 비슷했다. 이를 확인하기 위해서 자주 언급되는 런던 시의 예를 보자. 리처드 2세 시절,

"저희 런던 시민들의 서명을 받아 본 의회에 참석한 국왕 폐하께 다음과 같이 청원합니다"

라는 기록이 있다. 단순한 미사여구가 아니라 실제로 시민들의 서명을 받아서 청원을 하는 것이 당시로서는 제대로 된 청원의 형식이었다는 점을 확인할 수 있다. 그리고 청원의 내용 면에서 당시 많은 청원의 경우 서두에 "시민들은 다음과 같이 요구합니다"라는 글귀를 볼 수 있다. 각각의 주제에 관해 실제 주민들의 총의가 충분히 반영된 결과라는 사실을 알 수 있는 대목이다.

앞에서 본 켄트 주의 청원은 장기의회에서 엄청난 비판의 대상이 되었다. 국민의 대의기관이 주민자치정부의 활동 결과이기도 하고, 국민의 당연한 권리 행사이기도 한 청원에 대해서 반감을 보였기 때문인데, 이런 예가 한둘이 아니다. 장기의회와 같은 시민권력 찬탈 기구들은 주민자치정부와 같은 민주적 제도가 자신들에게 방해가 된다고 생각해 왔다. 당시 작성된 다음과 같은 탄원서를 보면 청원 제도 운영의 어려움과 이 문제를 보는 시각 차이를 확인할 수 있다.

"내 경험에 의하면, 주민들이 의회에 집결하는 이유는 주로 청원을 수리해서, 요구사항을 듣고, 민원을 해결하며, 법률의 취지가 제대로 구현되어, 부적절하고 잘못된 조치를 취소하고, 대신 주민들의 앞으로의 복지가 보장되고 강화되도록 하는 데 있다.

지난주에 허트포드와 버켄햄 자치구가 자유와 정의를 보장하고 기타 주민의 편의를 제고하는 취지의 청원을 제출했는데, 주민 중 일부가 처음부터 끝까지 의회에 입회 중이었고, 청원서를 내버리면 바로 주울 태세로 현장에서 준비를 하고 있었는데도 불구하고 청원을 청취하지도 않았고, 아무런 대답도 한 바 없다. 그래서 참석했던 주민들은 마치 버려져 아무 맛도 없는 소금 취급을 받았다. 도대체 왜 우리가 의원들이 원하는 청원을 제출하고, 우리의 민원사항이 그들에 마음에 들어야 하며, 우리가 왜 그들의 기분을 신경 써야 하는가?"

이런 분노에 찬 목소리가 요즘 중앙집권주의하에서 만연한 가짜 청원 문제에도 그대로 적용된다. 현재 제도하에서는 바람직한 청원 내용을 지정해 주고, 그것에 기초해서 몇몇 모사꾼이 가짜 청원을 만들어 주민들의 서명을 받곤 한다. 청원에 더 이상 진짜 여론이 반영되지 않는 것이다. 도대체 다른 어떤 경우에 이처럼 위에서 지시를 내리고, 위 사람들의 기분을 살피는 일이 가능할까? 도무지 말이 안 되는 일이다.

위 탄원서의 저자는 계속해서, 당시 사람들이 알고 있는 주민자치 정부의 진짜 가치와 이를 무시하는 장기의회의 중앙집권적 행태에 대해서 시민들이 얼마나 분개하고 있는지 보고하고 있다. "모든 마을과 교구의 우두머리와 유력한 장로들을 동원해서 전체를 대변하는 것처럼 하면서, 주민의 재산과 자유를 제멋대로 침탈하려는" 시도를 강력히 규탄하고 있는 것이다. 동시에 모든 영국인의 양식에 호소하고 있는데, 그 호소는 200년이나 지난 오늘에도 그대로 유효하다. 그때 하던 것이나 지금 일어나는 일이 성격상 너무 유사한 것은 물론이고, 그 구실 또한 다를 바가 전혀 없다. 저자는 이렇게 말한다. "주민 여러분! 가슴에 손을 얹고 제 물음에 대답해 보십시오. 여러분들이 같은 시민과 여러분이 뽑은 대리인의 노예가 되고자 하면 그냥 편안히 자리에 앉으셔서 불이나 쬐시고, 담배나 태우셔도 됩니다. 하지만 그렇지 않고 여러분께서 제 말에 동의하시고, 저와 같은 생각이라면 가만히 있지 마시고, 이런 이상한 제도에 반기를 드셔야 합니다. 대리인들에게 가서 해명을 요구하고, 절차 하나하나에 문제를 제기하고, 그들이 왜 말도 안 되는 일을 벌이는지 이유를 물으셔야 합니다. 여러분의 권한과 특권을 행사하셔야 합니다. 반역을 일삼는 군주들과 여러분들의 친구인 척하면서 속이는 데 골몰하고 있는 관리들, 그들을 전부 소환해서 심판을 받도록 해야 합니다. 책임질 건 책임지게 해야 합니다. 더 이상 그들을 믿지 말고 더는 그들에게 속으시면 안 됩니다. 그렇게 가증스럽게 웃지 못하게 하고, 심각한 척, 진지한 척, 이해하는 척하지 못하게 하고, 정직한 척 말하지 못하게 하고, 단호하게 잘 할 것처럼 말하지 못하게 하고, 잘 알고 있는 척 속이지 못하게 하고, 아주 열심히 최선을 다하는 척하지 못하게 해야 합니다."

이런 지적에서 드러나는 바와 같이 청원이라는 국민의 기본권 보장 제도는 오늘날 망가지고 말았고, 그것은 그대로 주민자치정부라는 합리적이고 합법적인 제도 붕괴와 상당 부분 연결되어 있다.

청원권의 가치와 영향력이 모두 줄어든 현실에서 청원권 관련 법률을 엄격하게 적용해서 그 가치와 영향력 모두를 높이고, 궁극적으로 청원 제도라는 것이 대의 제도가 정상적으로 작동하도록 하는 헌법적 안전판 중 하나로서, 법적으로, 실무적으로, 제 역할을 다할 수 있도록 하는 게 지금 가장 중요한 일이다. 이 점은 많은 시민이 동의할 것이다.

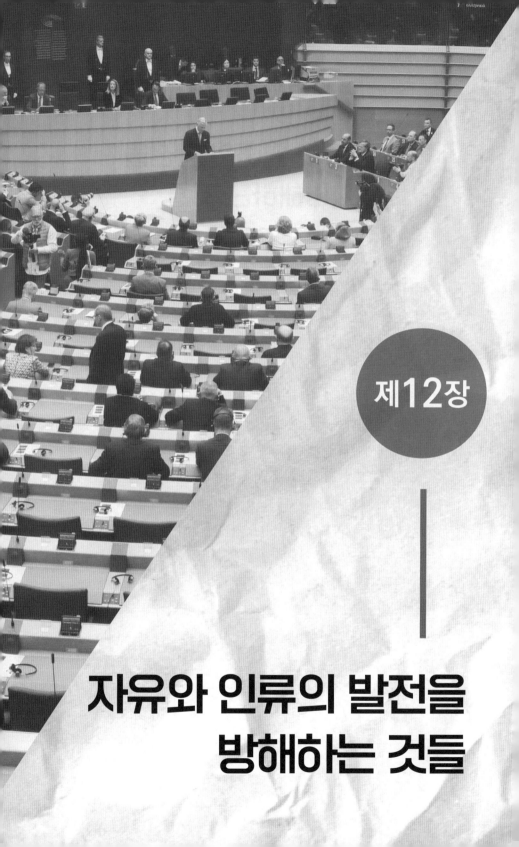

자유와 인류의 발전을
방해하는 것들

자유와 인류의 발전을
방해하는 것들

어떤 조치를 내릴 경우, 권력자를 칭찬하거나 비난해서는 안 된다. 특히 비난을 받아서는 안 된다. 그들 잘못이 아니기 때문이다. 가령 부처 장관이 좋은 목적을 가지고 정책을 결정하더라도, 그 세부사항에 대해서는 아랫사람에게 위임할 수밖에 없다. 그런데 늘 자기 이익을 위해서 기회를 활용하려는 사람들이 가득하고, 그런 사람일수록 힘 갖기를 좋아하는 보통사람들의 속성을 그대로 가지고 있어서, 좋은 정책을 시행하고자 하는 장관의 뜻과는 달리 권한을 행사한다. 결국 자기 자신에게 이익이 되는 방향으로, 자기 마음대로 권한을 행사하는 것이다. 모든 자유로운 제도가 잘못 되어 가는 가장 큰 이유는, 어떤 한 장관이 제도에 대한 반감을 가지고 있어서가 아니라 이런 식으로 장관의 의지가 밑에서 왜곡되기 때문이다. 자기 이익에 눈 먼 자들이 책임감 있는 장관 뒤에 숨어서 제도를 망친다. 그들은 실무에 대해서 잘 알고 있기 때문에 웬만해서는 막을 방법이 없다. 보통 눈에 보이는 공격은 바로 제압할 수 있지만, 보이지 않는 건 가까이 다가와서 그 공격을 비로소 인지하거나, 다른 사람들이라도 인지했다고 믿기 전에는 퇴치하기가 쉽지 않다.

모든 신중한 저자는, 가장 위험한 것이 은밀한 침탈이라고 말한다. 가령 티스텐(Twysden)은 "최악의 적은 왕들에게 최대한 솔직하게 진언하는 측근들이 아니라 국왕의 이익을 위한 것이라고 말하면서 자신의 영달을 노리는 자들"이라고 했다. 또, 솔스베리의 요한(John of Salisbury)은 "자유와 명예를 위한다는 핑계를 대면서 자신들의 게으름을 감추려고 하는 자들이 가장 해롭다"라고 했으며, 존 툴리(John Tully, 1638-1701)는 나쁜 짓 가운데 가장 나쁜 것은 "겉으로는 선하게 보이면서 남을 속이는 것"이라고 했다. "의회와 보통법은 왕권이 정상적으로 행사되도록 하는 장치이다. 그래서 왕권 제한을 원하지 않는 자들이 늘 의회와 보통법을 못마땅해 한다. 그런데 그런 자들 가운데 가장 위험한 자들은 말로 왕에게 아첨하는 자들이 아니라, 법을 잘 알아서 법을 어떻게, 어디서 어기고, 결과적으로 어떻게 국민의 자유를 야금야금 침해할 수 있는지 훤히 잘 아는 자들이다. 그런 자들이야말로 교활하기 때문에 그 사악한 의중을 파악하기가 쉽지 않"다고 한다. 한편, 소머스 경(Lord Sommers)은 "헌법상 기본원칙이 조금 달라지는 것을 바로 파악할 수 있는 사람은 거의 없다. 제도를 설계한 사람들은 그럴 듯한 핑계를 대면서 진짜 의도가 드러나지 않도록 한다. 그러므로 헌법을 조금이라도 바꾸려는 시도에 대해서는 철저히 감시해야하고, 바로 이의를 제기해야 한다"라고 지적하고 있다. 코크 경 역시 여러 군데에서 반복한 바와 같이, "그럴 듯한 핑계를 대서 새로 만드는 제도는 공익에 반하는 경우가 대부분이다. 왜냐하면 점점 더 국민들을 혼란스럽게 하고 억압하면서 처음에 내세운 그럴싸한 목표는 까먹게 만들기 때문"이라고 말했다.

이런 얘기들을 종합해서 보면, 장관들의 선의를 왜곡해서 자신의 권한을 남용하는 사람들, 의회와 자유언론, 대중적 지지를 이용해서 국민의 이익을 희생해 가면서 사익을 추구하는 자들이 주로 쓰는 수법이 무엇인지 알 수 있다. 특히 진짜 속내를 숨기기 위해서 그들이 내놓는 변명이나, 진짜 속내를 숨기는 수단을 생각해 보면, 이들이 평화로운 사회가 당연히 추구하는 정당한 목적을 왜곡하는 일이 얼마나 위험한 것인지 알 수 있다.

이들은 무엇보다 먼저 자유로운 제도의 기본원칙을 훼손한다. 그런 사실은 우리가 인용한 책에서 벌써 200년 전에 간파해서 설명한 바있다. 보통 "교묘한 독재자들일수록 다음과 같은 궤변을 이용해서 국가를 좀 먹는다"라고 한다.

"공공복리를 위해 국민들의 부담을 증가시키거나 세금을 과하는 것을 금지한다고 하면서, 실제로 세입이 없으면 또 다시 필요항목을 만드는 것"
"공개연설이나 담화문 등을 통해서 국민들로부터 받은 세금이나 부담금의 용처를 세세히 밝힘으로써 자신은 공익을 탈취하는 사람이 아니라 최대한 씀씀이를 아끼는 좋은 남편이라고 착각하게 하는 것"
"세금 중 일부를 주요도시의 항구나 성곽 등 공공건물이나 공공사업에 투입함으로써 국가를 꾸미고 국가에 이로운 일을 하는 사람으로 포장하는 것"
"더 좋은 곳에 비용을 쓴다는 핑계로, 국민들이 관심을 가지는 문제를 토론하고 국민들 간 화합과 친목을 도모하는 연회나 모임을 금지시키는 것"

위 마지막 핑계거리에 대해서는 다른 자료에 그 위험성을 더 자세하게 설명하는 대목이 있다. 즉, "공통관심사에 대한 의견을 교환하고 취합하며, 국민 간 유대를 증진시키는 조합이나 향우회, 연찬회 등 국민들 간의 모임은 독재자 입장에서는 위험한 것이므로 이를 금지시킨다"라는 취지다. 특히 이런 귀족정치의 통치수법에 관해서는 다음과 같이 설명한 곳이 있다. 그에 따르면 "부자들은 벌금을 매겨서라도 자주 모임을 갖게 해서 그들 손으로 공직자들을 뽑고, 군비를 확충하고, 군사훈련을 실시하고, 법을 제정하고 시행하게 하는 일을 하게 함으로써 부자들이 더 국정에 부담을 지고 있는 것처럼 보이게 한다. 반대로 가난한 사람들은 생업을 유지하고 돈을 벌 기회를 빼앗아서는 안 된다는 핑계로 모일 기회 자체를 박탈한다. 대신 실제 모이는 부자들 수와 비슷한 규모로 가난한 사람들 몇 명을 따로 모아서 가난한 사람들도 부자들과 똑같이 국정에 참여한다는 착각을 일으키게 하고, 대신 회의 시간을 길게 하거나 조금만 잘못 하면 벌금을 세게 매김으로써, 그런 회의에는 다시 오라고 해도 안 오는 분위기를 만든다. 그런 식으로 부자들이 실제 나라를 움직이게 해야 한다."

이러한 설명은 유럽에서 헌법상 자유와 자유민의 보통법상 권리의무가 어떻게 행사되었고, 또 어떻게 구조적으로 왜곡되었는지를 잘 설명하고 있다. 특히 "그럴 듯한 핑계와 속내 위장을 통해서" 전체주의 추종자들이 시도해 온 일들을 낱낱이 폭로하고 있다. 그들은 "그들 손에 권력을 쥔 다음 법과 자유와 사유재산권을 차례로 무너뜨려, 모든 것을 자기 마음대로 할 수 있는 정권을 만들려고 한다."

제임스 2세가 "양심의 자유와 대헌장의 수호라는 미명하에" 왕권을 교황권에 비견할 정도로 강화하는 조치를 취한 것처럼, 오늘날 중앙집권주의 추종자들은 보통법에 따라 자유민의 권리의무를 행사하는 정상적인 민주주의를 파괴하기 위해, 공익과 가난한 자들에 대한 배려, 공중보건, 국가경제 등 다양한 구실을 만든다. 국민들이 쉽게 혹하는 자선과 구휼 등 제도를 국법을 전복하는 수단으로 쓰는 것이다.

국민들은 보통법 정신에 따라 자신에게 주어진 권리와 의무를 행사하는 데 부담을 느끼고 있고, 돈도 못 받으면서 공동체를 위한 일을 해야 한다는 것에도 내키지 않아 한다. 굳이 안 해도 되는 일을 왜 하느냐는 지극히 이기적인 생각을 하는 것이다. 그 결과 이웃은 중요하지 않고 오로지 자신만 생각하면 된다고 믿는 경우도 있다. 보통법이 요구하는 행위들 각각에 대해서 보수를 받기를 바라고, 공적인 의무를 부담하는 것이 결국은 자신들의 이익을 위한 것인데도 불구하고 모든 것을 정부가 다 해주기를 바란다. 공익을 위한 희생보다는 개인의 사욕이 앞서는 것이다. 결국, 오로지 돈 버는 데에만 관심이 있는 그런 파편적이고, 속물적인 인간이 되어 가고 있다.

주민자치정부라는 제도하에서 자신에게 주어진 의무를 다하는 구조가 무너지면, 사람은 당연히 관심을 가져야 하는 일에 더는 관심을 갖지 않고, 공무에 대해서 이해하고, 결정하고, 집행하는 데에도 무감해진다. 열정과 에너지가 없어지고, 진보를 위한 열망이 사라진다. 이런 상황에서 (14세기경 잠깐의 성공을 제외하고는) 지방자치가 실패했다고 주장하면, 사람들은 또 그렇다고 동조하면서 분개하고, 공익을 위해서 중앙정부가 개입해야 한다! 는 주장에 끝내 손을 들어주고 만다. 족쇄를 더 강화할 명분을 스스로 만들어 주는 것이다.

상황 변화와 과학의 발전으로 인해 더 이상 지방자치가 적절치 않다는 주장이 팽배하고, 시대와 현실에 대한 그런 진단(사실은 잘못된 것인데도 불구하고)을 통해 "종전에 존재하던 흠이 많은 제도를 유지함으로써 과도한 지출을 하는 것, 그리고 비효율적인 집행 제도를 유지하는 것"이 금지되기도 한다. 이런 상황에서 지역민이 자신에게 주어진 의무와 책임을 다하는 건전한 제도를 찬양하는 사람들을 적으로 간주한다. 중앙집권의 강화는 민주주의의 에너지를 망치고 만다고 주장하는 사람들을 "무식하고, 고지식하고, 얘기도 통하지 않는 반개혁세력"이라고 매도하는 것이다. 그리고 "그런 매도를 통해서 자신들의 입장을 옹호하고 사적 이익을 확보하는 구실로 삼는다."

그들은 "주민자치의 다양한 폐해를 막아야 한다는 그럴 듯한 변명을 앞세워서" 은밀하고도 조직적으로 중앙집권주의의 음모를 달성한다. 코크 경이 적절히 지적한 것처럼 그들이 말하는 목표라는 것은 겉으로는 합리적인 것으로 보일지라도, "그 집행 과정에서 오히려 신의 뜻에 반하는 결과를 낳고, 보통법 체계를 손상해서 전복하고, 이 땅의 국부를 새게 만든다."

또 제시한 변명거리와 마찬가지로 이를 실현하는 수단 역시 교묘하고 은밀하다는 점을 잊어서는 안 된다. 그런 수단을 마치 무슨 비기나 되는 것처럼 집요하게 사용한다. 가령, 다음과 같은 것들이다.

취하고자 하는 모든 조치의 실제 효과는 계속 비밀로 하고, 제거하고자 하는 해악에 사람들의 관심을 집중시킬 것.

진실을 호도하는 증거를 꾸준히 만들고, 토론하지 못하게 하고, 사실을 은폐하고, 합리적 추론을 방해하고, 설득하고자 하는 내용을 그대로 보여주는 사례를 만들어 제시할 것. 말의 성찬을 이용해서 대중과 의회를 호도할 것. 진실을 탐구할 목적으로 현실을 깊이 연구하기보다는 다른 사람이 제시하는 사실과 의견을 맹목적으로 따라가는 사람들을 이용해서 여론을 만들고, 그렇게 꾸며낸 여론을 인용할 것.

실제 집행하는 조치가 아무리 비현실적이고 조잡한 것이라고 하더라도, 이를 투명하게 공개해서 모든 사람들이 이를 이해하게 하기보다는 "교묘하게도 음침하게" 과학이라는 이름으로 포장할 것(경험적인 연구 결과를 근거로 대고, 세부에 대해서는 복잡하게 보이는 것이 중요). 그리고 기왕이면 장황하고 재미없는 의회 실정법 형태로 공표함으로써 제안한 조치에 대해서 국민들이 이해하고 연구할 가능성 자체를 줄일 것.

어떤 이론이나 구실을 대서라도 자기 이익에 밝은 공무원을 가능하면 많이 뽑아 잠재적인 지지자수를 많이 늘릴 것.

지역의 문제든, 아니면 원래 의회가 해결할 영역이든 상관없이, 의회를 모든 민원을 해결하는 곳으로 인식하도록 할 것. 자아존중의 정신과 자기해결의 노력, 책임감 등의 요소를 모든 수단을 동원해서 약화시킬 것.

헌법적 자유의 적들은 "모든 국민의 권리를 의회 것으로 해서 의회 마음대로 행사하는 것을 목표로 한다"라는 버크의 지적처럼, 의회가 모든 권한을 갖도록 할 것.

짊어진 많은 책임을 최선을 다해 수행하고 있는 의회 의원들의 수고를 불쌍히 여겨, 그들의 권한 중 일부를 왕이 지명한 위원회와 같이, 특별한 책임을 지지 않고 은밀하게 활동하는 기구들에게 이전함으로써 "의회의 부담을 줄이도록 할 것!"

지지를 할 현실적인 또는 잠재적인 이유가 없어도 최소한 반대는 하지 못하는 분위기를 국민들 사이에 만들 것. 그 수단으로 가장 좋은 것은 개인의 이익이나 재산에 국가가 간섭할 수 있는 여지를 많이 만들어, 국가 정책에 반대하는 경우에는 이를 지렛대로 활용하고, 국가편을 들지 않으면 손해가 생길 수 있다는 인식을 심을 것.

주민자치정부의 이념에 부합하는 제도들을 최대한 실행되지 못하게 할 것. "관할을 제한하는 방법"이나 "권한을 조금씩 줄이는 방법"을 이용할 것. 그럼으로써 주민자치정부라는 것이 비효율적으로 운용되고 있고, 그런 비효율성을 치유하기 위해서는 중앙정부의 간섭이 필요하다는 점을 주지시킬 것.

지역단체나 시민단체 등의 중요성을 강조하면서 그들이 활동할 수 있는 공간을 만들 것. 이처럼 지역에서 은밀하게 활동하는 단체들이 이익을 볼 수 있는 구조를 만들 것.

"정부가" 공표하는 것 이상의 정보가 유통되고, 그에 대한 토론이 이루어지는 것을 최대한 방해할 것. 이를 위해 아주 사소한 것이라도 자유민의 의무를 이행하는 데 있어서는 왕이 지명한 사람이 개입할 여지를 넓힐 것.

주민자치정부의 정기적이고, 공개적이며, 자발적이고, 빈번한 모임 대신 이를 대체하는 임시적이고, 비공식적인 "모임"을 만들 것. 이를 통해 주민들의 동의를 아주 손쉽게 받을 수 있도록 해서, 완벽한 정보 공유와 충분한 토론을 거쳐 만들어지는 여론을 대체하도록 할 것.

주민총회라는 공개된 제도에 모든 사람이 참여하고, 토론을 거쳐 진정한 여론을 확인하고, 충분한 정보에 기초해서 공공에 대한 책임감을 가지고 정상적으로 추출된 여론을 조성하는 대신, 참여한 사람들의 단순 투표를 통해서 급조된 의견을 쉽게 확보하는 제도를 만들고, 생각 없는 사람들이 이를 여론으로 여기도록 할 것. 이 경우 투표참가자 개인의 이익이나 기대, 우려 등에 영향을 미쳐 투표 결과를 유리하게 만들고, 선거 및 대의기구 선출에서 국민들의 뜻이 제대로 반영되지 않을 수 있음.

공개적인 토론과 내용 결정을 통해서 국민들의 청원 의사가 실제로 반영되는 것이 아니라 실체가 없는 가짜 청원을 만들어 낼 것.

부자를 가난한 사람들의 적으로 만들고, 임대인과 임차인을 대립하게 하는 것과 같이, 사익과 사익이 충돌하고, 계급과 계급이 대립하도록 할 것. 이를 위해 자신들의 이익을 충분히 방어할 수 있는 부자들에게 추가적인 수단을 줘서, 부자들에게 더 유리한 환경을 만들 것. 모든 자유민은 생각과 소유, 권한 행사에 있어서 평등하며, 제기된 문제에 대해서 많은 수가 동의하는 바에 따라 결정한다는 헌법과 보통법의 정신이 발휘되지 못하도록 할 것.

지역 간 적대감을 조장하고, 대립하는 지역 중 하나 또는 그 둘 다에게, 자신들의 이익 실현을 위해서는 우리의 도움이 필요하다는 인식을 심을 것.

타키투스의 말처럼 "정복하고자 하는 장소 또는 사람들 간의 단합을 방해하는 것이 전쟁의 목적을 달성하는 가장 확실한 방법"이라는 점을 명심할 것. "공동의 위험에 대항하여 둘 또는 셋이 진심으로 단합하는 경우는 거의 없기 때문에, 모든 사람이 각개로 싸우게 해서 쉽게 이길 수 있는" 길을 택할 것.

경제개발과 같은 다양한 구호 또는 구실을 이용해서 가능하면 모든 장소에 부담금을 부과할 것. 그리고 그 부담은 즉각적이면서도 기한이 없도록 해서 자신의 노력으로 상황이 좋아질 수 있다는 희망을 갖지 못하게 할 것. 이를 통해 국토 전체가 족쇄를 찬 채로 우리에게 의탁하도록 할 것.

개인에 대한 침탈은 과감하게 하고, 공개적인 침탈은 은밀하게 할 것. 이미 통과되어 있는 법조문의 문구에도 연연할 필요가 없음. 그 이유는 누가, 어디서 법에 정한 배상을 구하는 경우에도 그 법률비용 자체가 과도하기 마련이고, 우리는 정부 돈과 정부의 지지라는 무기가 있기 때문에 우리가 불법을 저질러도 그것에 반기를 들기 어려움. 게다가 이처럼 사실상 대항이 어려운 침탈행위가 쌓이면 그것이 선례가 되어, 우리의 권한은 더 강해질 것이고, 자유로운 제도는 명목에 그치며, 보통법은 과거의 전통으로만 치부되고 말 것임.

법 제도와 의회 제도가 외관상으로만 존재하고, 그 실질과 정신은 무력화되도록 할 것.

외관상으로만 제도가 존재하고, 누구도 그 위험성을 인지하거나 절차 위반을 지적하지 못하는 동안, 의회를 통해 원하는 법률을 통과시키도록 할 것.

적용될 경우 우리 이익에 해가 되는, 보통법의 까다로운 법 원칙이나 규정들을 실정법에 편입시킨 다음 가능한 그 적용범위를 축소하도록 할 것. 특히 의회 구도가 우리에게 유리한 순간이 되면 내용상 우리에게 유리하도록 그 실정법을 무력화시키거나 아예 개정할 것.

이런 수단들을 동원해서 중앙집권주의의 추종자들은 한때 자유로운 제도로 추앙받던 우리 제도 자체를 중앙집권주의로 바꾸는 데 성공했다. 그리고 각 개인과 지역이 가지고 있는 의무감과 책임감을 무력화시켰고, 자유로운 제도보장의 안전판을 제거하였으며, 보통법의 대원칙과 그 실현을 방해하고 말았다.

제13장

어떻게 하면 독재자의 공격을
가장 효과적으로 막아낼 수 있을까

제13장

어떻게 하면 독재자의 공격을 가장 효과적으로 막아낼 수 있을까

자유민이 늘 명심해야 하는 두 가지 임무가 있는데, 하나는 사악한 것들이 접근하지 못하게 하는 것이고, 다른 하나는 좋은 것이 실현되도록 차츰차츰 단계를 밟아나가는 것이다.

중앙집권주의의 침탈로 인해 많이 퇴색된 자유로운 제도의 복원을 위해 어떤 조치를 취해야 하는지는 다음 장에서 설명할 것이고, 여기서는 먼저 더 이상의 침탈을 막는 방법에 대해 설명하기로 한다. 그게 선행되어야 다음 장에서 말하는 복원과 수정이 가능할 것이다.

첫 번째 중요한 것은 인간의 본성에 맞게 이 세상을 살아가는 유일한 길인, 자유로운 제도에 대해 진정으로 신뢰하는 것이다. 여기서 말하는 신뢰란 적들이 아무 때나 흔들 수 있는 나약한 믿음이 아니라, 인류사의 통찰을 통해서 독재자나 중앙집권주의자들의 어떠한 말도 안 되는 비방으로도 흔들 수 없는, 그런 강고한 믿음을 말한다. 실제로 오랫동안 자유로운 제도를 유지해 온 나라들은 그런 독재자들의 비방을 바로 물리친 바 있다. 하지만 더 확실하게 더 이상 휘둘리지 않기 위해서는 자유로운 제도의 근간에 주민자치의 원칙이 있다는 점을 깊이 이해해야 한다.

사실 자유민에게 어울리는 자유로운 제도를 예전에 전혀 가져본 적 없는 나라는 거의 없다. 다만 많은 나라에서 그 전통이 미약했고, 영국처럼 실제로 그 제도가 활발하게 복원되어 온 나라가 거의 없을

200

뿐이다.

자유로운 제도에 대한 진정한 믿음을 가지고 있는 사람들은 주민 자치정부에 구현된 원칙, 즉 충분하고 자유로운 토론, 주민이 만들고 집행하는 법, 권리와 의무의 정치적 · 이념적 · 사회적 공존 같은 원칙을 완벽하게 이해하고 있고, 그것에서 벗어나는 정책에 대해서는 아무리 사소한 것이라고 해도, 또, 그 핑계가 아무리 그럴 듯한 것이라고 해도 언제나 단호하게 거부해 왔다. 그들은 말과 인간의 속성이 변하지 않는 것처럼 진리는 변하지 않으며, 특별한 상황이라고 해서 달라질 것도 없고, 특별한 상황에서도 더욱 더 원칙에 충실해야 한다고 생각한다.

이러한 원칙을 관철하기 위해서는 "헌법을 바꾸려는 어떠한 시도도 주의 깊게 경계해야" 하고, "정부가 제시하는" 어떠한 구실도 쉽게 받아들여서는 안 된다. 그리고 또 하나 기억해야 할 것은, 정부가 왜곡하려고 하는 목적은 진실을 추구하는 신실한 사람들의 의견을 듣고 설정한 것이 아니라는 점이다. 따라서 그 내막을 정확하게 판단해 보아야 한다. 또, 그들이 동원하는 수법이 실제로 어떤 결과를 야기할지에 대해 이해하고, 다른 사람들도 이해할 수 있게 해야 한다. 주민자치정부의 원칙을 훼손하고, 중앙집권주의적인 제도들을 도입해서 자치의 정신을 말살시키는 결과는 막아야 하기 때문이다.

중앙집권주의자들이 제시하는 안의 특징이나 성격, 이상한 점이나 특이한 점을 낱낱이 드러내야 한다. 그리고 실제로 떠벌이고 있는 목표 달성에 적합하지 않다는 점도 공적, 사적인 모든 수단을 동원해서 알려야 한다. 그들이 설정한 목표는 물론이고 이를 달성하는 수단으로 제시한 것을 모두 공개할 뿐만 아니라, 목표 달성을 위해서 필요한 재원에 대한 정보도 공개해야 한다.

어떤 형태로든지 주민자치정부라는 제도가 작동하고 있으면, 책임 감과 의무감을 가지고 거기 참여해야 한다. 침해행위가 있었는지, 또, 그로 인하여 자유민의 권리의무의 행사에 방해가 되는 일이 있었는지 가감 없이 지적해야 한다. 그게 중앙집권주의의 시도를 저지하는 가장 효과적인 방법이다.

입법기구를 통해서든 아니든, 의회로 법안이 몰래 들어오는 것은 모든 수단을 동원해서 막아야 한다. 그 법안들이 제시하는 특수한 입 법 목적을 볼 것이 아니라, 그 뒤에 있는 본래 의도를 파악해야 한다.

이런 노력들은 다 실제로 의미가 있다. 소기의 성과를 거두지 못하 거나, 완전한 성공을 거두지 못하더라도, 해악 발생을 조금도 저지하 지 못하는 그런 경우란 거의 없다. 저항을 통해서 제도를 정비하는 것 만으로도 충분히 성공이라고 할 수 있으며, 인내만이 지속적인 성공을 보장한다.

영국에는 이미 굴종의 정신이 팽배해 있다. 사람들은 어떤 문제에 대해서 얘기하든지 간에 "정부가 동의할 것"이라든지, 정부가 뭘 원한 다는 식의 얘기를 자주 한다. 이것은 국민 생각이 따로 있고 정부 생각 이 따로 있는, 극히 중앙집권주의적인 발상이다. 대의기구가 명목상으 로만 존재하는 상황에서 원래 집행기구에 불과한 왕권이 원래 대의기 구가 가지고 있던 모든 입법권을 가져가게 되었고, 국민도 이미 거기 길들여져 있다. 그런 침탈행위를 바라보는 무관심은 아주 실망스럽다. 자유로운 국가의 모든 구성원에게 배당된 의무와 책임을 단지 정치적 혼란이 싫다는 이유로 다른 사람에게 넘기고, 그런 포기와 자제를 일 종의 미덕인 양 말하고 있기 때문이다.

그와 같은 방해요소에 반기를 드는 것은 언제나 상당한 용기를 필 요로 한다. 특히 중앙집권주의 추종자들이 그들의 목적을 이루기 위해 온갖 말과 행동으로 포장하고, 그들의 침탈행위에 대해서 반대하는 자들에게 "개혁" 반대세력이라는 딱지를 붙이는 분위기에서는 더욱 더 그렇다. 하지만 분명한 것은, 그런 방해요소를 극복할 준비가 되어 있지 않으면 옳은 일을 할 수 없다는 사실이다. 더 많은 사람이 굴복하는 것이 편하다고 생각할수록, 중앙집권주의와 주민자치정부의 차이, 자의적인 통치와 자유로운 제도의 차이를 아는 사람들의 노력이 더 절실하다. 중앙집권주의와 자의적인 통치가 불러올 "엄청난 폐해"를 거부하고, 주민자치정부와 자유로운 제도의 중요성을 끊임없이 강조해야 한다.

주민자치정부의 원칙과 진정한 이념, 그리고 영국 보통법의 발전에 대해서 잘 알고 있는 의원이 두 명 또는 세 명이라도 있다면, 그리고 그들이 의회 내에서 감당해야 할 자신들의 역할이 무엇인지 잘 알고 있다면, 이 전체 제도에 대한 공격을 물리칠 수 있다. 주민자치정부의 활동을 정상화하는 것이 주민복지와 자유를 증진시키는 방안으로 가장 중요하고 필요하다는 것을 그들이 국민들에게 설득해야 한다.

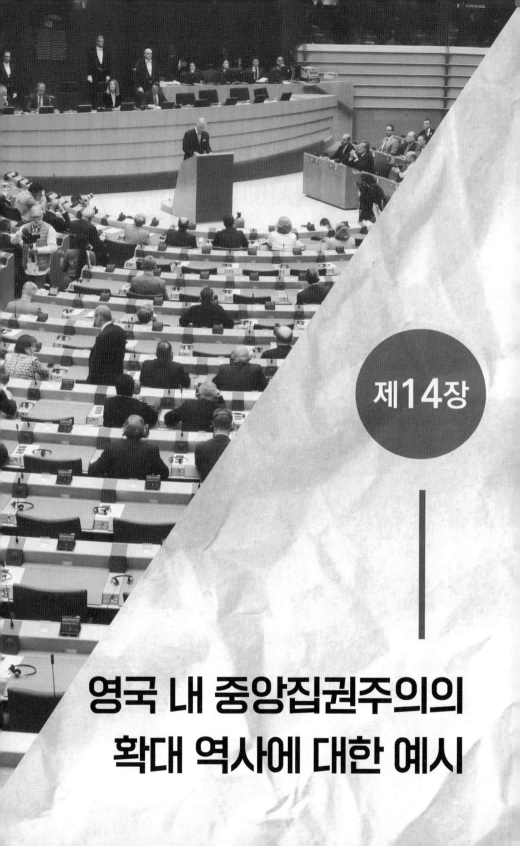

제14장

영국 내 중앙집권주의의
확대 역사에 대한 예시

제14장

영국 내 중앙집권주의의 확대 역사에 대한 예시

중앙집권주의의 유래와 발전은 너무 범위가 넓어 여기서 다 설명할 수는 없고, 영국의 자유로운 제도가 아주 오래 전부터 어떤 공격이나 침탈을 받아 왔는지 그 대강의 역사를 먼저 설명하기로 한다.

그런 목적으로 역사를 탐구하는 데 있어서 가장 중요한 시점이라고 할 수 있는 것이 바로 1688년의 명예혁명이다. 이렇게 말하면 분명 충격을 받을 사람도 있을 것이다. 하지만 별 수 없다. 그 시점 이후에 일어난 사건의 성격을 자세히 들여다보면 내가 왜 그런 말을 하는지 이해할 수 있을 것이기 때문이다. 처음 그 혁명에 대해서 손을 흔들어 환영했고, 그 완성을 위해 힘을 보탰던 사람들은 이런 사태가 올 줄 생각도 못했을 것이다. 그 이전의 공격이 간헐적인 것이었는 데에 반해, 1688년 이후로는 본격적이고 체계적으로, 영국의 자유주의에 대한 공격이 자행되었다는 것은 부인할 수 없는 사실이다.

성격이 비슷한 다른 법원들처럼 성청법원(Star Chamber)도 조금씩 재판권을 확대해 오던 중이었고, 16세기에 신설된 교회법원(Court of High Commission)은 당시 이미 폐지된 후였다. 이 두 법원이 어떻게 폐지되었는지를 보는 것도 본 주제와 관련해서 아주 의미 있는 일이라고 본다.

성청법원을 폐지하는 법령은 "국민들에게 감당할 수 없는 부담을 가져다주었고, 정부에 자의적인 권력을 부여했다"라고 선언하고 있다. 그래서 성청법원을 폐지한다고 선언하고 있는 것이다. 그런데 그보다 훨씬 더 중요한 것은 그 다음에 나오는 문구다. 법령은 "향후 영국과 웨일즈 내에서는 성청법원의 권한이나 관할과 유사한 어떤 법원이나 위원회, 재판기구 등을 설립 또는 지명, 구성할 수 없다"라고 선언한다. 특히 "왕 또는 추밀원은 영국법에 따라 영국 내 어떤 개인의 재산이나 토지, 상속재산, 공유재산의 처분에 관하여 청원, 합의, 소송 등 어떤 절차를 통해서든 조사하고, 이의를 제기하고, 결정할 권한 또는 권리, 관할권을 갖지 못하며, 이러한 권한은 통상의 법질서와 법원의 관할에 속한다"라고 강조하고 있다. 즉, 대헌장 제42조와 제43조를 침해해서는 안 된다는 것과, 사법에 관한 한 주민자치정부 내 사법 제도가 유일한 사법 제도라는 점을 확인한 셈이다.

물론 교회법원을 폐지하는 법령에는 이와 같은 점이 정확하게 선언되어 있지 않다. 대신 "향후 영국과 웨일즈 내에서 왕이나 그의 상속인 또는 승계인의 특허, 위임, 증여나, 그들에 대한 특허, 위임, 증여 등 문제를 포함해서, 교회법원의 관할과 권한에 속하는 문제를 다룰 어떤 새로운 법원도 설립, 구성, 또는 지명할 수 없으며, 그런 권한이나 권위를 수여하는 것과 수여 받은 것으로 주장하는 경우, 이를 내용으로 하는 법령, 판결, 칙령은 모두 위법이며, 무효이다"라고만 선언하고 있을 뿐이다.

이와 같은 폐지법령의 문구는 이미 권리청원에서 선언한 이념을 구현한 것으로서 의미가 있다고 본다.

그런데 그 이후로 위 두 법령에서 선언한 것과 그 선언의 기초가 되는 대헌장의 구절들이 의도적으로 무시되어 왔다는 점을 아프게 확인하지 않을 수 없다. 폐지된 법원과 아주 똑같지는 않지만 그와 "유사한" 법원이나 재판기구들이 1688년 혁명 이후에 속속 설립되었고, 결국 법령은 종이쪽지 이상의 힘을 발휘하지 못했다.

제임스 2세에 대하여 우리가 그렇게 큰 반감을 가졌던 이유 가운데 하나는, 그가 주민자치정부라는 전통적인 제도와 그 제도의 가치와 중요성에 대해서 무시했다는 점 때문이다. 이는 오렌지 공 윌리엄, 즉, 윌리엄 3세에게 보낸 초대장(Memorial of Invitation)에도 명시되어 있다. "법을 핑계로 주민자치정부를 파괴하기 위해, 왕국 내 시와 자치구에 대해 왕이 근거도 없는 명령장을 남발해 왔다는 것은 모두가 알고 있는 사실이다. 모든 시와 자치구가 가지고 있는 특권과 관습법상 권한, 협약상 권한을 무효로 하기 위한 수많은 시도가 있었다. 특히 왕의 묵인하에 합법적인 주민자치정부의 근간을 위협하는 공격이 공개적으로 자행되었다. 관습상 인정되는 시, 구, 자치구의 자유선거의 원칙과 법을 제정 또는 개정하는 의회의 행위에 대해서는 주민의 동의가 있어야 한다는 원칙도 폐기해 버렸다. 그래서 이제 주민들의 동의 없이도 영국 내 어디서든 법을 만들 수 있고, 고칠 수 있게 되었다. 이렇게 불법적으로, 기만적으로 앗아간 권한을 주민들에게 다시 돌려주는 대대적인 복원 작업이 필요하다. 제임스 2세는 동생인 프랑스 왕을 흉내 내서 영국의 모든 공직과 법관직을 왕 마음대로 지명할 수 있도록 했다. 하지만 이는 보통법은 물론이고 대헌장과 현행 법률에도 반하는 것으로, 원래는 주민들의 자발적인 동의가 필요한 것이다."

이런 것들이 제임스 2세와 그의 정권을 축출하고, 오렌지 공 윌리엄을 왕으로 받아들인 이유였다. 특히 윌리엄에게 당부하고 싶은 말이기도 했다. 그런 위법한 상태를 제거해 주고, 향후 누가 왕위를 계승하더라도 그와 유사한 침탈행위가 없도록 해 달라는 것이다. 그게 혁명을 지지한 이유였다. 그런데 그런 기대는 물거품이 되었고, 약속은 지켜지지 않았다. 지금 이 시간까지도 종래의 그런 해악이 사라졌다는 증거가 없다. 오히려 더 나쁜 일이 벌어지고 말았다. 잘못된 정책의 책임자라고 할 수 있는 제임스 2세의 지침을 오히려 추종하는 사태가 발생했다. 시 자치제의 역사에 정통한 한 저자는 다음과 같이 보고하고 있다. "기록에 따르면 윌리엄 3세 지지자들이 가장 먼저 한 일은 특별위원회를 만들어서 자치단체의 권한이나 시의회의 권한을 그리로 옮긴 것이었다. 그때부터 지역에 사는 주민이 아니라 외지 사람들이 와서 지역의 일에 관여하게 되었는데, 기록이 이를 증명하고 있다."

명예혁명의 열렬한 지지자들이 느꼈던 실망감을 어떤 사람은 이렇게 표현하고 있다. "나는 찰스 1세와 2세, 제임스 2세 시절의 자의적이고 불법적인 통치를 목격했고, 나 자신이 그 피해자이기 때문에 내 얼마 안 되는 힘이라도 혁명의 완성에 보태고자 했다. 나는 개인적으로 가장 진지하고 열렬한 지지자로서 혁명의 약속이 지켜지기를 간곡히 바랐다. 그런데 영국과 영국인의 자유 증진에 헌신해 온 우리들 중 많은 수가 아주 여러 가지 이유로 깊은 실망감에 빠지지 않을 수 없다. 비록 만족스럽지는 않지만 우리는 권리장전을 믿었고, 왕위계승법에 적시된 각종 왕권제한장치가 우리의 자유를 박탈하려는 어떤 시도에 대해 최소한의 안전판이 되어 줄 거라고 믿었다. 하지만 법조인과 장관들이 우리의 권리를 침해하려고 작정하고 덤벼드는 상황에서 늘 그렇듯이 국민들은 더 큰 어려움에 직면하게 되었다. 그들 자신이 부패한 관리를 축출하는 데 앞장서 왔고, 스스로 자유의 수호자라고 자임하던 바로 그 사람들이, 정권을 인수하자마자 본색을 드러냈다. 그들이 주장하던 원칙들을 다 부정하고 만 것이다. 반대파에서 지지파로 변해 왔기 때문에 어떻게 하면 반대파의 공격을 가장 잘 막아낼 것인지 그들은 너무 잘 알고 있었으며, 그런 의미에서 그들은 자유에 대한 최악의 적이 었다. 나는 지금으로부터 40년 전에 본 것을 똑같이 다시

목도하고 있다. 헌법의 기본원칙이 무시되고, 의회 제도를 둔 목적 자체가 철저하게 부정되었으며, 헌법과 의회도 왕을 위해 존재한다는 그런 끔찍한 말을 공개적으로 하는 시대에 살게 된 것이다. 게다가 그들은 이런 그들의 침탈행위를 완성시킬 목적으로 우리의 생명과 재산의 마지막 안전판이라고 할 수 있는 영국의 배심의 권리와 특권까지 폐지하는 작업을 은밀하고 벌이고 있다." 이렇게 말하면서 그는 마지막으로 "조국의 이익을 배신하는 자들의 모습을 분노와 경멸의 눈으로 보고 있다"라고 통탄한다.

명예혁명 이후에 중앙집권주의자들이 집요하게 공격하는 지점들은 주로 대의기구로서 의회의 책임정치를 파괴하는 것과 주민자치정부에 속한 모든 기구의 권한과 책임을 없애는 것이다.

최초의 공격은 1716년 통과된 "7년 임기법(Septennial Act)(조지 1세 법률 제2호 제38장)"으로 시작됐다. 영국 역사상 최초로 의회가 7년 동안 재임한다는 내용의 법이 공포된 것이다. 이런 법이 겨우 3년 임기밖에 위임받지 못한 의회의 권한으로 통과되었다는 것 자체가 말이 안 되는 일이다. 법률적으로도, 이론적으로도. 권한 밖의 결정이다. 7년 임기법은 궁극적으로 의회를 귀족정치기구로 만들어서 왕에게 바침으로써, 주민자치정부의 기초 자체를 허무는 법이다. 영국사에 존재했던 수많은 어떤 법령보다도 사악한 법령이라고 할 수 있다.

영국의 전통법에 따르면 의회는 1년에 한 번 소집되거나, 아니면 1년에 두 번 소집되는 게 맞다. 그런데 찰스 2세 시절 몇몇 장관이 처음으로 3년 임기법이라는 것을 꺼내 들었고, 윌리엄 3세가 드디어 혁명 이후 첫 조치로 7년 임기법을 통과시켰다. 이로써 우리 국민들은 자신들과 직접 관련이 있는 사안에 대해서 생각해 볼 기회 자체를 박탈당한 것과 다름없다. 의회 구성원들에 대한 투표를 통해서 자신의 의견을 반영할 수 있는 헌법적 안전판을 잃어버렸고, 이제 어떤 법도 국민들의 진정한 동의 없이는 법적 효력을 발휘할 수 없다는 기본원칙마저 무너져 버렸다.

뒤이어 런던 시와 관련해서 통과된 법도 위와 같은 침탈행위의 일환이라고 할 수 있다. 런던이라는 1개 도시에 국한된 문제이기는 하지만, 런던은 영국 내 다른 모든 도시의 모범이라고 할 수 있기 때문에, 그 중요도가 작지 않다. 그런데 1725년 통과된 법률은 런던 시 자치정부의 관할과 활동범위 자체를 축소하고 말았다. 그것도 칼과 대포를 겨눈 채 통과된 법률이었고, 이로 인해 런던은 법이 통과된 날로부터 지금까지 그 폐해로 괴로워하고 있다. 주민자치정부의 이념과 기초에 대한 일종의 결정타라고 할 수 있다.

이것과 아울러 또 하나, 비슷한 법률이 통과되는데, 그것 역시 의회가 자의적으로 통과시킨 법이었고, 목적이 앞에서 본 법률과 유사했다. 바로 「사후 선거법(delayed Polling at Elections)」이다.

이 새로운 방식의 선거가 명백하게 불법이라는 점에 대해 아주 길고 자세하게 설명할 수는 없을 것 같다. 하지만 보통법 정신에 어긋나는 정도가 너무 심각해서 여기서 잠깐이라도 언급하지 않을 수 없다.

보통법의 기본 이념과 정책은 모든 사안에 관하여 모든 자유민이 모여서 의견을 나누고, 그런 다음에 결정을 한다는 데 있다. 모든 주장의 장단점에 대해서 이해하고, 개인의 이익에 기초해서가 아니라 공익적 관점에서 판단을 한다. 그 토론과 결정은 공개적이고, 개방적이어야 함은 물론이다. 그런데 사후투표제하에서는, 주민총회에 참여할 기회도 없이 각 개인이 개별적으로 투표를 해야 한다. 주민총회를 통해서 계류된 안건의 장단점에 대해서 충분히 파악할 기회도 없이, 투표에 대한 어떠한 책임감도 없이, 알지도 못하는 주제에 대해서 찬반을 적어야 한다. 그렇게 되면 투표자는 아주 사악한 세력의 먹잇감이 될 수 있다. 이것이 바로 선거 제도가 잘못되어 온 이유다. 투표를 하는 사람은 더 이상 보통법이 예정한 것처럼 생각하고, 추론하고, 판단하는 주체가 아니라, 표를 던지는 기계로 전락한다.

원래 의회 의원 선거는 3시간 내에 이루어지는 게 원칙이었다. 토마스 스미스 경의 보고에 따르면 "각주 대표자 선출은 오로지 그 선출 행위만을 위해 모든 영주와 자작농이 모인 회의에서 결정되며, 참석하지 않은 사람은 계산하지 않았다"라고 한다. 어떤 투표든 요즘처럼 단순히 머리수를 계산하는 방식으로 하는 것이 아니라 표결(division) 방식으로 이루어져야 법에 부합하는 걸로 여겼다.

위 표결 원칙과 관련해서 정치적으로, 사회적으로, 또 이념적으로 중요한 대목은 보통법 원칙과 건전한 상식에 의하면 누구에게 투표권을 줄 것인가, 에 대한 결정 역시 주민 모두의 의사에 따른다는 점이다. 그런데 그 결정을 주민자치정부에 대해서 아무런 책임도 지지 않은 외부인에게 주는 것으로, 중앙집권주의자들이 바꾸어 버렸다. 바로 '명부 작성 법률가(Revising Barristers)'와 같은 이상한 제도를 고안한 것이다. 이 제도는 두 가지 면에서 아주 나쁜 결과를 야기하였는데, 첫 번째는 국민의 공적 사무에 대한 의무감과 책임감을 없애 버렸다는 것이고, 두 번째는 이를 통해 기능주의를 팽배하게 했다는 점이다. 여기서 말하는 기능주의란 어떤 직역이 자기가 진짜로 해야 할 일보다는 단순한 기능인 역할을 하게 되는 것을 말한다. 예전 같으면 법조인들은 독립적인 사법 담당자로서 보통법과 자유주의를 수호하는 역할을 했어야 하는데, 명부 작성 법률가 제도를 통해 이제는 중앙집권주의자들이 만든 제도를 추인하는 역할을 하게 되었다.

또 하나 어처구니없고 부당한 조치의 예로는 「스터지 번스 법

(Sturges Bournes Act)(조지 3세 재위 제58호 법률, 제69장 제3조)」의 통과를 들 수 있다. 이 법의 목적은 가난한 사람들이 그나마 가지고 있는 것을 빼앗아서 부자에게 주는 법이다. 구체적으로 말하면, 1인 1표의 투표권을 주는 게 아니라, 재산에 따라서 투표권을 주는 제도다. 모든 자유민은 국가 내에서 하나의 단위이고, 태어날 때부터 천부의 권리를 가지고 있다. 그 가운데는 토론에 참여해서 주제에 관한 의견을 발표할 권리가 포함되고, 그의 재산이 문제가 되는 것은 어디서 그런 권리를 행사할 것이냐, 를 정할 때뿐이다. 이것이 바로 보통법의 기본원칙이다. 그런데 「스터지 번스 법」은 개인을 투표하는 기계로 취급한다. 사람을 가진 재산을 기준으로 판단하고, 사람의 품성을 물질을 기준으로 평가하는 중앙집권주의의 본질을 그대로 드러내고 있다.

총의를 결정할 때, 얼마나 많은 사람이 의제에 대해서 같은 생각을 가지고 있느냐, 가 중요하다는 것은 보통법뿐만 아니라 일반상식의 눈으로도 당연한 얘기다. 찬성하는 사람들이 가진 땅이 얼마냐 하는 것은 전혀 고려 대상이 아니다. 다시 말해서, 「스터지 번스 법」과 같은 법은 지지할 이유가 전혀 없다. 이 법은 목적 자체가 과두제의 도입에 있고, 그 결과도 그렇다. 똑같은 두뇌를 가지고 태어났지만 재산이 적어서 더욱 더 헌법적 보호가 필요한 사람보다, 이미 가진 게 많아서 훨씬 유리한 위치에 있는 사람에게 더 많은 가점을 부여하는, 근본이 잘못된 법이다. 법의 제정은 물론이고 집행에 있어서 무게 중심을 사람이 아닌 물질적 부에 두는 것으로서, 우리 법령집에 이런 법이 들어 있다는 사실이 도저히 묵과할 수 없는 오점이라고 하지 않을 수 없다.

언급하다 보니까 길어졌는데, 지금까지 적시한 것이 이상한 법률을 통과시켜 자유로운 제도의 핵심이라고 할 수 있는 자유민의 천부의 권리와 책임에 관한 보통법상의 기본원칙을 훼손시킨 사례에 해당한다. 이런 법률들로 인하여 주민자치정부를 구성하는 각종 제도의 특성과 가치, 영향력, 실제적 의미, 그리고 효율성이 지금까지도 계속 무너지고 있으며, 주민자치정부는 이름과 형식만 남은 껍데기로 전락하고 말았다.

다음으로 볼 것은, 성청법원과 교회법원의 폐지 법률, 권리청원, 대헌장, 보통법 등이 보장하는 안전판을 직접적으로 침해하는 몇 가지 조치들이다. 입법뿐만 아니라 사법에서도 중요한 원칙이라고 할 수 있는 기소와 재판 기능을 합법적인 소지자의 손에서 빼앗음으로써, 직접 또는 간접적으로, 주민자치정부의 원칙과 기능을 침해하고, 보통법이 보장하는 자유민의 천부의 권리와 책임을 무력화한 바 있다.

제일 먼저 예로 들 수 있는 것이 바로 '소비세(Excise)' 제도다. 이 제도는 찰스 1세 때 제일 먼저 도입을 시도했다가 엄청난 반발을 불러일으킨 바 있다. 당시 의회는 이 제도에 대해서 집중적으로 토의한 결과 단 한 표의 반대도 없이, 당시 법률과 권리청원의 정신에 위배된다고 결론을 내렸고, 이후 코크 경이 참석한 바 있는 상원 토의에서도 모든 면에서 불법이라는 평가를 받았으며, 결과적으로 상원도 "법과 권리청원의 정신에 위배되어 영원히 폐기한다"라는 결정을 내렸다.

실제로 소비세 제도에 대해서 대중들에게는 전부가 아니라 아주 일부의 내용만 알려졌지만, 그럼에도 불구하고 상식 있는 사람들은 그 일부만 가지고도 이 제도가 잘못되었다는 점을 충분히 알 수 있다. 모든 중앙집권주의하의 기구들이 그렇듯이, 소비세 제도의 도입으로 이익을 얻는 사람들이 법률에 법률을 얹어 가면서 자신들의 영역을 확장하려 할 것이고, 그럴수록 더욱 더 보통법의 원칙이 훼손될 것이며, 자유민에게 족쇄가 채워지고, 기업의 활력이 줄어들 것이다. 이 법의 목적이 원래 국민들의 비용으로 공무원들의 배를 불리는 것이기 때문이다. 지금과 같이 그 폐해가 최고조에 이르기도 전에, 특권에 대해서 특별히 반대하는 편도 아닌 블랙스톤 경도 이렇게 말한 바 있다. "소비세 제도는 한 마디로 대헌장과 권리청원에 반하는 것으로서, 다른 세수 관련 사건과 마찬가지로, 소비세 법을 어기는 모든 사안에 대한 수사나 재판은 보통법에서는 중립적인 자유민으로 구성된 각기 별개의 기소주체와 재판주체가 담당해야 하는 것임에도 불구하고 각 부처의 경우에는 무슨 위원회가, 그리고 국가 전체적 차원에서는 사법관(justice of peace)이 전적으로 담당하게 된다. 그런데 이들은 왕이 지명한 사람들이고 또 해임할 수 있는 사람들이다. 세금을 걷는 국가기관이 얼마나 많은지 헤아려 보면 그들이 저마다 법 위반으로 인지하거나, 아니면 최소한 법 위반의 혐의가 있다고 지목하고 이에 대해서 약식으로 자의적인 재판이 이루어질 경우, 국민의 재산권에 대하여 공무원들이 미칠 부정적 효과가 얼마나 될지 가늠조차 되지 않는다."

소비세 제도는 자의적인 권력 행사를 아주 그럴 듯하게 포장한 제도로서, 왕이 지명한 관리가 많은 사람에게 피해를 입힐 게 뻔한데도 불구하고, 그런 폐해를 막을 방법도 마땅치 않다. 그래서 블랙스톤의 주석자 가운데 가장 유명한 베이지(Bage)마저도 "그런 법들로 인해 어떤 일이 벌어질지 아무도 모른다"라고 경고하고 있다.

현재와 같은 모습을 띠기 훨씬 전이고, 관련 법률이 현재처럼 많이 제정되어 있지도 않던 시절인 1787년 베이지는 "모든 힘을 다해서 소비세 법 조항에 나타난 불평등과 부당성 등을 보여주는 사례를 들어 소비세의 역사를 정리하면 그것은 현존하는 가장 훌륭한 책이 될 것"이라고 주장한 바 있다.

반헌법적이고, 불법적인 세수 확보수단으로서 소비세 제도는 또 국가부채라는 환상을 만들어 냈는데, 국가부채는 그 기원이나 변동,

현황 모두 중앙집권주의에 특유한 제도이다. 국가부채가 중앙집권주의를 강화하는 제도 가운데 하나라는 점에 대해서는 거의 이론이 없다. 1688년 혁명 이후 주민자치정부 제도가 활발하게 운영되던 시절에도 피비린내 나는 심한 전쟁이 계속됐었다. 하지만 그때도 국가부채라는 개념이 없었다. 국가부채가 부상한 것은 직접 또는 간접적인 공격으로, 주민자치정부가 흔들리고, 한 계급의 이익이 다른 모든 계급의 이익과 충돌되던 시기였다(사실 이 두 가지 사실은 서로 연결되어 있기도 하다). 국민들이 기술과 자원을 동원해서 자유로운 경제활동을 한 결과 얻어낸 과실을 착복하기 위한 개념이 바로 국가부채이다.

지금과 비교할 때 그 규모가 아주 미미하고 그 폐해가 구체적으로 나타나지도 않던 시절, 블랙스톤마저도 이렇게 고백한 바 있다. "국가부채를 핑계로 자기 개인 재산을 확보하고, 그 이자를 지불한다는 핑계로 수백 만 파운드를 징구하면서, 왕은 자신이 공식적으로 포기한 특권을 다 상쇄하고도 남을 만큼의 돈을 모았다"라는 것이다.

국가부채가 낳은 제도라고 할 수 있는 소비세와 그 아류들은 전부 1688년 명예혁명 이후 도입한 약식재판 제도와 관련이 있다. 이 약식재판 제도는 우리 선조들이 자유의 기초라고 하면서 종교와 같이 숭앙해 온 사법 제도를 무너뜨리는 것이기 때문에, 할 말이 너무 많지만, 이 지면으로는 아무래도 부족할 것 같다. 다만 한 가지, 우리가 이미본 소비세나 관세, 기타 유사한 제도들이 전부 약식재판권과 관련이 있다는 점만 여기서 강조하기로 한다.

그것 외에 심각하게 검토해 보아야 할 제도로, 경찰 제도가 있다. 경찰을 의미하는 police가 외국어이기도 하고, 경찰 제도라는 것 자체가 보통법 입장에서는 낯선 제도이기는 하지만, 그동안 우리나라의 경찰 제도는 거의 완벽에 가까운 제도로 진화해 왔다. 영국의 제도는 공동책임과 상호방위의 정신에 입각해 있으며, 그게 경찰 제도를 효과적인 제도로 만드는 토대였다. 즉, 경찰 제도는 주민자치정부와 완벽하게 일치하는 제도였다. 그런데 주민자치정부 자체가 무력화되면서 그 자연스러운 수순으로, 우리나라의 경찰 제도 또한 그 본래 장점을 다 잃어버리고 말았다. 그런 상황에서 정부가 취할 조치는 너무나 뻔한 것이었다. 중앙정부가 개입할 필요가 있다는 거짓 증거를 만들어 낸 게 그것이다. 실제로 우리 정부가 그렇게 했고, 다른 제도가 그랬던 것처럼, 외국의 중앙집권적인 경찰 제도가 우리나라에 이식되었다. 그런 다음 내무부 소속 공무원들이 전국토에 퍼져서 무장감시와 사찰을 시작했다. 바람직하고 건전한 사회방위 제도로서 경찰 제도가 실패했다는 사실이, 그대로 이상한 경찰 제도를 확대하는 구실이 되었다. 그리고 중앙집권주의하에서 점점 만연하게 된 국민들의 무관심을 틈타, 국민보호의 역할도 제대로 하지 못하는 경찰을 위해서 더 많은 세금이 투입되게 되었으며, 경찰 제도는 어느 순간 모든 자유민의 자유로운 의사 표현을 억압하는 최악의 무기로 전락하고 말았다.

경찰이 득세한 나라는 노예의 나라다. 경찰 제도는 오늘날 "문명"이라는 이름으로 독재정권이 만들어 낸 기구 가운데 하나이고, 그 안에서 시민은 노예보다 못한 피정복자가 되었다.

이 경찰 제도의 폐해에 대해서는 다시 더 자세하게 설명할 기회가 있을 것이다.

이처럼 그 본질을 숨긴 음흉한 제도로 인해 주민자치정부의 원칙과 기능이 훼손되어 왔다. 하지만 이보다 더 직접적인 공격이 아직 남아 있는 주민자치정부의 제도에 대해 가해지고 있다. 이것 역시 윌리엄 3세의 최측근에 있는 지지자들이 감행한 일이기 때문에 여기서 약간 설명을 해야 할 것 같다. 그 가운데 자잘한 것들을 빼고 「자치기구

개혁법(Corporations Reform Act)」을 먼저 검토하기로 한다. 이 법은 아무런 관련도 없는 '개혁'이라는 이름을 붙여서 중앙집권주의의 목표를 달성하려는 것이어서 더 위험한 법이다. 이 법을 만들고 지지하는 사람들은 주민자치정부와 보통법에 대해서 전혀 모르는 사람일 수도 있고, 아니면 정반대로, 너무 잘 알고 있어서 더 확실하게 그 뿌리를 뽑기 위해서 치밀하게 계획을 세운 것일 수도 있다. 이 법을 통해서 주민자치정부 내에서 각 제도를 담당하는 사람들의 권리와 의무, 그리고 책임감 등이 다 아무것도 아닌 것이 되었다. 주민자치정부 자체의 기능과 의미, 대의기구의 성격과 대의기구와 주민자치정부의 관계, 그리고 주민자치정부의 각 제도들이 기반하고 있는 헌법원칙과 보통법 규정, 영국 내에서 건전하게 작동되어 왔던 기록 등이 다 무위로 돌아갔다. 「자치기구 개혁법」은 각 지역에 귀족정치를 도입하는 법이며, 그를 통해 중앙집권주의를 더 넓게 퍼뜨리려는 시도 가운데 하나다.

또 하나 영국에서 중앙집권주의를 확산시키기 위해 도입한 법이 「빈민법 수정 법률(Poor law Amendment Act)」이다. 각 지역의 공무와 관련해서 주민들이 해야 할 역할과 책임에 대해서 점점 더 무감해지고 있어서, 이 사악한 법률 제정으로 어떤 이상한 제도가 도입되었는지 사람들은 잘 알지 못한다. 반면에 조금이라도 그 실체를 아는 사람들은 무슨 말로 이 법이 가져올 도덕적 폐해와 심각한 부정을 표현할지 난감하지 않을 수 없다. 다행히 몇 군데에서 이미 언급하기는 했지만, 「빈민법 수정 법률」은 가장 자의적인 권한을 부여하면서 그 권한이 가장 공격적으로 행사되도록 유도하고 있다. 그 권한은 법문으로부터 나오는데, 더 끔찍한 것은, 그 법문에 적은 것 이상의 권한을 행사하고 있다는 사실이다. 개인이 합법적으로 착복 또는 횡령을 해서, 교구 내의 사유재산을 늘리는 것을 법 자체가 인정해 주고 있다. 그 때문에 중앙정부의 부당한 간섭에 대해서 아무 말도 하지 못하고, 기구의 독립성과 같은 기본원칙을 송두리째 내팽개치곤 했다. 공익의 증진을 저해하고, 말도 안 되는 부담을 요구해도 들어줄 수밖에 없는 것이다. 그 결과 다른 중앙집권주의하의 기구들처럼, 국민들의 호주머니에서 돈을 빼서 왕이 파견한 공무원의 주머니를 한껏 불리는 제도가 탄생했다.

해가 지날수록 더욱 더 이런 제도들이 더 많이 생겨나서 권한남용이 자행되고 있다. 거의 모든 회기마다 은밀히 법이 통과되고 있고, 1850년 법을 통해서 유일하게 남아 있던 교구의 권한마저 없어지고 말았다. 하나같이, 아무 법이나 통과시키는 이상한 의회가 없었다면 그 통과를 자신할 수 없는 말도 안 되는 법들이다. 어떻게 이렇게 열심히 우리 하원 의원들이 보통법의 모든 원칙과 상식과 양심을 저버릴 수 있는지 그저 놀라울 뿐이다. 이제 교구목사는 지역마다 식재된 빈민법 위원회의 일부로 전락했고, 위원회 마음대로 교구목사를 해촉할 수 있으며, 보수도 위원회가 정하고(교구가 주는 것이 아니라), 할 일도 위원회가 정한다.

「빈민법 수정 법률」 이후에 나온 법들은 전부, 지역에 남은 권한들을 중앙의 통제하에 두는 게 목적이다. 그중 하나는 왕이 지명한 감사관을 모든 지역에 보내 지역이 자체적으로 벌이는 사업 전부를 감시하게 하고, 일방적인 보고서를 쓰게 한다. 그리고 그 보고서를, 지역을 중앙의 통제하에 두는 구실로 삼는다. 중앙이 세운 획일적인 계획을 전국토에 강요하고 공무원들의 숫자를 계속 늘려가는 것이다. 그러던 중에 아주 우연히 이런 정부의 조치가 얼마나 잘못된 것인지를 보여주는 사례가 공개된 적이 있다. 지역에 파견된 공무원들이 증거인멸을 자행하고, 왕이 지명한 비전문가가 전문가의 거의 완벽한 계획을 망쳤으며, 그러면서도 비용은 비용대로 들고, 지역민들을 괴롭고 성가시게 했다. 정부가 새로 만든 기구의 난맥상이 이처럼 하원위원회에 보고된 적이 있는데, 그 사례에 대해서는 지금이라도 철저한 수사가 이루어져야 한다.

이렇게 지적을 하고도 아직 지적해야 할 충격적인 조치들이 남아 있다는 게 나도 안타깝기만 하다. 그런 예로 들 수 있는 것이 1848년의 「공중보건법(Public Health Act)」이다. 이제까지 통과된 어떤 법률보다도 더 강력한 펀치를 영국의 주민자치정부를 향해 날린 법이다. 인류의 자유와 발전을 방해하는 적들이 한 일이라고 해도 이렇게까지 사악하고 무모한 적은 없다. 그런데 이 법에서 적들은 온갖 "말의 성찬"을 동원해서 구실을 만들었는데, 그 목적은 결국 영국 내 모든 지역을 극도로 비참한 노예 상태로 내몰고, 지속적이고 무거운 부담을 지워 주민들의 손발을 묶고, 중앙부처 공무원들로 지역을 채워, 법과 사유재산권의 기초마저 무너뜨리는 데 있다. 이처럼 중앙집권주의의 지지자들이 환호하는 결과를 만들기 위해 각 지역마다 왕이 마음대로 움직일 수 있는 파벌을 만들었다. 그리고 그 파벌을 만드는 과정에서 우리가 알고 있는 모든 정상적인 절차, 가령, 대표기구 구성과 선거, 책임의 부여 등 절차가 전혀 지켜지지 않았다.

중앙집권주의하의 공무원들이 다 그렇듯이, 그들은 법이 통과되자마자 법이 정한 권한 이상을 행사하기 시작했고 수백 만 파운드를 소비하였으며, 권한을 행사하면서 법이 정한 어떤 영장도 받을 생각을 하지 않았다. 법원으로 가서 쟁송을 벌이는 것은 돈도 많이 들고 까다로운 일이라는 것을 불법을 저지르는 자들과 그 지지자들이 이미 잘 알고 있었기 때문이다. 그들은 법령이 발효된 이후에 조작한 증거로 더 많은 사례를 적시하면서 거기도 더 강화된 권력이 행사되어야 한다고 주장했다. 중앙집권주의를 표방한 어떤 위원회에서도 공중보건위원회만큼 대놓고, 체계적으로, 앞서 정리한 바 있는 중앙집권주의의 수법을 사용한 경우가 없다.

「공중보건법」은 의도적으로 교묘하게 조성한 공포분위기에서 통과되었고, 모든 가능한 수단을 동원해서, 법률의 진짜 목적이나 입법자의 의도를 위장하고 숨기는 데 성공했다. "말의 성찬"과 "대중들에 대한 기만" 전술을 같이 사용한 것이다. 그리고 「공중보건법」이 통과되던 같은 회기에 성격이 비슷한 법이 또 하나 통과되었는데, 그것이 바로 「대도시 하수도법(Metropolitan Sewers Act)」이다. 1848년 이 법이 하원에서 통과될 때 총원 658명 중 겨우 35명만 출석했다. 이 법은 종전에 있던 하수도법을 근본적으로 바꾼 것으로서, 형식은 물론이고 내용면에서도 개인과 재산, 기업의 보호와 독립성 확보를 위해서 보통법이 보장하는 모든 안전판을 무위로 돌리는 것이었다.

이런 사례들과 또 끝도 없이 더 댈 수 있는 유사한 사례에서 조세와 행정에 관한 거의 무한한 재량권이 왕이 지명한 무책임하고 자의적인 비밀조직인, 소위 말하는 '위원회'에게 부여되었다. 이 모든 경우에 단 하나의 예외도 없이, 주민자치주의 및 지역책임주의에 의할 때와 비교해서 엄청나게 많은 비용이 소요되었는데, 결국 모든 것이 중앙집권주의와 관료주의 때문이었다.

엄청난 권한이 위원회들에게 부여되면서 더 많은 세금이 부과되고, 지역주민의 복리를 망치고, 고통을 배가시킨 반면에, 위원회 위원과 매번 회의에 불려오는 청원인이나 심판관 등은 아무런 책임도 지지 않았다. 원래 그런 사람들은 국가나 원고 또는 피고가 선정하는 것이 가장 적법한 것이지만, 이런 위원회에서는 오직 왕이 지명했고, 따라서 그런 사람들은 국가에 대해 책임을 지는 것도 아니고, 양 당사자에게 책임을 지는 것도 아니었다. 게다가 그들이 의회에 제출하는 연차

'보고서'라는 것도 그저 형식에 그치는 일방적인 보고서이고, 그 내용 역시 믿을 만한 게 못 됐다. 어떻게 이 무도한 정권이 허울뿐인 위원회 제도를 통해서 자신의 책임을 회피해 왔는지는 이미 설명한 바와 같다. 아무도 책임지는 사람 없이 이 땅의 기본 제도와 원칙은 다 무시되었으며, 적용지역과 지원금은 계속 늘어났고, 임시직만 더 생겨났다. 그렇게 중앙집권주의가 더 넓게, 더 멀리 확장되어 치명적인 영향력을 전국토에 행사하게 되었다.

하지만 다행스럽게도, 이런 강력한 공격에 대항하는 영국민의 불굴의 정신이 아주 사라진 것은 아니었다. 손닿는 곳마다 기존 제도의 장점을 모두 망치고야 마는 이런 중앙집권주의에 항거하는 에너지가 결집된 것이다. 다만 최근의 분위기를 보면 그런 에너지들이 오래 살아남지 못한 것 역시 사실이다. 조직적인 반격이 다시 가해지고 있다. 수많은 소비세 제도와 10시간 법, 공중보건법, 건축물법 등은 이런 달갑지 않은 반격의 예다. 그 법들이 우리 국민들의 자기방어 노력과 시도에 찬물을 끼얹고 국민들을 더욱 억압하는 족쇄가 되고 있다.

이게 지금까지 제임스 2세가 자기 동생을 흉내내면서 지난 200년 동안 해 온 일이고, 우리 영국을 중앙집권주의가 침탈해 온 생생한 기록이다. 이런 보고를 할 수밖에 없는 지금, 나는 너무 화가 나고 부끄럽다. 극적으로 분위기가 바뀌어서 후세의 역사가 다음과 같이 우리 시대를 보고하게 되기를 간곡히 바랄 뿐이다. '19세기 중반, 중앙집권주의가 여전히 다양한 족쇄로 국민들을 억압했지만, 국민들이 새롭게 눈을 뜨기 시작했다. 자유 독립과 자기 존중에 대한 의지가 생기고, 보통법의 정신들을 되새기기 시작했으며, 선조로부터 물려받은 자유민의 권리와 책임, 의무감이 되살아나서 이기적인 물질만능주의의 세태를 질타하기 시작했다. 국민들은 대헌장과 권리청원의 정신을 되새기고, 그 정신을 거듭 선언하는 자료들을 찾아 공부했으며, 성청법원과 교회법원을 폐지하는 판결 이후로 계속해서 비슷한 법원을 만들어서 폐지된 법원들보다 더한 불법을 자행한 역사를 반성하기 시작했다. 그 결과 중앙집권주의를 지탱하는 제도들이 점점 무너지고, 주민자치정부의 원칙을 구현한 진정으로 자유로운 제도들이 이 땅에 복원되어 다시 작동하기 시작했다'고 말이다.

제15장

주민자치정부의
실제 모습

제15장

주민자치정부의 실제 모습

휴 피터스(Hugh Peters)가 영국의 모든 고문서를 없애 버리자고 말한 것은 당시로서는 나름 현명한 생각이라고 할 수 있다. 그게 바로 자유의 적들이 간절히 원하는 것이기 때문이다. 고문서가 없다면 주민자치정부가 실제로 작동했다는 증명도 없고, 중앙집권주의자들이 제시하는 길 외에 대안이 없었을 것이다.

하지만 분명히 기억해야 할 것은, 몇몇 이론가들이 시민의 권리와 이를 뒷받침하는 제도로 주장한 것들은 전부 허위라는 점이다. 동물학자가 말에 대해서 얘기하면서 이 말이 무엇은 할 수 있고, 무엇은 할 수 없다고 말하는 것은 그저 이론에 불과하다. 중요한 것은 말에게 실제로 무언가를 시켜 보고, 그 실험 결과를 통해서 말의 쓰임새를 확인하는 일이다. 사람도 마찬가지다. 사람이 무엇을 할 수 있는지는 사람의 역사를 면밀히 공부한 다음 결론을 내릴 문제다. 실제로 공부를 해 봤더니 사람이란 아주 오랜 세월 동안 늘 한두 사람의 지배하에 노예 상태로 살았다는 게 밝혀지면, 사람은 천부와 권리를 가지고 책임을 지는 자유로운 존재라는 주장은 그저 말에 불과할 뿐, 아무런 근거가 없는 게 된다. 말로는 뭐든 할 수 있으며, 말만큼 쉬운 게 없다. 연금술사의 말보다는 체계적인 연구를 거듭한 화학자의 결론이 더 믿을 만하다고 말하는 이유가 그것이다. 정치학도 마찬가지다. 체계적인 연구를 통해서 바람직한 사람의 모습, 그리고 바람직한 사회의 모습을 제대로 밝혀 내지 못한 유럽의 민주정치는 새로운 희망을 제시하는 데 실패할 수밖에 없었다.

사람이 행동하는 데는 동기가 있고, 충동과 욕구가 사람의 행동을 주도하며, 그것은 사람이 존재한 이래로 변함이 없다. 그래서 동료 시민의 정치적, 사회적 생존조건의 개선을 위해 직접 또는 간접적으로 노력하는 자들은 먼저 사람의 동기와 충동, 욕구에 대해서 잘 알아야 한다. 인류의 발전을 바라고, 사람의 본성이 지금보다 더 높이 고양되기를 바라는 사람들은 사람의 역사가 수많은 시대와 상황 속에서 어떻게 흘러왔는지를 잘 살펴보아야 한다. 그 결과를 가지고 실제로 이 사회에서 어떤 노력이 필요한지 판단할 수 있고, 지난 2천 년 동안 지금과 같은 모습으로 존재해 온 인류가 더 높은 곳으로 발전해 갈 수 있는 길이 보일 것이다. 다른 모든 학문에서도 그렇지만, 특히 정치학과 사회철학에서는 이와 같은 통사적 접근이 중요하다. 그것만이 실제 경험에 기반한 연구라고 할 수 있다. 우리가 주민자치정부라는 제도의 가치를 특히 존중하는 이유가 그것이다. 우리 역사에 대한 총체적인 연구 결과이기 때문이다.

전세계 어느 나라, 어느 장소에 비해서도 우리 영국이 유리한 것은, 앵글로-색슨 족의 지난 거주의 역사를 밝혀줄 자료가 풍부하게 남아 있기 때문이다. 진실을 추적하는 사람들이 유념해야 할 원칙을 기억하면서, 우리가 우리의 기록을 검토할 수 있다는 것 자체가 아주 다행스러운 일이다. 원래 권력이라는 것을 한 번 잡은 사람들은 그 권력을 자꾸 확대하려 하고, 마찬가지로 우리 영국의 역사에서도 권력욕이 아주 강한 사람들이 자주 나왔었다. 그런데 그럼에도 불구하고, 자유의 기본원칙과 자유민의 정치적·사회적 책임을 강조하는 이론과 실무가 영국에서 무탈하게 보존되어 왔다는 사실은 아주 놀라운 일이 아닐 수 없다. 우리는 특출한 권력자가 나와서 한동안 자유민의 권리의 식과 의무감이 끼어들 여지가 없는 정치를 해 왔고, 왕권의 무자비한 침탈이 성공한 적이 있었다는 사실에 놀라면 안 된다. 그보다는 오히려 수백 년 동안 그런 침탈행위에 대항해서, 자유민의 권리와 의무를 인지하고 주장한 사람들이 계속 있었다는 사실에 더 놀라야 한다. 그러다가 불행하게도, 1688년 이후 그 이전까지 존재하던 자유주의전통에 반하는 이상한 사조가 득세했고, 그것이 우리 영국 전체를 위태롭게 하는 현실에 직면해 있다. 여기서 그 내력을 다 추적하고 연구할 수는 없겠지만, 최소한 이런 역사적 사실은 확인할 수 있다. 즉, 우리가 자랑하는 주민자치정부라는 제도가 우리 영국에서 존재하고 발전해 왔고, 지금도 우리가 얼마든지 모델로 참조해서 이 땅에 구현할 가능성이 있다는 점이다. 이름과 형식, 분류가 중요한 게 아니다. 그런 건 세대가 바뀌면서 얼마든지 달라질 수 있다. 이름과 형식이 같은 제도를 보면서 우리가 여러 세대의 성과를 비교해 볼 수 있지만, 그것보다 훨씬 더 중요한 것은, 이름이 무엇이든 간에 주민자치정부의 자유로운 제도가 한때마다 이 땅에 실제로 구현되어 작동된 바 있다는 사실의 확인이다.

주민들이 모여서 토론하는 주민총회(Folk Mote)라는 이름이 있었던 것도 사실이고, 실제로 주민총회가 개최되었다는 것도 역사적 사실이다.

앵글로-색슨 족의 법령에서도 확인할 수 있고, 윌리엄 1세의 지배 하에서도 주민총회라는 이름이 역사에서 계속 언급되고 있다. 주민총회는 아주 신성한 제도였고, 누구도 함부로 할 수 없는 영국의 실제 제도였다. 주민들은 누구나 주민총회에 참여해서 국가의 일원으로서의 권리와 책임을 다해야 할 의무가 있었고, 만약 참여하지 않으면 벌을 받아야 했다.

주민총회는 정해진 시간에 정해진 장소에 모였고, 따로 소집공지를 할 필요가 없었다. 혹시라도 까먹고 참석하지 못하는 사람이 있을까 봐 공무원이 미리 공지를 하는 경우가 있었지만, 그런 공지가 없다고 해서 주민총회가 못 열리는 것도 아니었다. 왕이 의회를 소집하는 것도 마찬가지다. 그것이 왕의 직무이기 때문에 공지를 하는 것이지, 왕에게 따로 소집권한이 있는 게 아니다. 왕과 같은 공무원들이 자의로 또는 실수로 주민의 총회 참여권을 제한할 수 없고, 주민의 권리행사를 방해할 수도 없다.

아주 최근까지도, 우리는 지방세 납세 조건 같은 것은 둔 적이 없다. 우리 선조들의 생각 속에서, 주민이 한 가지 의무를 이행하지 않았다고 해서, 즉, 주민세를 안 냈다고 해서, 다른 의무를 면제해 준다는 생각 자체가 없었다. 오히려 반대로, 어느 지역 소속 주민은 그 지역에 대해서 이행해야 할 의무가 있고, 그가 자유민이라면 당연히 그 의무를 이행해야 하며, 공동체는 그 의무 이행을 확인해야 한다. 그것과 지방세를 납세할 의무는 별개다. 지방세 납세는 주민총회 참석 전에 선행해서 해결해야 할 의무가 아니다. 주민총회 명부를 보고 납세명부를 정하는 것이지, 납세명부가 주민총회 명부의 기초가 되는 게 아니다.

자, 이제 실제로 활동했던 여러 가지 종류의 주민총회에 대해서 살펴보기 전에, 요즘 얘기하는 '공청회(public meetings)'가 '교구회(Vestries)'나 '구민총회(Wardmotes)', 기타 현존하는 주민총회와 성격 면에서 어떻게 다른지 살펴보기로 한다. 그 차이를 이해해야 주민총회의 진정한 가치와 중요성에 대해서 더 잘 이해할 수 있을 것이다.

사람들의 공동관심사에 대해서 크게는 국가 전체 차원에서, 작게는 지역 차원에서 수많은 공청회가 열리곤 한다. 공청회에 대한 주민

참여권이, 가끔 정지나 제한, 금지 등 조치를 당하는 경우가 있었어도, 지금까지 성공적으로 그 명목을 유지하고 있다는 사실은 아주 다행스러운 일이다. 하지만 18세기 이후 우리나라에 존재해 온 공청회가, 참여권의 중요성이나 모임 자체의 가치 등 면에서 진정한 의미의 주민자치정부 안에서의 총회와는 완전히 다르다는 점과 공청회는 어떤 경우에도 주민총회의 대체재가 될 수 없다는 점을 이해해야 한다. 일부 주민의 관심사든, 아니면 모든 주민에게 관계되는 일이든 상관없이, 갑자기 급한 사안이 생기면 공청회가 열려 주민총회와 비슷한 역할을 할 수는 있다. 하지만 그건 그다지 자주 있는 일이 아니다. 매일 반복되는 일이라고 그다지 흥미로운 안건은 아니지만, 개인이나 지역, 또는 주민 전체에 관계되는 사안을 얘기할 통상적인 모임이 반드시 필요하다. 모든 주민이 계류된 안건에 대해서 충분히 검토하고, 그 안건에 대한 전체 주민의 의견을 정확하게 표시할 현실적이고, 실제적인 필요도 있다. 모든 주민이 잘 알고 있는 정기적이고, 잘 조직된 모임이 없이는 그런 의견들을 제대로 취합하고 공포하기가 쉽지 않다. 주민자치정부 내에서 운영되는 정기적인 회의체는 그런 의미에서, 누가 제기하든 상관없이, 공지된 모든 주제에 대해 토론할 준비가 되어 있고, 합법적이고 예측 가능한 방법으로 그 의견을 실현할 부속기구들까지 두고 있다. 반면에 특별한 주제에 관해서 그때그때 열리는 공청회는 중요한 주제를 다루는 것이기는 하지만 거기서 도출되는 결론은 결코 완전한 여론이 될 수 없다. 주민총회의 요체라고 할 수 있는 중립성이나 토론의 자유가 부족하거나 결여된 상태에서는 한두 사람이 주도하는 절차에 지나지 않을 수 있다. 그 몇몇이 모든 부담을 져야 한다는 것도 부당하고, 그들이 공청회에 참석한 여러 가지 반대 견해에 대해서 개인적으로도 책임을 져야 할 상황이 생길 수도 있다(반대할 자유가 없다면 그것은 진정한 토론이 이루어지는 모임이라고 할 수 없다)는 점에서 심각한 문제가 있다. 공청회에 오는 사람들은 공청회에서 논의되는 주제에 대해서 같이 책임을 질 생각도, 같이 책임을 질 능력도 없는 상태에서 자기 의견을 개진하고, 설득을 시도하는 경우가 많다. 게다가 그런 종류의 공청회는 정기적으로, 규칙적으로, 계획에 따라 열리는 게 아니라 우연히 열리기 때문에, 그 토론 결과를 그대로 구현할 책임 있는 기관도 따로 없다. 회의에서 올바른 결론이 도출되기 위해서는 일방적인 의견 대신 중립적인 위치에서 여러 가지 의견을 검토하는 토론의 습관이 필요하며, 그게 있어야 도출된 결론에 정당성이 생긴다. 공청회에서 이루어지는 이른바 대표토론(platform oratory)은 공개적이고, 중립적인 검토와 토론이 아니다. 치밀한 이론적 검토 없이 일방적으로 준비한 주장만 있을 뿐이고, 그 주장은 겉으로 보기에만 그럴듯해 보인다. 그런 의견이 나와서 다수의 지지를 받을 경우가 있지만, 그런 회의는 우리가 말하는 주민총회와는 비견할 바가 되지 못한다. 주민총회에서는 참가하는 개인들이 생각하는 힘과 숙고하는 능력을 키울 수 있고, 각자의 성격이 충분히 반영된 의견이 전체 토론에 붙여짐으로써, 소수 역시 자신들의 의견을 충분히 개진하고 설득할 기회를 얻고, 그러는 가운데서 건전한 다수의 의견이 도출된다.

이러한 점들과 그 외 여기서 다 설명하지 못한 장점들을 생각해 보면, 개별 주제에 대해서 열리는 공청회에 참여해서 자신의 권리를 행사하는 것은, 주민자치정부 내의 진정한 의미의 주민총회에서 규칙적으로, 정기적으로 모여서, 정상적으로 이루어지는 토론에 참여하는 것과 비교해서, 그 의미가 아주 다르다. 주민총회에서는 누가, 언제 제기하든지 간에 모든 주제에 대해서 충분한 토론이 이루어지고, 그 토론의 결과로 도출된 의견에 대해 정상적으로 조직된 기구가 위임을 받아

이를 실행하게 된다. 비정기적인 공청회에 참여할 권리도 당연히 포기할 수 없는 권리이기는 하지만, 그런 공청회의 효율성이나 중요도 역시 정기적인 주민총회가 계속적으로, 활발하게 작동할 경우에만 더 빛을 발할 수 있다.

다음에서 예로 드는 것은 크게 보면 주민총회의 아류에 속하는 여러 가지 총회에 대한 기록인데, 이 짧은 기록만 가지고 봐도, 그 모임의 성격과 중요성이 실제로 얼마나 중시되어 왔는지 확인할 수 있다.

"모든 마을(hundred)의 촌장은 4주에 한 번씩 전체 주민총회(Gemote)를 열어야 하고, 여기 참여하는 것은 모든 주민의 권리이다."

"모든 마을총회(Hundred-Motes)는 4주 안에 꼭 한 번은 개최되어야 한다."

"전술한 마을총회는 반드시 열려야 하는데, 자치구 총회(Borough-gemote)는 1년에 세 번, 주총회(shire-gemote)는 두 번 개최하여야 한다."

"모든 주민은 마을 총회에 참석할 권리가 있고, 마을 총회에 참석하지 않은 경우에는 합당한 제재가 가해질 수 있다."

"주총회와 자치구 총회는 1년에 2번, 마을총회와 동주민총회(Wapentake)는 1년에 12번 모이고, 특별한 사유로 조기 소집이 필요한 경우를 제외하고는 6일 전에 이를 공지하여야 한다."

"마을총회는 1년에 12번, 즉, 매달 모여야 하고, 다른 특별한 사유가 없으면, 주총회는 1년에 2번 이상 모여야 한다."

"주총회와 마을총회는 에드워드 왕[고백왕] 때에 개최된 장소에서, 당시와 같은 빈도로 개최되어야 하고, 이를 벗어나서는 안 된다."

"에드워드 왕 때 그랬던 것처럼 주에 속한 모든 주민은 주총회와 마을총회에 참석하여야 하고," 만약 이를 어기면 왕국의 경계 밖으로 추방한다.

지금부터 1,700년 전에 타키투스가 기록한 관습과 법에 따르면, "모든 주민은 다른 예상하지 못한 사정이나 급한 일이 있는 경우를 제외하고, 초승달과 보름달이 뜨는 날 총회에 모여야 한다."

"전체 주민을 열 명 단위로 세서, 그 가운데 가장 연장자가 나머지 9명이 법에 정한 총회 절차에 제대로 참여할 수 있도록 도와야 한다. 그리고 총회에서 확정된 의견의 실행에 대해서는 각 마을로 돌아가서, 그중 한 명이 다른 10명에게 확정된 사항에서 대해서 얘기하고, 이들 11명이 마을 전체의 돈을 관리하면서,

지급하여야 할 사정이 있으면 주민 중 한 명에게 지급하고, 공동의 필요에 공할 금액에 대해서는 주민들로부터 갹출한다. 또, 모든 주민의 필요에 속하는 돈이 모든 주민으로부터 모이도록 공지하고, 이를 어기는 경우에는 30페니 또는 소 한 마리 값에 해당하는 벌금을 부과한다. 이처럼 모든 공무를 주민들이 합의한 바와 법령에 정한 바에 따라 실행하여야 한다."

"시간이 되는 마을 주민과 10호반 반장들은 매달 한 번 정기회의에 모여 법령에 정한 바가 제대로 실행되는지 확인하여야 한다."

"세인트 폴 십자가 상 앞에 주민총회로 모인 수많은 시민 앞에서, 헨리 3세는 해외 출정 허가를 받았다.[이런 구절이 여러 번 반복됨]"

"모든 연장자들은 다음날 아침 일찍 열리는 구총회(Ward-motes)에 참석을 명 받았다."

"실망한 왕은 보안관에게 다음 날 세인트 폴 십자가 상 앞에서 주민총회를 소집할 것을 명령했고, 거기 존 마운셀(John Mounsel)과 그 외 사람들을 보내서 공동체의 관습이 무엇인지 질의하였다."

"우리가 듣기로는 귀하의 주에서 총회를 개최하는 책임을 진 귀하와 귀하의 서기들, 그리고 다른 서기들이 우리나라가 승인한 대헌장에 따를 때, 얼마나 자주 마을총회와 구총회를 열어야 하는지를 질의한 바, 우리는 의원들 앞에서 해당 헌장을 낭독하였고, 다음과 같은 조문이 적용될 수 있다는 점을 확인하였다. '주장관 또는 그 대리인은 관할구역 내에서 1년에 2번, 지정된 장소에서 순회모임을 주재하여야 한다.' 또, 참석한 의원들 중 많은 수가 선왕인 헨리 2세 때에는 영주회의뿐만 아니라 마을총회와 구총회도 한 달에 두 번 모였다고 증언한 바 있다. 전체 왕국 내 공익 실현과 빈민 보호를 위해, 앞에서 말한 두 번의 순회모임으로는 왕국의 평화와 모든 마을에 속하는 빈자 또는 부자들의 위법행위를 단속하는 데 부족하기 때문에 우리 의회와 주교들, 영주들, 기타 참석자들의 의견을 취합하여 전술한 두 번의 순회모임 전에 마을총회와 동총회, 영주총회를 매 3주마다 한 번, 그리고 향후에는 2주에 한 번 개최할 것을 명하는 바이다. 주장관의 순회모임과 달리 마을총회와 동총회에서는 전체 주민에 대한 소환장을 발송할 필요가 없다. 다만, 다른 마을 주민 4명이 의무적으로 참석해야 하고(참석해서 선서를 함), 또, 사건 조사상 필요에 따라 마을 내 모든 사람이 참석해야 하는 형사사건을 제외하고는, 피해회복을 원하는 피해자나 지목된 가해자, 그리고 총회의 관할에 속하는 사항에 관한 사건의 원고와 피고가 반드시 참석하도록 하여야 한다."

전체주민총회(General Shire-Motes)나 '주장관 순회모임(Sheriff's Tourn)'은 예전처럼 1년에 두 번 모였고, 그보다 더 적은 규모의 마을총회는 훨씬 자주 모였다. 각 지역의 상황에 따라 2주에 한 번에서 3주에 한 번, 한 달에 한 번으로 그 양상이 많이 달랐고, 특히 런던에서는 1주에 한 번 모였다고 한다. 하지만 그 목적과 기능은 전혀 다를 바 없었다. 즉, 지역에 속한 모든 주민이 제기하는 사안에 관하여 신속하고 간편한 해결을 추구한 것이다. 시간 순으로 조금 더 최근 것으로, 에드워드 6세 시절의 총회까지 내려오면서 살펴보면, 타키투스가 14세기 이전에 말한 것처럼, 마을총회는 한 달에 한 번 모였다. 특히 이 기록에는 '군법원(County Court)'이라고 적혀 있는데, 그 기능이나 청원인의 실체 등 면에서 주민총회와 전혀 다를 바 없는 기구였다.

"영국 내 모든 주와 구 중 거의 대부분에 군법원이 존재해 왔고, 또, 지금도 존재하고 있는데, 이것 역시 한 달에 한 번 열린다. 보통은 매달 말에 열리는데, 아주 많은 수는 아니지만 몇몇 군에서는 6주에 한 번씩 열리는 곳도 있다." 그런데 그 후 법으로 "앞으로 영국 안에서 열리는 군법원 또는 군총회는 한 달 이상의 간격을 두어서는 안 되며, 원칙적으로 군법원은 매달 개최되어야 하고, 그 이상의 간격을 두는 것은 금지된다"라고 선언한 바 있다.

이것이 현재 법이라고 할 수 있다.

아주 옛날로부터 최근까지, 아주 많은 곳에서 발견되는 이런 기록들에 의하면, 각 지역의 주나 시, 자치구, 마을, 구, 10호반 등에 정기적이고 규칙적이며, 개방적인 성격의 총회가 있었고, 거기에 영주회의, 남작회의, 상업구(precincts) 총회, 교구총회가 추가된다. 이들 모두 주민총회라는 제도의 일부이다.

주나 시, 자치구, 마을, 구, 10호반, 상업구, 교구 등의 기원과 헌법적 근거를 연구하는 것은 이 책의 범위를 넘는 것이고, 아주 흥미로운 사실을 알 수 있다고 하더라도 여기서 도모할 일은 아닌 것 같다. 하지만 중요한 것은, 아주 까마득한 옛날부터 영국에는, 주민들이 정기적이고, 규칙적으로 모이는, 개방된 주민들의 모임이 주민자치정부라는 이름으로 존속해 왔고, 거기서 공통관심사에 속하는 문제에 대한 정보를 공유하고, 토론하고, 결정하였으며, 정의를 구현하는 일을 해 왔다는 사실이다. 스펠맨이 정확하게 지적한 것처럼 "모든 마을 주민은 마을총회에 가고, (총회에 바라는 바가 있는 주민으로서) 청원인들과 배심들, 즉, 정의구현을 요구하는 사람과 정의구현을 할 사람들이 공공복리와 평화에 관한 문제를 이해하는" 기회를 가졌다. 이와 같이 스펠맨이 마을총회의 기능과 역할을 설명하기 위해서 사용한 문구는 "평화"라는 단어가 "평화와 전쟁"이라고 바뀐 것을 제외하고는, 국민의회 (Witenagemote, National Assembly)의 설명에도 그대로 적용된다. 불행하게도 지금은 아니지만, 스펠맨이 살던 시대까지만 해도 마을총회의 정신이 살아 있었다는 것을 알 수 있는 대목이다.

자유민들이 정기적으로, 특별한 시간 투자 없이 모여서, 그들 모두에 관련된 문제에 대해서 토론하고, 결정하고, 집행하는 기회를 가졌다는 것은 우리가 가진 효율적이고도, 위대한 전통 가운데 하나다. 특별한 필요가 없는 한 그 간격을 한 달로 해서 정기적인 모임이 되도록 했고, 어떤 경우에는 관할을 크게 잡아서 전체 지역에 관련된 문제를 다루면서, 그 횟수도 뜸하게 했다. 그래도 아무런 문제가 없었던 이유는 보다 규모가 작은 마을총회 등에 작은 문제 해결을 맡겨서, 시간 낭비 없이 일처리가 이루어지도록 했기 때문이다.

모든 구역은 그것 자체가 독립된 하나의 결사체이며, 각각 자치권을 향유하고 있다. 큰 회의는 넓은 지역에 사는 주민의 공통관심사를 다루고, 아주 작은 마을총회도 공인을 사용했다. 거기에는 그 마을과 그 마을이 속한 군의 이름이 적혀 있는데, 이것 역시 중요한 의미를 가지고 있다.

시의 구와 자치구 아래 상업구가 있는 것처럼, 주에 속한 마을 아래는 십호반이 소속되어 있다.

빈민법에 따라 광범위한 권한을 부여받고, 판사가 법을 만들고 선언하며, 성직자들이 중요 직책을 차지하고 있다는 면에서 보면 지난 세기에 각 교구가 가장 능력 있는 판사를 가진 법원 역할을 한 것으로 보인다. 그래서 교구회의는 "주임목사뿐만 아니라 교구에 속한 모든 주민과 관련된 사건을 다룰 수 있"었다. 교구목사도 거기 참여하기는 하지만 정회권 등을 행사해서 그들이 "너무 많은 영향력을 갖지 않도록 모든 참여자가 동등한 권한을 행사했다"고 한다.

앞에서 설명한 바 있는 '영주회의'에 대해서는 헨리 3세 때 제정된 법률에 특별규정을 찾아볼 수 있다. 그에 따르면 영주회의는 마을총회와 같은 역할을 하는데, 그 성격에 대해서 잠깐 생각해 볼 필요가 있다. 주민자치정부의 이념은 이 나라의 모든 제도 속에 녹아 들어가 있기 때문에 주민자치정부 안에서는 귀족과 평민의 관계도 특별히 다른 취급을 받지 않으며, 그 절차만 약간 다를 뿐이다. 먼저 원칙은, 귀족이든 평민이든 상관없이 그들의 문제는 동료들이 판단한다는 것이다. 각각의 관심사에 해당하는 것은 따로 모여 토론하고 결정한다. 평민의 경우는 그들이 사는 곳이 어디냐에 따라 마을총회, 구총회, 자치구총회, 주총회로 가고, 거기서 행정업무를 맡은 공무원 주재하에 모임을 갖는다. 그리고 귀족의 경우는 주종관계를 이룬 곳의 영주회의에 참가하고, 그 회의에서 정한 대표자가 대표 자격으로 주총회나 영국 전체의 전체주민총회에 참석해서 귀족의 의견을 표시한다. 하지만 어떤 경우에도 영주회의에 제기된 '청원'은 영주들이 판단하고, 주민자치정부의 원칙에 따라 각 영주들은 이로써, 자신들에게 주어진 의무를 이행하여야 한다. 한편, 여러 지역의 땅을 소작하고 있는 소작농의 경우는, 소작지와 관련된 문제에 대해서는 토지 주인이 속한 영주회의에 청원하고, 그 외 문제에 대해서는 주소지의 총회, 즉, 자치구총회에 청원하며, 그 자신이 그 총회의 구성원이 된다. 그런데 사럼 자치구(borough of Sarum)처럼 귀족들 땅이 없어져서 황무지로 변하게 되면, 보통법 원칙에 따라, 그 지역 영주회의는 마을이나 주로 귀속되고 이름만 남은 총회가 존재하는 일이 없도록 한다. 만약 영주회의가 그 관할을 어기는 행위를 하게 되면, 주장관 순회모임에서 이를 인지하여 그 문제를 해결하도록 한다.

의회명부에 보면 주민자치정부 안에 특별관할이나 여러 개의 영주회의를 만들었던 기록이 있고, 그 가운데는 영주회의가 보통법이 요구하는 조건을 맞추지 못한 상태에서 급조되어 원래 소속이었던 주나 마을로 환원했다는 기록도 있다. 또 아주 큰 시의 경우에는 그 안에 거의 모든 회의체가 구비되어 있어서 귀족이든 평민이든 상관없이 시 안에서 모든 문제를 해결하기 때문에 주총회에 참석할 일도 없었다. 시 안에 독자적인 주들이 있다고 생각해서, 각 주마다 주장관을 따로 뽑은 것이다. 이 모든 조치가 사실은, 주민자치정부가 효율적으로 구성되어서 그 업무를 잘해 나갈 수 있도록 하기 위한 것들이다.

다음으로 주민자치정부에 속한 다양한 제도의 기능과 권한에 대해서 살펴보기로 한다. 너무 세세한 내용은 빼고 전체 기구에 공통적으로 관련되는 사항만 검토하면 다음과 같다.

각 기구들은 그 안에 속한 주민들로 구성되기 때문에, 주민자치정부 내 모든 기구가 수행해야 할 첫 번째 임무는 명부를 완벽하게 관리하는 것이다. 귀족이든 평민이든 상관없이 주민자치정부의 구성원들은 누군가 외부에서 독자적인 권한을 부여 받은 사람이 나타나서, 누가 회원인지 아닌지를 결정하는 것은 아예 상상도 못한다. 소위 '명부 작성 변호사'가 회원 자격을 정할 수 없고, 정하는 일 자체도 소속 주민들만이 할 수 있는 것이다. 만약 어떤 주민의 회원자격이나, 주민으로서의 권리 소지 여부가 의심되는 경우에는 그 자신이 주민총회에서 이를 증명하여야 한다. 주장관이 2년에 한 번씩 순회하는 이유 가운데 하나가 바로, 주민들 간의 세부조직이라고 할 수 있는 '10인 연대록(frankpledge)'에 문제가 없는지 확인하는 데 있다. 이를 통해 상호 책임과 의무를 부담하는 모든 구성원이 그 관할구역 내에 실제로 살고 있는지 점검한다. 이것 이상으로 실제적이고, 중요한 일은 없다. 따라서 이런 '10인 연대록' 같은 기록들을 단순히 고문서 중 하나로 치부하고 그 실질적 의미를 망각하지 않도록 주의하여야 한다. 마을이라는 행정단위를 둔 것은 명부 보관이라는 이유도 있기 때문에, 모든 마을은 주총회, 혹은 주총회의 담당관 앞에서 마을의 명부가 제대로 관리되고 있다는 점을 증언하여야 한다.

왕이 뽑은 관료들의 권한남용과 지역 내 귀족정치의 발호를 막는 안전판으로서의 주민자치정부에 대해서는 이미 설명한 바와 같고, 수많은 구체적 사례 가운데 다음과 같은 사례를 들어보기로 한다. 영국 왕의 경우는 먼저 주민총회의 허가를 얻지 못하면 외국으로 나갈 수 없으며, 실제로 주민총회가 왕의 출국을 저지한 사례가 기록에 자주 나온다. 즉, 주민총회가 공개적으로 또는 민주주의를 가장해서 특권을 행사하려는 시도를 저지해 온 것이다.

주민총회에서 어떻게 법이 제정되는지는 이미 설명한 바 있지만, 자신들이 필요로 하는 법을 만들어 쓸 수 있는 권리는 원래 주민총회에 속한다. 다만, 그렇게 제정된 법을 주민자치정부보다 더 넓은 관할에 적용할 수는 없다. 전체 국토에 적용되는 법은 전체주민총회가 제정해야 하기 때문이다. 각 지역 주민자치기구는 경계에 대해서도 자율적으로 정할 수 있고, 이는 기록에 자세하고 명확하게 적시되어 있다. 실제로 어떤 십호반 중 하나가 관할을 혼동하거나, 주민 중 일부가 그 십호반의 관할에 대해서 이의를 제기하는 경우는 주민총회가 관할에서 제외할 수 있다.

주민총회가 관심사에 관해서 토론하고 그에 관한 의견을 표시하는 기회를 통해서 그들 스스로를 위해서 만든 법이 결과적으로 영국 전체의 훌륭한 법이 된 사례가 있다. 바로 코크 경이 경의에 찬 어조로 표현한 다음과 같은 사건에서다.

에드워드 1세는 영국 왕 가운데 가장 힘이 세고, 가장 호전적인 왕이었다. 국내문제를 처리하는 데도 그렇고, 외국과의 전쟁을 하는 데에도 거침이 없었다. 만약 당시에 지금과 같은 중앙집권주의가 시행되었다면 국가 전체를 엄청난 양의 '국가부채' 아래 신음하게 만들었을 것이다. 그런데 다행스럽게도, 당시에는 주민자치정부가 힘을 발휘하고 있어서 국내뿐만 아니라 국외에서의 그런 호전적인 행위를 제어하는 게 가능했다.

코크 경은 당시 "조세지원금지법을 통과시키게 된 두 가지 계기가 있었다"라고 하면서 "그 첫 번째는 에드워드 1세가 무장한 남작들과 기타 전투인력을 데리고 노르망디로 갈 것이니 국고에서 지원을 해 달라고 요구한 사건이었다. 이에 대해서 보안관과 집행관, 귀족과 기사, 종자 가운데 많은 수, 그리고 평민 대다수가 절대로 안 된다고 반대했다. 의회의 동의가 없이는 불가능한 일이라고 막아선 것이다."라고 언급했다.

사실 많은 수가 반대하기는 했지만 귀족들이 전부 반대한 것은 아니었고, 자유민들은 모두 반대였다. 당시에는 의회 회기 중이 아니었지만, 정기적으로 열리는 주민총회가 있어서 그 기회를 통해 주민들이 자신들의 목소리를 낼 수 있었고, 왕의 요구는 끝내 거부당하고 말았다.

"두 번째 사건은 바로 그 이전 해에 일어난 것인데, 왕이 의회의 동의 없이 모든 시와 자치구, 군 등에 통행세를 부과한 사건이었다. 이에 대해서 시민들의 불평·불만이 아주 많았다. 그래서 왕과 귀족 사이의 이견을 해소하고, 주민들의 불만을 잠재울 목적으로 이 문제와 기타 유사한 문제에 적용될 법을 새로 공포했다." 그 내용은 이미 윌리엄 1세가 법으로 공포한 것을 다시 확인한 것으로, 이후 영국 보통법의 일부로 편입되었다.

이런 사례에서 보는 바와 같이 영국의 법을 재발견하고, 그 적용을 감시하는 역할 역시 정기적으로, 계획적으로, 빈번하게 열리는 개방적인 주민총회의 몫이었다.

판결을 하는 것, 즉, 고문서에서 얘기하는 "사법 작용" 역시 주민 자치정부가 본래부터 가지고 있는 기능 가운데 하나다. 작은 규모의 회의체는 작은 사건을 다루고, 주민총회처럼 큰 규모에서는 큰 사건이나 항소 사건을 다룬다. 이와 관련해서 아주 유명한 사건들이 많지만 여기서 그 자세한 내용을 다 설명할 수는 없다. 다만 주민자치정부를 통한 재판은 아주 신속하고 간편하게 이루어졌고, 따로 큰 비용이 드는 것도 아니었다는 점만 강조하고자 한다. 거기서 판사 역할을 하는 것은 보통의 자유민들이고, 그들은 비용이나 보수도 받지 않고 시민으로서 가장 중요한 권리이자 의무 가운데 하나인 재판에 참여했다. 사실, 이것이 바로 우리가 아는 배심 제도의 기원인데, 우리가 그 실체를 잘못 알고 잘못된 비난을 배심 제도에 퍼부은 바 있다. 주민에 의한 사법 제도, 즉, 배심이라는 것은 우리가 다시 복원해서 시행하기를 바라는 우리 전통 가운데 핵심 혹은 주춧돌에 해당한다.

과세도 주민자치정부의 일 가운데 하나다. 앞에서 본 것처럼 각 자치정부에게 적용될 법을 만드는 권한이 원래 부여되어 있었고, 그것과 관련된 게 바로 과세권이다.

주민자치정부의 제도 가운데는 우리가 알고 있는 감사업무의 수행도 포함된다. 안건으로 부쳐진 모든 문제에 대해서 감사하는 것은, 앞에서 본 것처럼 토론하고, 연구하고, 법을 만들고, 집행하는 것만큼이나 중요한 일이다. 뒤에서 다시 볼 기회가 있겠지만, 주의 주장관의 행위를 감시하는 것이 주민총회의 의무라는 것은 이미 기록에 나와 있고, 부시장이나 시의원에 대한 감사도 주민총회가 했다. 그리고 조금 더 수준을 높여서 왕에 대한 감사권한은 의회가 가지고 있었다.

또 하나 지적해야 할 것은 비교적 최근이라고 할 수 있는 1785년 법률로, 의회에 보낼 의원선거를 정기적으로 열리는 주민총회가 아니라, 따로 날짜를 정해서 하기로 했다는 사실이다. 앞에서 여러 번 지적한 바와 같이 바로 이런 행위들이 전통적인 주민자치정부의 실질적 가치를 훼손하는 조치 가운데 하나다. 다만 그나마 다행스러운 것은 그렇게 다른 날짜에 열리는 특별주민총회 역시 주민총회의 일부라고 인정하고 있다는 점이다. 17세기까지 통용되던 단어를 빌려서 말하면 "특별주민총회"라고 불렀다고 한다.

어떻게 주민총회가 운영되는지에 대해서는 우리가 이미 앞에서 본 바 있다. 주장관이나 총회 대표, 연장자 등이 자의로 소집하는 것이 아니라, 정기적으로, 정해진 시간에 모이는 것이 주민총회다. 요즘도 법으로 주민총회는 매달 개최된다고 선언하고 있는 것을 보면 그 제도적 특징을 미루어 짐작할 수 있다. 주민총회는 명부 작성과 공적 의무의 수행, 공중보건 문제, 권한침해 문제를 다루고, 그 외 또 어떤 문제를 다루었는지에 대해서도 여러 가지 기록에 자세히 적혀 있다. 그런데 이렇게 통상적으로 다루는 문제 외에 특별한 문제에 대해서는 주장관이나 왕처럼, 행정을 책임을 지는 사람들이 그때그때 공지하도록 하고 있다. 앞에서 본 특별주민총회가 그런 예 중 하나다.

전국에 산재해 있는 영주회의의 경우에는 18세기까지도 자신들에게 주어진 일을 처리했다는 기록이 있다. 그리고 지금도 영주회의가 존속하는 곳에서는 그와 비슷한 역할을 실제로 하고 있다. 결국 주민총회와 마찬가지로, 우리가 주민자치정부라고 말하는 것의 핵심적인 뼈대는 아직도 남아 있는 셈이다. 그 가치를 새롭게 발견해서 진부하고, 이기적이고, 편협한 중앙집권주의를 대체하도록 해야 한다.

이와 관련해서, 순회법원에 대한 언급도 빼놓아서는 안 된다. 순회법원은 1176년에 창설된 것으로, 그 목적은 판사가 7년에 한 번 전국을 순회하면서 주민자치정부가 제대로 운영되고 있는지 확인하고, 범죄자에 대한 처벌 등 법집행을 감시하는 것이었다. 목적에 맞게 제도가 잘 설계되어 있었다고 보이는데, 주민자치정부는 그와 독립적으로 자기 역할을 수행해 왔다. 그래서 어떤 지역에서는 가끔 방문하는 순회법원 자체를 거부하고, 더는 법원의 도움을 받지 않기로 선언한 곳도 있다.

지금까지 설명한 것이 수백 년 동안 영국에서 활발하게 활동한 주민자치정부의 제도들이고, 지금이라도 전부 복원시킬 수 있을 정도로 그 요체가 유지되고 있는 제도들이다. 이런 제도에 대한 공부를 통해서 알 수 있는 역사의 가르침도, 그 증거도 아주 간단하고 명백하다. 주민자치정부라는 이념과 원칙이 중요하고, 예전에 그랬던 것처럼 오늘날에도 그 원칙을 도입해서 구현할 수 있다는 점이 그것이다. 자유의 적들, 은밀히 활동하든 대놓고 활동하든 상관없이 현재 존재하는 자유로운 제도의 반대자들, 귀족정치와 부패를 지지하고 인류의 발전을 방해하며 독립의 정신과 자기 존중의 태도를 묵살하려는 자들, 그런 자들만이 역사의 가르침을 제멋대로 무시하거나 또는 그 가르침에 냉담하다. 그런데 불행하게도 그런 자들이 물질 제일주의, 싸구려 감상주의, 가짜 자유주의에 물든 채 우리 시대 여러 곳에 산재해 있다.

지난 수백 년 동안 자유민의 마음속에는 위대한 알프레드 왕에 대한 기억이 남아 있다. 그가 위대한 이유는 다른 게 아니다. 그는 이 나라의 자유로운 제도의 중요성을 잘 알고 있었고, "앞으로 올 세대가 이걸 좋아할지 아닐지 잘 모른다면" 자기 생각대로 법을 만들지 않고, 오히려 우리가 이 장에서 본 바와 같은 주민자치정부의 제도들이 제 기능을 발휘할 수 있도록 하는 데 온 힘을 기울였다는 것 때문이다. 그런 의미에서 약간 분개한 목소리로 다음과 같은 경고를 남겨 두기로 한다. "모든 정치 제도를 뒤집으려는 세력들과 힘을 합쳐, 자기 자신에 대한 허황된 자만심으로, 유럽에 분명한 족적으로 남아 있는 그 가르침을 무시하지 말고, 이 땅에 살았던 가장 위대한 왕의 기억을 지우지 말라"라고.

"개혁"이라는 만병통치약

제16장

"개혁"이라는 만병통치약

　지금 현재를 넘어 더 나은 것을 추구하고자 하는 의지는 인간이 가지고 있는 가장 좋은 에너지 가운데 하나다. 이런 에너지를 발산하는 공간으로 주민자치정부만한 게 없다는 것과 그럼에도 불구하고, 중앙집권주의가 그런 에너지의 발산을 끊임없이 방해하고 있다는 사실은 앞에서 설명한 바와 같다.

　그런데 특히 그 가운데서도 '개혁'이라는 진부하고, 괴상한 단어에 대해 의식 있는 사람들은 반드시 조심할 것을 권고한다. 그 단어는 가지고 있는 내용이 하나도 없다. 사람에 대한 믿음에서 만들어진 것도 아니기 때문에, 사람에 대한 믿음을 가지고 있는 어떤 정상적인 사람에게도 호응을 얻지 못한다. 여기서 개혁이라는 단어는 그저, 한 사람 혹은 정당이 다른 사람 혹은 정당에게 이기기를 바라는 열망을 표현하는 용도로 사용되고 있을 뿐, 그것 외의 가치나 의미가 없다. 그런데 불행하게도, 국민의 자유를 위협하고, 국민의 이익에도 반하는 이 단어에 대해서 열렬히 환호하는, 생각 없는 사람들이 너무나 많다.

　정치 또는 사회적 관계가 제대로 정립되어 있지 않은 나라에서는 사람들이 더욱 더 중앙집권주의적인 움직임에 부화뇌동해서, "개혁"이라는 외침을 자기도 모르게 따라가는 경우가 많다. 그러면서도 정작 그 개혁이라는 이름으로 주장하는 것이 옳은 것인지 아닌지 판단하기 위해서 대조해 보아야 하는, 기본 원칙에 대해 관심을 가지는 사람들은 더욱 더 줄어들고 있다. 많은 순진한 사람들이 모호하고, 불분명하고, 확인되지 않은 주장을 펼치지만, 지난 수 세기 동안 이 나라 제도의 근간을 이루어 왔고, 따라서 깊이 연구할 필요가 있는 전통(그 중 일부는 애석하게도 멈추고 말았지만)에 대해서는 정작 잊어버리고 있다. 역사를 조금이라도 공부해 본 사람들은 이 땅의 전반부인 고대에는 자유가 충만했고, 후반부인 현대에는 독재가 득세했다는 사실을 알 수 있을 것이다. 따라서 의식 있는 사람이 취해야 하는 가장 바람직한 태도는 자유의 기원과 역사를 공부하고, 현대에 이르러 자행된 자유 침탈 행위를 연구하고, 현대문명기의 무엇이 종전에 이 땅을 지배하던 자유의 원칙이 더 이상 적용되지 않게 만들었는지 연구하는 것이다.

개혁이라는 단어가 단순히, 변화, 실험, 끊임없는 갱신을 뜻하는 게 아니라면, 그 근저에는 단단한 이념적 뿌리가 있어야 하고, 어떤 분명하고 확실한 원칙에 따라 일관되게 진행되어야 한다. 그냥 보기에도 근거가 없는 말을 단순히 늘어놓는 것은 아무런 의미가 없고, 이랬으면 좋겠다, 라는 바람을 얘기하는 것도 마찬가지다. 우리가 보통 무슨 대단한 의미가 있는 양 가져다 쓰는 '실질적인'이라는 단어도 헌법이라는 종이에 적힌 (읽어보기는 좋은) 글자 이상의 의미가 없다. 호기심 많은 자의 캐비닛 안에서 장식품 역할밖에 하지 못한다.

우리는 아마도 노상강도가 그러는 것처럼, 원래 우리 것이 아닌 것을 억지로 빼앗아다가 열심히 공을 들여서 그게 옳은 것이라고 주장하고, 또, 일종의 바람을 담아서 우리가 그것에 대한 정당한 소유권을 가지고 있다고 주장하는 건지도 모른다. 그러면서 진짜로 우리 것이라고 할 수 있는 것은 온갖 침탈과 공격으로 빼앗기고 만 꼴이 아닐까, 싶다.

자유로 가는 길에 왕도는 없다. 1688년 명예혁명 이후에 쏟아진 개혁이라는 이름의 만병통치약은 그 효능을 다했고, 모든 계층의 사람들에게 실망만 안겨 주었다. 어떤 구실을 붙이든 간에 그 개혁조치들은 다 우리 자신에 대한 믿음에 근거한 것이기보다는, 다른 사람에게 기대는 것이었다. 그런 개혁을 주장하면서 우리가 잊고 있었던 진실은, 자유로운 제도란 우리가 그것을 확보하고, 유지할 수 있을 때만, 가치가 있다는 점이다. 그동안 많은 사람이 대의 제도(Representative System)가 중요하다고 강조해 왔고, 그래서 그 개혁을 끊임없이 주장해 왔다. 그런데 문제는 그들은 자신들이 쓰는 단어의 뜻조차도 잘 모른다는 사실이다. 대의 제도라는 게 존재하려면, 그 당연한 전제로, 대신 표시할 만한 저변의 의사가 있어야 한다. 그리고 그런 건전한 의사를 여론이라는 이름으로 표시하고 취합할 건강한 개인들이 있어야 한다. 그런데 우리가 익히 들어온 교육이라는 것은 이것까지는 가르치지 못했다. 역사를 들여다보면 경우에 따라서는 특별한 교육 없이도 정치적으로 건전한 여론이 형성되는 때가 없지는 않다. 하지만 지금 우리의 현실은, 모든 사람이 교육의 힘으로 그런 여론 형성의 능력을 갖추지 못하는 한 진정한 의미의 대의 제도가 만들어질 수 없고, 유권자 수를 아무리 늘리고 선거 횟수를 아무리 늘려도 그 결과가 달라지지 않는다. 제대로 된 교육이 없으면 사람들은 그저 선거를 하도록 강요당하거나 꼬드김을 당하는, 그런 의미 없는 다수에 지나지 않는다. 예전의 노예들만도 못한 존재로 전락한 것이다. 지금까지 자세히 본 것처럼, 역사를 통해 오랫동안 영국 헌법이 사회적, 정치적으로 다져왔던 여러 가지 제도와 각 분야에 구현된 구체적인 장치를 보여주면서, 전면적이고 자유롭고 평화로운 교육이 이루어져야 한다. 그런 기초 위에서 건강한 여론이 형성되어야 대의 제도가 비로소 존재할 수 있다. 그런데 개혁을 외치는 자들은 바로 그런 근저에 있는 제도를 침탈해 왔다. 그러면서 대의 제도의 중요성을 말하고 있다.

우리에게 지금 당장 필요한 것은 정치적 결사체와 사회적 결사체, 그리고 그것들이 부분적으로 관계를 맺으면서 이루는 이 땅의 전체 질서를 보는 것이다. 한쪽은 보면서 다른 쪽은 보지 못하는 우를 범해서는 안 된다. 우리가 그동안 놓치고 있었던 것은, 19세기를 거치면서 개혁이라는 이름의 만병통치약으로 왜곡시켜 온 것들이다. 특히 '개혁 법률'이 그렇다. 만병통치약인 것처럼 통과시켜 놓은 지 20년도 안 돼서 모든 사람이 불만을 얘기하는 그런 법률이 되었다. 처음에는 좋은 의도로 계획을 세운 것이지만, 불행하게도 헌법원칙에 대한 고려가 전혀 없어서 실패에 이르렀다. 단순한 변화와 진정한 개선을 혼동했으며, 중앙집권주의적 관점에서 '불가변성', '명부 작성 법정변호사 제도' 등 아마추어 냄새를 풍기는 제도를 도입하고 말았다. 그러면서도 중요한 순간이 오면 빛을 발할 수 있는, 자유로운 제도의 기본원칙은 하나도 선언하지 않고 있다.

　　어떤 개혁 프로그램도 지금까지는 의식 있는 국민에 대한 믿음 혹은 존경을 바탕으로 하고 있지 않다. 진정으로 진보적인 조치는 명령을 하기보다는 토론을 해야 하고, 토론을 통해서 자발적인 참여를 유도하고, 계획적으로 실행해야 한다. 남용에 대해서 말로 떠드는 것은 쉽지만, 그 원인을 확실하고도 분명하게 추적해서 그 폐해를 뿌리째 고치는 것은 전혀 쉬운 일이 아니다.

　　개혁이라는 만병통치약을 통해서 실질적으로 산출해 낸 결과가 있는지 따져보면 그야말로 실망스럽지 않을 수 없다. 개혁이나 '긴축' 같은 단어를 선거운동을 하면서 말하기는 좋지만, 최소한 의회개혁이라는 아젠다를 말하는 사람들이라면 개혁된 의회가 어떤 모습일지에 대해서는 먼저 설명을 해 주는 게 맞다. 자신에게 주어진 의무를 충실히 이행하고, 공개적이든 은밀하든 간에 국민의 자유와 독립을 침해하는 조치에 대해서는 강력하게 반대하는 그런 의회의 모습을 비전으로 제시해야 한다. 그런데 그와는 정반대로, 의회 내에서 '개혁파'라고 지목되는 바로 그 사람들이 국민의 자유와 권리를 위하는 일은 가장 잘 안 하고, 공개적이고 은밀한 공격에 대해서는 가장 무신경하며, 자유의 현실화, 권리의 현실화보다는 "아첨에 가득한 장광설을 늘어놓는" 것으로 유명하다. 지금 의회 내에서 벌어지고 있는 일에 대해서 주의 깊게 관찰하는 모습조차 보이지 않는 그 사람들을 우리가 의무를 다하는 의원이라고 말할 수 있을까? 진정한 의회 의원의 의무는 가끔 연설을 하고, 관심이 많은 주제에 대해서 투표를 하고, 되지도 않을 일을 위해서 노력을 다하는 것처럼 쇼를 벌이는 것이 아니라, 크든 작든 간에 의회절차 내에서 벌어지는 모든 일들에 대해서 열심히 점검하고, 어떤 모습으로 가장하고 오든 간에, 자유민의 권리와 의무, 책임의 이행을 방해하는 공개적이고 은밀한 공격에 대해서 언제든 개입해서 저지할 태세를 갖추는 데 있다.

지금까지 제시된 '의회개혁'의 프로그램들을 보면, 그 목적이 국민의 독립적이고 합리적 정신의 고양과 같은, 가장 중요하고도 시급한 일을 도모하는 데 있는 것 같지 않다. 오히려 그들의 관심사는 다른 파가 아니라 우리 파가 권력을 쥐는 것, 그래서 다른 계급의 이익이 아니라, 우리 계급의 이익을 더 증진시키는 것, 그것이 목적인 것 같다. 그런데도 의회개혁이라는 외침에 아무 생각 없이 동조했던 많은 사람은, 그럴듯한 변명과 개인의 순진한 열망에 홀리고, 헌법적 주제에 대해서 잘 알지 못한 탓에 이름뿐인 가짜 개혁을 숭배하는 태도를 보여 왔다. 의회개혁을 지지하고 자기 파벌의 의원을 더 뽑는 것이 사회적이고 정치적인 발전을 도모하는 일이라고 호도하는, 중앙집권주의를 추구하는 간계한 자들을 도운 셈이다. 하지만 분명한 것은, 우리가 지금까지 본 그런 민주적인 제도의 활력을 되찾는 것을 목적으로 하지 않는 어떤 개혁도 결국 실패로 돌아갈 것이고, 더 큰 해악을 가져올 것이라는 사실이다.

우리에게 가장 필요한 의회 개혁은 의원들의 자질을 높이는 데서 시작되어야 한다. 이것은 의원 개인보다 그들을 선출한 사람들이 더 많은 정보를 가지고 있다는 사실을 깨달아 앎으로써 의원들이 주민들에 대해서 더 큰 책임감을 느끼고, 모든 의회 내 절차를 잘 이해하는 가운데 절차 위반이 없는지 철저히 점검하는 것은 물론이고, 의원 자신이 진정한 헌법원칙에 대해서 공부하고, 그것을 지키기 위하여 노력할 때만이 달성할 수 있는 목표이다.

의회개혁이라는 미명하에 자행된 것 가운데 가장 큰 잘못에 대해서는 앞에서 자세하게는 아니지만, 잠깐 언급한 적이 있다. 그것은 중앙집권주의의 추종자들이 지금도 열심히 노력하는 것으로서, 모든 문제에 대해서 국민이 의회를 쳐다보게 만들고, 의회가 모든 것을 할 수 있고, 의회가 종이와 잉크로 법을 만듦으로써 모든 것이 해결된다는 믿음을 심는 것이다. 정치, 도덕, 사회, 심지어 학문의 영역에서도 그게 사실이라고 믿는 사람들이 있다. 의회개혁을 주장함으로 인해서 발생한 가장 나쁜 결과가 바로 이것이다. 이것은 중앙집권주의자들 말고도 다른 두 집단의 이익에도 정확하게 부합하는데, 그 집단이란 1. 의회개혁 운동으로 이익을 볼 사람들과 2. 자유민으로서의 자신의 의무를 이행하는 것보다는 그런 것들은 전부 의원들에게 맡기고, 돈을 더 벌어서 안락하게 사는 것을 인생의 목적으로 생각하는 사람들이다. 이들 역시 중앙집권주의가 교묘하게 전파한 사상에 세뇌를 당한 사람들로서, 자유민과 노예의 차이가 자신의 일을 주체적으로 하는 데 있다는 것을 간과하고, 의원들에게 모든 운명을 맡긴다는 점에 그 특징이 있다. 이처럼 더 많은 사람이 의회에 의존하게 되면 정치적으로, 사회적으로 중요한 의무를 다하는 사람은 더 적어지고, 결과적으로 의원들 자신도 자신들의 의무를 더는 제대로 이행하지 않게 된다.

그러면 여기서 19세기 후반에 의회개혁이라는 이름으로 추구해 온 여섯 가지 문제에 대해서 간략하게 살펴보기로 한다.

첫째, 선거구 문제에 대해서는 앞에서도 잠깐 다룬 바 있고 그 오류가 무엇인지 지적한 바 있는데, 선거구는 주민자치정부와 국가 대의제도의 뿌리와 사회적 책임과 의무의 이행에 관한 문제다. 주민자치정부의 어떤 제도든 간에 그것이 선거구와 혼동되거나 선거구 제도의 하위 제도가 되면, 소위 국가 내 국가(imperia in imperio)와 같은 혼란상을 보일 수밖에 없다. 두 개의 제도가 서로 삐걱거리면서 생각이 있는 정치인들이 가장 원하지 않는 그런 폐해를 낳게 될 거라는 말이다.

다음으로 제기할 수 있는 문제는 선거권 문제이다. 이 문제에 대해서는 앞에서 설명도 했고 예도 들었는데, 선거구 제도라는 만병통치약에서는 오로지 투표하는 시간과 행위(time and act of election)에만 관심을 둔다. 사실 선거권이 있든 없든 상관없이 모든 사람은 – 선거를 하는 단순한 행위로는 여론을 만들 수 없고 – 매번 자신들만의 여론을 만들고 있다. 즉, 의회와 관련된 것 외에 다른 문제에서는 모든 사람이 여론을 만들고 표현하는 주체가 된다. 반면에 의회와 관련해서는 단순히 투표하는 행위만을 하는데, 그것은 진정한 의미의 대표 제도, 또는 대의 제도라고 할 수 없다. 무엇보다 선거를 하는 사람이 선거를 하는 이유인 개별 사안에 대해서 충분히 알고, 토론하고, 자신의 의사를 결정하는 과정이 선행되어야 한다. 그것 없이 선거라는 행위는 아무 의미가 없다. '선거권'에 대한 논의는 이처럼 논리학자들이 말하는 귀류법에 가까워진다. 즉, 그 길을 따라 가다보면 결정적인 모순을 늘 발견할 수밖에 없는 것이다.

　그런데도 불구하고 우리는 다른 모든 문제에 대해서는 눈을 감고 단순한 투표행위라는 껍질만을 강조하는 경향이 있다. 일단 투표하는 게 중요하다고 되뇐다. 의회개혁이라는 미명하에 국민의 권리에 대해서 가장 큰 소리로 외치고 다니는 자들은 '선거 날'을 열심히 세다가 그 다음에는 모든 것을 멈춘다. 자그마치 365일씩 7년 동안 국민들과는 아무 상관없는 자기 삶을 산다. 그리고 의회를 찾는 사람들 숫자가 점점 적어질수록 국민들의 노예근성만 늘어나고, 선거일을 더욱 더 강조하면서 국민은 의회개혁이 만병통치약인 것처럼 믿고 만다. 국민이 아무 생각 없이 투표장으로 이끌려 가는 일이 반복되면, 결국 가장 무식하고 무능하고 교활하면서, 원칙도 없고, 소리나 지르고, 거만에 찌든 사람들이 의원으로 뽑히게 되는 것이다.

　앞 장에서 본 것처럼, 자유민으로서 그들의 동료시민들이 자신들의 권리를 더욱 더 적극적으로, 자유롭게 행사하기를 바란다고 하면서 한편으로는 의회의 투표권 확대를 주장하는 것은, 마치 철학자가 추론 기법은 무시하면서, 그것보다 한참 더 근거가 없는 직감(anticipation)에 의지하는 것과 같다. 개별 사안이 합쳐져서 일반화가 되는 것인데도 불구하고, 개별사안에 대한 자세한 검토 없이 바로 일반화에 돌입하는 것과 같다. 어느 나라에서나 마찬가지이지만, 진정한 주민자치정부가 작동하는 곳에서는 국가의 번영이 중요하고, 국민 각자의 독립정신이 중요하고, 그들의 권리와 의무를 침탈당하지 않는 게 중요하다. 국민으로부터 위임을 받은 권력이 계속적으로, 실질적으로 자신의 의무를 다함으로써 국가의 발전을 이루는 게 중요하다. 의회의원 선거권이 이것보다 더 중요할 수는 없다. 오래된 전통을 단순히 오래 되었다는 이유로 배격하는 자들은, 다시 말해서 '선거권의 확대'와 '의회개혁'을 만병통치약으로 믿고 전파하는 가짜 '개혁가'들은, 실제와 현실을 중시하는 것이 아니라, 단순한 형식과 이름을 숭상할 뿐이다.

그동안 제정되어 온 개혁 법률들을 가만히 들여다보면 결국 중요한 투표권을 우리 사회에서 가장 똑똑하고, 가장 중립적인 장인계급의 손에 쥐어주는 것이 아니라, 가장 허술하면서도 무모하고, 실제로 중앙집권주의의 영향을 가장 많이 받는 가장 편향된 계급, 즉, 자영업자와 소상공업자의 손에 쥐어준 것을 확인할 수 있다. 이런 상황에서라면 참여권을 넓히는 것이 도움이 되기보다는 오히려 방해가 된다. 다른 모든 시민과 마찬가지로, 소상공인과 자영업이라는 직업은 우리 공동체를 발전시키는 데 아주 큰 도움이 되는 직업이다. 각자가 자기 일을 충실히 행함으로써 전체 사회가 좋아지도록 할 수 있다. 하지만 그 직업만 따로 떼어놓고 생각해 보면, 장인이나 다른 직업과는 달리 소상공업과 자영업은 특성상 다른 사람들의 호의와 지원에 의존하는 경향이 강하고, 선거권자로서 투표를 할 때도 독자적이고 독립적인 결정을 하지 못한다는 치명적인 약점이 있다. 그들을 선거에서 제외하는 것이 선거를 하게 함으로써 다른 자유민들의 사기를 꺾는 결과를 낳는 것보다는 훨씬 낫다. 그런데 자유로운 제도의 적들은 반대로, 이들에게 더욱 더 의존하는 그런 정책을 시행하고 있다.

보통선거의 원칙은, 당연히 그것 자체가 정당한 근거가 있는 바람직한 원칙이다.

영국의 보통법에 따르면 보통선거가 영국 주민의 천부의 권리라는 점은 조금의 의심도 없고, 역사 이래로 계속 증명되어 온 바다. 그런데 갑자기 지금에 와서 보통선거를 왜 하는지, 어떻게 하는지가 문제가 되는 것일까?

그것은 다름 아니라, 요즘 와서는 도살장으로 끌려들어가는 양처럼, 보통선거라는 이름으로 많은 사람이 목소리 큰 사람에게 표를 던지게 되었고, 영국의 보통법에서는 상상할 수 없었던 자유의 방해꾼, 그리고 모든 악의 근원이 되어 버렸기 때문이다. 의회개혁을 말하는 자들에 의해 보통선거는 단순히 나라를 귀족들에게 넘겨주는 장치로 전락하고 만 것이다.

우리가 알고 있는 상식에 따르면, 영국의 보통법에 따라 모든 자유민에게 천부의 권리와 의무가 있으며, 그들 자신과 관련되는 문제에 대해 적극적으로 참여하는 권리를 보통선거권이라고 부른다. 그리고 여기서 말하는 자유민이란 자신의 자발적인 노력을 통해서 얻은 성과로 자신과 가족을 돌보는 성인을 말한다. 이런 정의가 사회와 정치 발전을 도모하는 모든 제도의 기초라고 할 수 있다. 따라서 그들은 의회만능주의나 의회우월주의에 현혹되지 않고, 자신이 살고 있는 지역, 자신의 이해관계가 가장 많이 얽혀 있는 지역의 문제에 적극적으로 개입해서 그곳을 더 나은 곳으로 만들어가도록 노력해야 한다. 자유민의 첫 번째이자 가장 중요한 의무가 그것이다. 그런 의미에서, 의원 선거에 참여해서 투표권을 행사하는 것은 자유민의 권리와 의무를 행사하는 전체 과정 가운데 반드시 수반되는 하나의 절차라고 할 수 있다.

그렇기 때문에 보통선거의 원칙에 따라, 사회에 대한 책임을 지고 독자적으로 자신의 권리를 행사한다고 볼 수 없는 구호금 수령자와 범죄자를 제외한 모든 자유민에게 선거권이 부여되는 게 맞다.

다만 여기서 절대로 간과해서 안 되는 것은, 보통선거라는 원칙에는 그 핵심 전제로 주민자치정부가 먼저 존재해야 한다는 점이다. 주민자치정부 없는 보통선거는 껍데기에 불과하고, 귀족주의나 무정부주의의 위장막에 불과하다. 귀족주의에서 무정부주의 사이의 어딘가로 우리를 이끌어 갈 뿐이다. 인류에 대한 제대로 된 생각을 가지고 있는 사람들은 보통선거에서 선거란 합리적인 결정이라고 믿는다. 진정한 주민자치정부의 제도 내에서 이루어지는 활동 중 하나를 선거라고 보는 것이다. 그리고 그것 자체가 정치적으로, 사회적으로 사람을 교육시키는 절호의 기회가 된다. 국립이든 사립이든, 고등학교든 대학교든 상관없이, 교육위원회나 장학사 등이 까다롭게 간섭하는 학교에는 도저히 배울 수 없는 것이다.

다음 문제는 소위 무기명 투표에 관한 것이다. 의회든 지방의회든 상관없이, 헌법 원칙을 잘 모르는 사람들이 무기명 투표를 요구하고 있고, 그것 자체가 그다지 놀라운 일은 아니다. 적절하고도 필요한 조건이 충족되는 경우 무기명 투표도 아래에서 얘기하는 해악들을 제거하는 데 도움이 될 수 있다. 하지만 실력 없는 의사가 깊이 있는 질병의 뿌리를 알아차리지 못하고 겉에 보이는 상처만 대충 봉합하는 것처럼, 지금 영국의 이상한 선거 제도 아래서 무기명 투표를 주장하는 것은 우리 문제에 대한 진단을 잘못한 결과다.

우리가 이미 얘기한 바 있는 영국 헌법의 진정한 이념과 정신을 잊어서는 안 된다. 자유민은 그들 자신의 책임과 의무를 이행해야 한다. 그게 핵심이다. 어떤 문제가 닥치든 간에 그런 의무감과 책임감이 지시하는 바에 따라, 자유롭고, 공개적이고, 완벽한 토론을 거쳐야 하고, 토론을 통해서 산출한 결과는 그것이 명백한 농담이나 오류가 아닌 한, 똑같은 권리의식과 책임감을 가진 동료 시민들에 의해 공개적으로 집행되도록 해야 한다. 따라서 무기명 투표를 주장하기 위해서는 먼저 그 선결조건으로, 모든 주제가 회의장 문을 닫은 상태에서, 또 모든 관련정보가 투명하게 공개한 상태에서 토론이 이루어져야 한다는 전제가 필요하다. 확실한 자아 신뢰와 이념적 중립, 의무감과 책임의식이 없다면, 투표결과는 정당하지도 않고 쓸모도 없다. 동료들과의 교류를

피한 채 침묵 가운데서 이기적인 삶을 영위하고, 자기 의견을 솔직하게 말할 기회도 없고, 신이 주신 능력을 발휘할 기회도 없는 사람들의 무기명 투표는 아무 의미가 없다는 말이다.

중앙집권주의의 지지자들이 무기명 투표를 주장하는 이유는 그런 투표를 계속 하다 보면 무관심과 냉담함이 팽배하고, 용기 있고 독자적인 결정과는 거리가 먼 결과가 나오기 때문이고, 중앙집권주의의 실현을 기획하고 실행하는 데 결정적인 타격을 입힐 수 있는 진정한 토론의 기회가 봉쇄되는 효과가 있기 때문이다.

사후선거 또는 추인은 불법이고, 유일하게 합법적인 선거 방식은 현장 표결(Division)이라는 점은 이미 설명한 바와 같다. 지금까지 우리 의회는 현장표결의 방식에 따라 부재자가 출석자의 결정에 기속되어 왔다. 의원들 중 소수가 참석해서 내린 결정이라고 해서 그 결정을 마음대로 무시할 수 없다고 우리 법이 이미 선언하고 있는 것이다.

또 하나 의회와 관련해서 지적해야 할 문제는 바로 의회의 회기에 관한 것인데, 이것이 다른 어떤 문제보다 더 중요한 문제라고 본다. 우리 영국의 보통법이 유일하게 인정하는 의회 회기는 1년이고, 최근까지도 의회는 그렇게 운영되어 왔다. 그런데 3년 회기의 의회를 제안함으로써 원칙을 침범하기 시작했고, 7년 회기의 의회라는 반헌법적인 발상으로 이어졌다. 국민들의 불만을 쌓아가는 것이 아니라 해결한다는 명목으로 혁명을 주장해 온 사람들이 만들어 낸 작품이 바로 이것이다.

지금 가장 중요한 과제는 1년 회기의 의회를 복원하는 일이고, 그렇게 함으로써 저절로, 주민자치정부를 다시 활성화하는 계기로 삼는 것이다.

그동안 1년 회기의 의회를 반대하는 제대로 된 주장을 접해 본 적이 없다. 모두 역사적 무지와 빈약한 근거만을 갖춘 변명에 불과하다. 우리가 유일하게 확인할 수 있는 사실은, 영국에는 수세기 동안 1년 회기의 의회만 존재해 왔고, 그 의회가 제대로 된 역할을 했으며, 이 땅의 자유를 지켜왔다는 사실이다. 빠른 대응의 필요성을 주장하지만, 지금으로부터 500년 전의 세상에서도 문제가 없었는데, 지금과 같은 세상에서 대응 문제가 더 커질 이유란 없을 것 같다. 또, 의회의 경험을 주장하는 견해는 근거로 너무 엉뚱한 것이다. 우리는 의원이 재선되어서는 안 된다고 주장하는 게 아니다. 자기 일을 잘한 의원은 당연히 재선될 것이고, 못 한 사람은 떨어질 것이다. 경험 있는 의원이라고 해서 다 남겨야 한다는 것은 그야말로 말도 안 되는 주장이다. 오히려 몇 년씩이나 그 자리에 계속 앉아 있을 수 있다면, 그게 부패의 뿌리가 되고, 무책임한 의정의 이유가 될 것이다.

이처럼 그동안 말도 안 되는 핑계로 훼손해 온 정상적인 의회를 복원해야 한다. 이에 반대하는 의원들의 속내는, 그가 개혁파이든 아니든 상관없이, 국민의 의견을 대변하고 국민에 대해서 책임지는 게 싫다는 데 있다. 그런 생각을 갖고 있다는 것 자체가 의회의 가치에 대한 무지에서 비롯된 것이다. 국민의 권한을 찬탈해서 귀족정치를 자행하는 사람들은 상상도 할 수 없는 가장 위대한 제도 중 하나가 국민의 진정한 대표로서의 의회 제도이고, 그 역할을 하는 것에 국민들은 무한한 자부심을 느껴야 한다.

잦은 선거로 인하여 나타나는 여러 가지 어려움도 진정한 주민자치정부가 실현되면 당연히 사라질 것이다.

재산 소유 조건의 폐지를 요구하는 것도 지극히 상식적인 요구 가운데 하나다. 보통법도 그렇고, 상식의 눈으로 볼 때도, 다른 것도 아니고 하원의 의원을 뽑는 기준으로 일정한 재산을 요구하는 법률을 만들어 귀족에게 유리하게 할 이유가 전혀 없다. 의원이 되는 유일한 조건은 자신이 해야 할 일이 무엇인지 정확하게 알고, 국민을 대표할 마음이 있는 자유민이면 된다.

　마지막으로 생각해 볼 것은 의원에게 지급하는 보수다. 현재 법률도 그렇고, 우리 법원칙에 의할 때도 보수를 지급하는 게 맞다. 다만 그것을 대놓고 요구하는 것은 자신이 그다지 믿을 만한 사람이 못 된다는 것을 인정하는 꼴이다. 선거운동의 일환으로 보수 지급을 주장할 수는 있다. 하지만 그 주장 뒤에는 좋은 의도가 있어야 한다. 가령 돈을 받고 싶어서가 아니라 다른 특별한 이유가 있다든지, 의정 활동에 도움이 될 것 같다는 등 구체적인 이유가 있으면 좋을 것 같다. 의회 의원들은 누구나 발의를 통해서 보수 지급의 원칙을 실현시킬 힘이 있으므로, 그 힘을 필요한 데 쓰면 되는 것이다.

　지금까지 만병통치약으로 주장하는 '개혁' 프로그램에 대해서 살펴보았다. 그들이 주장하는 모든 이유는 그것이 의회를 전지전능의 기관으로 만들고, 의회독재를 추구하는 데 이용하는 것이어서 고려 대상이 아니다. 전국 어디나 진정한 주민자치정부가 존재하고 그 역할을 제대로 수행하고 있을 때에만, 개혁프로그램을 내세운 것도 의미가 있고, 또, 실질적인 성과를 거둘 가능성도 더 높아질 것이다.

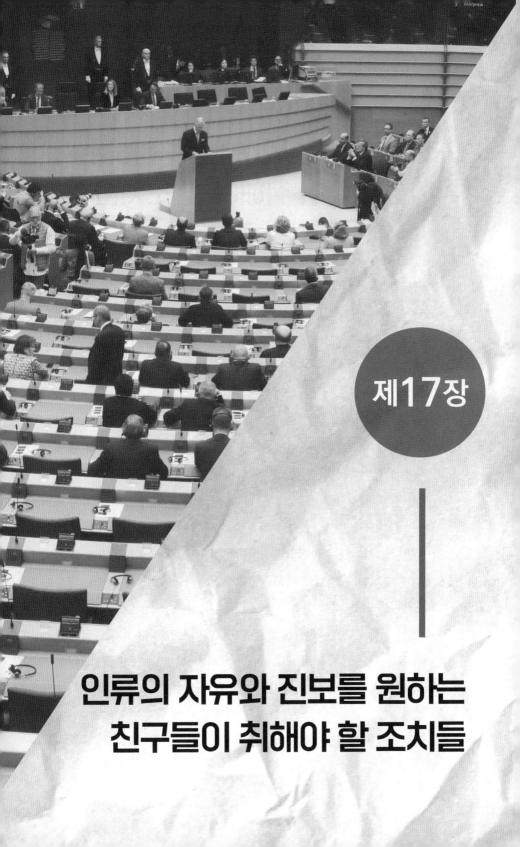

제17장

인류의 자유와 진보를 원하는
친구들이 취해야 할 조치들

제17장

인류의 자유와 진보를 원하는
친구들이 취해야 할 조치들

점점 다가오는 해악에 대해서 저항하는 것과 공익을 위해서 노력하는 것의 차이에 대해서는 이미 본 바와 같다. 둘 다 합리적인 사람과 애국자들이 추구할 일이고, 하나가 다른 하나에 당연히 도움이 되는 일이다. 지금까지 자유로운 제도에 대한 공격에 대항하는 것에 초점을 맞추었다면 본 장에서는 국익을 증진하는 실질적인 수단에 대해 초점을 맞추기로 한다.

우리가 영국 헌법을 얼마나 모르고 있는지는 이미 말한 바와 같다. 헌법 원칙에 대한 정확한 이해가 보다 확산되어야 정치·사회적 번영과 자유 확립의 확실한 기초를 마련할 수 있다. 특히 그 세세한 내용에 대해서 잘 아는 사람들은 정치·사회적 역할을 수행하는 중에 적절치 못한 추정에 휘둘리지 않고, 진정으로 주도적인 역할을 해 낼 수 있게 될 것이다. 다만 그 역할이라는 것이 해악의 제거와 변화, 쇄신에 있다면, 먼저 무엇을 제거해야 하고, 무엇이 변화되어야 하고, 무엇을 쇄신할 것인지를 아는 것이 선결과제이다.

헌법에 대한 깊은 지식으로 무장한, 합리적인 자유민과 애국자들은 다음 네 단계, 즉, 대항(resistance), 제거(removal), 복원(restoration), 발전(development)에 힘 써야 한다. 이 네 가지는 서로 중첩되는 부분이 없지 않지만, 전체적으로 보면 단계적으로 이루어져야 하고, 인내심을 가지고 계속 힘을 쏟아야 하는 일의 순서라고 할 수 있다.

I. '대항'에 대해서는 이미 본 바 있다. 공개적으로, 또는 은밀하게 이루어지는 모든 단계의 중앙집권주의적 시도에 대항해야 한다. 합리적 이성과 보통법상 근거를 제시하면서, 모든 형태의 위임입법이나 약식재판 제도에 대항하여야 하고, 비밀투표와 사후선거, 또는 은밀하게 조작된 청원과 같은 제도에 반대해야 하며, 모든 형태의 후원과 간섭, 그리고 보통법의 정신에 부합하지 않는 모든 형태의 개혁에 대항하여야 한다.

이것이 사람들이 중앙집권주의라는 제도가 낳은 해악에 눈을 뜨고, 공익 발전을 위한 활동에 나서는 계기가 될 수 있다. 그리고 동시에 더 이상의 침탈에 대해 대항하는 방법을 사람들에게 가르치고, 대항을 넘어서, 제거와 복원, 발전으로 이행하는 에너지를 제공해 줄 것이다.

II. 중앙집권주의가 이 땅에 식재한 모든 침해행위의 결과를 '제거'해야 한다. 이것 역시 앞에서 본 대항만큼이나 중요한 것으로서, 꾸준히 추진해 나가야 하는 과제 가운데 하나다. 그 방법이란, 조용하면서도 진지하게, 합법적으로, 자유민의 권리와 의무와 책임을 이행하는 과정에 걸어 놓은 불법적인 족쇄와 구속을 없애는 것이다. 그 과정에서 우리가 겪고 있는 모든 문제의 본질을 더 잘 알게 된 사람들이 서로 힘을 합쳐, 자유로운 제도가 더욱 넓게 퍼져 나가기를 염원하게 될 것이다.

III. '복원'이라고 함은 영국 보통법의 원칙과 실무가 모든 면에서 다시 되살아나는 것과, 이것과 밀접하게 관련된 것으로서, 진정한 주민자치정부의 핵심원칙을 다시 선언하는 것을 말한다. 그리고 다시 선언한 그 원칙을 현실에서 실현하는 것을 말한다. 진정한 의회의 법과 관습을 복원해서, 의회가 중앙집권주의의 침탈 시도를 숨기는 위장막이 되거나 형식에 그치지 않도록 하고, 헌법원칙이 실질적으로 준수되어, 의회가 제정한 법률이 동시에 보통법에도 어긋나지 않도록 할 필요가 있다.

IV. 마지막으로 '발전'을 도모해야 한다. 진정한 자유민이라면 자유로운 제도가 더욱 완벽하게 발전하고, 신이 인간에게 준 모든 능력과 힘을 모든 영역에서 발휘하는 데 관심을 가져야 한다. 이보다 더 성스러운 의무는 없다.

지금까지 본 바를 통해서 주민자치정부라는 제도가 사람의 능력과 힘을 발휘하는 가장 좋은 수단이라는 것을 알 수 있었다. 자유로운 제도가 현실이 되고, 이런 자유로운 제도를 더 넓게 확산시킴으로써 주민자치정부에 새로운 활력을 불어넣어야 한다. 주민자치정부가 자유민의 권리와 의무를 행사하는 장소가 되도록 하고, 그런 의무감과 책임감을 더 북돋워서 자유민들이 당면한 모든 문제를 해결하도록 해야 한다. 어떤 목표를 달성하는 데 있어서 이기심과 편익에 호소하는 경우가 있고, 공적인 의무감과 책임감에 호소하는 경우가 있다. 어떤 주장이 옳으냐, 그르냐 하는 것은 그것이 이기심과 편익에 호소하느냐, 아니면, 의무감과 책임감에 호소하느냐를 보고 판단하면 된다. 위임입법이나 약식재판, 중앙정부의 간섭과 통제 등 조치들은 개인의 이기심에 호소하고 있다. 오로지 주민자치정부만이 그 기초로 개인의 책임감, 의무감에 호소하고 있다.

자유로운 제도를 복원하고 발전시키는 데 있어서 가장 중요한 목표를 정신의 복원에 두어야 한다. 자유롭고자 하는 정신만 제대로 되살아나면 모든 제도가 더 활발하게 작동할 동력이 생길 것이다.

원칙이라는 확실한 불빛이 늘 향도가 되어야 하고, 편익이 그 길을 어지럽히면 안 된다. 북극성을 보고 곧바로 가는 길을 그럴 듯한 변명으로 막아서면 안 된다. 어떤 안건이 제기되었을 때, 그것이 아무리 그럴듯해 보여도 개인에게 미칠 영향을 보고 판단하면 안 된다. 그 안건이 채택되면, 어떻게든 영향을 받을 수밖에 없는 전체의 관점에서 보아야 한다. 모든 잘못된 걸음은, 그 다음 단계로 또 다른 잘못된 걸음을 만든다. 중앙집권주의가 들어올 길을 열어주면, 중앙집권주의는 또 다른 길을 요구한다. 누구보다 중앙집권주의의 지지자들이 그걸 잘 알고 있으며, 그래서 그들은, 미리 계획을 세워 우리를 차근차근 공격해

오고 있다.

주민자치정부의 일을 여러 사람에게 맡기는 것은 도움이 되지 않는다고 주장하는 사람들이 있다. 이것이 바로 중앙집권주의가 한 길을 열어주면 다른 길을 요구하는 예다. 중앙집권주의의 지지자들은 자신들의 잘못을 최대한 이용한다. 한 발을 먼저 들여놓고, 그걸 핑계로 또 다른 발을 들여놓는 식이다. 자유의 적들은 한꺼번에 침범해 오지 않고 조금씩, 차근차근 주민자치정부를 공격하는데, 그 첫 번째는 사람들이 가지고 있는 의무감과 책임감을 누그러뜨리는 것이다. 그 결과 특히 교육도 받고, 나름 똑똑하다고 생각되는 사람들 가운데서도 이런 책임감이 사라져 버리는 일이 실제로 발생한다. 19세기 중반의 현재 풍경을 보면, 공익을 우선에 두고 생각해야 할 사람들이 아첨과 아부에 길들어져 버렸다. 그나마 한 가지 다행스러운 것은, 인간이 가지고 있는 합리적인 생각은 감염력이 있다는 데 있다. 새로운 불빛을 터뜨리고, 노예근성에 잡혀 있는 많은 사람이 그 불빛을 볼 수 있도록 해야 한다. 사람들이 보통법이 요구하는 의무감과 책임감을 다시 완벽하게 이해하게 되면, 선조들이 그랬던 것처럼 우리 제도에 대한 도덕적 자긍심을 회복할 수 있고, 그 복원에 가장 적합한 사람들로 변화할 수 있다. 어느 정도 시간이 필요한 일이겠지만, 이 제도의 복원을 위해서 그다지 긴 시간이 필요하지는 않을 것이다. 믿음이 필요하다. 주민자치정부라는 제도 자체가 가장 완벽한 학교로서, 주민들이 무슨 일을 할지 알려주는 실질적인 길잡이 역할을 할 것이다.

나는 여기서 우리가 취해야 할 구체적인 조치에 대해서는 다 설명하지 않았다. 그보다 먼저, 중앙집권주의가 왜 사악한 제도인지 느낄 필요가 있다. 그리고 주민자치정부 안에서만 자유로운 제도가 작동할 수 있다는 점을 이해해야 한다. 이게 되면 그 다음 우리가 취할 효과적이고 실질적인 조치는 어렵지 않게 찾아낼 수 있다. 몇몇 사람이 모여서 구체적인 조치를 계획할 필요조차 없다. 이 책의 목적은 가장 핵심적이고, 기본적인 원칙을 이해하게 하는 데 있다. 건전하고 합리적인 방법으로 토론하고, 이해하고 나면, 그 다음 단계 할 일은 저절로, 빠르게 준비할 수 있다.

그런 관점에서 다시 한 번 강조할 것은, 기본원칙의 중요성에 대해서 사람들의 관심을 불러일으키기 위해서 우리가 취할 조치는 선언(declatory)이라는 사실이다. 짧고, 쉽고, 사람들이 충분히 이해할 만한 언어로 분명하게, 기본원칙을 선언해야 한다. 그런 다음 지금까지 본 것처럼 그 원칙을 실제 사례에 적용함으로써, 원칙이 실제와 어떻게 연결되는지 보여주어야 한다. 우리가 추구해야 할 것은 결국, 이런 원칙에 대한 토론과 예시에 있다.

주민자치정부의 원칙을 구현하기 위해서 무슨 '모임(associations)'이 필요한 것도 아니다. 물론 모임 같은 게 있으면 정보를 확산시키는 데 도움이 될 것이다. 하지만 그보다 훨씬 더 간절하고, 필요한 것은, 모든 자유민이 공적인 것이든 사적인 것이든 불문하고, 자유민들의 모임에 나와서 각종 의제의 중요성과 영향 등을 직접 생각해 볼 기회를 갖는 것이다. 주민자치정부라는 것은 어떤 경우에도 자발적이어야 한다. 토론하고 이해하고 확인하는 게 핵심이다. 의회가 결정한 것이 아무리 중요하다고 하더라도 그것을 반드시 법으로 적어 놓아야 하는 것은 아니다. 의회가 만드는 선언적인 법률이 가끔 중요한 의미를 가질 때가 있지만, 진정한 주민자치정부의 지지자라면 주민자치정부를 의회의 아류로 만들 생각은 아예 해서는 안 된다. 가령, 주민자치정부에 족쇄를 거는 법률들이 그동안 통과되어 쌓여 있다고 치자. 그렇다면 그것을 무효로 하는 법률을 만듦으로써 사람들에게 불법성을 확인시켜 줄 필요가 있다. 게다가 주민자치정부에는 이미 확립된 보통법이라는 법률이 있다. 그걸 확인하면 되는 것이지, 주민자치정부가 다시 새로운 법률을 만들어 보통법을 선언할 필요는 없다. 앞 장에서 본 것처럼 주민자치정부의 핵심 원칙은 지금도 영국에 존재하고 있다. 필요한 것은 그걸 다시 움직이게 하는 것이지, 정당화하는 것이 아니다. 그걸 다시 움직이게 하는 주체는 사람들이다. 사람들의 마음속에 부패하지 않은 보통법 정신이 살아 있다. 그게 이 나라를 구하는 무기가 될 것이다.

만약에 어떤 "정당"에게 이 임무를 맡겨야 한다면, 1688년 혁명 이후에 이 땅에 존재했던 그런 정당들하고는 차원이 다른 정당이어야 한다. 진정한 국민의 정당이어야 한다. 싸구려 감상주의나 가짜 자유주의, 건전하지 못한 인류애를 주장하거나 "싸게, 싸게"를 외치는 정당은 안 된다. 진정한 목표의식을 가지고, 어려움을 회피하는 것이 아니라 맞서서 싸울 수 있는 준비가 된, 그런 정당이어야 한다. 자유로운 제도의 핵심이라고 할 수 있는 영원한 원칙을 정확하게 인지하고 그 원칙을 지킬 의지가 있는 정당이어야 한다. 또 국민들에 대한 신뢰와 국민들의 처한 현실에 대한 공감능력을 갖춘, '심장'을 가진 정당이어야 한다. 그래서 그들의 존재가 국민들의 가슴을 따뜻하게 하는 효과가 있어야 한다. 지난 세월 수많은 정부의 발전을 막고 정체하게 했던 귀족주의의 위협과 망령에 굴종하지 않은 강인한 심장을 가진 정당이어야 한다. 그런 정당이라면 아무런 쓸모도 없는 법전에 종이 법률 하나 더 얹는 데 그치지 않고, 자유민들이 자신들에게 맞는 정당한 법을 만들고 집행하는 일을 현실로 만들 수 있다.

지금으로부터 1,000년 전에 우리가 지금까지 말한 원칙을 너무나 잘 알고 있는 사람이 나와서 당시 우리 영국을 일거에 파괴할 수 있는 위험을 극복하고, 영국을 자유민의 나라로 지켜 준 적이 있다. 그런데 지금은 그런 알프레드 대왕도 없고, 나올 것 같지도 않다. 그나마 한 가지 다행스러운 것은 그가 행했던 일의 기록과 가르침이 우리에게 남아 있고, 그 정신이 살아 있으며, 이 나라에 존재했던 왕 가운데 가장 위대한 왕이 우리에게 물려주기 위해 사활을 걸고 싸우고, 가꿔 왔던 제도들이 남아 있다는 사실이다. 그가 위대하고 현명했던 이유는 어떤 나라가 번영을 이루고, 행복하고, 위대해지기 위해서는, "모든 법이 국민으로부터 나오고, 국민들이 그 법을 집행해야 한다"라는 원칙을 이해하면서, 많은 사람들에게 가르치려 애썼다는 점 때문이다. 바로 오늘날 스스로를 자유주의라고 외치는 자들이 망각하고 있는 사이에, 귀족정부가 끊임없이 뭉개려고 달려들었던 바로 그 원칙이다. 1,000년 전은 물론이고, 지금 우리에게 가장 필요한 원칙이 그것이다.

배심재판

배심재판

배심재판에 대해서 제대로 설명하려면 책 한 권이 전부 다 필요할 것이다. 하지만 그 역사와 목적, 실무, 중요성에 대해서는 다른 곳에서 설명한 바 있으므로, 여기서는 배심재판이 의미하는 바가 무엇이고, 그 가치는 무엇인지에 관해서만 대략적으로 살펴보기로 한다.

배심재판은 주민자치정부의 원칙이 그대로 적용되는 제도 가운데 하나다. 법은 국민이나 주민들이 직접 적용해야 한다는 것이 주민자치정부의 원칙이고, 배심재판이 바로 그 원칙을 구현하는 장치이다. 자유민들이 그들 사이의 문제에 대해서 사법판단을 하는 게 배심재판이기 때문이다.

사람들이 진정 자유롭기 위해서는 법과 정의를 그 자신들과는 다른 생각과 관념, 다른 감정을 가지고 있는 사람들이 다루게 해서는 안된다. 그러면 어떤 행위의 진짜 동기를 이해할 수 없고, 그 행위가 옳은지 그른지에 대한 정확한 판단을 내릴 수 없으며, 법에 정한 어떤 절차를 따르는 것이 좋은지 이해하기도 어렵다. 자유민에 대한 법 적용은 동료 시민이 주도하는 게 맞다.

모든 소송은 그 원인행위가 발생한 곳에서 판단하고 결정해야 한다는 것이 아주 옛날부터 영국법이 선언적으로 규정한 원칙 가운데 하나다. 이 원칙은 대상이 평민이든 귀족이든 상관없이 공통적으로 적용된다. 모든 사건에서 "소송은 보통의 경우 마을총회나 주민총회에서 진행하고, 특별관할권이 문제 되는 경우에는 영주회의나 남작회의 등에서 진행하며, 결정되어야 하고, 그것도 원고의 거주지와 가까운 곳에서 열려야 한다. 사건에 대한 판결이 멀리서, 또는 늦게 선고됨으로써 이미 받은 피해를 더 크게 해서는 안 되는 것이다." 그리고 모든 소송에서 같은 법률이 적용되도록 해서, 배심재판의 원칙에 부합하는 재판이 이루어지도록 해야 한다. "자신을 재판할 사람으로서 적절치 않은 사람이 있다면 그를 기피할 수 있는 권리를 줌으로써, 모든 자유민이 자신이 거주하는 지역에 사는 자유민에 의해서 재판을 받도록 해야 한다. 낯선 사람에 의한 재판은 안 된다. 어느 장소에서, 어떤 이유로 재판을 받든 간에, 부재한 자에 대한 궐석재판이나 동료가 아닌 자에 의한 재판은 원인 무효라고 보아야 한다."

뒤에서 보겠지만 대헌장 제23조는 어떤 자유민이나 노예도 바로 이웃에 사는 사람들의 합법적인 선서에 의하지 않고는 처벌받지 않는다고 선언한 바 있다.

최초로 영국법이 적용되던 때부터 지금까지, 영국에서는 배심에 의한 재판이 유일한 사법 제도였다. 그리고 원래 배심은 마을총회에 모인 사람들 전부로 구성되었다. 그것이 보통법의 정신에도 부합하고, 상식의 눈으로 봐도 맞다. 배심 구성과 관리에 대해서는 그 지역 총회의 위임을 받은 위원회가 맡을 수 있지만, 배심 자체는 전원에 의한 배심이 원칙이다. 그런데 고대 영국법부터 거슬러 올라가서 차근차근 살펴보면 어떤 과정을 거쳐서, 또, 무슨 이유로 전체 주민에 의한 배심에서, 점점 숫자가 줄어서 오늘날과 같은 수의 배심이 재판을 하게 되었는지 이해할 수 있다. 그런 변화를 통해 (배심에 불참하면 벌금을 내야 하는 현실에서) 많은 사람이 강제 출석의 부담에서 자유로워지게 된 것이다. 인구가 많아질수록 재판도 많아질 수밖에 없기 때문에, 주민들이 생업에 집중할 시간을 너무 많이 뺏기는 것도 막고 다른 한편으로는 적절한 안전판을 두어서 건강한 사법 제도가 유지될 수 있도록 변화해 왔다. 주민들이 국가에 대해서 부담해야 할 몫 이상으로 시간을 투자하게 할 수는 없기 때문이다.

전체 주민의 위임을 받은 위원회 형태의 한정된 숫자의 배심은 앵글로-색슨 법에도 나오고, 헨리 2세 시대 클래랜던(Clarendon) 헌법하에서 글을 쓴 글랜빌(Glanville)의 저서에도 나온다. 다만 여기서 말하는 배심이라는 것은 대배심 역할이고, 우리가 말하는 "재판을 하는" 배심은 아니었다고 보는 게 맞다.

우리가 오늘날 알고 있는 숫자의 배심은 그 후로 소위원회(Select Committee) 제도가 도입되면서 차츰 자리를 잡기 시작했고, 엘리자베스 여왕 시절에 이르러 토마스 스미스 경이 말한 것처럼 "모든 지역의 주민을 대표해서" 재판을 담당하는 역할로 굳어지게 되었다.

주민자치정부의 실제 활동기록으로 너무나 소중한 둠스데이 북(Domesday Book)에 따르면, 주와 마을에서 "선서한 사람들의" 이름으로 평결이 나오는 경우를 자주 볼 수 있다. 또, 대헌장에 보면 어쩌다가 전체 주민에 의한 배심이 아니라 훨씬 더 작은 숫자에 의한 배심이 등장하게 되었는지 그 이유를 짐작할 수 있는 조문이 있다. 바로 제21조에서 순회법원(Assizes)을 말하는 부분에서 다음과 같은 설명이 나오는 것이다. "전술한 주민총회에서 다 다루지 못한 사건에 대해서는, 주민총회에 참석했던 사람들 중 평민과 기사 일부가 남아서 같은 방식으로 판결을 한다"라는 구절이 그것이다. 이것 이상으로 소배심의 유래에 대한 확실한 설명은 없을 것 같다. 첫날은 주민총회 전체가 기소된 사건을 재판하는데, 만약 그 일을 다 못 마치게 되면 적절한 인원으로 위원회를 구성해서 각 구성원의 선서를 받는다. 이와 유사한 설명은 헨리 8세 법률 제35조 제6장에도 나온다. 거기 보면 보통법의 원칙에 따라 필요한 경우 소배심이 선출되지만, 만약 소환된 배심원들 중에 출석하지 않은 자가 있으면 재정한 사람들 가운데서 뽑아 결원을 메꾸고, 그들에게 배심원으로서의 의무와 책임에 대해서 설명했다고 한다.

이렇게 선서를 한 소배심의 숫자는 지역에 따라 아주 다르다. 기록에 보면 4부터 86까지 다양한 숫자가 나오는데, 53, 42, 36, 24, 12, 6 등이 특히 자주 나오는 편이다. 보통법은 물론이고 오늘날의 법에 따라 볼 때도, 12라는 숫자에 아주 특별한 의미가 부여되어 있지는 않다.

둠스데이 북에 보면 약 7줄에 걸쳐서 주민총회 참석자들 중 일부가 발언한 부분이, 약간 다른 어투로 적혀 있다. 그중 첫 번째는 어떤 "사람들이 나와서 [어떤 장소가] 장원에 속하지 않는다고 증언했다"라는 것이고, 두 번째는 "총회에서 사람들이" 어떤 사람에게 청구권이 없다고 선언했다는 것이고, 세 번째는 "선서를 마친 사람들이" 한 집의 소유권에 관해서 어떤 사실을 말했다는 내용이다. 이런 흥미로운 구절들을 잘 분석해 보면, 세 가지가 각각 같은 절차라거나 같은 말을 반복한 것이라고는 볼 수는 없을 것이다. 다 같은 것이라면 그렇게 뉘앙스를 달리하여 받아 적었을 것 같지 않기 때문이다. 오히려 각각 다른 절차에서 진행된 사실을 적은 것 같은 느낌을 준다. 가령, 첫 번째 것은 사람들이 알고 있는 사실에 대해서 증언한 것으로서, 그 사람들이란 사실에 관한 증인처럼 보인다. 또 두 번째 것은 이웃 사람들이 일반적으로 알고 있는 공지의 사실을 확인해 준 것으로서, 증인을 부를 필요 없이, 주민총회에 모인 사람들이 어떤 사실에 대한 공증을 해 준 것과 비슷하다. 반면에 세 번째에서는 상당한 정도의 사실조사가 필요한 소유권 문제에서, 선서를 한 소배심이 전체 주민총회를 대신해서 사실을 조사하고 일종의 평결을 내린 것 같다. 이 세 가지 모든 경우에서 주민총회의 이름으로 최종 판결이 나가고, 이를 통해 우리는 거꾸로 당시 주민총회에서 이루어진 재판에 대한 생생한 그림을 그릴 수 있다.

여기서 또 하나 중요한 사실을 추론할 수 있다. 사람들은 예전에 증인들이 변해서 오늘날 배심이 되었다고 말하는데, 그게 사실은 아무런 근거가 없다는 사실이다. 증인은 어떤 사실에 대해서 말을 하는 사람이고, 평결은 증인과는 다른 사람들, 즉 배심이 선고했다는 사실을 주목해야 한다. 배심은 증인이 아니라 "판결을 하는" 사람들이다. 이 점에 관해서는 많은 증빙자료를 제출할 수 있지만, 위에서 본 둠스데이 북의 사례로도 이미 충분할 것 같다. 앞에서 본 것처럼 증인이 따로 있었고, 이 점은 둠스데이 북의 다른 사례에서도 확인된다. 게다가 대헌장 제42조와 제43조는 각각 "증거를 제출하는 증인"과 피고인에 대한 "판결"을 선고하는 "동료 시민"을 다르게 언급하고 있다. 고백왕 에드워드 시절에는 어떤 사람에 대해서 "증언을 한" 사람은 당연히 주민총회에서 "판결"을 하는 역할에서는 제외된다고 적혀 있기도 하다. 대헌장 제21조를 통해서 알 수 있는 것처럼, "판결" 또는 "평결"이라고 하는 것은 배심에게 주어진 고유의 역할이라는 것이다.

이러한 배심 제도가 제대로 작동하기 위해 필요한 헌법적 안전판에 대해서 차차 설명하겠지만, 그보다 먼저 배심 제도의 기원에 대해서 정확하게 알고 있어야 한다.

판결을 선고하는 배심의 일은 늘 공개된 장소에서 행사되어야 한다. 만약 선서한 배심이 은밀하게 결정을 한다면, 그것은 공개된 주민총회에서 자유민의 의무 이행의 일환으로 자유민이 사법을 담당해야 한다는 원칙에 정면으로 반하는 것이다. 주민총회가 몇 명의 위원들을 신뢰해서 일을 맡기는 이유는 주민총회처럼 그 위원들도 공개적으로,

공정하게 활동한다는 전제가 있기 때문이다. 따라서 지명을 받은 배심원들은 "다른 방이나 밀실이 아니라 모든 사람이 참관할 수 있는" 공개된 장소에서 사건에 대한 판단을 해야 한다.

배심을 구성하는 각각의 사람에 대해 이의를 제기할 수 있는 권한도 배심의 기원을 생각해 보면 쉽게 이해할 수 있다. 모든 자유민은 주민총회에 참석한 주민 모두에 의한 재판을 받을 권리가 있는 것처럼, 그 규모가 축소된 배심에 의한 재판을 받을 때도 그 가운데 다양한 사람이 들어갈 수 있고, 당연히 사건에 대한 편견을 가지고 있는 사람이 들어갈 수도 있다. 따라서 배심에 의한 재판을 받을 때도 기피권을 행사할 수 있어야 진정한 의미에서 주민의 재판이 가능하다.

배심재판에서 만장일치의 평결을 요구하는 것도 그 기원을 따져 보면 쉽게 이해할 수 있다. 원래 모든 주민이 참여해서 유무죄를 결정해야 하는데, 그야말로 편의상 소수의 인원으로 구성된 위원회 또는 배심이 사건을 판단했다는 것은 앞에서 본 바와 같다. 그런데 그들 중 다수가 찬성한다고 해서 그대로 결론을 내리는 것은 주민자치정부의 가장 기본적인 원칙에 반한다. 바로, 주민 모두가 참여한 회의에서 충분한 토론이 이루어진 다음에 결정을 한다는 원칙에 반하는 것이다. 다수결에 의한 결정은 그런 문제가 있다. 충분한 토론에는 5시간이 걸리는 데 반해, 다수결에 의한 결정은 5분 안에 끝날 수도 있다. 정의가 구현되기 위해서는 모든 가능한 논점에 대해서 빠짐없이 검토해야 하고, 다수결은 따라서 적합한 장치가 아니다. 사실 어떤 사건에서든 다수가 생각하는 결론이 있을 수 있다. 다만 주민총회에서는 참여하는 주민들의 숫자가 아주 많기 때문에 다수의 결정이 일방적인 결정이 될 가능성이 훨씬 더 줄어든다. 마찬가지로 참여 인원이 한껏 축소된 배심에서도 결론 이전에 충분한 검토가 이루어진다는 보장이 있어야 일방적인 결정을 내릴 가능성을 줄일 수 있다. 보통법이 적용되는 어떤 곳에서도 배심에 의한 결정은 만장일치여야 한다는 원칙이 확립된 이유가 그것이다.

배심은 사실에 대해서만 판단하고, 법에 대해서는 판단하지 않는다는 것 역시 배심의 기원과 관련이 있다. 법을 만드는 권한은 언제나 주민총회 자체에 있다. 따라서 주민총회는 그 권한을 배심에게 위임할 수 없고, 배심은 법을 만드는 권한이 없다. 배심이 사실과 함께 법이 무엇인지 선언할 수는 있다. 실제로 배심의 결정에 따라 법이 무엇인지 선언되기도 한다. 하지만 거기서 말하는 법은 모든 배심원이 알고, 이해하는, 이미 존재하는 법을 말한다. 당해 사건의 해결을 목적으로 하는 법을 새로 만드는 권한은 배심에게 없다.

배심은 또 제출된 증거에 기속되지 않고, 증거에 관한 어떤 판사의 견해에도 기속되지 않는다. 주민자치정부의 한 기관으로서 배심에게 적용되는 원칙은, 사건이 발생한 지역에 사는 사람들만이 그 사건에 대해서 잘 알 수 있고, 그들의 결정이 가장 합리적이라는 원칙이다. 보건(Vaughan) 대법관이 말한 것처럼, "이를 위해 배심은 사건이 일어난 곳과 가까운 곳에서 구성되어야 하고, 법에 따르면, 단순히 가까운 곳이 아니라 그 사건이 일어난 곳의 주민들로 구성되어야 더 정확한 사실을 알 수 있다. 마찬가지로 배심의 구성과 투표권에 대해서는 더욱 까다로운 심사가 있어야 하고, 피고인의 기피권도 보장되어야 한다. 이렇게 함으로써 독재자나 다른 누구의 권위에 의존하지 않는 주민들의 독자적인 결정이 가능하다. 사람은 다른 사람의 눈으로 볼 수 없고, 다른 사람의 귀로 들을 수 없고, 다른 사람이 이해하고 추론한 대로 추론을 하거나 결론을 내릴 수 없기 때문이다." 같은 논리로 훗날 포테스큐는 "외지인이나 사건을 잘 모르는 사람들이 판단하게 하지 말고, 당사자의 이웃들 가운데서 선량하고 믿을 만한 사람, 그래서 배척하거나 불신할 이유가 없는, 선서한 사람들이 판단하게 해야 한다"라고 정리한 바 있다. 또, 다른 곳에서는 "적들이 스스로 선택한, 잘 모르는 두 명의 증인을 데려와서 소송에서 공격하게 되면 누구도 그 신체와 재산을 지킬 수 없다"라고 하면서, 배심이 다른 약식재판과 비교할 때 월등한 강점을 가지는 이유를 다음과 같이 설명하고 있다. "증인 두 명으로 가할 수 있는, 그러한 폐해와 위협도 문제가 된 사건의 발생지의 주민으로서, 당시의 상황에 대한 가장 정확한 정보를 가지고 있고 동시에 믿을 만하기도 한 12명의 배심원 앞에서는 큰 힘을 발휘하지 못한다. 더욱이 그 배심원들은 증인이 같은 동네 주민이라면 그 증인이 믿을 만한 사람인지도 알 수 있고, 증인의 말투나 태도를 보고 많은 사실을 알아차릴 수 있다. 그들이 바로 베리(Berry)의 주민으로서, 영국의 다른 어떤 곳에서 일어난 일보다도 그 일을 잘 알기 때문이다. 세상 어떤 일도 동네일에 관심이 많은 건실한 주민들의 눈을 피할 수 없고, 바로 코 밑에서 일어난 일을 주민들이 모르고 지나갈 일도 거의 없"다.

이런 점들이 특히 중요한 이유는, 오늘날 판사들이 실제 재판에서 하는 행태와 비교해 보면 배심재판은 명확하게 다르다는 점을 알 수 있기 때문이다. 19세기 후반의 판사들은 배심원들에게 평결을 맡기기 전에 그들 스스로 어떤 증거는 중요하고, 어떤 증거는 중요하지 않다는 등의 의견을 말한다. 이런 식의 부당한 개입의 예를 보여주는 사례는 아주 많고, 그로 인한 해악도 적지 않게 확인할 수 있다. 그와 같은 기본원칙에 대한 명백한 반칙 행위에 대해서 아무 말도 하지 않고 넘어가서는 안 된다.

배심원의 행위와 관련해서는, 혼동해서 쓰이는 두 가지 단어의 의미 차이를 잘 이해해야 한다. 우리가 보통 "조사(inquest)"한다고 말할 때, 조사는 특정되었거나 혹은 특정되지 않은 사람에 대한 혐의, 혐의의 근거가 되는 사실이 알려지지 않은 경우에는, 정의실현이나 공공복리를 위해 어떤 사실의 확인이 필요할 때 쓰는 단어이다. 검시관이 사체를 조사하는 경우가 그런 예다. 반면에 채무액에 대해 확인하는 의미로 쓰는 "확인서(Writ of inquiry)"는 그 의미나 무게가 확연히 다르다. 우리가 보통 "배심"을 여는 것은, 원고가 피고에 대해서 구체적인 청구를 하거나 피고에 대한 혐의가 있고 양측이 사건을 국가의 처분에 맡긴다는 의사를 표시해서, 다시 말해서 사건을 동료 시민의 판단에 맡겼기 때문이다. 그때 배심이 "조사"를 하려면, 사건에 대해서 최종 판결을 내리는 권한의 일종으로, 선서를 한 배심원들이 사실 확인을 위해서 필요한 증거나 증인을 부를 권한이 있어야 한다. 검시 배심이 피의자를 조사하는 중에 그들 앞으로 사람을 부를 수 없게 만들면, 그것은 검시 배심의 기본적인 권한에 대한 침해라고 보아야 한다. 약식재판권을 가지고 있다는 이유로 우리나라의 사법관들(justices of peace)이 그런 식의 개입을 하는 경우가 종종 있다. 그런 공무원들이 존재한다는 것 자체가 헌법에 반한다는 사실을 자인하는 거나 다름없다. 보통법에는 없는 권한을 위임을 해서 사용하고 있기 때문이다. 그런 권한은 그들이 행사할 게 아니며, 그런 권한을 행사하려고 시도하는 것 자체가 검시 제도에도 반하고, 배심의 원칙에도 반한다. 그리고 더 나아가 모든 사람은 자신에 대해 제기된 혐의에 대해서 반박할 권리를 가진다는 보통법상의 원칙에도 어긋나는 것이다.

우리가 지금까지 주민자치정부의 가치와 중요성에 대해서 설명한 것은 그대로 그 일부인 배심 제도에도 적용된다. 배심 제도 역시 그 핵심 원칙은 모든 주민이 자조의 정신에 따라 각자 자유민의 의무와 책임을 이행하는 데 있다, 라고 말하는 것은 사실 같은 말의 반복이다.

그런 의미에서 배심 제도가 아무런 책임도 지지 않은 공무원들의 자의적인 판단으로부터 국민들을 보호하는 제도라는 것 역시 두말할 필요가 없다.

중앙집권주의자들이 지속적으로 배심 제도를 없애려고 하는 이유 가운데 하나가 이것이다. 배심이라는 것이 주민자치정부의 제도 가운데 가장 활발하게 유지되고 있기 때문이다. 중앙집권주의자들의 그런 시도가 현실적으로 많은 성과를 거두기도 했다. 자치의 정신과 책임감이 줄어들면서, 나날이 배심의 폐해가 증가하고 있다. 이런 방향의 배심 침탈행위에 대해서 효과적으로 대항하기 위해서는 모든 주민이 배심의 기초와 원래 취지에 대해서 이해하고, 그것이 다시 정상적으로 복원되도록 힘을 합쳐야 한다. 배심은 단순한 명칭이나 형식이 아니다. 배심은 하나의 현실이다. 중앙집권주의의 지지자들은 배심 제도를 단순한 형식으로 전락시킴으로써 국민이 할 일을 해야 한다는 의무감을 망각하게 만든다. 그런 식으로 중앙집권주의자들은 차례로, 주민자치정부가 실제적으로 작동하는 것을 방해한다. 거기 휘말리면 안 된다. 지금까지 본 다른 예에서도 확인한 것처럼, 주민자치정부가 더욱 활발하게 작동될수록 더욱 더 확실한 성과가 나온다는 사실을 명심하여야 한다.

주어진 목표를 달성하기 위한 최선의 방안이라는 구실로 중앙집권주의자들이 공공연하게 내놓는 수법에 대해서는 더 검토할 필요도 없다. 그런 핑계로 자유로운 제도의 핵심적이고, 기본적인 원칙을 훼손해 왔고, 자기들이 제시한 대로 계속하면 좋은 성과가 나온다는 약속도 지키지 못했다. 그러는 사이, 주민자치정부의 다른 제도와 마찬가지로 배심 제도 역시 간계에 의해 그 본질이 훼손되고 말았다.

자유민들이 스스로 사법권을 행사하지 않으면 그 대안으로 자의적인 재량권이 도입될 수밖에 없다. 자의적인 제도와 비교할 때 배심제의 가치는, 진실 발견을 위해서 필요한 기본 원칙에 대해서 잘 모르는 사람의 눈으로 볼 때도 의심의 여지가 없다. 더 많은 사람이 가담할수록 더 구석구석까지 확인할 수 있고, 진실에 다다를 확률이 더 높아진다. 배심이 우리에게 제공할 수 있는 것은 두 가지다. 하나는, 충분한 숫자가 합세해서 다양한 관점에서 여러 정황들을 확인할 수 있다는 것이고, 다른 하나는, 배심원들 자신이 이미 쟁점에 대해서 정확하게 판단할 능력 있는 사람들이라는 것이다. 자치의 정신에 무감하고, 진실 발견을 위한 조건도 잘 알지 못하고, 자기 존중의 정신이 없으며, 사회적 의무감과 책임감이 없는 사람들 말고는 모두, 동료 시민의 판단이 우선이라고 생각한다. 검증도 없이 지명된 한두 명의 판단이 더 우선한다고 생각하는 사람은 아마 없을 것이다. 이 점에 관해서는 유명한 대법관 보건의 말을 인용하는 것으로 충분하리라고 본다. "두 사람 혹은 두 명의 학생, 법정변호사, 판사가 법 문제가 쟁점인 사건에서 정반대의 다른 결론을 내리는 것은 너무 당연한 게 아닐까? 같은 증언을 듣고 두 사람이 다른 결론을 내리거나, 두 사람의 작가가 다른 결론을 내리는데 그중 어느 것이 옳은지 판단하기 어려운 경우가 얼마나 많을까? 종교문제에서도 마찬가지다. 같은 구절을 읽고 다른 교리를 끄집어내는 경우도 있다. 두 사람이 증인의 말을 들을 때도 그렇다. 첫 번째 쟁점에 대한 증인의 말에는 전적으로 같은 결론을 내리면서도, 두 번째 쟁점에 대한 증인의 말에서는 다른 결론을 내리는 경우도 얼마든지 있다. 판사도 배심과 다를 바 없다"라고 보건은 말한다. 하지만 아직 중요한 차이가 있다. 판사는 한 사람이고, 좁은 트랙 안에서만 달리기 때문에 보는 눈이 좁을 수밖에 없다. 정확한 결론을 내리기 위해서는 여러 가지 상황을 봐야 하는데 그럴 처지가 아닌 경우가 대부분이다. 반면에 배심은 일단 여러 명이고, 다른 관점을 가지고 있으며, 쟁점과 관련한 모든 상황에 대해서 더 잘 알고 있다. 당연히 판사보다는 배심이 옳은 "판결"을 하고, 옳은 판단을 할 가능성이 훨씬 높다.

제19장

약식재판

약식재판

배심재판의 반대가 바로 약식재판이다. 지금까지 본 것처럼 배심재판의 원칙은 한마디로, 자유권과 사법권을 가진 자유민이라면 자신에 관련된 일이나 분쟁을 스스로 해결할 수 있어야 한다는 데 있다. 그들은 누구의 명령도 따르지 않는다. 그들 스스로 선택한 사람이 아니라 왕이 지명한 공무원이 그들 위에 군림해서 분쟁을 해결해 줄 것을 바라지 않는다. 반대로 약식재판의 원칙은(그걸 원칙이라고 부를 수 있는지 모르겠지만), 사람들이 정치적이고, 사회적이고, 도덕적인 의무를 이행하기 위해 시간을 낭비하는 것보다는, 각 개인의 이익을 위해 노력하는 게 맞다는 데 있다. 그들 자신이 아닌 다른 사람들, 구체적으로 말하면 그들 위에 군림하면서 책임은 지지 않는 사람들이 그들의 일을 처리해 주고, 분쟁을 해결해 주기를 바라는 게 약식재판이다. 한마디로 약식재판 제도에서는, 자유민의 가장 중요한 권리와 의무와 책임이 포기된다. 대신 다른 심성과 다른 이념, 다른 이해관계를 가지고 있어서, 행위의 동기를 이해하지 못하고, 그 옳고 그름을 판단하지 못하며, 법이 정한 절차를 따를 때 어떤 결과가 나올지 알지 못하는, 그런 사람이 대신 "판단해 주기를" 바란다.

제대로 작동하는 배심재판에서는 어떤 사건도 성급하고, 허술하게, 또는 정당한 근거 없이 종결되지 못하게 하는 안전판이 있다. 반면에 약식재판은 한두 사람이 별다른 안전판이나 방어막 없이 성급한 결론을 내리는 게 특징이다.

약식재판은 보통법이 제공하는 시민의 자유와 재산, 행동의 자유에 대한 확실한 보호막과 불의의 방지책 대신, 자의적인 재량 행사가 재판을 좌지우지하게 하고, 범죄처벌을 우연에 맡기면서도, 모든 자유와 재산, 행동의 자유에 대한 안전판을 제거하고 말았다.

배심재판은 "모든 소송의 원인을 법이라는 확실하고, 정확한 잣대로 판단한다." 보통법에 따르면 자유민이 그들의 동료에 대한 유일한 재판관이고, 그들의 향도가 바로 법이다. 반면에 약식재판은 모든 소송에 대해서 "재량이라는 불확실하고 삐뚤어진 자로 재도록" 설계되어 있다. 책임을 지지 않는 관료에 의한 재판인 것이다.

캠든 경(Lord Camden)의 말처럼 "판사의 재량은 독재자의 법이다. 어디로 향할지 잘 모르겠고, 사람마다 다르다. 사람의 성격과 기질, 기분에 따라 달라진다. 좋게 보면 가끔 변덕스러울 때도 있다고 말할 수 있고, 나쁘게 보면, 사람의 약점이라고 할 수 있는 악덕과 감정, 어리석음의 결집체라고 할 수 있다."

보통법이 그토록 막으려고 한 것이 바로 변덕과 재량이라는 것인데, 약식재판에서는 그것에 전적으로 기대고 있다.

대헌장에 따르면, 모든 자유민과 노예는 그의 동료, 이웃 가운데 선서를 한 선량한 시민에 의한 재판이 아니면 벌을 받지 않고, 영국 법과 동료에 의한 합법적인 재판에 의하지 않고는, 체포되거나 투옥되거나 소유권을 빼앗기거나 파문되거나 추방을 당하거나 사형을 당하거나 불리한 판결을 선고 받지 않으며, 불리한 판결의 집행을 당하지 않는다.

그런데 약식재판에 따르면, 모든 사람은 왕이 임명한, 책임을 지지 않는 관료의 자의적 재량권에 따라 벌을 받을 수 있고, 모든 자유민은 동료 자유민에 의한 재판 없이 관료의 자의적 재량에 따라 체포되거나 투옥되거나 소유권을 빼앗기거나 파문되거나 추방을 당하거나 사형을 당할 수 있고, 불리한 판결이 선고될 수 있다. 약식재판에서의 법은 판사가 만들거나, 해석하는 법이기 때문이다.

코크 경은 "찬탈한 권한으로 법에 반하는 억압을 가하는 것은 일종의 사형(死刑)이라고 할 수 있다"라고 말했다. 헌법이 인정하지 않는 모든 권한은 보통법 정신에 반하고, 약식재판에서는 진정한 의미의 법이 존재하지 않는다고 할 수 있다.

코크 경은 또 다른 곳에서, "최소한에 그치지 않는 모든 제한은 징역과 다를 바 없다"라고 했다. 약식재판은 다른 사람의 악의와 복수심, 변덕에 따라 사람을 마음대로 "제한할" 힘을 부여하는 제도이며, 그래서 "독재자의 법"이라고 말하는 것이다.

약식재판의 범위가 현재처럼 광범위하게 확대되지도 않았던 때임에도 불구하고 블랙스톤은 "약식재판의 범위가 너무 넓어져서, 적절한 제한이 가해지지 않으면 사형이 선고되는 사건을 제외하고 모든 사건에서 영국이 자랑하는 배심재판의 전통이 끊어질 수 있다"라고 경고한 바 있다. 그리고 또 다른 곳에서는 다음과 같이 말했는데, 이 구절은 여러 가지 관점에서 곱씹을 필요가 있다. "(소비세, 관세 등 그가 지목한 것 외에) 또 하나 지적할 수 있는 약식재판의 문제는 사법관(justice of peace) 재판에서 나타난다. 의회법에 따라 고발된 모욕, 주취, 부랑, 나태 등 각종 무질서 행위에 대해서 사법관이 벌금이나 신체형을 부과할 수 있는데, 이런 형벌들은 과거에는 영주법원에서 배심에 의한 재판을 거치도록 되어 있던 것이었다. 이 법으로 아주 안 좋은 결과가 나타났는데, 바로, 보통법에 따라 존중을 받던 왕립법원 중 하나인 영주법원과 주장관 순회법원이 폐지되고 만 사건이 그것이다." 블랙스톤은 이것 외에도 여러 가지 폐해를 지적하면서 "결과를 놓고 보니까 예전 입법자의 예리한 경고가 떠오르지 않을 수 없다. 벌금이든 형벌이든 국민들에게 부과되는 형벌이 한두 사람의 견해에 좌우되어서는 안 된다는 경고다. 우리가 계속 약식재판에 의해 부과될 형벌을 추가함으로써 우리 선조들이 생각한 헌법에서 더 벗어나는 일은 없어야 한다"라는 게 블랙스톤의 결론이다.

이러한 경고에도 불구하고 약식재판 제도와 그로 인한 폐해는 점점 더 영역을 넓혀 가고 있다. 자유민의 자유와 권리, 대헌장과 보통법의 정신에 반해, 정부의 감시와 영향력을 확대하려고 하는 자들이 불법적인 법률을 법전에 추가하는 방법을 쓰고 있다. 그리고 이런 불경스러운 목적을 달성하기 위한 새로운 조치들이 차곡차곡 쌓여 가고 있다. 각 단계가 다음 단계로 자연스럽게 이행되고 있고, 그럴 때마다 "듣기 좋은 서문"이 빠지지 않는다. 약식재판에 회부되는 사건에서는 배심에 의한 판단이 없고, 그렇다면 아무리 훌륭한 약식재판 제도를 도입해도 쟁점에 대한 정확한 판단을 할 수 없다. 소년범이나 파산, 채무불이행, 생활방해, 계약 등이 다 그렇다. 그런 사건들이 전부 합리적이고 만족스러운 판단을 받아볼 수 있는 제도에서 이탈해서, 정부의 지명권과 정부의 영향력을 넓히는 데 이용되고 있는 것이다. 자유민이 자신의 문제를 직접 해결하지 않고, 자유민이 해야 할 일을 불법적으로 지명된 관료가 수행하게 하면서, 자치의 정신과 사회적이고 도덕적인 의무감과 책임감이 점점 무뎌져 가고 있다. 이런 방향으로 침탈이 계속 이루어지고 행정권과 그 졸개들의 자의적인 통제가 강화되면, 앞으로 어디까지 국민의 자유와 재산권, 자유로운 행동권이 영향을 받을지 그 여파를 짐작하기가 쉽지 않다. 모든 사람이 자신과 이해관계가 있는 사안과 관련해서 사실이 어떻게 왜곡되는지를 보고 아연실색하지 않을 수 없다.

중앙집권주의의 모든 걸음은 보통법의 기본원칙과 적법절차를 약식재판으로 대체하는 것을 목적으로 한다. 사법관 재판도 그렇고, 소비세, 관세, 빈민, 공중보건, 건축, 파산, 채무불이행, 소액채무 등 모든 분야가 다 그렇다. "국민의 생업과 고충에 관한 문제를 정부가 다 끌어와서 왕의 영향력과 간섭을 강화하고, 법 대신 자의적인 판단으로 대체하는 데 이용하고 있"다.

얼마나 큰 잘못이 있는지, 얼마나 큰 불의가 계속되고 있는지 아무도 모른다. 약식재판 제도의 진행에 대해서 주의 깊게 보아 오지 않은 사람들은 언론이 다루는 몇 개 사법관재판 빼고는 그 전체 모습을 제대로 알지 못한다. 수백 건의 재판이 매일 진행되고 있고, 감시와 책임소재도 불분명한 억울한 일들이 쌓여 가고 있다. 이런 사건에서 절대 다수의 피해자는 가난한 사람들이며, 그들이 내는 목소리를 들어줄 사람도 없다. 도시든 시골이든 상관없이 사법관법정에 들어가서 몇 개 사건을 참관해 보자. 가난한 자와 부자를 똑같이 보호하는 영예로운 보통법이 지배하는 나라에서 약식재판이라는 자의적인 사법 제도가 보통법 원칙을 그렇게 무시하고, 훼손하는 것을 보는 게 부끄럽기 그지없다. 단순히 법관으로서의 자격 문제가 아니다. 보건 대법관이 이미 지적한 것처럼 자유로운 제도의 이념과 실무를 전혀 모르는 그런 사람에게나 적합한, 결함이 너무 많은 사법 제도가 실현되고 있다는 게 문제다.

최초의 약식재판은 헨리 7세 시대 처음 도입되었다. 그 법에 대해서는 코크 경이 가장 강력하게 화를 냈고, 반대한 바 있다. 여러 번 경고의 말을 남기기도 했다.

요약하자면, 약식재판은 "그럴 듯한 서문으로 포장한 사악한 시도"다. 조금 더 자세하게 코크 경의 비판을 들어보자.

"헨리 7세 재위 11년에 그럴듯한 서문으로 포장한 법률안이 의회에 제출되었다. 다음과 같은 여러 가지 해악을 피하기 위한 제도라고 했다. 1. 전지전능한 신이 노여워하는 결과와; 2. 보통법 정신의 훼손; 그리고 3. 이 땅의 국부의 결손을 피하기 위한 조치라는 것이다. 그런데 그 법을 안대로 시행하면 전지전능한 신을 노엽게 하는 결과와 보통법 정신의 훼손, 국부의 누출이라는 결과가 나올 게 뻔해 보였다."

그러면서 코크 경은 당시 법률안을 보여주었다. 거기 보면 사법관은 선서한 배심이 그 관할에 속하는 쟁점에 관하여 정식으로 요청하는 경우 이를 조사할 권한(inquire)만 가지고 있었다. 그러다가 점점, 사법관이 배심의 관여 없이 자신의 관할에 속하는 사건(당시 사법관 관할은 위원회나 이사회 관할을 빼고 현재 우리가 사법관 재판에게 부여한 관할보다도 오히려 작았다)에서 조사하고 결정하는 것으로 바뀌었고, 그게 오늘날의 법에도 영향을 미쳤다. 사법관 재판은 "법이라는 이름으로" 배심이 요청하지도 않은 불법적인 권한을 행사하는 방향으로 잘못 진화한 것이다. 하지만 그래도 그때는 혐의 없는 기소와 기타 강제조치를 제한하는 안전판이라도 마련되어 있었다. 지금 법은 그런 것조차도 없다는 점이 개탄스러울 뿐이다.

이 법률이 실행되면서 생긴 결과에 대해서 코크 경은 다음과 같이 보고하고 있다.

"영국법의 기본원칙이 바뀌는 경우 어떤 위험한 일이 벌어지는지, 항상 확실하게 예견할 수 있는 것은 아니다. 그중에서 가장 끔찍한 결과를 가져온 것이 헨리 7세 11년 법률이었다. 이 법을 통해 엠슨(Richard Empson)과 더들리(Edmund Dudle)(신뢰할 수 없는 나쁜 판사들의 전형: 역자 주)를 포함한 부패한 사법관들이, 형법을 가지고 가난한 사람들의 얼굴을 긁어대고, 가장 무자비한 억압을 가할 권한을 부여받았으며, 모든 영국인의 기본권이라고 할 수 있는 대배심에 의한 고발이나 배심에 의한 재판도 없이, 약식으로 기소를 받아서 자의로 심리를 하고, 판결을 선고했다.”

"우리가 읽은 바 있는 헨리 7세 법률 제11호는 그것이 초래한 불의를 통해서 보건대 다시는 이와 유사한 법률이 어떤 의회를 통해서든 제출되어서는 안 될 것이고, 엠슨과 더들리와 같이 시류에 영합하는 자들의 가증스러운 목표에 반응하는 일도 없어야 할 것이다. '그들과 협업하는 자는 그들과 같은 종말을 맞을 수밖에 없다.'"

여기서 또 하나 반드시 언급하고 넘어가지 않을 수 없는 것은, 배심이 요청할 때에만 조사권을 행사할 수 있도록 되어 있는 사법관 재판의 사법관마저 당시에는 보통법의 대원칙에 따라, 자유민의 선거에 의해 선출되었다는 사실이다. 왕이 지명한 관료를 보내서 자유민 위에 군림하게 한다는 생각은 아예 없었다. 이 점에 관해서는 많은 증빙 자료를 댈 수 있다. 대헌장에만 해도 여러 번 언급하고 있기 때문이다. 또 하나 놀라운 것은 우리가 앞에서 본 바와 같이 주민총회가 하루에 다 일을 처리하지 못해서 일정한 수의 주민들에게 배심의 역할을 맡긴다고 하는, 그 조문 바로 전에 다음과 같은 조문이 있다는 사실이다. 바로 "순회법원(이 순회재판소는 조사권도 없고, 재판권도 없다)은 두 명의 판사와 4명의 기사로 구성하는데, 이들은 모두 주민총회에서 선출한다"라는 조항이다.

중앙집권주의의 지지자들은 자신들이 불법적으로, 자의적으로 행사하는 권력을 은폐하기 위해서 "왕에게 책임을 진다"라거나, "의회에 책임을 진다"라는 문구를 집어넣기도 한다. 이런 변명을 너무 대놓고 해서 사람들의 관심을 잘 끌지 못하지만 그 의미에 대해서는 자세히 짚고 넘어가야 할 것 같다. 먼저 왕에게 책임을 진다는 것은 자유국가에서는 있을 수도 없고, 인정할 수도 없는 주장이다. 자유국가에서 권한을 행사하는 사람이 책임을 지는 유일한 대상은 국민이다. 그렇지 않고 왕에게 책임을 지겠다는 얘기는 잘못을 저지르는 사람이 벌을 받지 않도록 왕이 막아 주겠다는 뜻에 지나지 않는다. 의회에 책임을 지는 것도 마찬가지다. 어떤 직책이나 어떤 역할에 관해 그런 말을 하든, 그것은 헌법적 안전판이 작동하지 않는 상황에서, 어떠한 책임도 지지 않는다는 것과 큰 차이가 없다. 의회가 제대로 작동되고 있어도, 보통 이런 단서가 붙는 어떤 행위에 대해서도 의회는 직접 또는 간접적으로 개입할 권한이 없고, 따라서 의회가 책임을 묻는다는 말조차 성립이 되지 않는다. 의회는 책임을 물을 권한이 없기 때문이다. 이런 말들은 그저 눈속임에 불과하다. 행위에 대해서 책임을 묻는 것 가운데 가장 완벽한 것은 주민자치정부가 기관에 대한 책임을 묻는 것이다.

　약식재판이 오로지 정치, 사회적인 쟁점만 다루는 것처럼 보이지만, 실제로는 민사와 형사에도 똑같이 적용되고, 19세기 내내 이 점에는 변함이 없었다. 이 시대의 정신은 사회적 의무와 책임에 대한 인식을 공유하고, 사법권한을 적절히 행사함으로써 사회적 책임을 다한다는 그런 생각이 아니라, 어떠한 내용의 의무와 책임도 벗고, 자유로워지고 싶다는 데 있다. 이 시대에는 시대 발전과 모든 계급의 문명화를 억압하는 제도를 시행하면서도 강제수단을 이용해서 그 본질을 은폐해 왔고, 스스로 위대해지기를 바라는 사람들이 자신의 일을 합리적으로 처리하는 데 신중하고 차분하게 집중하지 못하게 했으며, 다툼이 있거나 싸움이 있는 경우 그 해결을 다른 자유민에게 위탁하지 못하도록 했다. 모든 사안과 모든 판단에서, 단순하고 자의적인 제도를 강제함으로써, 자기 존중이나 자치의 정신을 망각하고, 겁에 질리고 자신의 이익에만 눈 먼 사람들을 현혹시켜 왔다. 사회적 의무와 책임을 다한다는 의미로 이웃 간 분쟁을 자주적으로 해결하고, 법이 관용의 정신으로 무장해서, 자유민들 사이에 공정하게 적용된다는 생각 같은 것은 하지 못하게 한 것이다.

정치와 사회 분야에서 약식재판 제도가 적용되는 경우에 대해서는 충분한 예를 든 바 있다. 그것 말고도 순수하게 민사와 형사에 속하는 사건에서도 약식재판이 힘을 발휘하고 있다. 여기서도 앞에서 본 것과 같은 단점이 도드라지고, 그로 인한 해악이 적다고 볼 수 없다. 두 가지 분야만 예를 들어보기로 한다.

먼저, 소년범에 대한 약식재판이 그것이다. 이 주제에 대해서는 이 분야에 오랫동안 몸 담아서 현실에 대해서 가장 알고 있을 뿐만 아니라, 본인의 일에 대해서조차 비판적인 견해를 말하고 있다는 점에서 그 신빙성에 더 믿음이 가는 보고서가 하나 있다. 1850년 4월 미들섹스 카운티 상설법원(Quarter Sessions)에서 아담스 의장은 다음과 같이 말한 바 있다. "입법자들은 아마도 소년들을 일반법원에서 배심재판을 받게 하기보다는 특별재판부를 차려서 다루게 하는 것이 급증하는 소년범과 소년범죄 문제를 해결하는 데 도움이 된다고 판단한 것 같다. 하지만 법조계에서 40년 동안 일을 해 왔고, 그 가운데 소년법원에서 12년 동안 16,000명의 소년범죄자를 다뤘으며, 그 외에도 수백 명을 선도해 온 경험으로 말씀을 드리면, 의회가 이 법을 제정하면서 생각한 것과 정반대의 결과가 나오고 있다고 보고할 수밖에 없다."

약식재판 제도를 소년에게 적용해야 한다는 주장은 곧바로 그 이상의 연령대 사람에게도 같이 적용되어야 한다는 주장으로 바뀌었고, 소년범 외의 다른 수많은 경우로 약식재판이 확대되는 구실이 되었다.

1846년과 1850년 「지방법원법(County Courts' Act)」은 약식재판 제도가 민사에 적용된 예다. 앞에서 본 바와 같은 수많은 해악이 발생한 이 분야에 관해서 자세하게 들여다볼 필요는 없겠지만, 한마디로 말해서 이 법은 제대로 된 근거도 없이 제정된 법이다. "싸게, 싸게"라는 외침과 (의무감과 책임감과는 상관없이) 이기적인 목적이 이 법의 근저에 있고, 이 법으로 일자리를 얻은 관료들의 이익을 더욱 증진시키는 게 그 다음에 있다. 무엇보다 이 법으로 인해서 가장 달라진 점 하나는 많은 수의 관료를 더 뽑을 권한을 국가가 가지게 되었고, 권력에의 독립을 직업윤리의 핵심으로 삼아 공동체에 봉사해야 할 사람들이 자기를 뽑아줄 사람에 대해서 더 의존하게 되었다는 점이다.

「지방법원법」과 같은 조치를 통해서 당연히 생길 수밖에 없는 현상 가운데 하나는 소위 사법 권한을 자의적으로 행사하는 다양한 방법이 공인되었다는 것이다. 전국 곳곳에 흩어진 법원은 이제 각종 기술과 간계가 난무하는 곳이 되고, 원칙도 모르고 거짓만 일삼는 증인들이 판을 치고, 그들이 주민들에게 피해를 입히는 일이 현실화되었다. 아부도 잘하고 적당하게 사기도 칠 줄 아는 사람들이 판사로 성공하고, 그렇게 개인의 영달을 중시하는 자들은 "국민의 사법"이나 보통법의 정신에 정면으로 어긋나는 사법 제도에 가장 적합한 사람들이라고 할 수 있다.

앞서 소개한 두 가지 약식재판 법에서도 물론, 당사자가 원하면 배심재판을 할 수 있다고 한다. 하지만 바로 이런 것이 중앙집권주의자들이 자유로운 제도를 침탈하면서 드는 감언이설이고, 조롱이다. 당사자가 원해서 만들어지는 급조한 배심과 우리가 얘기하는 진실발견의 건전한 법정으로서의 배심은 엄청난 차이가 있다. 내용을 잘 모르는 지나가는 사람들을 모아 놓은 것과, 규칙적이고, 정기적으로, 정해진 시간에, 사람들이 모두 모이는 공개법정의 차이만큼이나 크다. 배심재판을 받을 권리를 준다는 핑계로 실은 배심 제도 자체를 근본에서 허물어뜨리려는 처사로 볼 수밖에 없다.

'지방법원'이라는 말만 듣고 사람들은 영국 전역의 각 지역에 예전부터 존재하던 것이 부활하는 거라고 착각하기도 한다. 모든 주민의 집 앞에 접근가능한 민주적인 사법 제도가 부활한다고 오해하는 것이다. 하지만 이건 아주 끔찍한 착각이고 오해다. 지방법원 제도는 우리가 아는 보통법 상의 사법 제도, 그리고 오랫동안 존속해 온 주민자치정부의 주민법정과 비슷한 점이 전혀 없다. 오히려 보통법의 모든 합리적인 정신들을 없던 걸로 하고 주민의 자유와 재산, 행동의 자유를 다양한 종류의 약식재판 제도에 고스란히 바치는 제도라고 할 수 있다.

제20장

기소와 재판

기소와 재판

어떤 문제든 간에 그 성격과 특징에 대해서 제대로 알고자 하는 사람들은 일을 두 단계로 나눠서 한다. 첫 번째로, 연구하고자 하는 주제를 외부적인 사정과 우연한 정황에서 먼저 떼어 낸다. 이 작업은 연구에 있어서 가장 중요한 부분이라고 할 수 있다. 그런 다음 그렇게 떼어낸 주제를 비로소 연구하기 시작한다.

이와 같은 과학적 연구 방법이 다른 모든 주제에 대해서도 그대로 적용된다. 진리 추구는 방법에서 다를 게 없기 때문이다.

양식을 갖춘 선량한 민주시민들은 영국 보통법이 철학자들의 합리적 추론 과정과 부합하게 하는 것이 가장 중요하다고 생각한다.

영국 보통법은 어떤 청구나 혐의와 관련해서, 기소 따로 재판 따로라고 생각한다. 먼저 기소 단계에서는 모든 비본질적인 내용은 덜어내고 쟁점을 명확하게 하는 게 중요하고, 다음 재판 단계에서는 기소 내용에 부합하는 사실이 있는지 객관적으로 판단하는 것이 중요하다. 이런 두 개의 과정은 각각 다른 기관이 담당해야 하고, 어떤 단계에서든 약식으로, 한 사람이 결정하게 해서는 안 된다. 여러 사람이 그 주제에 집중해서 첫 번째 단계에서 특정이 정확하게 되었는지 판단하고, 두번째 단계에서 주장이 진실한지 판단하는 것이다.

사람의 생명과 신체, 재산, 명성 등에 영향을 끼칠 수밖에 없는 기소와 관련해서 특히 중요한 것은 그것을 유무죄 판단과 구별하는 일이다. 보통사람들은 (사람들의 경험이라는 것이 때로는 잘못된 것일 경우가 많은데) 기소가 되었다는 단순한 사실로부터 너무 많은 것을 추론하기도 한다. 하지만 기소라는 것은 진실 발견의 기대를 가지고 다른 단계의 심사를 시작했다는 것 외에는 아무것도 알려주지 않는다.

그런 의미에서 우리 선조들은 주민총회에서 바로 조잡하고 성급한 내용의 기소를 발표하게 하지 않고, 먼저 위원회를 구성해서 그들로 하여금 근거가 있는 기소와 단순한 보복 목적의 악의적 기소를 구별하게 했다. 그런 다음 근거가 있는 기소는 정해진 형식에 맞춰, 기소 내용을 증빙하는 증거와 함께 주민총회에 제출해서 주민총회의 판단을 받게 했다. 만약 전체 주민총회를 대신해서 두 번째 위원회를 구성하게 된다면 그것은 첫 번째 위원회에서 판단한 이유가 그만큼 설득력이 있다는 뜻이다. 그런 사건만 재판에 부친다. 중앙집권주의자들과 스스로를 배심재판의 지지자라고 하는 일부 무리들까지도 이 두 가지 제도를 집요하게 공격하고 있는데, 사실 이 두 가지는 우리 시대에까지 엄연히 존속해 온 제도다. 그 제도의 의미와 가치에 대해서 잘 모르고, 자유로운 제도보다 그 반대 제도에 익숙해지면, 그때는 그 두 가지 제도 모두 폐지되고 말 것이다.

대배심의 목적은 확실한 기소 근거가 있는지 확인하는 것이고, 그렇게 만들어진 기소장과 기소 근거를 입증하는 증거를 같이 제출하면 사건은 소배심으로 간다. 소배심은 어떤 판사의 간섭도 받지 않고, 기소 근거와 증거에 대해서 판단한다.

이와 같은 대략적인 설명에서 알 수 있는 바와 같이, 두 가지 모두 자유민 모두가 모여 그들 스스로 법을 집행한다는 가장 숭고한 목적으로부터 출발하는 것이고, 그중에서도 대배심의 역사는 소배심의 역사보다 훨씬 더 앞선다. 대배심의 역사를 추적해 보면 아주 최근의 논문들이 설명하는 것보다 더 분명한 기능이 주어져 있다. 최근 논문들은 그동안 변질되어 온 제도를 연구한 결과물이기 때문이다.

선서한 주민들로 구성된 기소위원회가 기소장을 제출하고, 주민총회가 그 기소장을 근거로 재판하는 과정은 애설레드 왕(King Aethelred, 976-1016)의 법률에 나오는 다음과 같은 구절로 상상을 해 볼 수 있다.

"모든 마을마다 주민총회를 여는데, 주민 중 연장자 12명이 촌장과 함께 나와서 마을 징표 위에 손을 얹고 어떤 무고한 사람도 기소하지 않고, 또, 어떤 죄 지은 사람도 방면되지 않을 것을 선서한다."

여기서 말하는 대배심의 기능은 검사(prosecutor) 기능이다. 중앙집권주의하의 자의적인 제도를 좋아하는 사람들은 개인을 지명해서 검사 일을 맡기는 것을 반기겠지만, 그건 우리 보통법이 만들어 놓은 훨씬 더 효과적인 제도를 무시하는 일이다. 자유민에게 가장 적합한 방법은 그들 스스로가 기소를 하는 것이기 때문이다. 검사로 지명된 개인은 어떤 경우에도 보통법이 요구하는 수준의 일을 해낼 수 없다. 소위 "약식 기소(Information)"라는 검사 개인의 기소는 모든 해악의 근원으로서, 헌법에 관해서 조금이라도 알고 책을 쓴 사람들의 반론을 받아도 할 말이 없다. 사건 전체를 냉정하게 분석함이 없이, 한두 명 개인의 "재량", 편견, 편의와 기분에 따라서 하는 기소이기 때문이다.

대헌장은 어떤 관리도 여러 명의 증인들의 증언 없는 단순한 기소로 사람을 법정에 세워서는 안 된다(즉, 혐의에 대해서 답변하게 해서는 안 된다)고 선언하고 있다. 이 조문은 동료 시민에 의해서만 재판을 받는다는 내용의 조문 바로 다음에 나온다. 이처럼 약식재판뿐만 아니라 약식 기소도 안 된다는 주장은 여러 군데서 볼 수 있다. 지금까지 인용한 것 말고도 대헌장 자체에서도 여러 번 언급되고 있고, 심지어 그 이전 기록에도 나온다. 가령 에드워드 3세 재위 25년 법률 제3호 제4장에는 보통법을 근거로 대면서, "사건 발생지의 선량한 주민들의 기소장에 의한 기소, 또는 보통법에 따른 합법적인 영장을 제외하고는, 왕이나 측근 대신들에 대한 청원 또는 고발로 피의자를 법정에 세울 수 없고, 적법한 절차에 따르거나, 이미 적법하게 선고받은 판결에 의하지 않고는 누구도 선거권 또는 소유권을 박탈당하지 않으며, 이를 어기는 것은 무효로서 국가가 배상을 하여야 한다"라고 선언하고 있다. 또 에드워드 3세 법률 제42호 제3장은 "국왕이나 국민의 이익을 위해서가 아니라 사익을 위해서, 또는 복수심으로 촉발된 잘못된 기소로 인해 주민들에게 생길 수 있는 피해나 위험을 방지하기 위해, 누군가 기소로 지목된 자가 왕 앞에 인치되거나, 불법적으로 고통을 당하는 일이 없도록 동료 시민에 의한 적법한 기소나 확정판결, 영국법에 따라 적법하게 발급된 영장에 의하지 않고는 누구도 판사 앞에 소환되지 않는다는 점을 법에 따라 선포한다"라고 적고 있다.

이런 원칙을 선언하는 법률과 정반대 대척점에 약식재판 제도가 있다. 약식재판은 기소와 재판을 혼동하고, 그 각각의 단계에 적용되는 법 원칙에도 반한다. 약식재판의 이론에 따르면, 시민의 적법한 기소 없이 피고인이 법정에 소환되어, 보통법과 정의 관념에 반하는 재판을 받아야 한다.

코크 경의 의견을 들어보면, 우리 법이 일관되게 지켜온 이런 원칙을 보다 확실하게 확인할 수 있다. 같은 사건에 대한 코크 경의 언급에서, 앞에서 다룬 쟁점에 대한 보다 명확한 설명이 나온다. "이번에 통과된 법률에 의하면 12명의 시민에 의한 정식기소나 사실 확인 없이, 왕에 대한 약식기소만으로 피고인이 사법관은 물론이고 법원 판사 앞에 소환되고, 법원은 위임된 바에 따라 그 재량으로, 피고인이 저질렀다고 주장하는 범죄사실에 대해 조사하고, 결정하고, 판단을 내린다.

이러한 법률이 통과되어 시행됨으로써, 법의 가면을 쓰고 얼마나 끔찍한 억압과 강요와 파괴가 주민들에게 자행될 것인지, 또, 사법관 역할을 하는 엠슨 경과 더들리 경에 의해 우리 법의 기본원칙이 얼마나 더 훼손될 것인지 그 여파를 가늠하기 쉽지 않다. 이런 불법적이고 부당한 법률로 비슷한 많은 사건에서 새로운 직위가 만들어질 것이며, 왕의 불법 몰수를 부추기는 수단이 만들어질 것이다."

실제로 헨리 7세 법률에 따라 자행된 "끔찍한 억압"이 오늘날 약식재판 제도를 매개로 더 넓은 범위로 확대되고 있다. 그리고 앞에서 본 것처럼 그런 억압은 주로 가난한 사람들을 향하는데, 그들에게는 동료 시민들의 주민총회라는 것도 없기 때문에 어디 호소할 곳도 없다. 하지만 보통법과 인본주의와 정의의 법에 따르면, 가난한 사람들의 평판과 명예와 자유 역시 부자들의 그것만큼이나 충분한 보호를 받아야 한다. 결국 중앙집권주의와 주민자치정부 사이에 존재하는 명백한 차이는, 현대의 중앙집권주의에서는 폐해가 가득한 약식재판이 자행되고, 주민자치정부에서는 대배심에 의한 기소와 재판의 원칙이 그대로 적용된다는 것이다. 코크 경이 예로 든 사건뿐만 아니라 그 외 많은 사건에서 자유민의 권리와 책임을 무너뜨림으로써 이득을 보는 사람들 몫으로 여러 가지 직책이 만들어졌다. 세월이 바뀌어도 중앙집권주의가 하는 일은 전혀 달라진 게 없다는 점을 확인할 수 있다.

코크 경은 계속해서 "헨리 8세 재위 첫해에 열린 의회에서 헨리 7세 법률 제11호가 낭독되었고, 무효로 선언되었다"라고 보고하고 있다. "그 이유는 당해 법률로 인해 사악하고 교묘한 가짜 기소가 많은 국민을 대상으로 제기되어, 엄청난 피해와 고통을 겪은 바 있기 때문이다. 자유를 억압하는 자들의 계획대로 더 이상 피해가 발생해서는 안 된다. 즉, 앞으로의 의회는 같은 실수를 반복하지 말아야 한다. 이 땅에 법에 따른 정상적이고 적법한 재판이 아니라 재량에 기댄 일방적이고 자의적인 재판이 횡행하게 해서는 안 되는 것이다."

또 다른 곳에서, 공무원의 제복과 휘장을 지나치게 화려하게 장식하는 것을 금지하는 법에서 약식기소가 가능하도록 한 점을 지적하면서 코크 경은 다시 "약식기소"의 문제를 다루고 있다. 그 법에는 기소는 약식으로 하고, 판결은 판사의 자의에 의하기 때문에, "당연히 폐기되어야 할 법"이라고 한다.

이런 여러 가지 노력에도 불구하고 오늘날 의회가 제정한 법률은 자유로운 제도의 핵심원칙들을 다 무시하고, 약식기소와 약식재판의 적용 범위를 계속 확대시키고 있다.

이런 상황에서 소머스 경의 다음과 같은 주장은 기소와 재판의 차이, 그리고 대배심과 소배심의 역할 분담을 정확하게 지적하는 것으로 아주 의미가 깊다고 할 것이다. 코크 경과 소머스 경, 캠든 경 등은 자유로운 제도를 "그럴 듯한 서문" 아래 제물로 내놓을 정도로 어리석지 않다는 점을 알 수 있다.

"재판 또는 재판들로 이어지는 전체 절차에서 가장 중요한 것은, 각 단계마다 능력을 갖춘 사람들이 참여해서 진실 발견을 추구하는 데 있다. 증인은 다른 무엇도 아닌 오직 진실만을 말해야 하고, 왕의 대리인이 전체 재판을 주도하는 가운데 대배심은 기소를 하고, 소배심은 재판을 하여야 한다. 모든 참가자가 할 일은 다르지만, 목표는 하나다. 범인이 아닌 범죄를 처벌하는 것이 그들의 목표다. 결과적으로 가해자를 처벌하는 결과가 나오더라도. 목표는 범죄 척결에 두어야 한다. 사법절차에서는 가해자를 함정에 몰아넣을 게 아니라 진실을 찾아가는 게 중요하며, 그 결과 범죄가 확인되면 중립적인 판결문으로서 사건을 종결한다. 판사는 이 과정에서 아무런 역할이 없고, 오로지 결정된 내용을 낭독하는 일만 한다. 판사의 일은 절차를 주재하면서 모든 참가자들이 법에 따라 자신의 역할을 수행하도록 감독하는 데 있다. 이것이 피고인의 유죄 또는 무죄 등을 판단하는, 가장 공정한 사법이라고 할 수 있다."

"대배심은 그들이 맡은 사건과 관련된 모든 사실과, 가능한 모든 범죄를 조사하여야 한다. 범죄와 관련된 모든 정황과 관련 내용을 조사한다. 피고인의 유죄 또는 무죄는 재판에서 결정되며, 소배심은 오로지 제출된 증거만 조사할 수 있다. 사건 당사자가 저지른 범죄사실을 긁어 모아서 기소를 하는 것은 소배심의 권한도 아니고, 소배심에게 맡겨진 일도 아니다. 소배심은 대배심이 제출한 기소장 안에서만 움직이기 때문에, 대배심은 피고인이 무슨 범죄로 소배심의 재판을 받는지 반드시 특정하여야 한다."

영국 법이 자랑하는 가장 위대한 원칙은 모든 사람이 유죄판결을 받기까지 무죄로 추정된다는 것이다. 법에 따른 기소와 재판 모두 이 원칙과 관련이 있다. 자유민이 모여서 범죄의 혐의가 분명하고, 관련 정황이 지목된 자의 범죄 혐의와 일치한다는 공적인 판단을 하기 전에는, 누구도 기소의 대상이 될 수 없다. "대배심에게 기소권한을 주는 것은, 무고한 사람에게 형벌은 물론이고, 불명예, 고통, 비용, 위험 등이 부과되지 않고, 모든 법원의 첫 번째 관문 안에도 들어오지 않도록 감시할 의무를 부여하는 것이다."

이것만 봐도, 우리가 오늘날 가지고 있는 사법 제도와 얼마나 다른지, 알 수 있다. 지금은 모든 사람이 다른 사람의 변덕과 부주의하고 악의적인 복수심에 따라 한순간에 만천하에 죄인으로 공표되어 그동안 쌓아온 자유와 명예가 모두 "파괴"될 수 있고, 끝도 없는 괴롭힘과 공격의 대상이 될 수 있으며, 재산상 피해를 입을 수 있다. 그런 일들이 실제로 매일 일어나고 있다. 약식기소와 약식재판 제도하에서는 사실 이웃이나 적들의 악의와 부주의와 실수, 변덕 등을 막을 안전판도 없다. 경찰이나 기타 공무원들의 위세를 건드려, 누구나, 언제든지 그 피해자가 될 수 있는 것이다.

요즘 경찰법원에 한 번이라도 가 본 사람은 기소가 되는 순간 피고인은 이미 유죄로 추정되고 있다는 사실을 확인할 수 있을 것이다. 대헌장과 보통법의 정신과는 달리, 또, 동료 시민의 결정으로 기소할 이유가 있다는 것이 밝혀지고 그와 별개 과정에서 유죄가 판단되어야 한다는 숭고한 원칙과는 달리, 피고인이 오히려 무죄 입증의 부담을 지고 있다.

가끔 소배심에 의한 재판을 받기 전에 하는 사법관의 수사도 대배심이 수사하는 것과 본질적으로 다르지 않다고 주장하는 사람들이 있다. 하지만 이것은 우리 사법 제도가 가장 강조하는 대배심의 역할을 명백하게 오해한 탓이다. 단 한 명의 능력 없는 사람의 결정으로 기소 또는 재판을 받는 것은 여러 사람이 반대하고 있으며, 그 반대에 대해서 반박할 근거도 별로 없다. 무엇보다, 사법관은 대배심이 하는 일을 할 능력이 없다. 대배심 제도하에서는 범죄와 정황에 대한 엄격한 심사를 거쳐 대배심 전체가 혐의사실이 인정된다고 판단하기까지는 그 누구도 기소할 수 없다. 반면에 사법관 제도에서는 피고인이 대중들 앞에 서기 전에 이미 혐의가 있다는 판단이 내려진다. 흔히 쓰는 말로 바꾸자면, 아무리 무고한 피고인이라도 모든 부담을 지고 시작할 수밖에 없다. 그 결과 전체 형사절차가 이상한 방향으로 진행되고, 결국 자신의 무고함을 입증하는 데 성공한 피고인도 절차가 진행되는 동안에 "충분한 모욕과 괴롭힘과 위험과 비용"을 감당해야 한다.

이것이 바로 우리 법이 생산하는 해악이며, 그 해결책도 이미 다 나와 있다.

그건 다름 아니라, 잘못된 기소에 대한 책임을 묻는 것이다. 사실 잘못된 기소만큼 나쁜 것은 없다. 기소를 잘못한 자는 피고인에 대해 충분히 배상해야 한다. 그런데 약식재판 제도하에서는 그런 배상 자체가 불가능하다. 약식재판의 이념 자체가 무분별하고, 과감한 기소를 독려하는 데 있기 때문이다. 사회 보호를 위해 가장 중요한 원칙이 거기서는 완전히 무시된다. 아니 실제로는 그 이상이다. 잘못된 기소를 함으로써 이익을 취하는 사람들을 벌하기 위한 절차 곳곳에 온갖 방해 장치와 난관이 가득하다. 소비세법이나 관세법, 경찰법, 사법관법과 이와 성격이 유사한 법에서 이런 점들을 확인하고 깜짝 놀라지 않을 수 없다.

성급하고 무모한 기소를 제한하고 피해보상을 강조하는 예로서 앵글로-색슨 시대 법을 인용할 수도 있다. 그런데 그런 영국 보통법을 예로 들면 그럴 듯한 변명으로 자기 이익을 추구해 온 자들이 오래된 법이라는 이유를 들어, 그 보통법상의 안전판 자체를 무시할 수도 있다. 그래서 조금 더 최근의 법으로 에드워드 3세 시대의 법을 예로 들기로 한다. 이 정도면 충분히 설득력이 있을 것 같다.

에드워드 3세 법률 제37호 제18장에 보면 대헌장의 규정에도 불구하고 많은 자가 악의를 가지고 잘못된 기소를 해 왔으며, 그로 인해 많은 국민이 처벌 위험에 처하고, 왕국 자체에도 피해가 있었다고 한다. 그래서 다른 사람을 고소하는 사람은 보증인을 내세워야 하고, 만약 피의자가 무죄 방면되면, 고소인이 피의자가 유죄였다면 받았을 형벌을 대신 받아야 한다고 규정하게 되었다. 그리고 다음 회기에는 바로 위 규정을 인용하면서 거기 더해 법에 정한 절차에서 피의자의 유죄가 입증되지 못하면 고소인을 대신 징역에 처하고, 피의자가 잘못된 고소로 인하여 실제 입은 피해와 명예에 대한 피해를 고소인이 배상하기까지 구금되어 있어야 하며, 왕에게 보상금과 벌금을 지불하여야 한다고 했다. 소머스 경의 주석에 따르면 영국 보통법은 "영국 국민의 생명과 재산에 끼친 피해만큼이나 명예에 관한 피해를 중시하기 때문"이라는 것이다. 소머스 경은 또, 이런 약식기소 제도가 실제로 어떤 결과를 야기하는지에 대해서 다음과 같은 아픈 질문으로 되묻고 있다.

"가장 점잖은 언어로 가장 심각한 모욕을 가하는 것으로, 또, 권한을 남용해서, 유죄가 아닌 사람의 악명을 선전하는 것으로, 이만한 제도가 또 있을까? 기소가 되고 그로 인해 불명예가 덧씌워지고 나면, 어떤 판결이 나와도 방청객이나, 방청객의 말을 전해 들은 사람들은 법정에 섰던 사람이 유죄였다고 생각하거나, 아니면 배심원이 자신의 양심을 속였다고 결론을 내리지 않을까?"

한편 소배심에 대해서는, 앞에서 "배심재판"이라는 장에서 충분히 봤기 때문에 여기서는 더 자세하게 들어가지 않기로 한다. 다만 한 가지 강조하고 넘어가지 않을 수 없는 것은, 표면 아래서 무엇이 타든 상관없이 겉만 멀쩡하면 된다고 생각해서는 안 된다는 점이다. 진정으로 이 나라의 번영과 법의 정당한 집행, 사회정의와 평화를 걱정하는 사람들은 기소와 재판의 차이를 확실하게 이해해야 하고, 그 차이가 정확하게 지켜지는 것이 중요하다는 점 또한 이해해야 한다. 약식재판 제도는 기소와 재판 모두에서 합법적인 진실 발견을 방해하고, 사법 절차를 왜곡하고, 부패하게 하며, 국민들 사이에 법 집행에 대한 불만과 불신을 갖게 하고, 법이 필요 없다는 생각을 강화시켜 준다. 중앙집권주의하의 모든 제도처럼, 불법적이고, 부도덕하며, 동시에 파괴적이고, 비효율적이다.

소머스 경은 이미 인용한 바 있는 저서에서, 배심 제도와 기소 및 재판 제도, 약식재판 제도의 은밀한 확산 문제뿐만 아니라, 중앙집권주의하의 모든 사악한 제도와 관련되는 아주 정확한 지적을 한 바 있다. 본장의 결론에 대신해서 그 지적을 그대로 싣기로 한다.

"비슷한 장소에서 비슷한 제도를 설계하는 사람들은 예전의 사례들을 주의 깊게 검토해야 한다. 우리가 사용하고 있는 대배심 제도를 쓸모없게 만드는 것은 그걸 전부 폐지하는 것만큼이나 나쁜 범죄이다. 원래 모습대로 움직이지 않는 제도는 없는 제도나 다름없다. 아무런 편견 없이 이 문제를 바로 볼 줄 아는 사람들은 금세 알게 될 것이다. 우리 법이 진실발견의 장치라고 생각한 배심제도를 부정하고 단순한 형식에 그치도록 하는 것은, 전부 없애는 것만큼이나 나쁜 짓이라는 것을 말이다. 결과에 있어서 가장 끔찍한 것은, 우리의 천부의 권리를 '천천히' 파괴하는 것이다. 특히 이 분야와 관련해서 우리 선조들이 창조해 냈고, 우리에게까지 전달된 배심 제도라는 안전판은 너무나 소중하다. 그걸 없애 버리거나 파괴하려고 시도하는 자들은 모든 사람에게 반대함으로써 모든 사람의 반대자가 되는 이스마엘의 운명을 따라갈 수밖에 없다. 한 가지 명심할 것은 조용히, 별 반발 없이 진행되는 것이 공개적인 억압보다 더 파괴력이 세다는 사실이다. 한편으로는 우리가 당장 노예가 되는 길이 있고, 다른 한편으로는 모르는 사이에 노예가 되는 길이 있다고 하자. 뒤의 것이 더 많은 피해를 일으키고, 더 단단하게 우리를 대못에 박아 더 심한 노예로 만든다. 그게 결국은 더 막기 힘들다. 올 때는 합법의 가면을 쓰고 오기 때문이다."

제21장

조사위원회

조사위원회

오늘날 영국에서 보통법에 대한 침탈로서 방향은 약식재판과 유사한데 그보다 더 해롭다고 할 수 있는 것으로, 왕이 소위 '조사위원회(Commission of Inquiry)'라는 걸 만들어 권한을 위임하는 제도가 있다.

앞에서 이미 지적한 것처럼, 권력 찬탈을 위해 왕이 불법적으로 잘못된 제도를 만드는 것은 아주 해로운 결과를 야기한다. 그중에서 조사위원회 제도는 위원회가 행정 및 입법 권한을 갖는 것처럼 포장하는 거라서 더 위험하다고 할 수 있다.

모든 조사위원회 제도의 성격이나 영향에 대해서는 다른 곳에서 다룬 바 있고, 그 제도의 불법성에 대해서는 이미 충분히 설명한 바 있기 때문에 다시 반복할 필요는 없을 것 같다. 중요한 것은 조사위원회 문제가 주민자치정부와 중앙집권주의의 대립항 사이에서 어떤 위치를 차지하는가 하는 점이다.

앞에서 본 것처럼 왕의 고유 역할은 행정이다. 그리고 법을 집행하고, 그 외 다른 의무를 이행하는 데 있어서 왕에게 가장 중요한 것은 주민자치정부 내의 제도와 합법적인 수단을 이용해야 한다는 점이다. 왕이 따로 새로운 제도나 법원, 기타 어떤 새로운 기구를 만들어서는 안 된다.

왕은 법을 지키겠다고 선서한다. 제임스 1세 같은 폭군마저도 "영국 법을 지킬 것이고, 따라서 내가 법을 어긴다면 이 선서를 어기는 것이다"라고 선서한 바 있다. 그런데 왕이 만약 어떤 문제에 관해서 조사위원회를 만들도록 권고하거나 허가한다면, 그것은 왕의 선서를 어기는 일이다.

잘 알려진 바와 같이 "왕은 법에 따라 그 자신도 할 수 없는 일을 다른 사람에게 위임할 수 없다. 자기 권한에 따라 위임을 할 수 없고, 법이 위임권을 주면 그때 위임을 할 수 있다. 즉, 법이 왕에게 위원회를 구성할 권한을 주지 않는다면 왕 자신은 그런 위원회를 구성해서는 안 된다."

영국이 낳은 가장 위대한 법률가는 "새로 만든 조사위원회가 법에 어긋나는 것이라면, 그 위원회는 활동을 해서는 안 된다"라고 말한 바 있다. 우리가 앞에서 본 바 있는 영국 헌법의 기본원칙에 정확히 부합하는 지적이 아닐 수 없다.

하지만 요즘은 어떤 문제에 대해서 헌법이 생각하는 바를 깊이 연구하는 사람도 별로 없고, 자유로운 제도의 발전과 헌법의 관계에 대해서도 사람들이 특별히 고민하지도 않는다. 그래서 많은 사람이 법의 잣대를 엄격히 적용해서 사안을 따지기보다는 그냥 뭉뚱그려서 "직권으로" 어떤 제도가 도입되는 것에 큰 반감을 갖지 않고, 심지어 시대를 앞서 간다고 주장하는 사람들조차도, 이런 특별한 방법에 의한 목적 달성을 지지하고 거기 가세하려고 한다.

우리가 보통 말을 할 때도 이와 비슷한 잘못을 범하는 경우가 있다. 어떤 왕이 재위 중 일어난 일은 실제로 왕은 그 일에 반대했음에도 불구하고 왕이 한 것이라고 표현한다. 왕의 이름 아래 국가는 결국 하나라고 생각하는 것인데, 이로 인해서 잘못된 생각을 할 수 있다. 행정에서 사용하는 용어도 마찬가지다. 가령 우리는, 주민총회를 '주장관 법원(Sheriff's Court)'이라고 부르기도 하는데, 이것은 명백히 잘못된 용어다. 주장관이 판사가 아니라 주민이 판사이기 때문이다. 어떤 사람의 주재하에 하는 일을 그 사람 자신이 하는 일이라고 잘못 생각한다. 그런 데서 심각한 오해가 발생한다.

둠스데이 북의 예를 봐도 그렇다. 이 소중한 기록에 대해서 잘 모르는 사람들은 국왕의 명을 받은 위원들이 만든 거라고 믿는다. 하지만 그건 전혀 사실이 아니다. 위원회의 작품이라든지, 왕명을 받은 조사관이 작성한 것이라든지 하는 얘기는 전부 최근에 지어낸 얘기다. 윌리엄 1세나 그 계승자들은 꿈에서도 생각하지 못했을 일이고, 그런 시도조차 한 적이 없다. 둠스데이 북은 이미 설명한 것처럼 이 나라 전역에 포진해서 활발하게 활동한 바 있는 주민자치정부에서 주민들이 직접 법을 집행하고, 판결한 것의 기록이다. 주민들은 합법적으로 선출된 판사 앞에서 합법적인 방법으로 조사를 하고, 수사를 했다. 그 기록은 판사들이 만든 게 아니다. 판사들은 법적으로 그런 걸 만들 권한조차 없다. 이 구별을 명확하게 하는 것이 아주 중요하다. 자유로운 제도에 관한 모든 오해가 이로부터 나온다. 주민자치정부가 실체로 존재했고, 법은 문제없이 제대로 집행되었으며, 정치 제도나 사회 제도는 건강하게 작동되었다. 한 사람이 주도한 게 아니고, 이름만 있는 게 아니다. 저변에서 제대로 제도가 작동하고 있었다. 그걸 판사가 다 한 거라고 생각해서는 안 된다.

당시 사법관의 역할이 무엇이었는지에 대해서는 이미 검토한 바 있다. 자신의 관할에 속하는 문제를 조사하는 역할이며, 그 방법은 주민으로서 자신에게 주어진 의무, 즉, 조사의무를 다하기 위하여 선서를 하고 모인 선량한 주민들을 이용하는 방법이다. 소머스 경이 말한 것처럼, 우리가 잊지 말아야 할 가장 중요한 보통법상의 원칙에 따라 "판사들은 사회를 볼 뿐이고, 법이 정한 의무를 준수하기 위하여 모인 사람들이 자신의 일을 잘 할 수 있도록 도울 뿐이며, 최종판결이 내려져서 그걸 법정에서 낭독하는 것 말고 판사가 할 일은 따로 없다." 관할구역 안을 순회하는 주장관과 순회판사에 대해서도 정확하게 같은 말을 할 수 있다. 이런 중요한 관리들도, 주장된 사실에 대하여 또는 그가 알고자 하는 사실에 대하여, 자신에게 조사할 권리가 있다는 생각을 하지 않았다. 그들 자신에게는 조사권이 없다. 조사를 할 적법한 권한이 없는데 그걸 다른 사람에게 위임한다는 것은 말도 안 되는 일이다.

왕에게도 같은 말을 할 수 있다. 왕은 조사권이 없기 때문에, 그 권한을 누구에게도 위임할 수 없다.

그렇다면 어떤 사안에 대해서 정보 수집이 필요할 때 그 방법은 아예 없다는 뜻인가? 그건 아니다. 우리 보통법은 사람이 생각해 낼 수 있는 방법 가운데 가장 완벽하고 믿을 만한 방법을 만들어 놓고 있다. 자유로운 제도라는 이념에 반하고 불법적이기까지 한 왕이 지명한 위원회 제도보다 훨씬 더 완벽하고 실질적인 방법이다.

이 나라 전역에 퍼져 있는 주민자치정부라는 기구가 바로 우리 보통법이 생각하는 사실 조사 역할을 하는 기구다. 이 책의 앞부분을 읽은 독자라면 바로 이 기구가 사실조사 목적으로는 가장 적합하며, 그런 일을 수행할 준비가 언제나 되어 있다는 사실을 잘 알고 있을 것이다.

주민자치정부에서는 전국 각지에서 일어나는 일에 대해 거의 모든 정보를 가지고 있는 수천 명의 사람들이 자신들의 합법적인 권한 범위 내에서 완벽하고도 책임감 있게 사실을 조사할 수 있다. 왕이 지명한 책임감도 별로 없는 몇몇 사람이 자기 기분에 따라 정보를 선별하고, 우연히 눈에 띄는 정보만 수집하는 것과 차원이 다르다. 게다가 주민자치정부의 조사는 특별한 비용도 들지 않고, 쓸데없이 늘어질 이유도 없다. 제대로 된 위임도 받지 않은 왕의 조사위원회가 하는 것과 정확하게 반대되는 것이다.

우리 헌법의 역사를 잘 모르는 상태에서 왕이 만든 기구에 대해 쓸데없이 호감을 보이는 사람들도 있다. 그런 사람들은 주민자치정부의 이런 조사 결과가 실제로 믿을 만한 것인지 의심하기도 한다. 그들을 위해서 몇 가지 예를 들어보기로 한다. 가령 둠스데이 북이 그런 예 가운데 하나다. 대규모의 "조사위원회" 활동과는 비교도 안 되는 자세한 자료가 둠스데이 북에 들어 있다. 마을명부(Hundred Rolls)(제2의 둠스데이 북이라고 불리는 영국의 역사 기록물: 역자 주)와 9회조사록(Inquisitiones Nonarum)(중세의 통계자료 중 하나: 역자 주)도 마찬가지다. 한 번이라도 이런 기록들을 본 사람이라면 당시 수행한 조사라는 게 얼마나 실질적이고, 정확한 것인지 알 수 있다. 목소리만 요란하고 믿을 만한 정보라고는 찾아볼 수 없는 조사위원회 보고서와는 비교가 되지 않는다. 주민자치정부 조사록은 믿을 만한 정보를 알아보기 쉽게 적어서 보고하고 있다. 우리 입법자들이 참고해야 할 아주 중요한 사료 가운데 하나다. 왕이 지명한 위원회는 그런 비슷한 사료조차 만들어내지 못한 것과 비교되는 대목이다.

모든 주민자치정부의 업무처리 범위 안에서 다루어진 주제들의 면면을 보라. 이 기구가 활발하게 활동하고 있는 동안에는 모든 기록이 얼마나 자세하게 등재되어 있는지, 그 성과가 얼마나 대단한지 깜짝 놀라지 않을 수 없다.

보통 업무처리 범위에 속한 것은 정기적이고, 규칙적으로, 빈번하게 모이는 주민자치정부가 처리해 왔다. 그런데 그 기구들이 더 이상 활동하지 않던 시기나, 불법적인 약식재판으로 대체된 사이에 얼마나 많은 사건이 숨겨지고, 가려지고, 안에서 곪아왔을지 생각하면 끔찍한 일이 아닐 수 없다. 그나마 한 가지 다행스러운 것은, 그 제도는 언제든 부활할 수 있다는 사실이다. 순회법원에서 다시 배심이 소환되는 것과 같이, 언제든 자신의 의무 수행을 위해서 사람들을 불러 모을 수 있을 것이다.

이런 일상적인 사안 외에 특별한 문제가 있어서 그에 관한 정보가 필요할 경우에는, 그걸 담당할 실질적인 기구도 따로 마련되어 있었다. 가령 보통법에 의하면, 어느 누구도 자신의 이익을 위하여 이웃에게 해가 되는 일을 해서는 안 된다는 원칙이 있다. 보통법에는 바로 이런 문제를 다루기 위한 제도가 있었다. 다른 위대한 제도와 같이 중앙집권주의가 공격해 오면서 오늘날은 잊히고 만 제도, 바로, '손해사정영장(writ of ad quod damnum)' 제도다. 이 영장의 목적은 모든 사건에 조사권을 가진 이웃의 선량한 시민들이 사안의 성격과 피청구인의 행위로 다른 사람에게 피해가 있었는지 여부와 그 정도를 조사하는 것이다. 왕이 조사위원회를 구성해서 약식재판권을 주거나, 판사들이나 각종 위원회가 조사권을 행사하는 것과는 차원이 다르다. 주민들에 의한 조사라는 자유로운 제도의 원칙에 부합하는 것이 바로 손해사정영장 제도다. 국가와 이웃에 대하여 시민들이 어떤 숭고한 의무와 책임을 지고 있는지 이 제도를 통해 확인할 수 있다. 왕의 "권위"만 강조하고 사건에 대한 제대로 된 조사는 하지 않는 중앙집권주의의 제도와는 너무 다르다. 손해사정영장 제도는 영국 헌법의 정신이 고스란히 드러나는 제도이면서, 주민자치정부의 원칙과 실제 역할이 헌법에 정한 것과 정확히 부합하는 것을 보여주는 사례라고 할 수 있다.

하지만 경우에 따라서는 정상적인 조사가 아니라 특별한 조사가 필요한 때도 있을 것이고, 그때는 어떻게 할까 의아해하는 사람도 있을 것이다. 그런 경우에 대해서도 우리 법은 준비가 되어 있다. 마을명부와 주장관 순회법원 회의록 등을 아는 사람들은 그런 특별한 경우가 아주 드물다는 사실도 알고 있을 것이다. 바로 그 드문 경우에 대해서도 합법적인 절차가 마련되어 있는데, 그게 의회다. 의회의 기능은 그런 특별조사가 필요한지 여부를 판단하는 데 있다. 누구나 짐작하겠지만, 특별한 필요도 없는데 조사위원회를 만드는 것은 일 없는 사람에게 공금으로 일자리를 주는 것과 다를 바 없다. 일하기는 싫은데 돈은 없고, 폼 나는 일은 하고 싶은 사람들에 딱 맞는 자리가 바로 그런 조사위원회 위원 자리다.

따라서 의회가 먼저 특별한 조사 필요가 있는지 확인한 다음 그렇다고 판단을 하고 나면, 우리 법상으로는 두 가지 선택지가 있다. 하나는 하원 위원회의 조사에 맡기는 것이고, 다른 하나는 조금 더 신속하고 경제적이면서도 효과적이라고 알려진 것으로, 그 조사를 위해서 순회법원 판사와 비슷한 역할을 할 사람을 지명하는 것이다. 그러면 이 사람이(개인적으로 참석하든지, 아니면 공식적인 요청서를 보내서) 사안을 각 주민자치정부에 의뢰해서 조사하도록 한다. 각 지역에서 조사를 맡기로 선서한 주민들이 조사 결과를 이 의회 지명자에게 보고하는데, 이것은 의원선거의 절차와 유사하다. 이와 같은 두 가지 방법 가운데 어느 하나가 더 나을 수도 있지만 둘 다 의미가 없는 사건이란 있을 수 없기 때문에, 어느 방법을 택하더라도 조사위원회라는 불법적이고, 편향적이고, 급조된 제도보다는 훨씬 더 믿을 만하고 만족스러운 조사 결과를 얻을 수 있다.

또 하나 여기서 언급하지 않을 수 없는 것은, 어떤 지역의 특별한 관심사인 경우에는 지금까지 말한 방법을 쓰지 않고, 조사를 주재할 책임자를 주에서 바로 선출한다는 점이다. 각 주의 주민들 자신이 특별조사가 필요하다고 판단하면 그런 기구를 직접 만들 수도 있다.

수백 년 전 우리 선조들은, 특별조사의 문제든, 고발과 고소에 의한 재판이든, 지금까지 본 이런 제도가 자유민의 권리를 존중하는 가운데서도 진실을 발견하는 유일한 방법이라고 생각한 것 같다. 그런 시대적 요구가 예전과 지금이 다를 리 없고, 사람들의 품성도 특별히 달라진 게 없다. 그런데도 급조된 조사위원회나 행정위원회에 의해 우리 법이 인정해 온 진실 추구의 방식이 부당하게 무시되었고, 영국의 기본법이 공개적으로 훼손되었다. 우리 선조들이 선언하고 주장해 온 법 원칙을 다시 되살려야 한다. 우리가 가지고 있던 자유로운 제도를 예전 것 그대로 복원해야 하는 것이다.

진실을 찾아가는 것은 사실을 쌓아가는 것만으로는 되지 않는다. 그보다 훨씬 더 중요한 것은 사실을 쌓아가는 방법과 이념에 있고, 쟁점과 조사절차, 조사의 목적을 정확하게 구분하는 데 있다. 우리가 오늘날 참고할 수 있는 수많은 저서는 작은 진실이 아무런 관련도 없는 사실 속에 뒤섞여 있지 않도록 해 주는 일종의 지침서다. 주민자치정부 제도를 통해서 이미 증명된 바와 같이, 어떤 문제를 다루는 원칙과 방법이 먼저 합법적이고, 건강해야 한다. 왕이 만든 조사위원회는 겉으로 볼 때는 진실발견의 수단을 구비하고 법과 헌법 체계에 부합하는 기구처럼 보이지만, 이 불법적인 기구는 어떤 예외도 없이, 진실발견의 수단을 회피하려고 하고, 법과 헌법에 부합하지 않으려고 노력하는 것처럼 보인다.

조사를 하고, 진실을 발견하기 위해 우리 보통법이 제공한 효과적인 수단을 포기하거나, 본질적으로 결함이 있을 수밖에 없는 다른 반헌법적이고 예외적인 기구를 두는 것은, 본래 목적이 진실발견에 있지 않다는 뜻일 것이다. 이미 결론을 정해 놓고, 그것에 부합하는 증거만 불러 모으고, 그렇지 않은 증거는 없애 버리겠다는 얘기다. 생각이 제대로 박힌 사람은, 조사위원회의 결론이 자신이 내린 결론과 우연히 같은 일이 있다고 해도 법에 정한 자유민의 권리와 의무, 진실 추구의 정신 등을 존중하는 차원에서 그런 결론에 대해서는 단호하게 반대해야 한다. 어차피 결론이 같다는 이유로 법과 진실을 무시하고 오히려 경멸하는 이런 행위에 대해서 묵인하고 넘어가다 보면, 다음에는 누군가 그럴듯한 목표를 내세우면서, 같은 사례에 그 기구를 끌어들여, 정확하게 진실에 반하는 결론을 내릴 가능성이 있기 때문이다.

권리청원이나, 앞에서 본 성청법원 및 교회법원 폐지 법률 등에서 선언한 원칙과 특별규정 등은 오늘날의 행정위원회 등 각종 조사위원회에는 적용되지 않는다. 오히려 반대로 우리가 앞장에서 본 약식기소의 폐해가 조사위원회가 제출한 보고서에 고스란히 드러나고 있다.

이 문제를 정확하게 이해하기를 원하는 사람들은 다음과 같은 사실 역시 명심해야 한다. 즉, 조사위원회라는 제도는 증거를 수집하기 위한 강제절차가 전혀 없다. 위원회가 불법적인 제도라는 점을 자인하는 것과 다름없다. 위원회는 있지도 않은 왕의 권한을 내세워서, 내막을 잘 모르면서 쉽게 믿는 경향이 있는 사람들을 호도한다. 그건 일종의 위장막이다. 누구든 진실을 조사하고자 하는 사람이 이 위원회라는 허울뿐인 기구의 도움 없이 진실을 알아낸다면 그는 자신의 성실성을 증명하는 셈이고, 반대로 그런 위원회의 도움이 필요하다고 생각한다면, 그는 자신이 성실하지 못한 사람이라는 것을 자인하는 셈이다. 위원회는 결국, 대중들을 속이는 게 목적인, 가식적이고 한심한 장치다.

위원회로 인해서 실제로 어떤 결과가 발생했는지 한 번 예를 들어보자. 진실발견에서 뭐가 제일 중요한지 아는 사람들은 진실에 이르는 유일한 길은 모든 관점에서 사안을 검토하고, 그다지 중요하지 않다고 보이는 사실까지도 빠짐없이, 철저하게 조사하는 데 있다는 점을 잘 알고 있을 것이다. 사람이 행한 기록되지 않은 행동과 사건을 조사하는 데 있어서 가장 중요한 것은, 증거제출을 명하고, 증거를 확보하는 데 있다. 그것 없이 증거 제출은 자유라고 얘기하는 것(보통 조사위원회에서는 그렇게 말한다)은, 그 조사위원회가 그다지 공정한 기구가 아니라는 점을 자인하는 꼴이다. 이미 결론을 내려놓고 그 결론에 부합하는 일방적인 증거만 검사하는 장치이면서, 사실 왜곡을 추인하고, 악의적인 중상을 문제가 없다고 말하는 이상한 기구라고 볼 수밖에 없다. 우리가 아는 불법적인 조사위원회는 바로 그런 목적으로 탄생했고, 또, 그런 결과만을 내놓고 있는 기구라고 할 수 있다.

이처럼 사안에 관해서 정확한 결론을 내릴 수 없다는 점을 제외하고도, 조사위원회 제도는 사회적으로, 도덕적으로, 너무나 안 좋은 영향을 미치고 있다. 국민을 무력화한 게 그것이다. 보통 높은 자리에 있는 사람들은 어떤 제도에 허점이 있다면 그 제도를 반대하는 법을 만들어 대항하거나, 특히 법을 지키기로 선언한 사람들은 어떻게든 제도의 도입과 실행에 반대하는 노력을 한다. 그런 노력이 중요하다는 것은 아무리 강조해도 지나침이 없다. 그런데 조사위원회는 모든 시민의 마음속에 권리와 의무에 대한 감각, 책임감을 무디게 하고, 모든 것을 공무원에게 맡기려는 마음이 들게 한다. 조사하고 생각할 필요가 없어지고, 사람들은 더욱 자신의 개인적인 이익에 집중하게 되는 것이다. 손해사정영장이나 다른 제도 등을 통해서 여러 가지 문제와 씨름하거나 고민할 필요가 없어진 사람들은 사악한 겉치레에 불과한 그런 위원회들을 왕의 권위를 대변하는 무슨 대단한 기구인 것처럼 생각하고, 거기 의존한다. 여기서도 또 중앙집권주의가 다른 곳에서 그러는 것처럼 사람들의 마음을 천천히 파괴하기 시작한다. 주민자치정부의 제도가 더 이상 쓰이지 않게 되는 사이에 근거도 없는 "권위"가 만들어지고, 국민은 그것만 바라본다. 관료가 다스리기 쉬운 방향으로, 국가가 국민을 강제로 교육(비용도 아주 많이 든다)시키는 것이다. 국가를 자기 벌통에 꿀을 채우는 정원 정도로밖에 생각하지 않는 공무원이나 공무원 지망생은, 사람들이 그렇게 될 때 가장 마음이 편하다. 조사위원회 제도는 그런 목적을 달성하는 기구로는 최적의 것이라고 할 수 있다.

우리는 지금까지 배심 재판의 원칙과 기소와 판결의 분리 원칙에 대해서 살펴보았고, 약식재판과 조사위원회 등을 포함한 각종 행정위원회가 그런 원칙들을 어떻게 파괴해 왔는지 살펴보았다. 영국 보통법에 따르면 주민의 생명과 재산, 행동의 자유에 직접 또는 간접적으로 영향을 미치는 조사나, 모든 종류의 청구 또는 기소는 주민총회나 주민총회를 대신하는 선서한 배심에 의하여야 하고, 배심원은 청구나 기소의 대상이 된 주민이나, 그의 생명과 재산, 행동의 자유와 이익에 영향을 받는 주민 또는 주민들의 동료시민으로 구성되어야 한다. 배심은 모든 관련 당사자와 증인을 소환할 권한을 가지고 있고, 모든 필요한 서류를 제출할 것을 요구할 권한과 위증에 대해서는 가장 엄중한 형벌을 부과할 권한을 가지고 있다. 또, 배심의 구성원인 배심원은 조사 대상 사건이 일어난 지역의 이웃 주민으로서 사건과 관련해서 제출되는 증거에 대하여 가장 잘 알고 있거나 잘 알고 있을 가능성이 있는 자라야만 하며, 배심원은 사건의 양 당사자 사이에서 중립이어야 하고, 모든 증거를 확인한 다음에 정확한 결론을 도출해야 하고, 특히 청구나 기소의 경우에는 양 당사자 및 그 증인의 증언을 듣고 나서 결정하여야 하고, 모든 절차에서 배심원에 대한 기피권을 행사할 수 있어야 한다. 이것이 제대로 된 배심재판이 갖추어야 할 조건이다.

그런데 모든 약식재판 절차와 그 아류들에서는 위와 같은 배심재판의 요건 중 어떤 것도 적용되지 않는다. 모든 절차에서 합법적이고,

필요한 조사 없이 자유민의 생명과 신체, 행동의 자유와 이익에 영향을 미치는 조치가 취해진다. 배심에 의한 기소도 없이 기소가 이루어지고, 중립적이고, 공정하며, 기피 사유가 없는 배심에 의한 재판도 없이, 판결이 선고된다.

조사위원회 제도와 관련해서는 누구보다 장관의 역할이 중요하다. 그런 제도는 그 근거가 무엇이든 간에 불법이고, 영국 법을 지킬 것을 선언한 왕은 "영국의 보통법과 실정법에 어긋나는 그런 위원회"를 허용해서는 안 된다고 왕에게 조언을 함으로써, 국가와 왕에 대한 자신의 법적 의무를 다해야 한다.

제22장

사법개혁

제22장

사법개혁

19세기 전반기 동안 홍보에 열을 올리면서, 사법개혁이 시도되었다. 하지만 솔직히 말하면 눈에 띄는 성과는 전혀 거두지 못했다. 영국법이 기반하고 있는 헌법원칙을 공부한 사람이라면 왜 사법개혁이 왜 실패했는지 그 이유를 충분히 짐작할 수 있을 것이다. 문제의 뿌리로 파고 들어가서 그 원인을 파악하는 게 중요한데, 그 대신 오로지 대증적인 요법에만 주목했기 때문이다.

대증적인 해법이 추구되어서는 안 되는 분야를 특히 한 개만 들으라고 하면 법의 집행에 관한 분야를 들 수 있다. 법에서는 아무리 효과적이고 지속 가능한 조치로 보여도 겉으로 드러난 증상에 해당하는 것에만 집중해서는 안 된다. 기본원칙의 이해와 연구에 집중해야 한다.

많은 "조사"가 법의 각 영역, 즉, 민사와 형사, 실무 등에서 이루어졌다. 문제는 조사의 방법에 있다. 먼저 잘못된 점 하나는, 조사위원회의 구성에서부터 법을 어겼다는 데 있다. 그리고 두 번째로는 법률가들로 조사위원회를 꾸렸다는 문제가 있다. 분야별 전문성을 따져서 능력이 있는 사람들을 지명했다는 것은 의심의 여지가 없다. 문제는 그런 위원을 지명할 권한도 없는 몇몇 사람이 주도하는 바람에, 본질을 잘못 파악했다는 점이다. 불행하게도, 법조인만큼 이상한 직역이 없다. 다른 직역은 법조계를 보고 완벽한 개혁이 어려운 오지(terra incognita)라고 생각한다. 바로 이런 점이 그동안 드러난 해악의 뿌리에 존재하는 문제다. 법의 문제는 다른 어떤 분야와 달리 법이라는 수수께끼의 문제이다. 무역이나 기술 같은 분야에서는 문제가 그다지 어렵지 않다. 제조사가 물건을 만들어서 언제든 사용 가능한 상태로 소비자에게 전달한다는 점에서 그렇다. 하지만 법은 그렇지 않다. 우리나라에서 법이란 사람의 사회생활 가운데 어떤 행위를 하는 데 있어서 기준이 되는 것이다. 사람은 법에 따라야 한다. 법의 보호를 받지 못하거나 법이 금지하는 행위는 해서는 안 된다. 따라서 법은 수수께끼나 복잡한 물건이어서는 안 된다. 사제직을 따로 두어 그 의미를 설명해야 할 정도로 복잡해서는 안 된다. 모든 사람에게 열려 있어야 하고, 이해하기 쉬워야 한다. 원칙도 단순하고, 그 원칙을 적용하는 것도 단순하고 분명해야 한다. 그리고 무엇보다 중요한 영국 헌법의 기본원칙은, 모든 법은 국민으로부터 나오고 법을 적용하는 것 역시 국민이어야 한다는 점이다.

어떤 사건과 관련해서 논증을 하는 경우, 논리적인 관점에서 볼 때, 적절하고도 분명하게 주장을 잘 하는 사람이 있다. 효과적인 변론 능력을 가진 사람들이다. 그래서 이런 사람들이 법의 집행자로서 중요한 지위를 차지한다. 권리를 주장하는 것도 잘하고, 허점을 드러내는 것도 잘한다. 그런데 그런 사람들일수록 법을 더 복잡하고 수수께끼처럼 보이게 해서 사람들이 잘 이해하지 못하는 게 목적이라서 사회 전체적으로 볼 때, 큰 도움이 되지 않는다. 복잡하거나 모호한 것을 더 쉽고 분명하게 이해하는 데 도움이 되도록 하는, 그런 사람이 우리에게는 오히려 필요하다.

사법개혁이라는 주제를 가지고 씨름하고자 한다면 그 일을, 법을 수수께끼로 만드는 게 직업인 사람들에게만 맡기면 안 된다. 아무리 존경스럽고 고결한 인품을 가졌다고 해도 그들은 법을 더 어렵게 만드는 경향이 있고, 그들이 이루고자 하는 개혁은 법을 더 어렵게 만드는 것일 가능성이 높다. 사법개혁을 잘하기 위해서는 의회 내 위원회를 만들 때도 헌법원칙과 보통법의 기본원리를 공부해서 법을 잘 아는 사람들과, 아주 많은 수의 평범한 사람들, 즉, 법조인으로서가 아니라 일반시민으로서 지켜야 할 법에 대해서 알고 있는 합리적이고 상식적인 사람들을 섞어 놓아야 한다. 그래서 그 일반시민들의 눈으로 볼 때 복잡하고 이해가 안 되는 것, 수수께끼 같은 것, 전문용어로 뒤범벅인 것을 지적하게 해야 한다. 전문용어를 쓰더라도 진의를 숨기기 위해서 쓰는 것이 아니라 꼭 필요한 때만 쓰도록 하고, 법이 형식이나 내용 면에서 원래의 단순한 형태로 환원하도록 시민들이 감시하게 해야 한다. 사실 법의 원칙이란 아주 쉬운 것이기 때문이다.

이렇게 말하면 법을 공부한 적이 없는 사람에게는 어려운 작업처럼 보일 수도 있다. 하지만 어려워 보이기 때문에 그 일은 더욱 필요한 일이다. 오늘날 우리 헌법과 우리 법의 기본원칙을 아는 사람이 적다는 것은 아주 불행한 사태 가운데 하나다. 법은 사실 일반시민들이 가장 먼저 알아야 할 주제다. 이 모든 문제의 근원에는 법이 어려워 보이도록 위장해 놓은 원죄가 있다. 이런 상황에서 사법개혁이라는 문제마저도 법률가들이 기획하고 실행하게 하면 법을 가지고 더 장난을 치라는 것과 다를 바 없고, 더 고도의 눈속임을 시키는 것과 다를 바 없다.

우리 법체계의 가장 밑바탕에는 향도 역할을 하는 단순하고 명료한 법 원칙이 있다. 사법개혁이라는 불편한 주제를 앞에 놓고, 기술자들은 문제의 근원을 파고 들어가는, 그런 연구를 하지 않는다. 그래서 다루고 있는 문제의 본질을 모르는 상태에서, 그들이 하는 일은 겉에 보이는 사마귀 몇 개를 제거하거나, 아니면 멀쩡한 직물을 해체하는 것처럼 우리 법의 근본을 부수는 일일 경우가 많다.

우리 영국법의 이론과 실무에서 제거해야 할 사마귀들이 생겨나 있다는 것은 의심의 여지가 없다. 그런 사마귀들이 생긴 이유는 두 가지 종류의 과잉입법 때문이다. 먼저, 내용이 잘못되고 사회에 해가 되는 법률이다. 그리고 그것만큼이나 잘못된 것으로, 판사의 해석에 불과한 것을 법이라고 생각해서 모아 놓은 소위 판사 법의 과잉이 있다. 우리 법의 기본원칙을 참고하지 않고, 판사가 자의적으로 해석한 것을 우리는 법이라고 인정하고 있다. 하지만 그건 사실이 아니다. 우리에게 법은 보통법이 있을 뿐이고, 판사는 그걸 해석할 권한만 가지고 있다. 판사의 해석을 법이라고 해서는 안 된다. 보통법이 중요한 이유는 그것이 우리 국민의 유일한 법이기 때문이다. 보통법을 집행하는 일 또한 국민 손에 달려 있다. 주민자치정부가 활동을 하고 있고, 법의 집행 역시 국민이 할 일이다. 따라서 그 법은 국민이 어둠 속에서 헤매지 않도록 또는 어려워서 이내 포기하고 자신의 일을 해석하는 판사에게 맡기지 않도록 법 자체가 단순하고 명료하게 보존되어야 한다. 우리는 앞에서 법관이 차츰차츰 배심의 역할을 잠식해 온 역사를 살펴본 바 있다. 그게 하도 집요해서 지금은 가장 중요한 배심의 기능마저도 중앙집권주의의 파도가 잠식해 버렸다. 정확하게 그런 비율로 법 이론이 복잡하고 어려워졌고, 법 집행에 비용이 많이 들고 느려졌다. 합리적인 사람의 눈으로 볼 때, 아주 잘못된 개혁이 진행되고 있다. 원래 보통법의 집행은 단순하고, 저렴하고, 빨라야 한다. 그런데 단순하지 않고, 싸지 않고, 느리게 법이 집행되고 있다면 우리 법이 보통법의 원칙에서 많이 멀어져 버렸다는 얘기가 된다.

이렇게 잘못 자란 사마귀를 떼어 내는 것은 그다지 어려운 일이 아니다. 영국법이 기초하고 있는 기본원칙은 사실 아주 단순한 몇 가지로 정리할 수 있다. 주민자치정부를 원래의 자리로 돌려놓고, 모든 사건이, 의미 없는 트집 잡기로 가득 찬 전문용어 투성이의 끔찍한 법이 아니라, 생활하는 사람들의 건전한 상식에 따라, 설득력 있는 쪽이 이기는 법으로 바뀌어야 한다.

모든 사건에는 옳고 그름이 있다. 5센트짜리 계약이든, 5만 파운드짜리 계약이든 옳은 쪽이 있기 때문에, 다른 원칙이 필요할 이유가 없다. 옳고 그른 것을 따지는 데 익숙한, 상식적이고 실용적인 사람들은 누가 옳은지 금세 이해할 수 있다. 그런데 문제는 여기에 법의 관점이라는 이상한 잣대가 들어옴으로써 사건이 복잡해진다는 것이다. 실질적으로 맞는 쪽이 있고 법적으로 맞는 쪽이 있다고 구별하기 시작하면, 문제가 어려워진다. 그런 생각 자체가 불법이고, 국민에 대한 억압이다. 아무리 좋은 이름으로 포장을 하고, 비싼 돈을 들여 까다롭고 의미 없는 절차로 채색을 해도 그것은 잘못된 것이다. 중앙집권주의가 법이라는 이름으로 이렇게 개입하기 전까지 우리 보통법은 아주 단순했다. 상식의 관점에서 합리적으로 문제를 해결해 왔다.

앞에서 본 것처럼 보통법상 모든 사건은 현장 해결이 원칙이다. 그때는 웨스터민스터가 그다지 큰 의미가 없었으며, 법은 정기적이고 규칙적으로, 빈번하게 소집되는 모든 주와 모든 마을, 모든 자치구에서 바로 집행된다. 빠르고도 신중하게 처리했고, 경험 많은 배심이 효과적으로, 그러면서도 저렴하게 해결했다. 배심이 자유민 사이의 분쟁을 해결해야 한다는 원칙에 의거, 모든 사람이 의무감에 따라 돈도 안 받고, 자기 차례에서 배심의 역할을 수행했다. 기술적인 어려움도 없었다. 시민들이 시민의 관점에서 옳고 그름을 판단하기 때문에 전문용어나 특별한 형식, 법 기술은 의미가 없었다. 실제로 보통법상 법원은 모두 중재법원이었다. 사건별로 독특한 상황을 너무나 잘 알고 있는 생활전문가의 결정이고, 자신의 역할과 책임을 잘 인식한 상태에서 공정하게 내린 결정이었다. 한 사람의 중재원과는 비교도 안 되게, 진실에 이를 가능성이 훨씬 더 높은 시민의 법정이었다.

원래 사건은 가장 간결하고 분명한 형식에 맞춰, 축소된 채로 배심원 앞에 제출되어야 한다. 앞에서 본 것처럼 대배심이라는 제도를 둔 이유가 그것이다. (민사와 관련해서) 법 문제를 가장 과학적으로 정리하는 방법이 바로 '쟁점(special pleading) 설정'이다. 양 당사자의 진술이나 사실 인정을 통해 사건에서 핵심 문제를 뽑아내는 기술을 말한다. 형사사건에서는 (시민의 자유를 위해 누구도 자기 자신의 죄를 인정할 의무가 없고) 대배심이 이런 역할을 한다. 양 당사자의 모든 진술과 양측이 인정하는 사실과 부인하는 사실을 기초로 몇 가지 사실관계를 정리한 다음, 최종결정을 위해 소배심에게 넘긴다. 그런데 이렇게 합리적으로 설계한 장치는 웨스트민스터 홀에 있는 법원 사람들에게 새로운 길을 열어 주었다. 이런 제도를 세련되게 잘 정리해서 자신들의 권한을 남용하는 데 사용하게 한 것이다. 그 결과 애초에 배심제를 만들었을 때 그 핵심 원리에 해당하는 것은 다 빼 버리고 껍질만 남겨 새로운 제도를 만들었다. 배심제의 애초 취지는 까맣게 잊어버리고 말았다. 이것이 바로 배심이라는 중요한 제도에 개입해서 법을 또 한 번 새로운 수수께끼로 만든 예라고 할 수 있다.

주민자치정부의 사법제도(그것은 주민들 사이의 분쟁을 신속하고, 저렴하고, 만족스럽게 해결하는 것을 목적으로 한다)를 좀먹는 그런 조치들은 사법 영역에 까다로운 장치를 만들어서 법을 더 어렵게 만드는 것을 목적으로 한다. 그 결과 우리 보통법과 전통적인 법 원칙, 그리고 실무를 정면으로 위반해 가면서, 많은 사건을 웨스트민스터 홀로 가져가는 데 성공했다. 그런데 한 가지 신기한 것은 상식적으로는 잘 이해가 가지 않는 방식으로 새로운 제도를 설계했다는 데 있다. 누구든 새로운 권한을 가지게 된 자는 웬만하면 그 권한을 줄이려고 하지 않는 법이다. 그런데 웨스트민스터 홀의 법관들은 일단 사건을 전부 지방으로 내려보내서 거기서 기본적인 재판을 한 다음에 다시 위로 올려보내라고 한다. 소위 항소(Demurrers)제도를 만들었다. 법에 대해서 잘 모르는 사람들은 이건 또 뭔가 싶겠지만, 한 마디로 지방법원에게 민사 사건의 대배심 역할, 그것도 가장 느리고 가장 돈이 많이 드는 역할을 맡긴 것이다. 그리고 그와 동시에 아주 다양한 방법으로 소배심의 역할도 일부 뺏어 왔다. 그게 바로 항소 제도다.

더 세세한 내용 대신 중요한 것 한 가지를 지적해 두고자 한다. 현행 사법 제도의 문제를 지적하는 견해들 가운데 겉면에 드러난 문제를 지적하는 것은 모든 문제의 원인이 되는 확실한 원천을 건드리지 못하는 견해다. 원천을 드러내지 못하는 한 지금보다 만족스러운 모습으로 사법 제도를 복원하는 것은 쉽지 않을 것이다.

사법개혁을 잘못 이해한 사람들에게 경종을 울리기 위해서라도, 우리가 먼저 모든 문제를 단순화해서 쟁점을 명확하게 설정할 필요가 있다. 법이 수수께끼가 되지 않고 실제로 작동하는 현실로 만들기 위해서 가장 중요한 것은, 법을 사용하는 사람들에게 법이 접근 가능해야 한다는 것, 그리고 보통법이 강조하는 것처럼 법에 대한 국민의 동의가 있어야 한다는 것이다.

파산법은 잘못된 법 제정이 사회에 해가 되는 예로 가장 도드라지는 예다. 19세기 초반에 제정된 법 가운데 이것보다 더 마구잡이로 만든 법은 없다. 좋은 결과를 내지도 못했고, 그렇다고 해서 그 까다로운 법의 근저에 흐르는 무슨 원칙이라는 것도 없다. 일단 급조해 놓고 계속 내용을 바꾼다. 비용은 많이 드는데, 이 법에 따라서는 정당한 청구를 들어주지도 못하고, 거짓 청구를 잡아내지도 못한다. 왜 그럴까? 무엇보다 파산법은 중앙집권주의에 따라 만들어진 기구에 모든 업무를 넘겨주고 있기 때문이다. 정작 이 분야를 잘 아는 배심원들은 제쳐두고 왕이 지명한 위원들을 그 자리에 앉혔다. 그 위원들이라는 사람들이 개인적으로는 아무리 선한 사람들이라고 해도, 파산 사례를 정확하게 판단할 능력이 없다. 게다가 보통법의 기본원칙에 반해서, 다른 분야뿐만 아니라 여기서도 약식재판 제도를 도입했다. 불만이 팽배하는 것은 어쩌면 당연한 결과라고 하지 않을 수 없다. "정리"라는 목적을 핑계로 더 강력한 조치와 더 많은 약식재판, 또, 더 복잡한 법 규정이 반복되고 있다. 하나같이 제대로 된 구제책이라고 볼 수 없는 것들이다.

현대의 법 제정으로 초래한 해악과 혼란상은 앞서 본 바와 같다. 법전이 만들어져서 지금과 같은 엄청난 규모로 두꺼워지기 전에, 그 초반부에 활동하던 명석한 법률가였던 코크 경은 이렇게 말했다. "이 법률들 가운데 하나는, 조문을 여러 개 두면서, 보기 쉽고 명확하게 만들어서 구체적인 문구를 달든 아니면 추상적인 설명을 달든 여러 가지 방법으로, 국민이 어떤 법은 유효하고 어떤 법은 더 이상 유효하지 않은지, 전체 또는 부분적으로 어떤 부분은 개정되었고 어떤 부분은 추가되었는지 설명을 붙여, 국민 입장에서 어떤 법이 아직도 지켜야 할 법인지 분명하게 알 수 있게 해야 한다. 그게 지금 필요한 일이고, 칭찬 받아 마땅한 일이다"라고. 그는 또 예전에 법을 국민 앞에서 선포하던 관행도, 쉬운 성문법을 만들어 국민이 쉽게 이해할 수 있게 하는 것으로서, "아주 훌륭한 전통이었고, 복원이 필요하다"라고 했다. 또 화이트로크(Bulstrode Whitelocke, 1605-1705)는 놀랍게도, 로크 경이 말한 바와 우리가 앞에서 지적한 것과 비슷한 취지로 다음과 같이 적고 있다. "우리 선조들은 그렇게 많은 법을 만들지도 않았지만, 굳이 법을 만들 때는 글이 짧으면서도 분명하게 했다. 나는 어떤 지혜롭고 학식이 높은 변호사이자 정치가가 말한 것을 지금도 기억하고 있다. 성문법이 많으면 판사가 혼란스럽고, 법이 모호해진다고 한다. 왕의 특권과 국민의 권리를 잘 구별해 놓고, 일반 사인 간 소송에서 구제책만 적어 넣으면, 더 법을 만들 필요도 없다. 법이 많으면 소송만 많아진다." 그런 다음 화이트로크는 이렇게 주장한다. "우리 의회가 해 주어야 하는 일은 (의회 말고 다른 기관이 하는 것은 상상할 수 없다) 모든 법률을 검토해서, 유효한 것으로 두기 적당하지 않은 것은 폐지하고, 두어도 좋은 것은 유지하고, 내용이 혼동되는 것과 다른 법률과 저촉되는 것, 같은 문제를 반복적으로 다루는 것은 정리하고, 한 주제에 대해서 법률을 하나만 남겨 우리 실정법 전체가 명쾌하고 분명해지도록 해야 한다. 오늘날 우리 법을 읽는 어떤 학생도, 전문가도, 우리 법이 분명하다고 말할 수 없을 것이다."

앞에서 언급한 어떤 저자도 보통법을 분류해서 제목을 다는 식으로 축약하려는 시도는 전혀 해 본 적이 없다는 점에 유의하여야 한다.

요즘 사법개혁 가운데 중요한 부분을 차지하고 있는 것이 보통법과 실정법 개혁으로, 배심재판과 약식재판, 기소와 판결뿐만 아니라, 현대적인 입법 제도, 헌법적 안전판에 관계되는 내용이다. 시군 사계법원(Petty Sessions)(작은 사건을 다루는 시군 법원: 역자 주)이나 사계법원(Quarter Sesssions)(시군 사계법원보다는 조금 더 큰 것으로서 1년에 4번 열리는 비정기 법원: 역자 주)은 사법 제도가 자유민에게 적합하고, 효율적인 것으로 복귀하기 전에 가장 먼저 폐지해야 할 것들이라고 할 수 있다.

이제까지 말한 내용을 근거로, 눈치 빠른 독자들은 형평법원(Chancery) 제도(복잡하고, 느리고, 비싸고, 귀찮은)는 실무나 이론 모든 면에서 보통법에는 있지도 않은 것이며, 보통법의 원칙에도 반하는 제도라는 점을 알 수 있을 것이다. 이것은 그야말로 당장 떼어 내야 할 사마귀와 같은 것으로서, "그 제도를 이용하는 자들"의 동의 말고는 과거와 현재 모두 어떤 국민의 동의도 받은 바가 없다. 중앙집권주의가 권한을 침탈해서 키워 온 전형적인 제도라고 할 수 있다.

고결한 의무감과 책임감이 이기주의에 의해 짓눌린 금전만능의 시대에 "비용이 적게 드는 법"이라는 주장은 사법개혁주의자들이 선호하는 구호 중 하나다. 그 개혁이 시야가 너무 좁고, 결과 역시 만족스럽지 않다는 점은 그다지 놀라운 일도 아니다. 무지로 그랬든 일부러 그랬든 상관없이, 실용적이고 단순한 조치를 취하지 못하고 오히려 무책임한 공무원 숫자만 전국에 늘렸으며, 실제로 사법비용을 전혀 낮추지도 못했다. 결과 면에서 보면 불만족스러운 것은 물론이고, 아주 해로운 것이었다고 할 수 있다. 앞에서 본 지방법원 제도처럼 자유민에 의한 사법이라는 가장 기본적인 원칙에 반하는 것이었기 때문이다.

국민 사이의 분쟁이나 기소 등 모든 문제를 지역법원이 신속하고 간단하게 해결하는, 건전하고 효율적인 제도를 마련했다면 당연히 환영을 받았을 것이다. 그런 원칙에 입각한 제도는 만들기 어렵지도 않고, 비용 면에서도 - 소요시간도 마찬가지이지만 - 급조한 지방법원제도에 비해 훨씬 저렴하다. 범죄의 종류, 범인의 나이, 피해액 20파운드 또는 50파운드 등 인위적으로 사건을 나누는 바보 같은 짓도 하지 않고, 피해액이나 나이 상관없이 모든 종류의 범죄를 다루는 법원으로 만들 수 있다. 그런데 사법개혁이라는 이름으로 종래 전국에 산재해서 효과적으로 활동을 하던 지역법원을 못 쓰게 한 것은 권한남용이고 영국인의 자유에 대한 점진적인 침탈이라고 하지 않을 수 없다. 그럴듯한 변명으로 왕이 지명한 사람에게 모든 국민의 재산과 명예와 소유와 관련된 약식재판 권한을 주는 괴물 같은 제도를 만든 것은 - 자유로운 제도와 인류 발전의 기초를 흔들고 – 자유로운 발전의 에너지와 재원을 전부 위험에 빠뜨리는 것이 아니었을까? 지방법원 제도나 소년법원 제도가 바로 그런 제도였다고 본다.

모든 문명국가에서, 정치사회의 존재를 위해 필요한 제도 – 모든 사람이 자유롭고 제한 없이 자신의 에너지를 충분히 발휘하는 제도로서 – 가운데, 사람 사이에 생기는 분쟁을 합리적으로 해결하는 간단하고 편리한 장치보다 중요한 것은 없다. 19세기 중반에는 "보다 싸게"라는 외침이 난무하는 가운데, 그럴듯한 변명을 내세워서 「지방법원법」을 통과시킨 바 있다. 그 제도에 대해서는 위에서 본 관점에 따라 정확한 평가가 이루어져야 한다. 모든 분쟁을 큰 비용을 들이지 않고 해결하는 제도(사건 관련자들이 개입할 수 있는 여지를 줄이는 등 관련 당사자를 조금 더 옥죄고 제한하는 법이어서는 안 된다)는 그것이 건전하다는 것을 보여주는 하나의 징표라고 할 수 있다. 반대로 저렴한 제도에 대한 요구가 컸다는 얘기는 분쟁 해결이라는 그 중요한 업무가 얼마나 엉성하게, 또, 어렵게 이루어졌는지를 증명하는 셈이다. 뿐만 아니라 중앙집권주의의 영향으로 배금주의라는 천박한 사상이 득세해서, 사람들이 그 아래 영혼과 신체, 건강과 희망을 얼마나 바쳐왔는지를 보여주는 대목이기도 하다.

주민자치정부의 실제 제도를 설명하는 장에서 인용한 것 가운데 특히 헨리 3세 시대의 선언적 법률의 한 부분을 기억하는 독자들은, 민사와 형사 분야에서의 분쟁이 주민들 각자의 집 앞에서 규칙적으로, 정기적으로, 신속하게, 큰 비용 없이 해결되는 제도를 아주 쉽게 구현할 수 있다는 사실을 알 것이다. 그런 제도가 시작된 이후에 많은 시간이 흘렀고, 그동안에 인구도 많이 늘었기 때문에 이제는 아주 조금씩만 시간을 내면 – 가령 1년에 약 서너 시간 정도 – 자유민 명부에서 선정된 시민들이 배심원으로서 활동할 수 있다. 그것이 우리의 아주 오래된 사법 제도이고, 자유민의 사법 제도이며, 새롭게 부활할 수 있다면 그 사회적, 도덕적 의미가 아주 크다고 본다. 그와 더불어 약식재판의 온갖 해악과 불의가 사람 사이의 일을 다루는 하나 이상의 분야에서 그 종적을 감출 수도 있다. 배심제 법원이 부활하면, 국민에게도 말그대로 인기가 많을 것이다. 그 법원은 소송당사자를 제외하고는 현행 지방법원처럼 공공의 법원이고, 국민의 존중과 지지를 받는 법원이며, 조작된 여론 이외의 다른 의견이 나오는 법원이 될 것이다. 자기 이익만 생각하는 공무원들은 기본원칙을 침해하는 제도가 더 퍼지고 더 오래 계속되기를 바라겠지만, 그것과 비교할 때 우리가 주장하는 역사적인 법원은 더 만족스럽고, 더 바람직한 결과를 가져다 줄 것이다.

제23장

교육

교육

오늘날 "교육"이라는 단어보다 더 의미가 와전된 단어는 없다. 교육이라는 단어로 정의할 수 있는 것은 바로 다음과 같은 것들이다.

교육이 개인과 사회에 더 의미 있는 것이 되기 위해서는 형식에 그쳐서는 안 되고, 실용적이어야 한다. 사람의 능력을 발굴하고 발전시키는 것을 본질로 하는 교육이 쓸데없고 해로운 제도가 아니라 실질적인 제도가 되려면, 개인의 능력을 최대한으로 발휘하게 하는 것이어야 한다. 이름은 교육이라고 하면서 사람을 단순한 기계로 만들고, 사람의 모든 생각과 행동을 정해주며, 판에 박힌 대로 움직이게 하는 것은 훈련이지 교육이 아니다.

진정한 의미의 교육은 사람을 자기 이익이나 쫓는 개인주의자로 키우는 게 아니라 동료 시민과의 관계를 중시하는 사람으로 키우는 것이어야 한다.

사람에 대한 교육에서 중요한 것은 기억이 아니라 이해이고, 더듬는 습관이 아니라 보는 힘이고, 따르려고 하는 자세가 아니라 선택하는 의지이다. 이런 것들을 통해 사람은 동물과 다른 존재가 된다. 단순히 기술을 배우는 데 그치는 게 아니라 지식을 습득하고 전달할 줄 알게 된다. 노력과 투자와 실행의 의지가 충만한 상태가 된다. 사람의 그러한 발전을 가로막는 것은, 그 의도가 아무리 좋아도, 또, 인간의 본성 가운데 동물적인 것을 발전시키는 데 아무리 도움이 된다고 해도,

결국 인간의 고결한 특징을 없애서 난쟁이로 만들고, 인간을 한낱 길들인 야수로 만들 것이다.

진정한 교육은 그 의견이 아무리 좋고 위대한 것이라고 하더라도 남의 의견을 받아들일 것을 가르치는 것이어서는 안 되며, 다른 사람의 의견이 가지는 가치와 진실성을 평가하는 능력을 가르치는 것이어야 하고, 자신의 평가에 따라 남의 의견을 받아들일지 말지 결정하게 하는 힘을 키우는 것이어야 한다. 그와 같은 자기 존중과 자아 신뢰의 태도가 진정한 교육이 식재해야 할 덕목이다.

다른 사람의 이야기에 깊이 영향을 받는 사람(다른 사람이 수집한 사실과 의견을 받아서 쌓아놓기만 하는 사람)과 자기 자신의 힘으로 자기 이론을 만들어 가는 사람은 차원이 다르다. 후자만 제대로 된 사람이고, 사회의 일원으로서의 자격이 있다.

진짜 교육이 이루어지는 장은 사람의 실제 생활 현장이다. 사람이 자신의 위치를 끊임없이 자각하고, 모든 상황이 요구하는 일을 자신의 지혜를 발휘해서 처리하면서 교육도 이루어지는 것이다.

사람을 진짜로 교육을 받은 사람으로 만드는 것은 이론적인 토론이나 연구도 아니고, 지식 축적의 훈련도 아니다. 자유로운 상태에서 실제 생활에서 부딪치는 문제와 씨름하는 데서 교육이 이루어진다.

교육이라는 주제에 대해서 대부분의 사람들이 모호하고 정리되지 않은 생각을 가지고 있는 사이에, 교육이 여러 나라에서, 중앙집권주의를 강화하는 수단으로 사용되어 왔다는 사실이 그렇게 놀랍지도 않다. 정부 공무원이나 기관들이 교육을 읽고 쓰는 능력을 가르치는 것으로 생각하거나 스스로를 교육의 전도사라고 주장하는 사람들이, 교육에도 무슨 통계가 있는 것처럼 생각하면서 학교 교육의 통계를 제시하는 것을 보면, 그런 정부기관이나 교육전도사들은 교육이 무엇인지 진짜로 이해하지 못하는 것 같다.

　교육이라는 단어를 오랫동안 강조한 유럽대륙에서 교육은 점점 그 본질로부터 벗어나고 말았다. 사람을 훈련시킬 뿐 능력을 개발하려 하지 않고, 지식만 흡입하게 할 뿐 따져 묻는 능력은 가르치지 않는다. 읽고 쓸 줄 알고 과학과 기술을 안다고 해서 교육받은 사람이 되는 게 아니다. 그런 데에 더 관심을 가지면 가질수록 오히려 사람을 교육받은 사람으로 키우는 데 방해가 된다. 이와 관련해서 프러시아가 중요한 사례가 될 수 있는데, 거기서는 국가 교육이라는 이름의 교육이, 자기 자신의 필요와 조건을 스스로 변화시키지 못하고, 오로지 왕의 이익을 위해 존재하는 동물 떼들을 키우는 데 이용된다. 어떤 통찰력 있는 작가는 프러시아의 교육을 "우리나라에 이식시키려고 하는 것은 뭘 모르기 때문이"라고 말하면서, 프러시아의 국민들은 "가장 감시를 많이 받고, 가장 간섭을 많이 당하며, 시민권과 정치적 자유가 없는 – 한마디로 가장 노예에 가깝고 – 국민으로, 서부유럽의 국민 가운데 가장 '교육이 잘 된' 국민"이라고 지적한 바 있다. 프러시아의 교육은 사람의 개발이 아니라 훈련을 목적으로 한다는 뜻이다. 이런 지적은 그 교육 제도를 겉에서 대충 보지 않고 깊이 연구한 바 있고, 학교에 관한 의미 없는 통계에 호도되지 않는 사람들이 거듭 확인해 준 것이다.

　체계적인 교육이 강화될수록 개발이 아니라 주조, 즉 사람 만들기에 더 치중한다. 교육을 한다는 것을, 가정에서 부모들이 전달해 주는 편협하고 편견에 가득 찬 생각으로부터 아이들을 보호하고 아이들에게 당대의 가장 좋은 의견을 전달하는 것이라고 이해하고 그것이 국가의 의무라고 주장한다. 국가를 일종의 수퍼맨으로 보는 것이다. 편협하고 편견에 가득 찬 생각이라고 하더라도 수많은 부모가 아이들을 직접 가르치는 것보다, 우연히 권력을 갖게 된 자들의 의견을 따르도록 아이들을 훈련시키는 것이 더 좋은 교육이라고 생각한다. 그래서 교육위원회가 까다롭게 개입해서 승인하거나 권유하고, 장학사가 심사하고 보고서를 작성한다. 그런 교육은 그 당연한 결과로 진정한 교육을 위축시키고, 기껏해야 인위적이고 건강하지 못한 생각을 기계적으로 뽑아내는 데 그친다.

아이들의 교육과 관련해서 가장 바람직한 것은 좋은 열매를 맺을 땅을 조심스럽게 준비하는 데 있다. 지식이라는 관점에서 보면 가장 지식의 양이 적은 자가 가장 위험한 범죄자가 되는 게 아니라, 가장 지식의 양이 많은 자가 범죄자가 된다. 지식의 양이 많다고 해서 교육을 받은 사람이 되는 게 아니다. 지식을 찾아 아는 능력은 최고도로 발달되어 있는데 동료시민과의 실제 생활 가운데서 그 지식을 어떻게 활용할지 그 방법을 깊이 생각할 기회를 갖지 못한 사람, 그게 바로 못 배운 사람이다.

(세속적인 의미에서) 진정한 조기교육에서 필요한 것은 동료시민과의 관계 속에서 자신의 의무와 책임을 정확히 알고, 그 의무와 책임을 이행하는 방법을, 직접 의무 이행을 하는 가운데 체득하거나, 배워서 아는 데 있다. 여러 가지 상황을 가정해 놓고 다양한 방법으로 그런 의무와 책임의 내용을 아이들 앞에 적절하게 제시해 주면 아이들은 그 전체 모습을 있는 그대로 이해한다. 그런데 국가가 자신의 권위를 앞세워 이 과정에 개입하게 되면 동료시민에 대한 자유민의 의무와 책임을 가르치는 기회가 되는 것이 아니라 한 사람의 생각과 행동을 다른 사람이 불러준 대로 따르게 하고, 일종의 복종 상태를 강요하는 게 된다. 즉, 진정한 교육의 기회가 사라지는 것이다. 이런 식으로 이루어지는 국민교육은 국가가 교육내용을 지정해 주는 등 감독권을 행사하면서 국가의 권고사항을 – 그렇게 권고한다고 해도 다른 내용에 대한 접

근을 다 막지도 못한다 - 실현하는 것이며, 그것이 모든 해악의 뿌리라고 할 수 있다. 그런 모습을 보면 교육의 목적이 자유롭고 독창적인 개인의 개발이 아니라 원하는 사람을 만들어내고 복종하는 데 있다는 걸 자인하는 것 같다. 지배자 또는 어떤 특정 계급이 원하는 생각을 하는 국민을 만드는 게 목적이지, 자유로운 국민의 행복을 추구하는 것이 목적이 아닌 것 같다.

주민자치정부의 제도들은 가장 실용적인 교육 기회를 제공하고, 그것이 아이들을 가르치는 데에도 좋은 수단이 된다. 이건 두 가지 방면에서 가능하다. 아이들은 아직 어리기 때문에 그런 제도에 참여해서 직접 의무를 실행하면서 책임감과 사회적 의무를 체감하는 훈련 기회를 가질 수 없다. 대신 각자의 가정에서 자녀들 마음에 사회에 대한 책임감을 느끼게 하고, 장차 실행할 마음을 갖게 함으로써 장래의 자유롭고 건강한 의무 이행 교육을 미리 할 수 있다. 그런 의미에서 모든 사람이 사회와 자녀들과 자기 자신에게 부담하는 첫 번째 의무는 부모들이 그랬던 것처럼 아이들을 의무 이행에 적합한 사람으로 키워내는 것이다. 자유민으로서 의무를 이행함으로써 아이들은 한 사람의 성인이 되는 것이기 때문이다. 장차 아이들이 자유민으로서 의무와 책임을 이행할 시점이 오면 교육 내용을 실천할 기회가 주어진다. 그것이 주민자치정부라는 제도에 어떤 결과를 가져오는지는 앞에서 본 바와 같다.

여기서는 일반적인 의미의 교육에 대해서만 설명했고, 장사나 직업 수행과 관련된 교육은 설명한 바 없다. 하지만 그런 분야의 교육도 우리가 이제까지 본 것과 크게 다르지 않다. 장사나 직업교육은 사실, 특별한 분야에서 특별하게 발휘할 능력을 개발하는 것이다. 그런 교육에서 대강의 기술만 전수하는 데 그치는 것은 도제를 부속품의 일부로 만드는 일이다. 그런 스승은 진정한 교육을 한 것이라고 할 수 없다.

단순한 복사기계밖에 길러내지 못할 것이기 때문이다. 진정한 스승은 도제에게 자기 일의 기초 원리와 자기가 아는 한도 내에서, 각 과정의 의미를 깊이 가르친다. 그런 가르침을 받은 제자는 자기가 일을 맡게 될 때 가르쳐 준 것을 그대로 따르는 게 아니라, 스스로 새로운 방법을 찾아낼 줄 아는 사람이 된다.

동료시민에 대한 의무의 이행과 관련한 더 높은 단계의 교육에 대해서도 같은 말을 할 수 있다. 모든 권력을 가진 사람의 관심은 사람들을 정해진 길로 가게 하는 데 있다. 국가가 주도하는 교육의 목적은 다 그렇다. 익숙한 내용이 반복되면 개인은 그 가치를 제대로 이해하지 못하고, 독립적이고 창의적으로 연구하고 실행할 힘을 잃어버린다.

국가 주도의 국가교육의 해악은 영국에서 이미 널리 감지된 바 있다. 정부기관과 중앙집권화된 위원회 등에서 낸 "보고서"와 기타 문서에 언급된 바와 같이 국가교육은 대중들, 특히 그 가운데서도 교육을 받았다고 여겨지는 사람들이 자기 힘으로 생각하지 못하게 하고, 권력을 가지고 있거나 추구하는 사람들이 자기 욕심으로 기획하는 해로운 계획에 대해서도 저절로 동의하게 만든다. 비록 공개적으로 인정하지는 않겠지만 이것이 바로 국가교육의 목적이고, 그것이 만들어 낸 폐해와 자유로운 제도에 가하는 위험은 이미 상당한 정도로 만연해 있다.

진정으로 자유로운 제도의 가치를 알고, 자기 존중의 정신으로 충만한 사람들은 국가교육이라는 이름의 계획으로 고통 받지 않는다. 오히려 모든 수단을 동원해서 아이들이 자유로운 공동체의 구성원으로서 장차 사회에 나가 활동할 준비를 시킴으로써, 자신의 가장 중요한 의무를 다할 것이다. 다만 한 가지 중요한 것은 부모들이 힘을 합쳐서 가장 적합한 수단을 고안해 내야 한다는 사실이다. 지역마다 부모들이 모여 충분한 토론을 하고, 좋은 결과를 도출하는 데 직접 이해관계를 가지고 있는 부모들이 직접 실행을 해야 한다. 이것이 진정한 의미의 국민교육이고, 이걸 통해서만 자유로운 나라를 계속 만들어 갈 수 있다. 다른 사회복지 관련 문제에서와 마찬가지로 교육이라는 중요한 문제에 있어서도 주민자치정부와 중앙집권주의의 기본원칙은 이렇게 한쪽은 좋은 쪽으로, 다른 한쪽은 나쁜 쪽으로, 서로 반대되는 지점에 서 있다.

교육 제도를 주의 깊게 관찰하고 깊이 생각한 이론가 한 사람이 많은 자료들을 섭렵한 결과 우리가 이제까지 검토한 것과 비슷한 의견을 내놓은 바 있는데, 이를 인용하면서 결론에 대신하고자 한다.

"우리 세대의 대륙국가들은 아이들의 나이, 능력, 지역에 맞는 국가 주도의 학교와 신학교를 통해 모든 주민을 교육시키는 제도를 만들었다. 전문가가 학교에서 과학을 가르치는 것이다. 이런 보편적인 의무교육 제도를 통해서 지적, 도덕적, 사회적 발전이 신속하게 이루어지는 황금시대를 꿈꾸었지만 그런 좋은 의도와 달리 결과는 그다지 만족스럽지 않았다. 물론 무지를 쫓아내고 배움의 기쁨과 교양의 맛을 일하는 중산층과 심지어 부자들 중 일부에게도 새롭게 확산시킨 것 자체는 맞다. 하지만 지식과 정신적 능력은 다르다. 성숙한 정신은 학교에서 만들어지는 게 아니라, 일과 이해관계와 유혹으로 범벅이 된 사회생활에서 만들어진다. 거기서는 지식뿐만 아니라, 판단과 주의와 사고와 자제와 원칙이라는 덕목이 필요하다. 대륙에 사는 평균적인 사람들은 지리와 역사 등 교육 커리큘럼 속에 포함된 실용적인 지식에 대해서 같은 지역에 사는 못 배운 사람들에 비해 더 많이 알고 있을 것이다. 하지만 그들은 정신적 능력, 판단력, 상식, 직업 수행에서의 정확성, 직장생활 습관, 가정생활 습관, 자신과 타인에 대한 의무감, 옳고 그름의 분별력, 종교적 감각, 이런 것들은 잘 배우지 못했다. 그가 살고 있는 세상의 사회적 환경 탓인지, 공사의 일에 관하여 정확하게 판단하고, 자기 의견을 확립하고, 실행하는 능력은 영국의 덜 배운 사람에 비해서 많이 떨어진다. 문학과 같이 상상력이 필요한 분야나 눈과 귀로 접하는 지식과 취향은 고급스럽지만, 이러한 학교교육의 성과는 이기적인 지적 기쁨을 충족하는 데만 도움이 될 뿐, 그의 기질이나 인내심, 선악의 분별력을 키우는 데는 도움이 되지 않고, 한 사람의 시민으로서 갖추어야 할 능력을 기르는 데에도 역시 도움이 되지 않는다. 이런 능력을 기르기 위해서는 프러시아의 학교로 가기보다는 자유로운 사회라는 더 큰 학교로 가야 한다. 거기서 모든 사람은 자신의 판단에 따라 자신의 원하는 바를 실현하는 방법을 배우게 될 것이다."

제24장

개신교와
로마카톨릭교

제24장

개신교와 로마카톨릭교

교육 제도와 밀접하게 연결된 문제가 바로 개신교와 로마카톨릭교 문제다. 자신의 능력을 최대한 개발하고 구현하는 것을 교육이라고 한다면 그중 일부 능력은 개신교와 카톨릭교의 문제와도 관련이 있다. 각 종교가 특히 강조하는 바가 다르다. 하지만 이 두 종교의 구별은 거기서만 그치지 않는다. 지금부터 우리는 개신교에서 주장하는 원칙과 카톨릭교에서 주장하는 중앙집권주의를 비교·연구해 보고자 한다.

추측에 가까운 의견이나 종교적인 교리를 말하려고 하는 게 아니다. 두 개의 원칙의 대비에 관한 문제다. 하나는 신이 주신 능력을 최대한 발휘해서 모든 사람이 권리를 향유하고, 의무를 이행하며, 그를 통해 신에 대한 사랑과 이웃에 대한 도리를 다하는 것과 관련이 있고, 다른 하나는 모든 사람의 영혼과 정신을, 그 자신도 오류가 많고 유한하다고 할 수 있는 몇몇 사제가 만들어내고 추인한 것에 복종하게 하는 것과 관련이 있다. 거기서는 신에 대한 사랑과 이웃에 대한 도리를 표현하는 방법이란 자신이 가지고 있는 재능과 힘, 자유로운 의지를 사용하지 않고, 오히려 무력하게 하며, 손수건 속에 조용히 싸두는 것이라고 말한다.

한쪽 원칙은 능동적이며 생기가 있고, 다른 쪽은 수동적으로 죽어가고 있다.

한쪽 원칙은 발전하는 것이고, 다른 쪽 원칙은 위축되는 것이다.

한쪽 원칙은 확장적이고, 다른 쪽 원칙은 억압적이다.

한쪽 원칙은 고상하고, 다른 쪽 원칙은 굴욕적이다.

한쪽 원칙은 자신에 대한 신뢰를 강조하고, 다른 쪽 원칙은 타인에 대한 의존을 강조한다.

한쪽 원칙은 교육적이고, 다른 쪽 원칙은 교조적이다.

한쪽 원칙은 사람의 자유를 목적으로 하고, 다른 쪽 원칙은 불명예스러운 독재를 목적으로 한다.

아주 오랜 과거부터 어떤 형태의 중앙집권주의도 거부하고 혐오한 이 땅의 전통은 종교의 탈을 쓰고 침범해 오는 것에도 똑같은 태도를 보였다. 로마 교회가 무슨 핑계를 대고 접근을 해 와도, 영국에서는 크게 영향을 끼치지 못했다. 앵글로-색슨 족의 교회는 로마로부터 실질적인 독립을 주장하고 실현해 왔으며, 영국의 신도들은 교회가 다른 지역에서 주장하고 최대한 실현해 온 그럴듯한 목표에 잘 현혹되지 않았다. 오히려 실용적인 개신교 정신이 헨리 2세 시절 소집된 의회가 제정한 유명한 클래랜던 헌법에, 또, 에드워드 3세 시절 법률 제51호에 표현되어 있다. 이 책에서 다른 주제와 관련해서 한 번 언급한 바 있는데, 그 헌법과 법률은 본 장의 주제와도 밀접히 관련되어 있는 것이기도 하다. 당시 의회는 종교회의가 제정한 규칙도 국민의 완전한 동의가 없는 한 효력이 없다고 선언했다. 이것뿐만이 아니다. 한때 우리나라의 종교와 로마의 종교가 같던 시절에도, 로마 교회가 원하는 정치체제에 대해서는 우리 영국의 자유로운 정신이 일관되게 거부해 왔고, 로마 교황이 아무리 그럴듯한 구실로 영향력을 넓혀 와도 우리는 그것에 반대해 왔다. 우리가 로마의 종교를 받아들였던 이유는 당시에는 서구세계에서 종교라고 공인된 것이 그것밖에 없었기 때문이다. 하지만 그때도 우리는 개신교의 기본정신으로 무장해 있었고, 교황의 종교회의에서 설파하는 중앙집권적인 지침에 대해서는 늘 반대해왔다. 1235년 머튼 의회(Parliament of Merton)가 "우리는 우리의 오래된 보통법을 교회의 목적 달성을 위해서 제정한 신법 아래 둘 생각이 없다"라고 선언한 것 역시 개신교의 정신에 따른 것이다. 당시 "신도들은 성직자가 이 땅의 영주가 되는 것을 단호히 거부한다"라고 했다.

카톨릭교를 믿을 때도 영국은 자유로운 나라였고, 오히려 그때가 자유로운 제도를 깊이 이해하고, 실행하고, 발전시킨 시기였다. 우리가 앞에서 이미 자세하게 본 것처럼 카톨릭교를 핑계로 중앙집권주의적인 정치체제의 도입 시도가 있었지만, 이 땅에 뿌리를 내리는 데는 성공하지 못했다.

영국에서는 한동안 교황이라는 존재가 별로 느껴지지 않았고, 훗날 "종교개혁"이 시작되고 나서야 교황이 그렇게 억압적인 사람이었는가를 뒤늦게 알게 될 정도였다. 시민의 자유를 억압하는 것 가운데 가장 위험한 것으로 카톨릭교를 지목하고, 그에 대한 깊은 반감을 그때부터 본격적으로 영국민들이 마음속에 품게 되었다.

우리는 보통 헨리 8세를 영국의 종교개혁을 이끈 인물로 이해하고 있다. 하지만 그건 사실이 아니다. 헨리 8세는 영국이 처음으로 알게 된 일종의 '교황'이고, 그의 뜻대로 자기만의 왕국을 만든 사람이다. 우리 실정법이 왕이 제정한 이상한 법령으로 훼손되기 시작한 것도 그때였다. 왕이나 측근들 모두 개신교의 정신이 무엇인지 전혀 몰랐으며, 설령 알았다고 해도 엄청나게 싫어했을 사람들이다. 오히려 에드워드 6세나 엘리자베스 여왕 때의 측근들이 더 개신교에 가까웠다. 단 이들 모두에게 한 가지 공통된 점이 있었는데, 바로 로마 교황에게 반기를 드는 것이 그들의 왕권을 강화하고, 시민의 자유와 권리, 책임의식을 약화시키는 데 도움이 된다는 것을 진작 알고 있었다는 점이다. 그래서 가장 먼저 왕들은 법의 옷이 아니라 성직의 옷으로 갈아입었다. 그런 다음 로마 교황이 반헌법적인 권력을 손에 쥐는 데 사용했던 명분과 구실, 즉, 외부세력으로부터 위험이 몰려오기 때문에 로마의 권력을 강화해야 한다는 명분과 구실을 그대로 가져다 썼다. 이로 인해 더욱 치명적인 피해가 발생했고, 개신교 정신에 투철한 사람들의 자유가 침탈되었으며, 권력을 추구하는 자들의 배신에 속수무책으로 당하기 시작했다. 처음에는 닥쳐오는 위험에 맞선다는 핑계로 시민의 권리와 자유를 보류하자고 했다. 그런데 그들이 말한 위험이 없어진 시대에도 다시 옛날로 돌아가는 일은 일어나지 않았다.

이런 점들을 가장 정확하게 볼 수 있는 것이 바로 1688년 이후에 일어난 일련의 사건들이다.

로마카톨릭교와는 아무 상관이 없는 교황법원(Papal Court)은 중앙집권주의의 수법을 이용해서 자기들의 목적을 이루어 왔고, 지금도 마찬가지다. 지배력을 강화하기 위해 전국에 자기 군대를 심었는데, 이들은 교황법원의 권위를 이용해서 이익을 취하는 자들로 구성되어 있다. 중앙집권주의의 다른 제도가 전국에 소속 공무원들을 심는 것과 똑같은 방식이다. 중앙집권주의는 더 권한을 가질수록 더 시민의 자유를 억압하고, 이를 체계적으로 수행하기 위해 위원과 조사원 등 하위 공무원을 보태 위원회라는 것을 만든다. 바로 로마가 주교와 사제, 형제들을 합쳐 새로운 교단을 만드는 것과 같다. 그 정신이나 이념, 의도가 거의 다를 게 없다. 그 전에 로마에 있던 것이 지금은 화이트홀이나 소머셋 하우스, 귀디르 하우스에 있는 셈이다. 이런 교황의 사무소 같은 조직이 만들어지면 똑같은 현상이 생긴다. 신이 내려준 자유로운 정신을 사제에게 내맡기게 하는 것이 그들의 목표인 것이다.

영국교회는 로마 교조를 거의 대부분 버렸지만 로마가 사용하던 지배 방식은 버리지 않았다. 그렇게 믿음과 율법으로 사람을 묶으려 하는 것은 진정한 의미의 개신교라고 할 수 없다. 이제 조금 있으면 영국교회도 개신교를 분리하지 않고, 개신교 자체를 인정하는 방식으로 진화할 것이다. 하지만 그 전에도 이미 개신교에 대한 관용의 태도를 보여 왔다. 물론 개신교는 그런 단어에 동의하지 않는다. 누구도 다른 사람에게 관용을 베풀 수 없다고 생각한다. 관용이라는 단어 자체가 한 쪽이 다른 쪽보다 우위에 있다는 뜻이고, 결국은, 교황이 쓰는 언어라고 생각한다. 교황이 은전을 베풀어서 제재를 내리지 않다는 의미에 지나지 않는다. 반면에 개신교는 모든 사람이 천부의 권리와 의무를 가지고 있고, 모든 사람은 다 자신의 능력을 발휘해서 자신의 믿음을 선택할 수 있다고 믿는다. 자기와 믿는 바가 다르다고 해서 그걸 부정할 이유도 없고, 거들먹거리면서 누가 누군가를 품을 이유도 없다. 개신교에서는 토론과 연구로 진실에 이른다. 사람이 진실에 이르는 길이 아니다. 교황이든, 위원이든, 사제든, 조사관이든 누가 누구에게 제한을 가하고, 길을 지정해 줄 권리가 없다. 개신교에서는 시민의 일뿐만 아니라 종교에서도 진실 추구가 가장 중요하다.

특정 정파에 속한 교회가 어떤 나라에 전파되고 뿌리를 내리게 된 내력을 추적하는 것은, 어려운 문제이기는 하지만, 보는 것처럼 아주 어려운 문제는 아니다. 중요한 것은 합리적인 인간은, 다른 사람이 어떤 현실적인 문제에서 중앙집권주의를 지지한다고 해서, 그에게 해를 입히거나, 그의 권한을 제한하려는 시도를 하지 않는다는 점이다. 자유민의 나라에서는 어떤 구실을 대든 국민을 노예로 만들어서는 안 되고, 그럴듯한 변명으로 다른 사람들을 꼬드겨서는 안 된다는 점만 강조한다. 거꾸로 생각해 보자. 누가 나서서 자기는 거칠게 다루어지는 게 좋고, 그래서 자기 목적을 달성하는 것은 공무원들 손에 자기 자신을 온전히 맡기는 것이고 권위에 복종하는 것이라고 말한다고 해도, 우리는 그런 생각 자체를 못하게 할 수는 없다. 마찬가지다. 자유주의를 기치로 내걸면서, 로마카톨릭교를 믿는 사람들을 우리가 억압할 수는 없다. 그들은 그들의 삶이 있고, 우리가 그것을 택하지 말라고 막을 수는 없다. 중앙집권주의가 자신의 세력을 넓히는 데 사용한 방식을 우리가 똑같이 사용해서는 안 된다. 10세기에도 안 하던 짓을 19세기 와서 할 수는 없다. 진실한 믿음은 믿음이고, 그 믿음을 전파하기 위해 부당하고 부정한 방법을 쓰는 것은 전혀 다른 문제다. 우리가 중앙집권주의와 로마카톨릭교를 반대하는 이유는 그들이 부정한 수단으로 인간의 약한 부분을 공격해서 결국 그 영혼을 포박하고, 노예로 만들기 때문이다. 그렇다고 우리도 그렇게 할 수는 없다.

어떤 부모가 몰록(Moloch)(자기 아이를 제물로 바치는 아버지: 역자 주)의 숭배자들이 불길에 던진 자기 아이를 구해오는 것을 미친 짓이라고 욕할 수 없는 것처럼, 사탄이 무고한 사람들을 말로 구슬린다고 해서 그를 치안을 방해하고, 남의 자유를 억압한 사람이라고 비난할 수는 없다. 우리는 우리가 가진 일관성을 자랑하지 않을 수 없다. 우리는 신앙과 행동의 자유를 천부의 권리로 인정하는 나라에 살고 있고 토론과 연구와 종교의 자유를 존중하는 사람들이기 때문에, 다른 믿음을 공공연히 설파한다고 해서 그걸 광신이라고 치부하지 않는다. 아무리 그것이 절대 다수의 감정과 신앙심에 반하는 것이고, 자신들의 목적을 위해서 사상의 자유를 억압하는 방법으로 신도를 늘려가는 종교라도 해도 결론은 같다. 우리는 다른 종교를 억압할 권리가 없다.

진정한 개신교도는 그가 가진 종교 때문에 어떤 직책을 차지할 수 없다고 말하지 않는다. 그런 자격을 내세우는 것은 카톨릭적 독선이다. 진정한 개신교도는 더 나아가, 이와 같은 소극적 일관성으로 만족하지 않는다. 모든 수단을 동원해서 인간의 자유를 억압하는 모든 것에 반대한다. 그를 위해서 개신교는 오로지 설득이라는 평화적인 방법만 사용한다. 만약 그렇지 않고 육체적이고, 물질적이고, 과도한 수단을 동원해서 자의로 자신의 길을 가고자 하는 사람을 방해하고, 그를 강제하려고 한다면 그것은 개신교도의 자세가 아니다. 그런 불법적인 시도에 단호히, 과감하게 반대하지 않는 것은 개신교도라고 할 수 없다.

그런 의미에서 개신교가 지키는 원칙은 주민자치정부의 그것과 다르지 않다. 이념도, 정신도, 우리의 생활과 품성, 대화에 미치는 영향도 같다. 중앙집권주의의 하나로서 카톨릭교는 - 카톨릭에 속하는 모든 사람이 신실하게 지키고 있는 믿음이 아니라 그들이 정치와 사회, 시민생활의 영역에서 내세우는 구실이나 변명을 말한다 - 자신에게 복종하는 사람들의 정신적인 독립을 훼손하고 신실한 자세를 이용하는 게 목적이다. 반면에 신앙으로서 카톨릭교를 신봉하는 사람들은 - 우리 선조들이 그랬던 것처럼 카톨릭교를 전파하는 데 혈안인 사람들이 내세우는 구실에 현혹되어서는 안 된다 - 그들의 믿음을 굳건히 지키는 것만으로도 많은 사람의 존경을 받을 수 있다. 마찬가지다. 아무리 목소리를 크게 외쳐도, 자유를 최고의 가치로 여기는 이 땅에 시민생활과 정치, 사회의 어떤 영역에서든 중앙집권주의가 뿌리내리는 것을 용인하는 사람들은 개신교도라고 부를 이유가 없다.

제25장

공중보건 등

제25장

공중보건 등

언제나 보통법이 가장 관심을 가지고 다룬 분야가 바로 공중보건이다. 보통법이 이 문제를 다루는 방식은 두 가지인데, 하나는 어떤 원칙에 근거한 법을 따르는 것이고, 다른 하나는 즉흥적으로 만든 법을 따르는 것이다. 원칙에 근거한 법은 상황이 아무리 변해도 똑같이 적용되는 법으로, 어떤 제도나 절차가 중립적인 사람이 상식의 눈으로 볼 때 공중보건에 해가 된다고 판단하면 예외 없이 보통법에 따라서도 같은 판단을 받는다. 공익의 증진 목적으로 투명하고도 진지하게 추구하는 조치는 보통법에 따라서도 공중보건에 도움이 되는 것으로 바로 인정되고, 법에 정한 보호와 지원을 받는다.

예전에 주민자치정부의 제도의 자유로운 활동을 방해하는 시도가 없지 않았지만, 그래도 공중보건 분야에서는 눈에 띄는 발전이 있었다. 그런데 의회 입법이 이 주제에 간섭하기 시작하고, 그 발전을 가로막는 조치들이 급작스럽게 시행되었다. 그러면서 사람들도 진실을 직시하고 현실을 있는 그대로 보기보다는 한낱 형식과 그림자에 지나지 않는 것에 관심을 두기 시작했다. 1848년 「공중보건법」이 "그럴듯한 서문"을 앞세우고 제정된 것이 그 예다. 그리고 자신의 일을 나름대로 충실하게 수행하는 자들을 억압하기 시작했다. 권력을 추구하는 자들이 자신의 계획을 숨기기 위해서 내놓는 위장막이나 행정적 수법에 익숙하지 못한 탓이다.

사람들은 법안 자체를 깊이 들여다보지 못했고, 설령 깊이 들여다 보았다고 해도, 그 의도를 파악하기 쉽지 않았을 것이다. 벌써 이름부터 문제가 있었다. 공중보건법안(Public Health Bill)을 제정하고자 하는 청원이 있었고, 구체적으로 청원을 한 이유와 법안이 시행하고자 하는 조치가 무엇인지도 모른 채 법안에 서명했다. 그 법에서 말하는 조치는 비정상적인 상황에서, 그럴듯한 구실과 급조된 증거를 바탕으로 지지를 얻어냈다. 그러면서도 현재 존재하는 법에 대해서는 일언반구도 없다. 기존의 법과는 어떤 관계가 있는지에 대해서는 아무런 언급이 없는 것이다. 결국 이 법의 목적은 선량하고 성실한 사람들을 단순한 도구로 만들고, 쓸데없는 일자리를 만들어 관료주의를 확대함으로써 중앙집권주의의 활동 영역을 최대한 넓히는 데 있었다. 그리고 전국에 산재해 있는 주민자치정부의 제도 가운데 아직 명맥을 유지하고 있는 것을 마저 파괴하는 게 목적이었다. 일자리 창출과 정부 지원 확대를 노리는 법이고, 한마디로 말해서, 대책 없는 자선가들이 전국적으로 활동할 공간을 의회가 만들어주는 것을 내용으로 하는 법이다. 또 다른 한편으로는 자유민의 권리와 의무, 책임감을 고양하고, 인류의 발전을 추구하는 합리적인 사람들을 '개혁' 거부세력으로 음해하는 법이다.

그런 법을 만들어서 정부 지원을 늘리고 중앙집권주의의 활동영역을 넓히는 기회로 이용할 게 아니라 종래 존재하던 주민자치정부를 활성화하는 길을 택했더라면 훨씬 더 좋은 결과를 얻을 수 있었을 것이다. 공중보건의 문제를 고민하는 사람들이 보통법이 채용하고 있던 체계적인 접근법을 취하고, 보통법이 가리키는 방향을 정상적으로 따라갔더라면 ─ 이건 모든 경우에 다 적용되는 것이겠지만 ─ 모든 사람이 그 필요성을 더 깊이 인식하고, 얼마나 많은 공익이 창출될 수 있었을까! 그런데 그런 식의 진지하고, 실질적이고, 자주적인 접근법은 감상적인 자선가들이나 중앙집권주의하에서 권력을 탐하는 자들의 기호에 맞지 않았다. 그들은 거창한 계획을 먼저 세우고, 그 마무리로 폼 나는 "보고서"를 작성해서 퍼레이드를 다니는 것을 더 좋아한다. 나라를 중앙집권주의의 도구라고 할 수 있는 무슨 위원회로 채우기를 더 좋아하는 것이다.

그 결과 그토록 간절하게 원하던 실질적인 발전이 멈추었고, 엄청난 예산 낭비가 있었으며, 사람들이 반노예가 되었고, 도덕관념이 땅에 떨어졌다. 중앙에서 일방적으로 정해주고 불러주는 것에 고분고분 따르는 사람들로 가득 차게 된 것이다. 게다가 중앙의 계획은 매일 바뀌고, 새로운 계획이 나올 때마다 새로운 약속으로 포장되었으며, 이전 계획과 현재 계획이 모순적이든 말든 무조건 따를 것이 강조되기도 했다.

특히 '보건위원회(Board of Health)'가 스스로 내세운 무오류의 원칙 같은 것은 그로 인해 이익을 취한 사람들 말고는 모든 사람의 경멸을 받기 마땅한 것이었다. 동료 시민들의 복지를 진지하게 바라는 많은 사람에게 환멸을 느끼게 했고, 바티칸뿐만 아니라 귀디르(Gwydyr, 웨일즈 북부의 지명: 역자 주)에서도 무오류라는 말을 들어야 한다는 점에 사람들이 자괴감을 느끼지 않을 수 없었다.

의회가 통과시킨 「공중보건법」이 엉터리라고 주장하는 또 하나 이유는 그것이 공중보건이라는 이슈만 지나치게 강조한다는 데 있다. 원래 공중보건이라는 것도 국민 전체의 복지 가운데 하나이며, 보통법도 문제를 그렇게 본다. 그런데 그들은 보통 중앙집권주의자들이 하는 것처럼 몇 가지 목표를 설정해 두고 그것에만 집중하면서, 그 목표를 달성하는 것이 "모든 제도"가 추구해야 할 목표인 것처럼 떠벌인다. 정신적이고 도덕적인 성숙, 사회복지와 책임의식, 정치적 독립, 기업의 자유 같은 것은 「공중보건법」이 설정한 목표 앞에서는 아무것도 아닌 게 되고, 중앙집권주의자들이 만든 이 허상의 재단에 다 희생되어도 좋을 덕목처럼 생각한다. 코크 경의 다음과 같은 지적이 너무 당연하다고 생각되는 이유다. "의회는 내용은 전혀 안 보고 서문에 적힌 말의 성찬만 보고 나서, 완전히 속고 말았다"라는 게 코크 경의 진단이었다.

독재자의 수법을 더 좋아한다고 말하는 이유는 이 법안에서 지역 조사 같은 업무도 그 일을 할 적당한 사람에게 맡기지 않고 군대의 일로 두고, 군대의 통제를 받게 했다는 데 있다. 반헌법적인 법률을 통해서 확보한 말도 안 되는 직책을 점점 더 늘려서 자기 영달을 도모하는 목적으로 쓰기도 했다. 처음 지명을 받을 때 수행하기로 한 업무 외에도 다양한 "보고서"를 내고, 그걸 또 무슨 권력으로 여긴다. 정작 어떤 법도 보건위원회에 그런 보고서를 낼 권한을 주지 않았고, 그 쓸데없는 걸 만드는 비용은 결국 국가의 부담인데도 말이다. 워낙 책임감 같은 건 문제도 삼지 않았기 때문에 국가가 질 부담 역시 고려 대상이 아니었다. 국가교육이라는 프로젝트가 공중보건 문제에 그대로 적용된 셈이다. 아무리 불법적인 권한이라고 하더라도 그럴듯한 말로 포장하고 공인을 찍으면 어리숙하고 순진한 사람들에게 아무런 문제가 되지 않을 거라고 생각한 것이다. 그리고 실제로 그런 생각대로 일이 진행되고 말았다.

보통법의 기본원칙은 물론이고 국가와 지역 간 합의문, 지역기구들 모두 「공중보건법」의 제정으로 다 무시되고 말았다. 몇몇 사람에게 청원을 유도해서 토론도 없이 급조한 청원문을 만들고, 그게 결국 전체를 구속하는 결과가 되었다. 중앙의 위원회는 지역 사정도 전혀 모르면서 권력을 행사하고, 일방적인 지시를 내린다. 모든 지역의 문제는 그로 인해 가장 크게 영향을 받는 사람들이 이해하고 동의한 내용대로 실행되어야 한다는 보통법과 헌법, 상식의 잣대에 전혀 맞지 않는 일이다. 의회의 입법권한을 거의 대부분 아무런 책임도 지지 않는 비밀위원회에게 넘겼고, 위원회는 그렇게 넘겨받은 권한을 법에 적혀 있지도 않은 영역으로 확대해서 행사했다. 그 결과 개인의 재산권과 행동자유권은 물론이고 사회적 정당성 같은 것조차 전부 무시하는, 가장 자의적이고 해로운 결정이 내려졌다.

가령 1850년 위원회는 자기 권한도 아닌 '임시조치(Provisional Order)'를 발령했고, 의회는 또 아무 생각 없이 추인을 하는 바람에 수백 에이커의 땅이 40년 간 폐쇄되는 사태가 일어나기도 했다. 모두 경작 중인 땅이었고 일부에는 건물이 세워져 있었으며, 개인 사유지, 소작지, 공공 목적으로 기부된 땅도 포함되어 있었다. 만약 그 임시조치가 합법이라는 결론이 나면 그 땅 전부는 이제 원래 황무지로 돌아가고, 모든 주민에게 접근권이 주어진다. 즉, 정상적인 소유권 체계를 다 무너뜨리고, 이제까지 진행되어 온 개발 결과를 다 무위로 돌리는 조치를 자유로운 이 문명사회의 법이 지지한다는 게 도무지 말이 되지 않는다. 이것이 바로 감상적 자산가와 즉흥입법이 만들어 낸 결과물이다.

조작된 청원과 일방적 명령은 의회가 제정한 「공중보건법」의 두 기둥이다. 자의적인 목표를 설정하는 것도 그렇고, 그걸 실현하는 방식도 모두 자유롭고 공개적인 토론과는 전혀 상관없이 이루어졌다.

배신을 조장하고, 지역 간 불화를 부추겼다. 국민의 자유와 진보, 책임감 같은 것과는 전혀 어울리지 않는 것들이 득세하게 된 것이다.

지역 패거리들 역시 동원된 수단 가운데 하나다. 아무런 선거도 거치도 않고 아무런 책임도 지지 않는 그 사람들이 마찬가지로 아무런 책임감도 없는 중앙의 비밀위원회가 데려다 쓰는 도구 노릇을 했다.

공익 목적으로 법을 만들고 시행해야 한다는 지역주민의 입장에서 보는 최소한의 안전판도 무시되었다. 선의나 법 규정의 준수와 같은 원칙도 지켜지지 않았고, 주민들과 지방세 납세자들은 중앙에 있는 독재자가 지방에 식재한 기구의 노예로 전락했으며, 중앙에서 보낸 관리들과 공복의 눈치를 보는 신세가 되었다.

그런 수단밖에 쓸 수 없었다는 점만 보더라도 원래 이 법의 의도는 나쁜 것이었다고 할 수 있다. 정의와 진리에 대한 생각도 없고, 결과가 좋을 거라는 기대도 없는 법이었다. 강제적인 수단을 사용하는 것은 보통의 상식과 선의를 가진 사람들 누구도 동의하지 않을 거라는 점을 그들도 잘 알고 있었다. 그래서 그들이 내세운 구실이라는 것도 자유로운 제도의 지향점과는 전혀 다른 방향을 가리키고 있었다.

사회가 진정으로 발전하는 데 방해가 되는 사람들은 모든 국민의 에너지를 헌법적이고, 정기적이고, 검증된 절차에 집중하도록 하는 게 아니라, 반헌법적이고, 불규칙적이고, 몇몇의 이익에 부합하는 방향으로 몰아간다.

1844년에 제정된 「대도시건축법(Metropolitan Buildings Act)」도 본질적으로 「공중보건법」과 궤를 같이 하는 법이다. 그 법에 따라 많은 정부지원이 있지만 그것이 공익에 맞게 쓰인다는 보장이 없었다. 풍속을 문란하게 한 이웃에 대한 강제집행으로 주민들이 이익을 얻는 등, 합리적으로 지역사회의 공익을 증진시키는 제도라고는 볼 수 없는 면도 많다. 그 법 역시 다른 중앙집권주의의 제도들과 마찬가지로 많은 관료들을 만들어 내는 법이었고, 그들의 이익을 위해 국민이 존재한다는 느낌을 주는 법이었다.

1848년 「대도시 하수도법(Metropolitan Sewers Act)」도 여러 가지 면에서 「공중보건법」과 비슷했다. 「공중보건법」이 통과될 때와 마찬가지로, 패닉 가운데서 조작된 증거를 제시하면서 통과된 법이다. 기존에 있던 하수도법들을 전부 폐기하고, 중앙에서 파견한 무책임한 공무원들에게 집행권과 과세권을 부여했다. 2년 간 한시적으로 부여한 것이기는 하지만 과세에 대해서는 제한도 없기 때문에 도시 전체가 세부담에 신음하게 되었고, 그로 인해 향후 약 30년 간 발전이 정체되는 결과를 낳기도 했다.

이 법의 역사를 살펴보면 이 책에서 말하는 바의 예시라고 봐도 좋은 내용들로 가득 차 있다는 것을 확인할 수 있다.

원래 하수도법이 다루는 문제는 우리가 아는 '물을 빼내는 것', 즉, '하수'와는 아무런 관련이 없다. 강물의 흐름을 막지 못하게 해서 물이 육지로 역류하는 것을 막는 게 목적이었다. 원래 하수도법에 관한 기록은 1306년 에드워드 1세 법률 제35호에 처음 나온다. 당시 의회록에 보면 왕이 법 집행자로서의 권한에 근거해서 영장을 하나 발부한다. 어떤 청원에 대한 응답으로 런던 시 장관과 시장에게 강물의 흐름을 막지 말라고 명령하는 내용이었다. 당시 10척 내지 12척의 배가 화물을 가득 실은 채로 홀버른(Holborn)까지 올라가는 일이 있었기 때문이다. 그때는 템플 바(Temple Bar, 웨스트민스터 시에서 런던 시로 들어오는 입구: 역자 주)도 교외의 한적한 곳에 있어서 사람들도 페터 레인(Fetter Lane)과 홀버른을 거쳐 생울타리 근처로 가서 콧바람을 쐬거나 냇물 졸졸거리는 소리를 듣고 오곤 했다.

1351년 에드워드 3세 법률 제25호와 제45호도 비슷한 취지로 의회록에 기록되어 있다. 또, 헨리 4세 재위 첫해에도 강물 상태에 대해서 언급한 기록이 있다. 이때 최초로 "강들 주위에 목초지와 초원, 경작지들이" 앞에서 말한 강물 흐름을 막는 것 때문에 "심하게 상하거나, 침수되거나, 못 쓰게 되는 경우가 있었다"고 한다. 그래서 이 법에서 처음으로 판사들로 구성된 위원회 얘기가 나오는데, 그 위원회는 이런 문제를 전적으로 다루는 기구였고, 그 방법 역시 보통법을 따른 것이었다. 이웃주민들로 배심을 구성해서 판사 주도로 누구의 과실인지, 손해가 얼만지를 조사하는 역할을 맡겼다. 보통법에서 선언하고 있는 것처럼 땅을 가지고 있는 사람들은 이웃에게 피해를 입히지 말아야 할 의무를 지기 때문이다. 당시 판사들에게 조사를 맡기는 취지의 영장이 지금도 보관되어 있다. 여기서도 역시 판사가 어떤 역할을 하는지 명확하게 확인할 수 있다.

의회록에 나오는 1423년 헨리 6세 법률 제2호도 같은 목적으로 만든 위원회에 대한 언급이 나오는데, 판사는 앞에서 본 것과 같은 방법으로 자신의 의무를 이행했다. 즉, 이웃의 선량한 주민들이 조사를 하게 감독하는 역할을 한 것이다.

헨리 6세 법률 제6호 제3장은 강물이 넘어서 주위 토지에 피해를 입히는 문제를 다룬 첫 번째 법률이었고, 처음으로 향후 10년간의 권한 행사기간을 정해 두었다. 위원회가 특임기구 이상의 기구가 된 것이다. 그리고 그 역할도 강물과 강둑을 정상적인 상태로 유지하는 것과, 여기 추가해서 홍수로 강 주위 토지에 피해를 입히는 것을 예방하는 임무가 부여되었다. 문제를 다루는 방식은 역시 보통법이 정한 바에 따른다. 법을 지키는 이웃 주민들로 구성된 배심이 그 일을 처리한 것이다.

1531년 헨리 8세 법률 제23호 제5장은 하수도위원회(Commissions of Sewers)를 처음 만든 법으로 잘못 알려져 있지만, 실제로는 앞에서 본 법들과 다르지 않았다. 위원회가 지명한 판사들은 "누구의 잘못으로 손해나 불편 또는 인근 주민에 대한 위험이 발생했고, 누가 어느 정도의 피해를 입었는지에 대해 선량한 시민들로 구성된 배심이 선서의 방식으로 조사하고, 판사는 이를 주재할" 권한을 가지고 있었다. 그리고 이 법에서 명시적으로 선언하고 있는 것처럼, 보통법에 따라 조사를 주재하는 판사는 "국가의 비용으로 새로운 시설을 설치할 권한이 없"다. "다만 새로운 시설이 필요하고, 그게 토지의 가치를 높이는 데 유용한 것이라면, 토지 주인이 적절한 비용을 지불하지 않을 이유가 없을 것이고; 본법에 따라 구성된 어떤 위원회도 자발적인 동의나 협조 없이 강제로 새로운 시설을 설치할 수는 없다. 다만 경우에 따라 공익을 위해서 한 사업이 개인에게 도움이 되는 경우도 없지는 않을 것이다"라고 적고 있을 뿐이다.

이 법률은 1848년 현재까지도 유효한데, 그 사이에 몇 개 사법률 (Private Act)(특정 법인 또는 개인에게만 적용되는 법률: 역자 주)이 제정되어 – 앞에서도 본 것처럼 이것이 바로 반헌법적이고 부당한 법 체계도 귀결되는 이유 중 하나다 – 헨리 8세 시대 법률에 따라 구성된 위원회에게 자의적인 권한이 여러 개 부여되었다. 그런 다음에 그 위원회는 하수도 위원회에게 부여해서는 안 되는 권한을 행사하는 것으로 자신들의 활동영역을 불법적으로 넓혀 나갔다. 이것이 바로 배수(Drainage) 문제였다. 배수는 찌꺼기 등을 물을 통해 흘려보내는 것이고, 우리가 앞에서 본 하수는 강물이 육지로 역류하는 것을 막는 게 주목적이다. 우리 보통법은 이 두 가지 문제가 모두 같은 방식으로 처리되어야 한다고 요구하고 있지만, 두 가지는 사실 일의 성격상 전혀 관계가 없다. 그런데 이 두 가지를 혼동함으로써 엄청난 권한 남용과 불필요한 비용이 발생하게 되었다.

하수든 배수든 상관없이 1848년 법률은 사업의 집행과 감시에 관한 보통법과 모든 법 원칙을 뒤집어 놓은 법이었다. 하수도법의 의미와 목적도 잘 몰랐고, 공중보건과 공공복지와 관련해서 이 문제들이 어떻게 관련되어 있는지도 잘 몰랐다. 이 법에 따르면 배심원의 기소도 없이 대충 지명한 조사원(Surveyor)의 간단한 "첩보(Information)"로 위원들이 모든 사건을 진행할 수 있다. 주민자치정부는 모두 폐지되고, 가장 자의적인 간섭권과 무책임한 과세권, 약식재판권 등이 법에 포함되게 된 것이다.

과거의 하수도법이 템스 강을 비롯한 영국의 강을 맑고 깨끗하게, 오염 없이 보존하는 것을 목적으로 하는 법이었던 것에 반해, 1848년의 하수도법은 공중보건이라는 핑계로 배수 문제까지 다루면서 강물을 최대한 오염시키고 흐름을 방해하는 게 목적인 법이 되어 버렸다. 그것도 모든 사안을 법에 따라 자의로 지명된 위원들의 손에 맡겨 더 큰 해악이 발생할 소지를 넓히고 있다. 여기서도 공중보건의 개선이라는 "그럴듯한 서문"이 한몫하고 있는 것은 물론이다.

「공중보건법」이나 「대도시 건축법」, 「대도시 하수도법」 등에서 하는 것처럼 법률 규정을 너무 세세하게 적어 놓는 것은 좋은 방법이 아니다. 보통법은 그냥 모든 피해행위(nuisances)는 불법이다, 라고 짧게 정의하고 있는데 이 법률들에서는 그렇지 않다. 세세한 규정을 둠으로써 "그 규정 안에 포섭하는 것이 아주 작아지는" 문제가 발생한다. 하나하나 열거하는 것이 실용적이기는 하지만, 법률이 지나치게 좁게 규정될 위험이 있다. 그런데 심지어 이 법에서는 실용성도 없다. 오히려 목적 달성에 방해만 된다. 국민이 쉽게 이해하기 위해서는 법이 제대로 구성되어 있어야 한다. 먼저 피해행위가 무엇인지 보통법에서 몇 개 원칙을 주고, 그 해결과 관련해서 개인과 지역 기구에게 권한과 기능을 나눠 주면 된다. 중요한 것은 주민자치정부가 보통법상 목적 달성을 위한 모든 권한을 가지고 있다는 점을 사람들이 깨달아 알게 하는 것이다. 주민자치정부가 개개 의무와 책임의 이행을 감시하고, 자신의 의무와 책임에 대해서 정확하게 인지하고 있는 사람들이 계속적으로 의무 이행을 하도록 요구해야 한다. 그렇지 않고 공중보건을 자신의 영향력을 넓힐 기회로 삼아 지역의 모든 활동을 옥죄려 드는 것은 정상적인 방법이 아니다. 공중보건을 표어로 내걸고, 중앙정부가 자의적이고 비효율적인 권한을 행사하려고 해서는 안 된다. 개인의 복지와 사회의 안전과 관련되는 문제는 그야말로 지역적인 문제이다. 당연히 주민자치정부가 해결하게 해야 한다. 그런데 사람들은 앞에서 소개한 법에 따라 권한을 갖게 된 사람들이 자기를 위해서 뭘 해 주기를 바란다. 스스로 하는 것이 그들의 의무인데도 말이다. 그래서 결과적으로, 자신의 이익과 복지에 관련된 문제나 자신의 상황이나 조건을 알지 못하면 제대로 된 해법을 도출할 수 없는 문제도 그 관리와 감독을 왕이 지명한 무책임한 관리들 손에 쥐어준다. 그리고 그들의 지배를 받는 것이다. 그들은 상황이나 조건도 알지 못하고, 결과를 내는 데 아무런 이해관계가 없는데도 말이다. 1848년 「공중보건법」과 「대도시 하수도법」은 제대로 작동하지 않았고, 결과도 아주 실망스러웠다. 원칙을 지킨 법이 아니었기 때문이다. 보통법의 검증된 원칙과 정의의 기본원칙에 반하는 법이었다.

문제는 이것이 단순히 비용 문제(그것도 심각하지만)에만 그치는 게 아니고, 공중보건에만 관련된 것도 아니라는 데 있다. 자유로운 나라에 사는 사람들의 정치적·사회적 관계와 의무와 책임의식의 문제다. 자신의 일은 자신이 처리해야 한다는 원칙, 혹은, 그들 자신이 선임해서 그들에게 책임을 지는 자들이 처리해야 한다는 원칙과 깊이 관련되어 있다. 자신의 일을 다른 사람이 뽑은 사람이 처리하는데, 그 사람은 일 처리 여부와 결과에 대해서는 내게 전혀 책임을 지지 않아도 아무 문제가 없는 것인지. 바로 그런 원칙에 관한, 근본적인 문제이다.

제26장

조합과 공산주의

제26장

조합과 공산주의

조합과 공산주의를 여기서 같이 다루는 이유는 그 두 가지가 무슨 연관이 있어서가 아니라, 그 둘 사이에 존재하는 아주 크고 넓은 차이를 정확하게 보여주기 위함이다. 하나는 주민자치정부의 원칙을 따르고, 다른 하나는 중앙집권주의에 부합한다. 하나는 인류의 발전을 지향하고, 다른 하나는 퇴보를 지향하며, 하나는 지적이고 도덕적인 발전을 희구하는 데 반해, 다른 하나는 오로지 물질적인 것에만 관심을 갖는다.

그들 자신이 피해를 입었다고 생각하는 사람들에게 제공할 수 있는 구제방법이 우리 사회에 두 가지가 있다. 하나는 의회로 찾아가서 개입을 요구하면서 끊임없이 청원하는 것이고, 다른 하나는, 이념이나 성격이 아니라 이름만 조금 다른 것이기는 하지만, 공산주의(Communism)를 받아들이는 것이다. 그런데 이 두 가지 구제방법 모두 가짜다. 첫 번째에 대해서는 이미 충분히 본 바 있기 때문에 여기서는 두 번째에 대해서 주로 살펴보기로 한다.

공산주의란 모든 개인의 사유재산 제도를 폐지하고, 재산 축적을 위한 모든 개인의 노력을 포기하는 제도를 말한다. 그런데 그런 공산주의를 주장하는 사람들이 한 가지 오해하는 게 있다. 모든 제도는 남용하는 한 좋은 제도가 될 수 없다는 점이 그것이다. "불법적이고, 비도덕적인 강도짓"이 되는 것은 경쟁이나 사유재산뿐만이 아니다. 다른

366

이념도 그것이 극단으로 치달으면 그런 결과를 낳을 수 있다. 개인이 노력을 기울인다는 것은, 그래서 새로운 에너지를 사회에 투입하게 하는 것은 인류의 발전이나 모든 문명의 진보에 도움이 된다. 동물보다 좋은 환경에서 사람이 살기 위한 힘이 그것이라고 할 수 있다. 그런데 그런 노력을 그만두게 되면 우리 사회는 다시 원시사회로 돌아갈 수밖에 없다. 건강한 경쟁은 노동자들이 사회 내에서 진정으로 더 나은 위치를 차지하는 데 필요한 것일 뿐만 아니라, 필수적인 것이라고 할 수 있다. 발전의 원동력인 경쟁의 대척점에 인간의 동정심과 고결한 품성을 말살시키는 배금주의도 있지만, 또 하나, 공산주의도 있다. 모든 극단주의가 그렇듯이 배금주의와 공산주의 모두 바람직한 결과를 가져올 수 없다. 국가의 일부로서 개인의 삶을 황폐화시키고, 개인이 국가에 대해 지고 있는 의무감을 말살시키는 것들이기 때문이다. 모든 사회적 의무에 대해 무감하게 하고, 다른 사람의 복지에는 아무 신경을 쓰지 않는 사람으로 만들며, 결과적으로 본인 자신의 발전도 도모할 수 없다. 이것이 배금주의와 공산주의가 공히 그동안 보여준 결과다. 사실 이기적이고 탐욕적인 배금주의와 그 폐해는 모두 중앙집권주의가 만들어 낸 결과이다. 모든 나라와 모든 시대에서 중앙집권주의는 배금주의를 양산한 바 있다.

노동자의 진정한 친구라면, 그리고 노동자가 잘 되기를 진정으로 바란다면, 이 사회와 전쟁을 벌이라고 부추겨서는 안 된다. 특히 오늘날 세력을 넓혀 가면서 자신들의 만병통치약을 선전하는 데 혈안이 되어 있는(공산주의의 정신에 따라) 감상적인 자선가의 목소리에 현명한 노동자들은 거의 귀를 기울이지 않을 것이다. 정상적인 방법으로 토론이나 설득, 예시를 드는 게 아니라 몇몇이 교조를 정해 놓고 그것을 강요하는 것은, 자신들의 이론이 진리에 근거한 것이 아니라는 점과 자신들에게 치명적인 약점이 있다는 것을 스스로 고백하는 거나 다름없다. 공산주의와 중앙집권주의의 계획이 바로 그런 특징을 가지고 있다. 중앙집권주의가 제시한 계획은 노동자들에게 아무런 희망이 될 수 없다. 그런 계획은 결국 자신들의 자산이라고 할 수 있는 자유로운 에너지와 노력을 짓밟고, 방해하고, 속박하는 것이며, 자신들의 권력을 최대한으로 행사하는 길에 방해가 되는 모든 요소를 없애 버리겠다는 것에 지나지 않기 때문이다.

권력자들은 노동자가 자신의 위치를 망각하도록 최선의 노력을 다한다. 그 자신이 소중한 자산이라는 생각, 그리고 그 자산을 사용함으로써 자신에게 충분히 도움을 줄 수 있다는 생각을 못하게 한다. 어려움이 닥칠 때마다 자신의 에너지를 발휘하는 게 아니라 남에게 도움을 청하는 사람으로 만드는 게 최근의 경향이고, 전술한 중앙집권주의의 목표다. 몇 년 전에 '유용한 지식의 확산 모임(the Society for the Diffusion of Useful Knowledge)'이 노동자들의 비참한 상태를 조롱하듯이, 임금이 더 떨어지면 "시장에서 도망쳐라!"라는 말도 안 되는 해법을 제시하는 것을 본 적이 있다. 이 얼마나 공허한 해법인가! 임금 하락에 대비하는 방법이 전혀 아니다. 그런 말을 하는 자들은 노동자들은 그저 늘 노예 상태에 있으면 된다고 보는 사람들이다. 그리고 그런 주장에 따라, 노동자들이 정부와 의회에 가서 도움을 요청하는 것은 스스로 그런 노예 상태를 자인하는 꼴밖에 되지 않는다. 모든 자존감을 내팽개치는 일이고, 자유민이자 시민으로서의 자신을 부정하는 일이다.

자본(capital)이 무엇인지에 대해 모두가 잘못 알고 있는 게 있다. 어떤 큰 사업을 벌이기 위해서는 노동자가 아니라 투자자가 나서서 큰돈을 대야 한다는 건 맞다. 하지만 자본이란 원래 두 종류가 있다. 하나는 돈이고, 다른 하나는 노동이다. 노동과 기술이 없는 돈은 아무것도 할 수 없지만, 돈이 없어도 노동과 기술만 있으면 모든 것을 할 수 있다. 매일 수백 명의 사람이 돈을 모아서 영리기업을 만든다. 그렇다면 수백 명의 노동자가 그들의 자본인 노동과 기술을 결합해서 돈 없이(아니면 아주 작은 돈만 가지고) 기업을 만들면 왜 안 되는가? 이게 앞의 것보다 더 성공 가능성이 높기도 하고, 앞의 것과 똑같이 이 사회에서 적법한 일이다. 노동자들에게 필요한 것은 자신을 믿고, 존중하고, 자신의 위치를 아는 것이며, 노예 상태에서 벗어나 자신의 길로 가서 성공하고자 결의하는 것이다. 이것이 노동자들에게 제시할 수 있는 진정한 해법이다. 의회에 가서는 바랄 게 아무것도 없고, 감상적 자선가들에게는 품을 희망이 없다는 점이 곧 밝혀질 것이다. 자신을 믿는 것이 진정으로 유일한 희망이다. 그 희망이 더 구체적이고, 실질적이고, 즉각적이다. 다른 희망을 기다리면서 마음을 졸일 필요가 없다. 자기 자신의 에너지와 기술, 노동이 노동자의 자본이며, 그게 영국중앙은행이 주는 돈보다 더 안전하다. 자본가들이 그러는 것처럼 노동자도 자본을 잘 사용하면 된다. 투자 자유의 원칙에 따라 그들도 공정한 경쟁에 참가하면 된다. 그 결과 사람의 물질적 조건도 좋아질 것이고, 지적, 도덕적 발전을 계속 이루어나갈 수 있다.

노동자들이 모여 협동조합(Partnership-Unions)을 만드는 데는 실질적인 어려움이 따른다고 알려져 있다. 하지만 그 어려움은 사실 과장되어 있다. 자기 자신을 발전시키고자 하는 사람에게 못 이겨낼 어려움이란 없다. 조합은 보통법에 정확하게 부합하는 것이며, 보통법이 항상 권고하는 것 중 하나다. 의회가 만든 즉흥적인 법률, 관료들의 사익 추구, 헌법원칙에 대한 연구 없이 편협하고 자의적으로 내린 법 해석이 그 길을 어렵게 만들 뿐이다. 소위 「주식회사법(Joint Stock

Companies Acts)」은 그 법에 따라 만든 단체 또는 법인의 적법성을 선언하는 내용이면 충분했다. 그런데 관료들의 탐욕이 가세해서 회사 설립을 위해서는 적지 않은 가입비를 지불해야 하는 것으로 바꾸어 버렸다. 그런 부당한 제한에 대해서는 자유민들이 폐지를 요구해야 한다. 노동자들 자신이 자유롭게 협력해야 진정한 발전이 있을 수 있고, 또, 그것만이 발전을 지속하는 길이다. 회사 설립에 의회의 승인을 필요로 하게 하는 것은, 단순히 폐지해야 할 제도에 그치는 것이 아니라, 그것 자체가 사악한 의도를 가진 제도다. 기술과 노동이라는 어엿한 자본을 가지고 있는 사람들이 의회에 가서 도움을 구걸할 이유가 전혀 없기 때문이다.

공산주의를 선전하는 사람들이 가끔 자랑삼아, 자신들이 만든 협력 또는 협동의 원칙을 받아들이라고 하는 경우가 있다. 하지만 그런 주장 자체가 도무지 말이 되지 않는다. 협동과 공산주의는 실제로 전혀 다른 개념이다. 공산주의는 사유재산을 부정하고, 행동의 자유와 개인의 자발적인 노력을 벌하는 제도다. 반대로 협동의 원칙에서는 사유재산을 아예 건드리지도 않고, 행동의 자유와 개인의 자발적인 노력을 더욱 더 강조하고 있다.

이런 오해가 생기는 이유는 우리가 흔히 저지르는 실수 때문이다. 즉, 부분을 보고 전체를 판단하는 실수다. 원래 사람의 본성은 사회적이기도 하고, 개인적이기도 하다. 개인인 사람은 혼자 살 수 없고, 좁든 크든 한 테두리 내에서 다른 사람과 이익을 공유하면서 살아간다. 그리고 그런 사람의 특성에 맞춰 – 사람의 성격이 변하더라도 언제나 – 그 안에 있는 모든 사람의 이익에 공통되는 여러 개의 동심원이 있고, 그 각각의 동심원 안에서 사람은 의무와 책임을 부담하고 있다. 가장 바깥에 있는 큰 원이 국가이고, 그 다음으로 사람이 거주하는 지역이 있고, 그 아래 가족이 있고, 그 아래 개인이 있다. 공산주의는 중앙집권주의처럼 이 여러 개의 작은 테두리를 송두리째 없애고, 그 안에서 개인이 부담하는 의무와 책임도 다 없앤 다음 모든 것을 하나로 뭉치려고 한다. 그래서 인간 사회에 오로지 하나의 큰 원만 남겨둔다(공산주의의 최대 목적은 모든 인류를 "전세계적인 교회" 아래 묶는 것이다). 모든 사회적·도덕적·정신적·종교적 문제와 관련해서 전 세계를 지배하는 완벽한 교황 한 명에게 복종하라고 한다. 이것이 바로 중앙집권주의가 영국에서 그토록 오래 시도한 것이었으며, 외국에서는 그 시도가 아직도 진행되고 있다. 그 결과 작은 동심원들 사이에 불균형이 발생했고, 지금도 그런 현상이 문명국가 곳곳에서 발견된다. 하지만 이 동심원들 간의 관계는 그대로 유지되어야 한다. 그렇지 않으면 자유로운 의지의 지도를 받은 인간의 자유로운 활동이 죽고, 도덕적으로, 정신적으로 모든 면에서 이 세상이 활력을 찾지 못하며, 인간은 결국 갈 방향을 잃어버리고 말 것이다.

인간은 다른 인간과 관계를 유지하면서 살 수밖에 없고, 그것도 아주 다른 차원에서 여러 가지 관계를 유지할 수밖에 없다. 그 각각의 차원에서 다른 사람과 공통된 이익과 의무, 책임의식을 공유하고 있다. 그 가장 가까운 것은 당연히 가정이다. 각 가정 바깥에는 그보다는 더 숫자가 적은 원, 말하자면, 지역이라는 원이 존재한다. 주소를 중심으로 하는 공동체다. 그리고 그 지역의 바깥쪽에는 훨씬 더 많은 사람이 사는 나라가 있다. 하지만 그렇다고 해도 그 각각의 원 안에서는 각 개인의 자유로운 활동이 충분히 보장되어야 한다.

만약 이 중 어느 하나의 원이 강조되면 다른 것들은 그만큼 무시될 것이며, 인간이 자신의 재능을 발휘할 공간이 줄어들고, 결과적으로 인간의 모든 의무와 책임을 다할 공간도 줄어들 수밖에 없다. 그게 전체 질서의 작동에도 당연히 영향을 미칠 것이다. 그런데 공산주의자들은 모든 사람이 모든 단계에서 의무와 책임감을 가지고 있기 때문에 그것을 각 단계에서 발휘할 게 아니라 전체 차원에서 한꺼번에 발휘하면 되는 것이 아닐까, 라는 끔찍한 주장을 한다. 그것은 (많은 선량한 저자들은 그걸 원한 게 아니었겠지만) 이론적으로 잘못되었고, 의도 역시 아주 나쁜 것이다.

진짜로 중요한 것은, 각각의 원 안에서 인간이 가장 완벽하고 자유롭게 자신의 재능을 발휘해서 맡겨진 역할을 하는 것이고, 또, 각각의 원마다 인간에게 요구하는 일이 따로 있다. 원 안에서 자신의 의무와 책임을 다함으로써 사람은 그 일부로, 그 일원으로 인정을 받고, 그것은 큰 원 안에서든, 작은 원 안에서든 다르지 않다. 이것이 이 책에서 계속 강조하는 주민자치정부가 작동하는 방식이다. 주민자치정부는 원래 세워진 기초 자체가 인간의 능력을 고려한 것이며, 그 안에서의 활동을 통해서 인간이 최고도의 능력을 발휘하도록 설계되어 있다. 인위적으로 만든 사회조건이나 사회변화에 따라 인간의 본성이 달라지는 게 아니기 때문이다.

이 책을 통해서 지금까지 계속 증명해 온 것처럼, 사람은 자기의 영역 범위 내에서 자신의 능력을 발휘하는 데 제한을 받으면 그와 관련된 다른 능력도 더불어 쇠퇴하게 된다. 인간의 자유로운 활동과 미래를 향한 노력을 잘라내는 것(사유재산을 폐지하는 것도 그런 조치의 일환이라고 할 수 있다)은 다른 모든 능력을 건강하고 완벽하게 발휘하는 것까지 막는 결과가 된다.

조합이라고 하는 것은 몇몇 사람이 모여 가정과 지역공동체 사이에 – 앞에서 본 동심원 가운데 어떤 것도 없애자는 뜻이 아니라 – 또하나의 원을 만드는 것과 같다. 조합이라는 원은 다른 원에 대해 간섭할 의도가 전혀 없으며, 다른 원에서 각 개인이 이행해야 하는 의무와 책임을 부정하지 않는다. 조합의 이름 아래 모인 사람들이 다른 원에서 감당해야 할 의무와 책임을 더 잘 감당하게 함으로써 다른 원들과 조화를 이루는 게 목적이다. 그런 면에서 보면 조합이나 협동 모두 공산주의와 전혀 반대되는 위치에 있다는 것을 알 수 있을 것이다.

　조합이라는 원에 가입함으로써 사람은 그의 개별성, 자발적 에너지의 자유로운 투입, 자유로운 생각과 자유로운 시도 등을 전혀 포기하지 않는다. 몇 사람이 힘을 합치는 것은 각 구성원들이 더 효과적으로 자신이 가지고 있는 재능과 능력을 그들이 속한 원 안에서 발휘하도록 하기 위함이다. 각자의 개별성을 전부 없애 버리고 모든 노력의 결과를 중앙으로 집중하자는 것과는 근본적으로 다르다. 중앙집권주의하에서는 사상의 자유도 미리 그어 놓은 범주 안에서만 가능하고, 자유로운 에너지를 투입하는 것도 우연히 권력을 쥔 자의 생각에 획일적으로 부합하는 한도에서만 의미 있는 것으로 인정받는다. 중앙집권주의가 인간의 영혼을 죽이고, 의지를 말살하는 제도로 최악이라고 하는 이유가 그것이다.

　진정으로 현명한 정치사회 제도는 조합처럼 사람들이 힘을 합치는 것을 방해하는 것이 아니라, 인간의 재능과 능력이 더 발휘할 수 있게 그에 걸맞은 더 큰 공간을 마련해 줌으로써 협업을 보호하고 지원하는 것이어야 한다. 자유로운 나라에서 자신의 능력과 에너지를 더 좋은 결과를 얻을 수 있는 곳에 투자하는 것은 모든 인간이 누리는 천부의 권리이며, 혼자보다는 협력을 통해서 모든 경우에 더 좋은 결과가 나오리라는 것은 의심의 여지가 없다. 그걸 막는 것은 불법적인 억압이다. 인간은 개간을 하든, 물건을 만들든 여러 사람의 노동과 기술을 실제로 투입해서 좋은 결과를 낼 수 있고, 한두 사람이 돈을 내고 다른 사람의 노동을 가장 저렴한 값에 사서 좋은 결과를 낼 수도 있다. 앞의 것처럼 참가자가 모두 노동을 투입하는 것과 뒤의 것처럼 다른 사람의 노동을 사는 것은 그 투입 면에서 차이가 없다. 하지만 결과는 아주 다르다. 앞의 사업에서는 여러 사람이 힘을 합치기 때문에 그 개선과 진보의 결과를 모든 사람이 누리는 데 반해, 뒤의 사업에서는 돈을 투자한 한두 사람에게 그 성과가 돌아간다. 그리고 노력하는 만큼 이익이 생긴다는 생각에 앞의 사업에서는 각 개인이 더 노력을 투자하고픈 의욕이 생긴다. 적은 노동으로 더 많은 성과가 나오는 방법을 고안하는 등 사람들이 더 능력을 발휘할 거라는 말이다. 참가자들은 그 성과물이 다른 사람의 주머니로 가는 것이 아니라 자기가 갖게 될 것을 알고 있다. 또 거기서는, 더 생산적인 장치를 개발하는 사람도 적절한 보상을 받는다. 국가의 대리인(공산주의에는 보통 이런 직역이 다 있고, 사욕에 가득 찬 다른 거간꾼보다 착복하는 게 심한 게 대부분이다)이 간섭하는 게 아니라, 얻은 수익과 기여에 따라 발명가의 몫을 충분히 챙길 수 있다. 발명을 통해서, 다른 사람과 협력하는 관계 속에서 다른 사람이 져야 할 부담을 경감시켜 준 것이기 때문이다. 사람들과의 협력을 통해 개인이 가지고 있는 능력을 최대화할 수 있는 수단을 개발하고, 그걸 그의 생활과 다른 영역에서 활용할 수 있고 - 그런 조건하에서 자신의 의무와 책임을 더욱 완전하게 이행할 수 있으며 - 그리고 다시, 더 효과적으로 개인들은 같이 협력하는 일에 더 많은 에너지를 쏟을 수 있다. 더 즉각적으로 그리고 더 완벽하게 이런 선순환의 이익을 향유할 수 있는 것이다. 더불어 자신의 다른 의무와 책임을 더 잘 이행할 방법도 확보하게 될 것이다.

앞에서 본 바와 같이 보통법은 이와 같은 사람들 간의 협력을 지지한다. 지역사무를 처리하든, 기업 활동을 하든, 그 원칙에는 차이가 없다. 자신의 조건과 필요를 정확하게 이해하고 있는 사람들의 토론을 통한 의사합치와 협동으로 훨씬 더 큰 기회가 생기고, 그 활동범위 안에서 가장 실질적이고 유용한 성과를 거둘 수 있다. 그런 조건을 가장 잘 만들어 줄 수 있는 것이 바로 주민자치정부이다. 그래서 중앙집권주의가 끊임없이 주민자치정부를 혼란스럽게 하고 무력하게 하려는 것이다. 협력에 있어서는 그에 맞는 활동범위가 있다. 어떤 것은 더 큰 곳에서 이루어져야 하고, 어떤 것은 더 작은 곳에서 이루어져야 한다. 가령 무역을 하는 기업의 경우는 그것이 주민들 모두에게 이익이 된다고 하더라도 (다른 조건은 같다고 가정할 때) 작은 규모에서 이루어지는 게 낫다. 구성원의 이해관계가 아주 가깝게 걸려 있기 때문에 더 많은 에너지를 투자해서 좋은 성과를 낼 가능성이 높다.

이 주제는 그 중요성에 대해서는 의심의 여지가 없지만, 안에 너무 많은 내용을 담고 있어서 자세하게 검토하는 데는 많은 공간이 필요하다. 우리가 여기서 보다 눈여겨 볼 것은 이 문제가 주민자치정부와 중앙집권주의라는 우리의 큰 주제와 어떤 식으로 연결되는지 하는 점이다. 그런 면에서 이 문제도 다른 문제와 마찬가지로 그 적절한 해법은 이미 설명한 바와 같이 주민자치정부의 실제 이념과의 관계에서, 그 기본원칙을 이해하고 적용함으로써 풀어야 할 것 같다.

주민자치정부의 실무에서 사람들 사이의 자선활동이 얼마나 중요한지는 이미 설명한 바 있다. 바로 앞에서 본 문제와는 약간 동떨어진 문제이기는 하지만 전혀 관련이 없지도 않다. 우리 중 많은 사람이 본의 아니게 빠질 수 있는 곤궁한 처지와 인간의 몰락에 관한 문제다. 그게 대부분 중앙집권주의가 초래한 일이고, 또, 그 중앙집권주의의 태동에는 공산주의가 있다. 중앙집권주의가 열심히 독려한 대로 인간은 자신의 이익을 위한 투쟁을 계속해 왔고, 주위 사람의 고통이나 어려움에 대해서는 무관심했다. 친절한 마음으로 공감을 표하는 말 한 마디만 했었어도 – 누구나 살다 보면 그런 공감이 필요한 순간이 있다 – 사람들이 비참한 곤경에 빠질 일을 많이 줄일 수 있었을 건데 말이다. 그런 의미에서 보면 주민자치정부가 아주 좋은 제도라고 하지 않을 수 없다. 사람들 사이에 끊임없이 형제애를 불러일으키는 것이 주민자치정부의 특징 가운데 하나이기 때문이다. 어떤 사람에게 불행이 닥치면 사람으로서 공감하고 필요한 게 있는지 묻는 게 당연하다고 가르친다. 그리고 혹시라도 그 불행의 원인이 공익을 위해 만든 법이나 법에서 정한 조치가 적용됨으로써 발생한 것이라면, 그에 대해서 제대로 이해한 다음, 모든 모임은 즉각적으로 그리고 지속적으로 그런 법과 제도를 고칠 방법이 있는지 알아보아야 한다고 가르친다.

제27장

빈민법

제27장

빈민법

　바로 앞 장의 마지막 몇 페이지에서 사유재산의 중요성에 대해서 강조했고, 인간의 자유로운 행동과 인간의 능력, 재능의 완전한 개발 기회를 갖는 것이 중요하다고 말한 바 있다. 거기서 사유재산을 말한 것은 사유재산을 가진 사람들이 먼저 사회에 대해서 지는 의무와 책임을 이행해야 한다는 점을 간접적으로 강조하기 위함이었다. 그렇다면 이제 문제는 그 의무와 책임을 누가 정해줄 것인가 하는 점이다. 그런데 사실 이 책 전부에서 이미 그 답을 제시한 것과 다름이 없다. 어떤 나라가 자유로운 나라라고 할 수 있기 위해서는 자유로운 개인이 그 의무와 책임의 내용도 정할 수 있어야 한다고 믿는다. 그리고 그걸 정하는 방식도 다른 게 있을 수 없다. 오로지 주민자치정부의 제도가 모든 참가자를 아우르면서 활발하게 활동하고 있으면 되는 것이기 때문이다.

　원래 재산이라는 것에는 상호적인 의무라는 개념이 필연적으로 포함되어 있다. 예전에는 여러 사람이 모여서, 어떤 문제에 대해서는 누가 책임을 지고, 다른 문제에 대해서는 또 누가 책임을 진다는 식으로 사람들 간에 합의를 한 적이 있다. 이것이 '가신 제도(hommage)'라는 것인데, 그 핵심 개념은 바로 '쌍방의 의무'이다. 그러다가 현대에 와서 주인과 직원 간에 예전과 같은 그런 쌍방 개념이 많이 사라졌다. 그래서 불만과 가난, 범죄와 같은 문제들이 덩달아 발생하게 되었다고 본다.

우리가 지고 있는 의무와 책임을 돈으로 대신할 수 없고, 이 책에서 본 것처럼, 그것을 다른 사람에게 전가할 수도 없다. 그런데 누군가, 의무와 책임이라는 것은 대체할 수도 있고 전가할 수도 있는 거라고 설득하면서부터, 우리 사회의 많은 문제가 발생하고 말았다. 진정한 의무와 책임의 이행이라는 것은 얼마나 많은 사람과 얼마나 다양한 재능들이 있고, 그것이 전체적으로 모든 사람의 선을 위하여 쓰일 것인가 하는 문제와 관련이 있으며, 각자는 자신의 것으로 그 전체에 얼마나 기여할 수 있느냐 하는 문제와 연결되어 있다. 그게 우리가 지는 의무의 핵심이다.

원래 「빈민법(Poor Law)」의 이념은 이러한 의무 개념을 적절하게 반영한 것이었는데, 「빈민법 개정 법률(Poor Law Amendment Act)」을 통해서 영국에 도입된 것은 정면으로 그에 반하는 것이었다.

모든 구성원이 사회에 대하여 부담하는 의무와 책임에 대한 역사적인 검토 이전에 무엇보다 엘리자베스 여왕 당시 법률 제43호 제2장을 먼저 설명해야 할 것 같다. 그 법률은 가장 중요한 목표로 그야말로 실질적이고 합리적인 조치를 상정해 두고 있다. 바로, 별다른 능력 없는 사람도 자신의 힘으로 사회에 기여할 방법을 정해 놓고 있는 것이다. 감독관은 부모에게 부양능력이 없는 "아이들이 할 일을 정하고," 또한 "자신의 일상적인 경제활동을 통해서는 먹고 살 것을 조달할 수 없는 사람들의 할 일을 정하"는 역할을 맡고 있다. 그 기본 아이디어는 지역마다 특별한 제도를 만들어서 모든 사람의 능력이나 재능이 유용하게 쓰일 수 있는 기회를 최대한 만들라는 데 있다. 사회에 대하여 의무와 책임을 부담하고 있다는 사실에 대한 자각이 없는 사람에게는 사회가 빵을 제공하지 않는다. 모든 사람이 사회에 대하여 기회를 달라고 요구할 권리가 있는 것처럼, 사회 역시 모든 사람에게 그 기회를 활용할 것을 요구할 권리가 있다. 사람들은 누구나 빵을 얻기 위해서는 일을 해야 하고, 그런 의무를 이행하지 않고도 빵을 얻어먹을 수 있는 사람은 "절름발이나 병신, 노인, 장님 같은 사람들"밖에 없다고 가르친다.

이런 모든 원칙을 1834년 「신빈민법(New Poor Law)」이라고 불리는 법이 송두리째 바꾸어 버렸다. 지금까지 여러 번 설명한 바 있는 특징으로 점철된 중앙집권주의는 가난한 사람의 능력을 개발할 수 있는 프로그램 같은 것은 고민하지 않고, 일종의 간단한 테스트로 그들이 누구인지 바로 정의해 버리고 만다. 단순히 수입이 어느 정도에 이르지 못한다는 이유로, 예전에 영국 사회에서 존재하던 노예와 같은 등급으로 가난한 사람들을 강등시켜 버린다. 다른 사회에서는 몰라도 우리 영국에서는 아무리 가난한 사람도 사회에 기여할 수 있는 것을 찾아 그 일을 할 수 있는 기회를 줬는데, 이제는 그런 생각을 더는 하지 않는다. 게다가 중앙집권주의가 늘 하던 방식대로 어떤 지역에서 나름대로 가난한 사람들의 재활 프로그램을 만드는 것도 인정하지 않고, 그런 시도가 있을 때마다 ─ 가끔은 주민자치정부의 이념이 자연스럽게 수그러들기를 기다리기도 하지만 ─ 중앙정부가 즉각 개입해서 자신들이 고안한 통일된 경로에서 이탈하는 것을 금지하고 만다. 「신빈민법」은 사람들이 타인에게 의존하는 상태에서 벗어나서 자기 자신을 스스로 발전시킬 기회를 주는 게 아니라, 중앙정부의 세력권 안에 들어올 수밖에 없었던 불행한 사람들을 영원히 열등하고 무능한 사람으로 만들어 버린다. 그들이 자신의 힘으로 무언가를 할 수 있는 힘을 기르고, 동료시민들에 대한 의무와 책임을 이행하게 되기를 전혀 바라지 않는 것이다.

심지어 「신빈민법」은 그 법이 만들어낸 극빈층을 아주 낮은 지위에 묶어 놓는 것으로 만족하지 않고 우리 사회의 모든 계층에게 부정적인 영향을 끼치도록 설계되어 있다. 사회 내 모든 사람이 의무와 책임을 "이행해야 하고" 그럴 능력이 없는 사람들에게도 의무 이행의 기회를 주며 그렇게 의무를 이행해서 자기 힘으로 빵을 벌어먹는 것이 당연한데, 그런 생각 자체를 못하게 한다. 대신, 가난한 사람들이 지금부터 해야 할 것은 멀리 존재하는 힘 있는 고위직에게 복종하는 거라고 가르친다. 생사여탈을 좌우하는 권력을 가진 그들은 자신들이 생각하는 옳은 것을 명령하고, 감시하며, 혹시라도 심기에 거슬리는 것은 금지하고, 방해하고, 하지 못하게 한다. 로마 교황에게 복종하는 것이 로마-카톨릭교의 교리를 지키는 일인 것처럼, 소머셋 하우스(Somerset House)(영국 여왕의 관저: 역자 주)의 우두머리에게 복종하는 것이 가난한 사람들의 보호자인 수호신의 교리를 지키는 일이라고 가르친다. 이런 식의 조종행위는 가장 공격적으로, 악의적으로 자행되어 엄청난 피해를 일으키고 있다. 극빈층을 없애려는 모든 노력은 가혹한 공격을 받았다. 그런 노력이 성공하면 중앙집권주의의 "역할은" 바로 "없어지"기 때문이다. 심지어 가난한 사람들과 아무 관련 없이 지역 복지와 관련해서 환경을 개선하는 일도 방해하기 일쑤였다. 빈민법위원회가 교구의 예산에 대한 명령권과 지시권과 승인권 등 모든 권한을 갖고 있다는 말도 안 되는 핑계를 대면서 말이다. 인류에 대한 모든 종류의 책임감이 여기서는 아무런 의미가 없다.

　　「신빈민법」은 사실 과거의 로마정치가 간 길을 그대로 따르고 있다. 로마제국의 영광과 품위를 파괴하는 방향으로, 우리나라를 이끌어가고 있는 것이다. 로마의 신민은 결국 보조금을 받으면서 쇼나 즐기는 신세가 되었다. 다만 영국에서는 그런 쇼가 아직 펼쳐지지 않고 있다는 것만 다를 뿐이다. 물론 그것 역시 단정할 일이 아니다. 지금까지 벌어진 일을 보면 대책 없는 자선가들이 틀림없이 그런 쇼를 제안하고 나설 것 같다. 그리고 그런 기획을 담당하기 위해 위원회나 조사관과 공무원 자리가 속속 생길 것이다.

1847년 다시 개정된 「빈민법」은 내용보다는 형식 면에서 변화가 있었다. 구호금 지급 기준도 그대로였고 자의적인 감독권도 그대로인 반면, 위원회는 종전에 세 명의 위원으로 구성되던 것이 한 명의 의장을 두는 것으로 바뀌었고, 그 의장은 하원의원 가운데서 선발하도록 했다. 하지만 실질적인 의미에서 책임감이라는 면에서 달라지는 것은 전혀 없었다. 지역의 의무나 지역의 책임감 같은 것은 전처럼, 없는 것이나 마찬가지였다. 지역에 대해서 전혀 모르고, 일을 제대로 할지 분명치 않은 "협회"라는 것은 그대로 남았다. 게다가 하루에 1,000건 가까이 쏟아지는 민원을 의회에서 의원 일도 하는 사람이 책임감을 가지고 검토하리라는 보장은 전혀 없었다. 말은 의회에 대해서 책임을 진다고 하지만 다른 위원회나 이사회처럼 여기서도 제대로 책임을 질 사람들이 일을 하는 구조가 전혀 아니었다.

이 새로운 제도하에서 급증한 비용 문제도 언급하지 않을 수 없다. 한 마디로 원래 목적한 바에 쓰이는 돈보다 새 나가는 돈이 훨씬 많았다. 다른 중앙집권주의하의 제도들이 다 그렇듯이 원래 만들어질 때 핑계는 종전 제도가 비용이 많이 든다는 것이었고, "근사한 서문"도 비용절감이라는 단어가 어김없이 들어가 있다. 하지만 실제 모습은 전혀 다르다. 법에 정해진 특별한 목적을 위해 쓴다고 하면서, 그중 많은 부분은 공익을 사익 실현의 장이라고밖에 생각하지 않는 공무원들의 탐욕을 채우는 데 쓰이고 말았다.

"협회"라는 곳에 대해서는 더 길게 얘기할 가치도 없다. 한 마디로, 지역의 책임감과 지역의 의무라는 개념을 말살하기 위해 도입된 제도다. 중앙위원회에 더 확실하고 강력한 감독권을 선사하기 위해 만든 것이고, 거창하게 내세운 설립 목적은 거의 달성된 적이 없다. 가난한 사람들의 고통만 늘고, 사기와 의욕은 땅에 떨어졌으며, 자기 지역의 일에 대한 참여의식과 정보는 더 줄어들었다. 비용은 비용대로 많이 들고, 사람들은 지역의 일에 덜 관심을 갖게 된 것이다.

그렇다면 이런 제도보다 목적한 바를 더 잘 달성할 수 있는 제도란 애초에 없던 것일까? 그렇지 않다. 충분히 생각해 볼 만한 제도가 있다. 문제는 '국가빈곤율(national poor rate)'이라는 개념이 모든 혁신의 발목을 잡고 있다는 데 있다. 바로 그 개념 때문에 모든 해악이 시작되었다. 그건 중앙집권주의의 영향력을 더욱 넓히려는 누군가의 발명품이었다. 고개만 숲에 처박고 나서, 자기 모습이 보이지 않을 거라고 생각하는 어리석은 타조를 연상시키는 개념이 바로 국가빈곤율이다. 이걸 기초로 자유의 적들은 모든 과세권을 중앙으로 모으는 데 성공했다. 세금을 중앙의 통제하게 둠으로써 모든 지역이 자신들이 내는 세금이 어디 쓰이는지 모르고, 얼마가 모이는지, 쓰임이 정확히 무엇인지에 대해서 감시할 기회가 없어진 것이다.

사실 빈곤 문제에 대한 해법은 전혀 다른 방향에서, 전혀 다른 수단으로 개발되었어야 했다.

사람들이 결국 「빈민법」의 적용 대상으로 떨어지게 된 데에는 여러 가지 원인이 있다. 구호금에 의지하는 신세로 전락한 것이 "반드시 그가 게을렀다거나 돈을 마구 낭비했다는 사실에 있는 것은 아니다. 경기가 안 좋았을 수도 있고, 금과 면화가 부족했을 수도 있고, 생산중단, 기술발전, 아일랜드의 파산 등 한 사람의 노동자가 어떻게 할 수 없는 수많은 문제 때문에 일자리와 빵을 잃어 버린다." 이 경우 사회가 그를 굶어 죽지 않게 하는 방법은 두 가지가 있다. 그중에서 가장 돈이 많이 드는 최악의 수단이 바로, 구호금을 줘서 실업자를 아무 것도 못 하는 사람으로 만드는 것이다. 수용소에 분리해서 가둬 놓고, 똑같은 옷을 입히고, 빈약한 식사를 주면서, 뱃밥(낡은 밧줄을 푸는 것) 만들기 등 쓸데없는 일을 시킨다. 그럼으로써 자존감과 자의식이 사라지고, 일하는 습관과 능력마저 잃어버린다. 종래에는 빈곤층으로 전락하고, 아이들은 학교에 못 다니고 거리로 내몰려, 다시 빈곤층 또는 그 이하의 사람이 되는 길을 반복한다.

일자리를 잃은 사람이 빈곤층으로 떨어지지 않게 하는 것이 노동을 통해서 밥벌이를 하고, 노동의 대가로 물건을 소비하는 모든 사람의 이익에 가장 부합하는 일이다. 「빈민법」의 적용을 받아 쓸모없고 비참한 노예로 전락하게 두지 말고, 일하면서 먹고 사는 사람으로 만들어야 한다. 그게 사회에 이익이 되는 것은 물론이고 사회가 이행해야 할 의무이기도 하다. 실업자를 (1) 쓸모없는 일 대신 제대로 된 일에 투입하고; (2) 그가 한 일에 부합하는 금액을 지급함으로써 독립적인 개인으로 되돌려 놓아야 한다. 물건을 주든 돈을 주든 일한 것에 대한 정확한 대가를 주면 된다. 그렇지 않고 모든 사람에게 똑같은 '수당'을 주는 것은 좋은 방법이 아니다.

"수당과 공공근로 제도는 게으른 자를 일하게 하는 방법이 될 수 없다. 가난한 실업자에게 식권을 줌으로써 그의 위치를 더욱 더 낮춰 죄수 아래로 끌어내리는 게 그 제도의 목적이다. 요즘은 심지어 감옥에 갇힌 자도 열심히 운동을 하고, 일을 해서 건강한 삶을 살려고 한다. 우리가 아무런 죄도 짓지 않고 법을 잘 지키면서 산 가난한 사람을 다루는 방식은 죄수를 다루는 방식과는 달라야 한다. 죄를 지어도 밥을 주고, 죄를 안 지어도 밥을 주는 식이어서는 안 된다."

위에서 열거한 해악이 나쁜 결과로 귀결되지 않게, 또, 더 확산되지 않게 하기 위해서는 지금 제도를 완전히 바꾸어야 한다. 사람의 능력을 약화시키고 무디게 할 게 아니라 건강한 활동을 통해서 자기 자신을 개발하게 해야 한다. 의미 없는 공공근로를 쓸모 있는 일로 대체하는 것이 원래 「빈민법」이 추구하던 방식으로 되돌아가는 길이다. 「빈민법」 적용을 받게 된 사람들이 더 나락으로 떨어지지 않고 다시 일어나게 함으로써 사회의 부담도 줄이고, 모든 자유로운 사람이 자신의 능력을 최대한 발휘할 기회를 회복할 수 있다. 이런 해법이 여러 가지 면에서 사회에 이익이 됨은 물론이고, 부자든 가난한 사람이든 상관없이 모든 구성원이 곧 그 혜택을 누리게 될 것이다. 개혁은 모든 진지한 열망을 가진 사람들이 정신적, 육체적, 지적 조건을 개선하는 데 있다. "가난한 사람들에게 최소한의 식량만을 제공해서, 그들이 자신이 어떻게 할 수 없는 상황과 돈의 노예가 되도록 할 게 아니라 자기 자신의 힘으로 먹고 살도록 해야 하고, 이를 통해 이 사회에 사는 많은 사람의 자립감과 재능, 생산력, 사고력을 높여야 한다."

이런 생각은 단순히 이론에 그치는 것도 아니다. 말 그대로 실용적인 안이고, 실현 가능한 안이다. 그리고 오랫동안 시도되어 온 안이고, 중앙정부가 주도하는 빈민위원회가 방해를 시도했음에도 불구하고 그동안 충분히 성공을 거둔 걸로 평가되는 안이다.

「빈민법」 개정 법률이 양산한 해악을 효과적으로, 확실하게 피하기 위해서는 다른 문제에서와 마찬가지로 빈곤이라는 문제도 바로 현장에서 그 문제의 영향을 직접적으로 받는 사람들의 손에 맡겨야 한다. 바로 그 사람들이 "사태의 본질을 제대로 알기" 때문이다. 그들만이 가장 적절한 해법이 무엇인지 알 수 있고, 각자 처한 상황에 따른 답이 무엇인지 알 수 있다. 비단 「빈민법」 문제뿐만 아니라 우리가 다루는 모든 문제에서 가장 중요한 것은, 모든 사람이 기본원칙을 깨달아 아는 데 있다. 모든 사람이 사회에 대해서 요구하는 게 있는 것처럼 사회도 사람들에게 요구하는 게 있다. 이것이 실제로 살아서 움직이는 주민자치정부가 기반하고 있는 원칙이다.

경찰

경찰

약식재판 제도의 성격과 영향에 대해서는 이미 검토한 바 있다. 그리고 그때 중앙집권적인 경찰 제도의 성격과 영향에 대해서도 짧게 언급한 적이 있다.

이 두 가지 제도를 합쳐서 질서유지 제도라고 부른다. 실제로 그 두 가지 제도를 통해서 겉으로 볼 때는 질서유지의 효과가 나오는 것처럼 보인다. 하지만 피상적인 효과는 그것 아니라 다른 수단을 써서도 얼마든지 달성할 수 있다. 우리가 아는 질서유지 제도는 오히려 실제 사회생활에서 느끼는 현실을 호도하는 것일 수 있다. 모든 나라가 무장한 군인의 군화발 아래 벌벌 떨면 떨수록 질서가 제대로 유지되고 있다는 착각을 하게 될 가능성이 높다. 하지만 이것 역시 중앙집권주의하의 다른 제도들처럼 겉으로 보이는 현상일 뿐이다. 진정한 질서와 평화는 인간의 모든 행동과 에너지, 의지가 합쳐져 사람과 사람 사이에 진정한 신뢰가 쌓일 때만 가능하다.

중앙집권화된 경찰 제도가 매일 시민의 자유를 제한하는 바람에, 독립정신과 상식과 자존감을 가진 시민들은 오늘날 많이 화가 나 있다. 실제로 전혀 합리적이지 않은 감시가 계속되고 있고, 여기 영국에서조차 개인적인 목적을 위해서 개인이 감시 제도를 활용할 수 있다는 것을 자랑이라고 떠들고 있다. 불법적으로 공로를 막는 행위를 하고, 노예등록 제도의 도입을 자랑하는 등 중앙집권화된 경찰은 자신들의 업적을 떠벌리고 있다. '경찰위원회'는 여성들이 버스에 타도 되는 것인가하는 쓸데없는 문제만 고민하고 있고, 그런 문제에 대한 훈령을 내는 것을 자신들의 역할로 알고 있다. 그 위원들은 법이 명확하게 부여한 권한보다 더 높은 지위에 있다고 생각하면서 법이 정한 조치 가운데도 자신들 마음에 드는 것만 실행하기도 한다.

중앙집권화된 경찰 제도가 얼마나 효율성이 떨어지는지에 대해서는 1850년 실제 사례가 하나 있다. 당시 주거침입강도를 포함한 여러 가지 중죄 사건이 발생했는데, 그것만 봐도 당시 경찰 제도가 범죄예방에 별로 도움이 되지 않았다는 점을 알 수 있다. 특히 이런 중범죄 시도는 대도시 경찰서 관할에서 많이 일어났는데, 경찰은 피해를 막는 데에도, 범죄를 처벌하는 데에도 별 도움이 되지 않았다. 주거침입강도를 쫓아내는 일조차 경찰 개입이 전혀 없이 시민들 힘으로 해냈다. 그런데 이런 일이 벌어지면 중앙집권주의는 그런 범죄 발생 사실 자체를 자신들의 권한과 관할을 확대하는 데 이용한다. 독재정권에서나 가능한 아이디어로, 경찰력을 키워서 궁극적으로는 거꾸로 시민의 정치적 자유를 제한하는 데 사용하는 것이다.

이념적으로는 물론이고 실질적으로도 범죄 예방에 가장 효과적인 제도는 겉으로 보이는 경찰 규모를 키우는 게 아니라, 상호신뢰와 각 지역의 책임주의를 강화하는 것이다.

우리나라의 전체 헌법체계는 상호주의와 책임주의에 기초하고 있다는 점은 앞에서 이미 말한 바와 같다. 아주 오래 전부터 우리나라에 있던 경찰 제도도 이런 원칙에 기반하고 있다. 그 구체적 내용에 대해서 다 설명할 수 없지만 가장 중요한 실무상 원칙은, 마을이나 구 같은 지역사회에 상호신뢰의 정신을 확립하는 것이다. 모든 시민은 일정한 나이가 되면 법을 지키겠다는 의미의 평화선서(peace-pledge)를 하고,

전체 지역사회의 일원이 된다. 그런 다음 그 지역사회 내 모든 개인과 단체가 법을 지키겠다는 선서를 한다. 이런 경찰 제도의 효과는 금세 나타난다. 모든 사람은 그 지역 내에서 일어나는 모든 질서위반 행위에 대해 책임을 지기 때문에, 지역의 치안을 확립하는 데 열심히 노력할 수밖에 없다. 그리고 다른 한편으로는 그런 감시 제도가 활성화되어 있다는 것을 알기 때문에, 범죄의 발생과 확산이 저지되는 효과가 있다. 범죄가 발생하면 즉각적으로 잡아서 처벌한다는 것을 아는 곳에서는 범죄를 할 의지가 많이 엷어질 수밖에 없다.

이와 같은 상호보증의 원칙은 오늘날 여러 가지 제도에서 구현되어 있다. 하지만 그것이 가장 쉽게 효과적으로 적용되는 분야가 바로 경찰 분야다. 과거에는 경찰뿐만 아니라 다른 분야에서도 이런 상호보증의 원칙이 적용되었다. 가령 마을 전체의 책임을 묻는 제도가 존재했던 것이다. 다만 적용되는 사례가 그렇게 많이 생기지 않아서 경찰 분야만큼 실질적인 의미가 적었을 뿐이다.

이런 합리적인 원칙에 따라 실제 적용되어 많은 효과를 냈던 것으로는 경찰지구대 제도를 들 수 있다. 다른 무엇보다 지역 자체가 전체적으로 나설 때 효력을 발휘한다는 것은 너무나 자명한 일이다. 또 반면에, 중앙집권화된 체제에서는 시민의 자유에 대한 위험이 폭증할 가능성이 높다는 것 역시 자명한 일이다.

틀림없는 것은 그 지역에 사는 사람이 지역의 질서유지에 가장 첨예한 이해관계를 가지고 있다는 사실이다. 의무감과 책임의식이 없을 수가 없다. 게다가 그들은 지역의 조건과 상황을 잘 알고 있어서, 어떤 경찰 제도가 효과적인지, 어떤 대처방안이 가장 필요한지 잘 알고 있다. 상호보증 제도로 인해 모든 사람이 질서유지에 즉각적이고 활발하게 참여할 가능성 역시 가장 높다.

실제로 질서유지의 업무를 누구에게 맡길 것인가 하는 문제는 아주 중요한 문제다. 중앙집권주의하에서는 보통 말썽 많은 소작인이나 하숙생들 같은 문제를 많이 겪는 지역의 유지나 귀족에게 그런 일을 맡긴다. 하지만 그들 외에도 직장인들 역시 지역 위주의 질서유지 제도하에서 적극적 역할이 많이 주어져야 한다. 아주 특별한 경우가 아니면 외지 사람이 질서유지 업무에 투입되어서는 안 되고, 오히려 그 지역에 생업을 가진 사람들이 지역에 대한 지분과 이해관계가 있어서 아주 적합하다. 그들 역시 주민들의 선거로 선출되어 다른 문제에서처럼 질서유지라는 이 특별한 일에 투입하는 것이다. 게다가 그들은 한편으로는 질서와 평화의 유지자로서, 다른 한편으로는 실제적인 이해관계를 가진 사람으로서 의무감과 책임의식을 동시에 가지고 있다(바로 이런 두 가지 속성이 진정성 있는 정치인들이 추구하는 바다). 보여주기 식으로 6번 순찰을 도는 일도 하지 않을 것이고, 실질적으로 평화를 지키는 일에 전념할 것이다. 그들 자신이 개인적으로 상호 평화보증 체계, 즉 지역연합의 일부로서의 역할을 하게 될 거라는 말이다.

　　그 지역에 아무런 이해관계도 없고, 주민들에 대한 책임도 지지 않는 사람들이 많은 지역의 질서유지를 담당하는 제도가 얼마나 효과적으로 작동할지 의문이 아닐 수 없다. 마찬가지로 지역에 대한 책임감이 전혀 없는 한두 사람이 담당자를 지명하고 국가 주도로 지원이 이루어지면, 지명된 사람들은 그 지명자의 눈치를 볼 수밖에 없고, 그런 경찰 제도는 잘 작동될 리가 없다. 바로 이것이 오늘날 대도시의 경찰 제도의 모습이며, 그게 지역 곳곳으로 확산되고 있다. 앞에서 본 지역연합만이 보통법이 유일하게 인정하는 경찰 제도로서 오늘날에도 적합한 것이라고 말하는 이유다.

　　지금까지 대강의 내용을 검토해 보았지만, 헌법적 관점에서 볼 때도 앞에서 설명한 지역보증제, 지역연합 제도가 완전하고 효율적인 범죄예방 제도이면서 사회보호 제도라고 할 수 있다. 특히 사회보호 효과는 중앙집권주의가 채용한 무책임한 경찰 제도가 달성할 수 있는 것과 비교가 되지 않는다. 그런 제도를 복원하는 것이 현재로서는 가장 중요하다. 그리고 또 하나 강조하지 않을 수 없는 것은, 지금까지 본 문제에 비하면 조금 덜 중요한 문제이기는 하지만, 예전의 제도를 복원함으로써 현재 제도가 가지고 있는 비용 낭비 요소를 상당 부분 없앨 수 있다는 점이다. (시민의 자유를 제한하지 않고) 적극적으로 활동하는 시민감시체계는 고용된 사람들의 형식적인 순찰과 비교할 게 못 된다. 심지어 경찰 인력을 불법적으로, 부적절하게 고용하는 경우, 이 사람들은 평화를 지키는 데는 관심이 없고, 평화를 지키는 척하는 데만 관심을 가진다. 결국 모든 사람이 진정으로 공통의 책임의식을 가지고 있는 마을 단위 경찰 제도가 모든 계층과 계급의 시민적 자긍심을 높이고, 상호신뢰와 공동노력의 기반을 구축하는 데 가장 적합하다고 할 수 있다.

상비군과 민병대

제29장

상비군과 민병대

평화 시대의 상비군 제도 역시 1688년 이후의 잘못된 정책의 결과물이다. 이 제도에 대해서 크게 신경을 쓰지 못한 사람들은 영국에 상비군을 두려는 시도가 불러온 문제와 고민을 잘 이해하지 못할 것이다. 상비군 제도는 끈질긴 반대를 뚫고 겨우 성공을 거두게 되었으며, 그것 역시 불법적인 수단과 그럴듯한 변명으로 얻은 성공이었다. 특히 기억해야 할 것은 평시에 상비군을 두는 것의 위법성은 이미 권리장전에도 나와 있다는 사실이다. 그걸 교묘하게 어기면서 지금에 이른 것이다.

모든 새로운 제도가 그런 것처럼, 상비군에 대해 대중들이 반대한 이유는 "헌법이 예정한 제도가 아니"라는 점 때문이었다. 그런데 "유럽의 상황이 좋아질 때까지 한시적으로 두는" 걸 조건으로 도입되었고, 그렇게 나라 전체를 속이는 데 성공했다. 또 하나 놀라운 사실은 처음 상비군 도입을 주장했을 때 내세운 구실과 19세기 중반에 상비군 축소를 반대하면서 내세운 구실이 같다는 점이다. 둘 다 프랑스의 위협을 막는다는 구실이었다. 이런 구실에 대해서는 유명한 저자가 다음과 같이 정확하게 지적한 바 있다. "내가 상비군 도입을 주장하는 애국자들에게 묻지 않을 수 없는 것은, 어떻게 윌리엄 1세 이전에는 필요가 없던 것이 지금에서 필요하게 되었는가 하는 점이다. 그렇게 오래 싸운 요크와 랭카스터 가문도 상비군을 두자고 한 적이 없다. 파벌의 승리보다는 자유를 지키는 것, 그리고 이 땅이 노예의 땅이 되지 않게 하는 것이 더 중요하다고 봤기 때문이다. 도대체 지금의 프랑스가 우리가 상대했던 스페인의 용감한 군대보다 어디가 더 강력하다는 말인가? 프랑스보다는 플랑드르가 훨씬 더 가까이 있는 적이 아닐까?" 실제로 이 글로 인해 한동안 활발한 상비군 찬반논쟁이 촉발되기도 했다.

상비군에 대한 반감은 아주 오래된 얘기다. 찰스 2세 시절에는 겨우 친위대만 두고 있었는데도 불구하고 대배심이 그런 군대의 존재는 국가에 대한 위해행위라고 봐서 기소를 한 적이 있고, 왕을 지키는 친위대를 둘 필요가 있다고 주장한 한 의원은 런던탑에 투옥된 바도 있다.

상비군 도입이 가져올 결과에 대해서는 도입 당시에도 많은 논란이 있었다. "만약 찰스 1세에게 5,000명의 군인이 있었다면 국민은 자유를 위한 파업을 할 생각도 못했을 것이고, 존왕이 자의적으로 권한을 행사하고자 마음먹었다면 굳이 교황을 끌어들이지 않고, 블랙 가드(흑인으로 구성된 친위대)만 가지고도 우리 모두의 손발을 묶을 수 있었다"라고 주장하는 사람도 실제로 있었으며, 그 주장에 대해서 많은 지식인들이 공감한 바 있다. 실제로 자유로운 제도의 적들은 진실을 알고 있다. 그래서 상비군을 두어 국민을 옥죌 것을 주장하기도 했다. 역사상 가장 강력한 반독재주의자라고 할 수 있는 플레처(Fletcher of Saltoun)는 "평시에 상비군을 두고 있는 나라에서, 국민이 가지고 있는 예산을 승인하고 말고 할 권리는 자유의 보루가 되지 못한다. 무기를 가진 자는 늘 무기가 없는 자의 주머니를 지배하기 때문이다"라고 말했다. 일단 용병 제도가 도입되고 나면 "용병을 먹여 살리기 위해서라도 지속적이고 엄청난 세금이 국민들에게 부과될 수밖에 없고, 그 용병군대와 관련된 모든 사람이 자신의 이익을 추구할 수밖에 없다. 생각해 보자. 그렇게 되면 이 나라에 정당 하나가 더 생기는 것과 뭐가 다른가?"라고 질문하고 있다.

　이 문제와 관련해서 권력을 강화하고자 했던 쪽과 자유로운 제도의 친구 간에 오간 설전을 다 소개할 수는 없지만, 1717년 상원의 여러 의원이 남긴 항의서한의 요약본만큼은 언급하고 넘어가야 할 것 같다. 그걸 보면 당시만 해도 의원들이 헌법 원칙에 대해서 얼마나 이해가 깊었는지 알 수 있다. 그런데도 중앙집권주의가 개발한 기구와 부패한 법원이 개입해서 의원들의 반대를 무마하는 데 성공했다. 오늘날도 사정은 다르지 않다. 먼저 상비군 제도에 대해서 이해해야 한다. 올바른 의견을 주장하는 쪽이든 반대하는 쪽이든, 상비군 제도와 전쟁법의 의미에 대해서 제대로 이해할 필요가 있다.

　1717년 2월 20일 「반란법(Mutiny Bill)」(상비군을 유지하고 강화하는 취지의 법안: 역자 주)에 대한 의원들의 항의서한이 여러 명의 유명한 의원들의 서명을 거쳐 의사록에 게재된 바 있다. 거기 보면 다음과 같은 주장들이 나온다.

　"평시에 전쟁법을 발효시키는 안에 대해서는 과거의 어떤 시대에도 의회가 동의한 적이 없다. 그런 시도에 대해서 의회는 계속 반대하고 비난해 왔고, 국민의 자유와 기본권에 반한다는 점과, 대헌장에 반한다는 사실을 지적해 왔다."

　같은 해 2월 24일 법안 통과와 관련해서 다른 의원들이 보낸 질의서 역시 같은 기록에 게재되어 있다. 그 주장은 다음과 같다.

　"우리는 이런 군대를 지지할 수 없다. 무엇보다 헌법을 위태롭게 할 것이기 때문이다. 상비군을 두는 것은 이제까지 여러 번의 시도와는 다르게, 헌법을 완전히 뒤집어엎는 효과를 가져올 것이다."
　"평시에 두는 상비군은 그것 자체가 국민의 자유를 위험하게 한다. 더구나 이번 상비군이 더 위험한 이유는 그것이 전쟁법이라는 헌법이 알지 못하는 법에 따라 구성되기 때문이다. 전쟁법은 자유의 파괴법이며, 그 법의 이름을 언급할 때마다 우리 선조들은 항상 격렬하게 비난을 해 왔다."

"전쟁법의 적용을 받는 장교들과 군인들은 재판이 열리면 우리 모든 국민이 가지고 있는, 그래서 이웃 나라들이 모두 부러워하는 그 권리를 모두 박탈당할 것이고, 전쟁법은 관용이라는 개념을 모르기 때문에 가장 강력한 처벌과 고통을 안길 것이다. 우리가 보기에 그 장교들과 군인들은 다른 사람의 권리를 빼앗는 것도 서슴지 않을 것이고, 그런 일을 언제든지 감행할 태세를 갖추고 있는 것 같다."

"전쟁법 조문에 따르면 왕은 전쟁규칙을 만들고 군사법원을 설립할 권한까지 부여받기 때문에 결국 전쟁법은 왕을 유일한 입법권자로 만드는 법이다. 지금의 왕이 그 권한을 얼마나 신중하게 사용할지, 또, 집행을 하는 데 있어서 얼마나 유연하게 할지 그건 알 수 없다. 문제는, 아주 위험한 결과가 발생한 다음에 그것이 두고두고 다음 정권에서 선례로서 작용하게 될 수도 있다는 사실이다."

상비군의 문제는 그대로 민병(Militia) 문제와 연결되어 있다. 영국에서 헌법이 인정한 유일한 군대는 그동안 모든 지역의 자유민으로 구성된 민병이었기 때문이다. 민병은 보통법에 따라 훈련을 받아 무기를 사용한다. 다만 외국의 침략을 받은 경우를 제외하고는 주거지역을 넘어가서 군사활동을 할 수는 없다. 그리고 주민들의 동의가 없는 한 어떤 경우에도 외국으로 파병되지 않는다. 보통법에 따라 주민의 투표로 선출되는 주장관이 각 주 민병의 우두머리가 되며, 그런 의미에서 민병은 바로 주민자치정부의 군대이다. 여기서 그 역사와 성격, 영향 등을 다 볼 수는 없지만, 워낙 중요한 주제라서 대강이라도 그 의미를 짚고 넘어가야 할 것 같다.

국민의 자유를 침해하고, 국민에게 지나친 부담을 가한다는 것이 상비군의 단점이라는 점은 더 설명할 필요도 없다. 그런데 자유로운 제도의 적들은 거꾸로, 상비군이 아닌 민병의 단점을 얘기하고, 민병이 효과적이지 않다는 주장을 끊임없이 제기해 왔다. 그들 생각에는 "돈 받는 것 말고는 공동체에 대해 아무런 관심도 없는 용병으로 군대를 구성해야 자신들이 완벽하게 그 군대를 장악할 수 있다고 본 것이고, 그래서 아무런 정당한 근거도 없이 민병을 불신하고, 민병 제도를 국민에게 부담을 주는 제도라고 욕해 왔다." 잘 알다시피, 이것이 바로 중앙집권주의가 취하는 태도다. 그리고 그것은 언제나처럼 진실에 반하는 것이기도 하다. "어떻게 자기 자신의 재산을 지키는 사람보다 남의 재산을 지키는 용병이 더 용감하게 싸울 수 있을까? 자기 재산과 부인과 자식의 생명, 종교와 자유를 위해서 싸우는 사람보다 돈 몇 푼을 위해서 싸우는 사람이 더 용기를 내고, 더 명예로운 싸움을 할 수 있을까?"

상식의 관점에서는 물론이고 역사적 사실로 봐도 민병이 좋은 군대라는 사실에는 이론이 없다. 실전에서도 상비군의 효율성을 훨씬 더 넘어선다. 고대 그리스 민병은 물론이고, 1848년과 1849년에 오스트리아에 맞서 급하게 소집되어 무기도 제대로 갖추지 못했던 헝가리 민병대의 예를 보면 알 수 있다. 오래 훈련된 오스트리아 정규군도 헝가리 군대의 에너지와 기세를 당하지 못했다. 그런데 우리 영국에서 민병대에 대해서 말하는 것처럼, 헝가리 민병대마저도 적들은 물론이고 헝가리 국내에서도 낮춰 보는 시선이 없지 않았다. 민병대의 가치는 굳이 헝가리 민병대의 역사를 뒤질 필요도 없이 우리 역사만 봐도 충분히 증명이 된다. 장장 12세기 동안 민병이 가장 효과적이면서도 유일한 우리 영국의 군대였다. 국민 감정이 항상 옳다고는 할 수 없지만, 어쨌든 민병은 민족적 자존심의 표현이었다. 우리나라를 지켜온 것도 그들이고, (동의를 전제로 하기는 하지만) 외국에 나가 영국을 위해 싸운 것도 그들이다. 우리 역사에서 타의 추종을 불허하는 전쟁 수행능력을 보여준 것도 민병이다. 이 점은 의회와 찰스 왕의 대립을 보면 알 수 있다. 그 가운데 네이스비 전투(Battle of Naesby)에 대해서 많은 얘기가 되고 있는데, 이는 두 세력 간의 대립에서 결정적인 역할을 한 전투이기도 했기 때문이다. 당시 의회의 군대는 두 달 전에 소집된 신병이 대부분이었고, 외국 전투 경험이 있는 장교는 전체 중 9명밖에 되지 않았다. 그런 군대가 독재자의 억압에 맞서 자유를 위한 투쟁이 시작되자 마치 바람으로 볏짚을 날리듯이 왕의 군대를 휩쓸어 버렸다. 외국에서 전쟁으로 단련된 장교들만 1,000명이 포진한 그런 군대였는데 말이다.

민병이 얼마나 효과적인지는 사실 예를 들어 설명할 필요도 없이 그 자체로 자명한 문제다. 민병에 대한 모든 비난은, 주민자치정부하에서의 모든 권리와 의무처럼, 자유의 적들이 일방적으로 낮춰 보는 소리에 지나지 않는다. 모든 의무감과 책임의식보다 개인의 사사로운 이익을 더 중시하는 법을 가르치는 사람들이라 – 사사로운 이익마저도 제대로 가르치지도 못하지만 – 중앙집권주의자들은 민병 역시 그 의미를 깎아내리는 데 혈안이 되어 있을 뿐이다.

상비군이 아니라 민병을 유일한 국민의 군대로 하는 것의 장점은 이것 말고도 여러 가지를 들 수 있다. 외국과의 교전이나 비용, 부담 문제가 특히 그렇다. 앞에서도 한 번 설명한 바 있는데, 힘이 센 왕 에드워드 1세도 국민이 그의 요구를 받아들이지 않아 오래 세워 온 파병 계획을 포기할 수밖에 없었다. 민병 없이는 전쟁을 할 수 없다고 생각했기 때문이다. 그것뿐만이 아니다. 헨리 3세도 국민 앞에서, 국민이 자신과 같이 가거나 자신의 파병을 지원하지 않으면 자신은 아무것도 할 수 없고, 국민의 뜻에 따라 파병을 포기할 수밖에 없다고 말한 바 있다.

영국에 상비군을 도입하는 것은 반헌법적인 수단으로 국민에게 가혹한 부담을 안기는 것일 뿐만 아니라 국가의 기풍을 어지럽히는 결과를 낳을 것이다. 자주독립 정신을 약하게 하고, 국가의 국력을 훼손하며, 국민의 자유를 중앙집권주의하의 정부에게 맡기는 결과가 될 수 있다. 특히 중앙집권주의에 물든 정부는 이미 국민의 뜻에 반하는 결정을 한 바 있고, 군대와 무기를 동원해서 국민의 합법적인 의사 표현을 억압한 바도 있다. 그리고 상비군을 도입하는 것과 같은 맥락에서 용병으로 구성된 경찰을 만들어 자신들의 지배하에 두려는 시도도 서슴지 않았다. 이런 정부의 억압에 대처하는 방법은 아주 간단하다. 상비군 대신 민병이라는 합헌적인 군대를 유지해야 하고, 반복되는 궤변과 진부한 말로 올바른 판단을 흐리게 하는 것에 현혹되지 말아야 한다. 자꾸 듣다 보면 진실이 뭔지 헷갈릴 수도 있기 때문이다.

"계층을 막론하고 모든 사람이 다 말과 이름에 잘 속는다. 옛날에 쓰던 정부 형태나 이름이 계속 쓰이고 있으면 그 성격도 크게 변하지 않은 걸로 생각한다. 지금도 예전에 누리던 자유를 그대로 누리고 있다고 착각하기도 한다. 그런데 그 착각에서 깨어났을 때는 이미 늦은 때일 수 있다."

제30장

조세

조세

앞에서도 조세에 대해서 몇 마디 언급한 적이 있다. 조세가 주민자 치정부와 중앙집권주의의 문제와 깊이 관계되어 있다는 점은 그걸 통해서도 충분히 인지할 수 있었을 것이다.

아주 오래전부터 영국은 조세를 투표를 통해서 결정한 적도 없고, 특히 지금처럼 의회의 명목상 투표로 정한 적은 더욱 없다. 여러 번 그런 시도가 있었지만 늘 국민이 거부했다. 대신 긴급한 필요가 있을 때마다 세금을 부담할 사람들의 회의를 거쳐 세액이 정해지곤 했다. 당시 왕도 의회의 형식적인 동의가 아니라 국민의 실질적인 동의가 필요하다는 점을 잘 알고 있었기 때문에 측근들을 여러 마을에 보내 특정 세목에 대한 주민 설득에 나선 바 있다. 그리고 조세가 결정되더라도 늘 조건이 붙었다. 세금 부과의 목적으로 적시된 그 특별한 용도로만 써야 한다는 조건이 그것이다. 요즘 장관들이 당시 조세동의안에 붙은 다음과 같은 조건들을 보면 깜짝 놀라지 않을 수 없을 것이다. "주민회의에서 다음과 같은 지원금을 제공하기로 결정한 바, 이 금액은 다른 목적에는 사용할 수 없고, 오로지 전술한 지역의 방어를 위한 목적으로만 엄격하게 사용하여야 한다."

모든 조세 목적의 정당성은 실제 세금을 부담해야 할 주민들의 즉각적인 토론에 부쳐졌고, 금액도 마찬가지였다. 우리가 요즘 알고 있는 국가 전체의 조세체계는 보통법이 지배하던 영국에서는 전혀 없던 것이었다.

우리가 알고 있는 국가조세 제도는 중앙집권주의자들이 개발한 것이다. 조세로 거둬들이는 엄청난 돈이 어떤 목적을 위해, 어떤 세목에, 어느 정도로 사용되는지 정작 납부자인 국민이 알 수 없게 하는 장치다. 만약 조세에 대한 지역의 동의와 지역 자체의 징세 제도가 존재했다면, 소위 간접조세(indirect taxation) 방식으로 엄청난 돈을 모으는 데 여러 주나 마을이 동의할 이유가 전혀 없었을 것이다. 실제로 윌리엄 3세 시절까지만 지역 동의와 지역 징세 제도가 존재했었다. 그때까지는 중앙정부의 권한 남용과 과도한 지출을 엄격하게 감시하는 체제가 제대로 작동되고 있었던 것이다. 지원금이나 기여금을 모을 때도 각 주나 마을이 부담해야 할 금액이 실링이나 펜스까지 정확히 기재되어 있었다. (당시만 해도 7년 임기의 의원이 없던 시절이라서) 의원들이 자신의 출신 주와 마을과 관련해서, 비율이 잘못 산정되거나 총액이 너무 크다는 사실을 발견하고도 적시에 이의를 제기하지 않으면 선거권자들에게 어떤 책임을 져야 하는지 잘 알고 있었다. 하지만 간접세로 수백 만 파운드가 부과되거나 일반회계가 만들어지면 – 전국적인 규모로 – 각 주나 마을, 개인이 얼마나 부담하는지가 교묘하게 가려질 수밖에 없다. 수천 파운드에 수천 파운드, 수백만 파운드에 수백만 파운드를 더 얹어도 감시할 수 없고, 제지할 수 없고, 그런 식으로 국민 주머니에서 엄청난 금액이 빠져나가는 것이다. 결국 영국의 국가부채가 발생한 배경에는 이와 같은 잘못된 간접세 제도가 있다고 할 수밖에 없다.

지역의 징수제도는 실제로 징수되는 액수를 감시한다는 것 외에도 경제적인 이점도 있다. 지금은 전체 징수액 중 최소한 몇 퍼센트는 중앙의 징수비용으로 쓰인다. 국민 주머니에서 기획재정부로 들어가기 전에 길에서 사라지는 것이다. 하지만 주민자치정부에서는 그렇지 않다. 모든 지역은 자신들에게 배정된 금액을 잘 알고 있고, 각 지역이 원하는 방식으로 세금을 모은다. 지역 안에서 가장 효율적이고 가장 경제적인 방법으로 징수가 이루어진다. 지역이 할 일은, 전체 조세에 대해서 책임을 지는 의회가 합리적으로 각 지역에 배당한 금액을 거둬서 국고에 넣는 것뿐이다. 지역마다 내야 할 돈이 있고, 그걸 거두는 방식도 유사하며, 징세에 비용이 많이 들지도 않는다. 각 지역이 책임지고 가장 안전하고 경제적인 방법으로 세금을 거둘 수 있는 것이다.

주민자치정부가 제대로 활동하지 못하는 경우도 있기 때문에 지역 단위에서 세금 누수가 없다고 말할 수는 없다. 하지만 그 정도는 중앙의 허술한 체제와는 비교가 되지 않는다. 일을 잘 못하는 주민자치정부도 충분히 감시할 수 있다. 즉, 주민자치정부하에서는 감시 제도가 제대로 작동하기 때문에 낭비라는 것 자체가 애초에 불가능하다고 할 수 있다.

토지세도 빼놓을 수 없는 문제 가운데 하나다. 이건 즉흥적인 정치가들의 작품으로 그 부과부터가 불평등한 것이었는데, 정치가들이 해법이랍시고 더 불평등하고 더 불공정한 조치를 내놓은 탓에 문제가 더 심각해졌다. 토지세는 물론이고 그 외 문제가 된 세목을 다 여기서 검토할 수는 없다. 앞에서 설명한 관세나 소비세 같은 반헌법적이고 피해가 막심한 간접세 제도와 비슷한 거라고 보면 된다.

여기서 중요한 것은, 진정한 의미의 직접세 제도를 제대로 이해해야 한다는 점이다. 주머니에서 일정 금액을 꺼내간다고 해서 다 직접세라고 할 수는 없고, 생산된 물건에 대해서 정해진 비율로 고정된 금액을 가져간다고 해서 다 직접세라고 할 수도 없다. 사업과 영업 결과의 일부를 가져가는 게 다 직접세인 것도 아니다. 일정 금액을 세금으로 가져가는 게 문제가 아니라, 납세자의 자유와 노력과 사업을 제한하는 쪽으로 세금을 부과하느냐가 중요하다. 그렇다면 그것은 직접세가 아니다. 창문세나 소비세, 십일조를 진정한 의미의 직접세라고 말하지 않는 이유다. 그것은 그냥 산업생산물을 착복하는 것이고 자유로운 노력과 기업에 족쇄를 거는 것으로, 직접세의 범주에 넣을 수 없다. 우리가 보통 자유무역주의(Free Trade Principle)를 지지한다고 해서 모든 시장을 다 지지하는 것은 아니다. 여러 명의 참여자가 있고 그들이 각자 자신의 의사를 결정한다는 사실보다 훨씬 더 중요한 것은, 그들 각각이 충분한 정보를 가지고 있고 정보의 변동에 따라 자기 자신의 행동을 바꿀 수 있다는 가능성이 전제되어야 있어야 한다. 그래야 진정으로 자유로운 시장이라고 할 수 있다. 마찬가지다. 옥수수세나 창문세 같은 것은 제대로 된 직접세 제도라고 볼 수 없다. 진정한 의미의 직접세는 사람들의 노력과 기업행위를 제한하는 것이 아니라, 독려하고 조장하는 세제라야만 한다. 번 것 중 일정부분을 세금으로 떼지만 그를 통해서 더 많이 벌 수 있는 기회를 주는 게 바로 직접세 제도다. 정당하고 합법적인 국가 예산은 국가의 부가 증대하는 것과 같은 비율로 증가해서는 안 된다. 또 어떤 시점에서 부과될 세금은 그 시점에서 필요한 금액과 정확하게 일치해야 한다. 이것이 직접세의 정신이다. 모든 사람의 주머니에서 공평하게 나와서 국가에 꼭 필요한 용도에 사용되어야 한다. 그리고 그 세금에 대해서는 끊임없는 토론이 있어야 하고, 토론 결과에 따라 끊임없는 조정이 있어야 한다. 정해진 금액을 습관적으로 계속해서 부과하는 것은 건전한 조세정책이라고 할 수 없다. 자유로운 정치사회 제도의 일부로서의 조세 역시 기업 활동과 기술을 발전시키는 방향과 맞아야 한다. 그런데 이런 자유로운 제도에 대해서 혐오감을 가지고 있는 자들은 고정된 금액의 고정된 부과 방식을 좋아한다. 그래야 자유민의 토론과 감시와 조정을 피할 수 있기 때문이다. 모든 사람의 성실한 노력의 결과물에서 일정 부분을 포기하고 국가에 내는 금액에 대해서, 그 항목과 액수, 쓰임새를 모르게 하는 게 그들의 진짜 목표다.

주민자치정부가 채택한 직접세 제도에서 중앙집권주의가 선호하는 간접세 제도로 바꾼 결과는 그야말로 참담하다. 국가부채의 증가만이 문제가 아니다. 모든 헌법원칙을 일상적으로 어긴다는 데 더 큰 문제가 있다. 조세에 대한 의회의 동의는 거의 형식적인 것이 되었고, 지출은 그 금액을 내놓은 사람들과 국민의 최소한의 동의나 추인 없이 방만하게 이루어지고 있다. 보통법과 헌법의 요구가 무시되고 있다. 그래서 만약 어떤 사람이 – 자신의 기회와 재능, 능력을 자신을 위해서 사용할 수 있는 권리가 침해된다는 사실을 일깨울 목적으로 – 이웃 주민들에게 당신들이 낸 세금이, 당신들이 무관심한 사이에 불법적으로 새어 나가고 있다고 주장하려고 해도, 그 주장이 애초에 먹혀들지 않는다. 중앙집권주의가 고안한 조세 제도하에서는 책임을 진 공무원이 정확하게 필요금액을 산정해서 할당하고, 경제적으로 징수하는 제도 자체가 아예 없기 때문이다. 모든 세액은 중앙집권적이고 무책임한 회계 안에서 전체가 하나로 통합되어, 한꺼번에 모이고, 한꺼번에 낭비되고 있다.

결국 정상적인 금융개혁이 추구해야 할 방향이 무엇인지에 대해서는 그 해답이 명확하게 나와 있는 셈이다. 간접세 제도와 중앙정부 주도의 징세 제도를 전면적으로 폐지하고 헌법이 인정하는 직접세 제도, 주민자치정부가 주도하는 지역 징세 제도로 바꾸어야 한다. 사람들에게 당신이 번 돈의 20%나 그 이상을 직접세 명목으로 국가에 내라고 하면(요즘 우리나라 평균적인 중산층이 부담하는 세액은 20%가 조금 넘을 것이다), 누구나 처음에는 놀라지 않을 수 없다. 하지만 정부 활동이나 지출에 대한 국민의 감시 필요성과 중요성에 대해서 인지하고 나면 그런 방식의 세액 납부에 대해서 안심하고 따를 수 있으리라고 본다. 매달 일정 금액이 당신의 주머니에서 몰래, 교묘하게 빠져나가, 아무렇게나 낭비되는, 중앙집권주의자들이 애지중지하는 간접세 제도보다는 그게 훨씬 나을 것이기 때문이다.

제31장

토지 집중

제31장

토지 집중

여기서 더 많은 문제를 다루면서 주민자치정부의 기본원칙의 실질적 중요성을 설명할 수도 있다. 하지만 이미 지금까지 설명한 것만으로도 다음과 같은 점은 충분히 소명되었다고 본다. 모든 사회 제도나 기구가 주민자치정부의 기본원칙에 근거해서 건전하고 건강하게 작동하다가, 중앙집권주의의 영향으로 왜곡되고 무너지게 되었다는 점이 그것이다. 그리고 그런 사회 제도의 하나로 여기서 검토하지 않을 수 없는 게 바로 토지 소유 문제다. 이 문제에 대해서는 너무나 잘못된 설명이 너무 많이 확산되어 있기 때문이다.

편견을 조장하고 충격적인 주장을 좋아하는 작가나 논자들은 영국의 재산법이 다음과 같이 만들어져서 유지되고 있다고 설명한다. 원래 영국 토지법은 "다수에 해당하는 자영업자나 농부의 손에서 토지를 빼앗아 한두 사람의 손에 집중시켜, 토지 소유에 따르는 영향력을 최대한 행사하게 함으로써 대지주를 키우는" 방향으로 진화해 왔다는 게 그것이다. 이런 주장은 청중들의 귀를 잠시 솔깃하게 하거나 나름의 독특한 이론을 만드는 기초로 이용할 수는 있지만, 도무지 어떤 근거라고는 찾아볼 수 없는 주장에 지나지 않는다. 그런 주장은 이 땅에서 토지를 가진 중산층의 숫자를 늘리지 못하게 방해하는 것과 거의 비슷한 해악을 가져온다.

영국법 가운데 소수의 수중에 토지를 집중시키거나 사람들의 토지

소유를 방해해서 토지소유자의 영향력을 확대하는 내용의 법은 전혀 찾을 수 없다. 역사적 사실은 전혀 반대 방향을 가리키고 있는 것이다. 즉, 토지를 소수의 손에 집중시키게 된 것은 과거에 일어난 일이 아니라, 현대 영국에 이르러서 갑자기 일어난 일이다. 영국의 역사에 대해서 조금이라도 알고 있거나 법과 제도에 관심 있는 사람이라면 오히려 이런 주장을 할 것이다. 영국 법이 소수에게 땅을 몰아주는 법이라거나, 그래서 이제까지 영국에서는 소수의 지주가 많은 땅을 가지고 있었다고 설명하는 게 아니라, 그것과 전혀 다른 현상이 영국 특유의 현상이었다고 설명하는 것이다. 영국 법은 다른 어떤 나라와 다르게 전 국토에 걸쳐 자영업자와 소작농이 자기 땅을 갖고 사는 모습을 그 기본구조로 하고 있다. 모든 지역에 산재해 있는 수많은 토지소유자라는 구조가 바로 영국의 주민자치정부의 모든 제도를 떠받치는 기초이다.

둠스데이 북은 당시 존재하는 많은 수의 토지소유자 숫자에 대한 확실한 증거를 제시하고 있다. 조사 내용 가운데, 영국의 모든 주 가운데 일부 주에 사는 토지소유자가 25,000명이라고 적은 대목이 있다. 그게 실제 숫자를 정확하게 센 것인지 여부와 상관없이, 그 숫자만으로도 영국 전체에 얼마나 많은 사람이 흩어져 살았는지 알 수 있다. 이 점에 관해서는 이것 말고도 수많은 사료를 증거로 댈 수 있다. 그 가운데 딱 하나만 더 예로 들면 다음과 같은 15세기 풍경을 보여주는 글이 있다. 영국 안에 얼마나 많은 작은 지주들이 흩어져 살고 있는지를 보여주는 것은 물론이고, 조금이라도 눈치가 있는 독자라면 바로 그 점이 영국의 자유로운 제도를 지탱하는 기초였다는 것까지 짐작할 수 있을 것이다.

어떤 왕자가 나서서 포테스큐 대법관에게 배심 제도와 같은 보통법 상 제도가 다른 나라에서는 잘 안 되는데, 어떻게 영국에서는 그렇게 잘 정착할 수 있었는지 이유를 물었다. (이 대화는 프랑스에서 이루어진 것으로 보이는데) 대법관은 먼저 영국에 대한 기본적인 사항을 설명한 다음에, 이렇게 말을 이어갔다. "영국은 수많은 토지소유자가 있어서 작은 마을에도 기사부터 향사(기사 지망생), 보통 프랭클린이라고 불리는 대지주, 그리고 많은 수의 자영농과 소지주가 있습니다. 배심에 부를 주민들이 충분하다는 뜻입니다. 아마 다른 어떤 나라에서도 이런 인구 구성은 보기 어려울 것 같습니다. 아시다시피 다른 나라에는 큰 땅을 가진 엄청난 부자들이 몇 명 있고, 우리 영국에도 그 정도 숫자의 부자들이 있습니다. 하지만 그 외에 많은 토지상속인, 토지소유자를 찾는 것은 영국 아니면 힘들 것 같습니다. 실제로 다른 나라에서는 범죄가 일어난 지역 근처에 사는 사람으로 12명의 배심원을 구성하는 게 쉽지 않고, 배심을 구성한다고 해도 다른 먼 동네 사람일 가능성이 높습니다. 특히 영국에서 하는 것처럼 35명이나 되는 사람을 기피하고 12명을 남기면, 아주 먼 곳에서 재판을 할 배심원을 데려올 수밖에 없겠지요. 영국에서 하는 제도를 다른 나라에서 똑같이 하는 것이 쉽지 않아 보인다는 뜻입니다. 영국에서 하는 것처럼 지역 주민들로 배심을 구성하는 게 말이지요." 포테스큐 대법관은 영국의 모든 마을에는 최소한 47명 정도 되는 토지소유자가 등재되어 있다고 설명한다. 대법관이 말한 "마을(hamlet)"에 당시 대략 235명 정도가 살고 있었고 그중 5분의 1이 성인이라는 점까지 감안해 보면 영국에는 거의 모든 성인이 토지를 소유하고 있었다는 얘기가 된다.

당시 영국인의 생활환경은 - 포테스큐는 이에 관하여 자유로운 정부를 둔 덕이라고 하고, 또, 자유로운 정부는 자유로운 토지소유자가 많은 덕이라고 한다 - 그가 직접 다니면서 본 다른 나라와 많이 다르다고 하면서 설명을 이어가고 있다. "영국 주민들은 자신의 땅에서 난

열매와 가축으로부터 나온 우유와 고기, 자신의 노동과 타인의 노동, 그리고 땅과 물이 만들어 주는 생산물 등을 자유롭게 향유하고 있습니다(당시는 국가부채나 소비세와 같은 간접세가 없기도 했다). 영국인들은 기도나 속죄 등 특별한 사유가 아니면 그냥 맹물은 마시지 않습니다. 음료를 마시지요. 고기랑 생선도 많고, 좋은 양털 옷도 있고, 종류마다 웬만한 의복은 다 갖추고 있습니다. 집 안으로 들어가면 충분한 숫자의 침대보가 있고, 옷 외에도 많은 모직물이 있으며, 집에서 사용할 각종 도구나 농기구 등을 파는 큰 상점들도 많습니다. 땅 크기와 종류에 따라 안락한 삶을 영위하는 데 필요한 물건들이 잘 갖추어져 있고, 농사에 필요한 기구들도 부족함이 없습니다"라고 보고하고 있다. 그런 생활환경이라고 하면 "즐거운 영국"이라는 표현은 전혀 잘못 된 게 아니라고 할 수 있다. 대법관의 이런 설명은 중앙집권주의가 발호하기 전 주민자치정부가 활발하게 활동하는 시기의 영국이 얼마나 좋은 나라였는지를 보여 준다.

어떤 방법으로 주민자치정부의 각종 제도가 침탈을 당해 왔는지에 대해서는 앞에서 설명한 바와 같다. 여러 사람이 가지고 있던 토지가 한두 사람의 수중으로 집중되는 과정에서도 그런 침탈이 있었을 것이다. 하지만 무엇보다 결정적인 역할을 한 것은 과학이라는 이름으로 스스로를 포장하면서 중앙집권주의의 목적 달성을 뒤에서 돕고, 인간을 한낱 동물 수준으로 몰락시키는 데 기여한 정치경제 이론을 들 수 있다. 중앙집권주의의 이념에 따라 모든 것을 물질적이고 경제적인 관점에서 이해한 사람들이 근본적으로 나라를 망쳤다. 이 학파들은 사회적, 정치적, 도덕적 관계는 전혀 신경 쓰지 않고 오로지 대규모 농업의 장점만을 강조했으며, 인간의 자유와 발전을 가로막는 그런 정책들을 선전해 왔다. 사회생활의 깊은 면은 파악하지 못하고 겉으로 드러난 피상적인 자료를 가지고 대단한 과학인 양 포장하고, 중앙집권적인 거시경제정책만을 강조해 온 것이다.

18세기 후반과 19세기 전반에 걸쳐 큰 규모로 공유지에 대한 사유화 작업이 진행되었다. 그전에는 모든 토지소유자가 같이 이용할 수 있는 토지가 여러 가지 면에서 탐욕적인 사상이 확산되면서, 대지주의 손아귀로 빨려 들어가는 사태가 벌어졌다. 보통법의 정신이 그때까지 살아 있었다면 그 토지 역시 소지주를 늘리는 방식으로 사용되었을 텐데, 실망스럽게도 그와는 반대 방향으로 역사가 흘러갔다. 이런 인클로저 운동은 정치적으로, 사회적으로, 도덕적으로 그 여파가 아주 다양하게 나타났지만, 그걸 여기서 다 설명할 수는 없다. 다만 여기서는 인클로저 운동과 더불어 17세기에 일어났던 이상한 거래에 대해서 언급하는 데 만족하기로 한다. 당시 영지를 소유하고 있던 사람들은 자신들의 조상으로부터 물려받은 그 영지에 관해서 당연히 일정한 부담을 지고 있었는데, 그 부담을 피하고자 우연히 얻게 된 물건을 소지주들에게 주는 대신 소지주들에게 부담을 전가하는 거래를 했다. 소지주의 입장에서는 전혀 이로울 게 없는 거래였다. 그러면서도 동시에 영주들은, 자기 영지 안에서 자기 아래 있는 사람들이 지는 부담을 고정 금액으로 계산해서 받았다. 즉, 소작농들에게 배당해서 갹출한 금액으로 자기 토지 전체가 부담하는 비용을 낸 것이다. 이건 틀림없이 잘못된 거래이고, 고치자고 마음먹으면 어려울 것도 하나 없는 문제였다. 그런데 당시는 마침 왕정복고기였고, 에드워드 3세의 자문역들 가운데 이해관계자가 있어서 고치지 않고 그대로 넘어가고 말았다. 그 결과 가난한 사람들은 소비세 등으로 더 가난해지고, 부자들은 땅 소유로 인한 대부분의 부담에서 벗어났으며, 소작농들은 수수료라는 이름으로 자신이 번 돈을 영주의 주머니에 바칠 수밖에 없었다. 영주들은 자신의 부담을 대신 떠안은 값을 지불하는 대신, 불법적으로 소작농들이 가지고 있던 작은 오두막마저 자기 소유로 착복하고 만 것이다.

이와는 달리 18세기 초반 출간된 글에 보면 당시 토지소유자가 가지고 있던 자신감과 독립정신이 아주 강하고 당당한 어조로 표현되어 있다. 어떤 토지소유자에게 '영국에서 자기 땅을 가지고 있으면 무슨 특권을 누릴 수 있나요?'라고 묻자 그는 "토지소유자가 되면 최소한 이 땅에서는 어떤 힘 센 군주보다도 위대한 사람이 됩니다. 내 자신이 동의한 법의 지배를 받고, 그 법에 의하면 나의 생명과 자유와 재산은 누구도 빼앗아갈 수 없으니까요. 나는 그야말로 자유민이 되는 거지요."라고 답하고 '누가 당신에게 자유를 주었습니까?'라는 질문에는 "누구도 제게 자유를 준 적이 없습니다. 자유는 모든 사람의 천부의 권리일 뿐이지요. 사람은 누구나 이성의 힘으로 생각할 나이가 되면 자신의 권리를 행사할 수 있습니다. 이 세상 모든 사람에게 다 보장되지는 않는 자유가 제게 있는 것은, 신의 가호와 우리 선조들의 지혜로, 제가 토지소유자가 되었기 때문입니다"라고 대답한다. 또, '좋은 시민의 덕목을 설명해 주시면요?'라는 질문에는 "좋은 기독교인의 덕목이 신을 사랑하는 것인 것처럼, 좋은 시민의 덕목은 나라를 사랑하는 것입니다. 단순히 나라에 대한 사랑이기에 앞서 수많은 이웃에 대한 사랑이고, 지금 살고 이웃에 대한 사랑이면서, 그 후손들에 대한 사랑이기도 합니다"라고 답하고 있다. 조금 더 구체적으로 그 자신이 부담하는 의무에 대해서 묻자, 다른 중요한 것들 가운데 열심히 숙고해서 의원에게 투표하는 것을 최고로 꼽는다. 계속 소개하는 문답도 토지소유자이자 자유민으로서 고결한 정신과 고귀한 품성을 보여주는 내용으로 가득 차 있다. 하나같이 영혼을 죽이고 사람을 망치는 중앙집권주의에 경도된 사람들이 한 번쯤 생각해 보았으면 하는 주제들이다.

'당신은 500분의 1 분량의 투표권을 가지고 있고, 다른 사람들은 그 이상의 투표권을 가지고 있다면 당신의 죄가 더 적어지는 것이 아니겠습니까?' "분량이 문제가 아닙니다. 살인을 돕는 사람도 살인을 하는 것입니다. 이 나라를 노예의 나라로 만드는 데 조금이라도 기여를 한 사람은 살인보다 더 큰 죄를 진 사람이고요." '나라를 노예로 만드는 것은 살인보다 더 큰 죄인가요?' "맞습니다. 인간을 죽이는 것이 인간이 만든 것을 없애는 것보다 더 큰 범죄니까 말이죠. 인류를 비참한 상태로 빠뜨리게 한 것은 단순히 한 사람의 인간을 칼로 벤 것보다 훨씬 더 사악한 짓입니다." '독재정권으로 인하여 나라가 조용해지면 발전에 도움이 되는 건 아닐까요?' "평화와 번영은 절대군주나 중앙집권주의가 가져다줄 수 있는 게 아닙니다. (중앙집권주의가 지배하는) 절대군주는 자유로운 정부보다 무너지기 쉽습니다. 노예 제도는 비옥한 땅을 사막으로 만드는 데 반해, 자유는 하늘에서 내리는 이슬이 되어 척박한 산을 옥토로 바꿀 것입니다."

제32장

결론

제32장

결론

    누구든 위험을 피하기를 바라는 자는 먼저 그 위험을 정면으로 바라볼 수 있어야 한다. 그리고 무엇을 위험으로부터 피하게 할 것인지에 대해 먼저 명확하게 알아야 한다.

    어떤 해악이 커다란 괴물 머리를 가지고 있다고 해서 그로부터 벗어나는 데 절망을 느낄 이유가 없다. 오히려 그 사실로 인해서 그 해악이 정확히 무엇인지 알고 싶은 의지가 불타올라야 한다. 진정한 애국자는 가만히 앉아서 슬픔과 분노를 유발한 것들을 개탄하고만 있지 않는다. 오히려 그는 이렇게 말한다. "국가가 중병에 걸렸구나. 하지만 아직 다 죽은 것은 아니니까 치료할 수 있다!"라고. 그리고 치료 방법을 진지하게 찾기 시작할 것이다.

    중앙집권주의와 같은 제도가 우리가 맞서 싸워야 할 해악이라면 그걸 없애고자 하는 사람은 제도 자체를 건드리지 않고 몸을 낮춰서 그 제도 아래 있는 개인과 씨름을 해서는 안 된다. 그렇게 하부나 지엽을 건드리는 것은 해악 자체에 대한 관심과 공격을 다른 곳으로 돌리는 것과 다를 바 없다. 그리고 또 하나 명심해야 할 것은 많은 사람이 동료시민의 자유를 억압할 의도가 전혀 없이, 그야말로 우연히, 그 해로운 제도의 운영에 관여하게 될 수도 있다는 점이다. 또, 많은 경우 사람들이 자유로운 제도와 인류의 발전에 치명적인 제도를 돕게 되는 것은 나쁜 생각을 가져서라기보다는 생각이 부족한(물론 생각이 부족해서는 안 된다는 게 사람에게 주어진 의무이기는 하지만) 탓일 수 있다. 중앙집권주의의 목표와 계획이 치밀하게 고안된 것이고, 자유로운 제도를 파멸시키려고 의도적으로 달려들고 있는 것은 맞지만, 그 와중에도 늘 생각해 보아야 하는 것은 "자유를 말살하는 제도가 누군가의 계획에 따라서 도입된 것도 아니고, 그런 결과가 나올 것을 예정한 것도 아닐 수 있고, 몇몇 현명한 사람이 결과는 알았지만 막을 의지가 없었던 탓일 수도 있다"는 사실이다. 그렇게 책임 있는 지위에 있는 사람들도 가끔은 "다른 사람의 눈으로 보고, 다른 사람의 손으로 실행하는" 우를 범할 수 있다.

앞서 우리는 원칙에 대해서 주로 보았는데, 그 원칙이 바로 정치사회제도의 기초를 떠받치고 있는 것들이다.

처음 시작할 때 나는 이렇게 말한 바 있다. 주민자치정부란 정부형태 중 하나로서, 다루고 있는 주제에 대해서 가장 잘 알거나 가장 잘 알 가능성이 있고, 그 주제를 처리하고 감시하는 데 가장 큰 이해관계를 가진 다수로 구성된 정부를 말하고, 중앙집권주의란 정부형태 중 하나로서, 다루고 있는 주제에 대해서 가장 덜 알거나 가장 덜 알 가능성이 높고, 그 주제를 처리하고 감시하는 데 가장 적은 이해관계를 가진 극소수로 구성된 정부를 말한다고.

이런 정의에 대해서 증명하고, 사례를 들어 설명한 바 있다. 인간의 자유와 진정한 인류의 발전을 열망하는 사람들은 마음속에 이 정의를 그대로 간직하고 있어야 한다. 교활한 속임수로 독재자의 은밀한 침탈을 위장하려고 할 때, 또 그런 의심이 드는 수많은 경우에, 요긴하게 적용할 수 있는 열쇠가 될 것이다.

이런 정의와 밀접하게 관련된 것으로서, 보통법과 실정법에 대해서도 앞에서 그 실제 적용례를 들면서 다음과 같은 정의를 제시한 바 있다. 보통법은 주민들 자신으로부터 직접 유래한 법으로서 그 주민들이 직접 적용하도록 설계된 법을 말하고, 실정법은 오로지 위임 받은 권한에 따라서 존재하고 활동하는 기구가 만든 법으로서, 늘 보통법을 훼손하려 하거나 헌법적 안전판의 계속적인 작동을 방해해 보통법을 제한하려는 경향을 보이는 법을 말한다고. 보통법은 자유민의 진정한 합의에 근거를 둔 법이고, 자유민들이 그 법을 적용할 것을 요구하는 데 반해 보통법은 자유민의 형식적인 동의에 근거한 법이고, 자유민들이 그 법을 직접 집행하는 것을 끊임없이 방해한다.

영국 보통법 전체를 관통하는 가장 중요한 이념으로 상호성과 책임성을 들 수 있는데, 이러한 이념이 실제로 적용되는 것은 주민자치정부라는 제도를 통해서이고, 주민자치정부야말로 영국 헌법의 힘이면서, 영국 헌법이 실질적으로 작동하는 공간이기도 하다.

스스로를 진정한 자유민이라고 생각하는 사람들은 누구나 이와 같은 원칙과 이념이 격변의 수백 년 동안 영국에서 풍요로운 열매를 맺어 왔다는 사실을 자랑스럽게 생각해야 한다. 그리고 어떻게 하면 그 자신도 이와 같은 원칙과 이념의 구현이라고 할 수 있는 제도를 통해 실제 결과를 낳는 데 기여할 수 있을지 고민해 보아야 한다.

반헌법적인 시도와 중앙집권주의의 침탈에 불굴의 의지로 저항하는 것이 자유민의 의무라는 점을 인식하고, 기회가 있을 때마다 그런 침탈행위를 직시하며, 자유민의 정신을 발휘해서 그 앞에서 물러서는 일이 없도록 하여야 한다. 어떤 구실도, 어떤 일시적인 사정도 원칙을 양보하는 이유가 되어서는 안 된다.

잊지 말아야 할 것은, 보통법과 헌법, 상식 모두 자유로운 제도를 유지하려고 하는 자들의 편이며, 적들과의 싸움에서 이기는 데 필요한 무기라는 점이다. 중앙집권주의가 자유민의 오래된 정신을 아부와 무관심과 사익이라는 유해한 것들로 대체하는 데 성공한 적이 있다고 하더라도 아직 주민자치주의의 뼈대는 영국에 남아 있고, 부활할 준비를 마쳤다는 사실을 놓쳐서는 안 된다. 이제 필요한 것은 이타적이고 성실한 자유민들이 그런 제도의 성격과 필요성과 중요성을 전파하고, 복원이 실제로 실현되도록 노력하는 것이다.

혹시나 앞으로 마주하게 될 시련 가운데도 자유민들은 다음과 같은 사실을 기억해야 한다. "의회법이나 사람의 조작으로 인해 보통법 중 일부가 변형되거나 궤도를 벗어난 적이 있었지만, 혁명의 시기에 가장 안전하고 충성스러운 공동선의 보루로서, 많은 역경에도 불구하고 보통법이 국민의 박수 속에서 부활했다"라는 사실이다. 그리고 최고법원이 법적으로 명확하게 다음과 같이 선언한 바 있다. "많은 사건에서 보통법이 실정법을 지배하며, 경우에 따라 실정법이 무효라고 선언할 수 있고, 의회가 만든 법이 기본권과 상식에 반하는 경우에는 실정법을 무효로 하고 보통법이 적용될 수 있다"라고. 그렇게 정리되고 선언되고 적용된 보통법의 원칙은 다시 다른 사건에 그대로 적용되며, 자유민은 그 원칙이 얼마나 중요한지 깨달아야 한다.

이제 이 모든 내용을 다음과 같이 요약해 보기로 한다.

중앙집권주의와 주민자치정부의 문제는 교조주의가 우선이냐, 토론이 우선이냐의 문제이며, 무책임한 귀족주의가 먼저냐, 자유민의 권리와 책임의 실질적인 보장이 먼저냐의 문제이다. 또, 사람은 이성이 없는 동물에 지나지 않아서 명령하고 훈련을 받아야 할 것인지, 아니면 사람은 "천사 바로 아래 있는 피조물"로서 그의 고결한 본성은 독자적으로 생각하고 자신에 대한 신뢰에 따라 결정하는 데 있다고 볼 것인지 나누어야 한다. 신의 선택을 받은 소수가 다수를 배려하고 관리하고 지배할 것인지, 아니면 다수가 스스로 생각하고 관리하고 지배하며, 그렇게 하는 것이 그들의 권리이자 의무이며 책임이고, 또 하늘로부터, 예전의 역사로부터 전해 받은 고결한 권리인지 결정해야 한다.

이런 문제들에 눈 감지 말아야 한다. 자유로운 제도와 인류의 진보에 대한 믿음을 확고히 가지고 있는 사람들은 감상주의와 가짜 자유주의, 긴급한 필요성이라는 핑계에 휘둘려 이 근본적인 의문을 마음속에서 제쳐 두어서는 안 된다. 무엇보다, 주민자치정부의 열매가 무엇인지, 그리고 중앙집권주의의 열매가 무엇인지에 대해 결코 잊어버려서는 안 되는 것이다.

주민자치정부는 어느 곳에서든지 사람을 자기 자신의 권리와 자유, 독립과 복지를 주도하는 주체로 여기고 자긍심과 도덕적 품위를 진작시키는 데 반해, 중앙집권주의는 모든 곳에서, 고용한 공무원들이 사람들을 지켜줄 거라는 핑계로 모든 사람의 권리와 자유, 독립과 복지를 포기하게 만들고 아부의 정신과 도덕적 타락을 부추긴다.

주민자치정부는 모든 도덕적, 정신적 능력을 소중히 여기면서 개발하고 모든 사람이 그런 능력을 발휘할 수 있는 공간을 만들며, 호혜의 정신을 불러일으키고 확대하려고 하는 데 반해, 중앙집권주의는 모든 도덕적, 정신적 능력을 말살하고, 죽이고, 그 대신에 고용된 공무원들이 만든 까다로운 규칙으로 생활을 통제하고, 행동을 지도하려고 한다. 중앙집권주의는 비굴한 물질적 이기주의를 팽배하게 함으로써 사람의 품위를 손상시킨다.

주민자치정부는 실험을 통해서 실제로 알게 된 것을 끊임없이 적용하고 발전시키는 데 반해 중앙집권주의는 획일적인 규칙과 즉흥입법, 어림짐작을 좋아한다.

주민자치정부는 상호연대, 상호보증과 책임의 공유를 통해 사람들 사이의 촘촘한 신뢰와 평화를 추구하는 데 반해 중앙집권주의는 무관심과 공포를 조장해서 겉으로 평화로운 듯 보이는 외관을 조장하고, 용병을 이용한 중앙집권적 경찰 제도를 활용해서 중앙집권주의가 초래한 위험과 해악이 겉으로 드러나 보이지 않도록 한다.

주민자치정부는 가정이나 지역, 한 국가 내에서 자유민이 자신의 권리와 의무, 책임을 알고, 구별하고, 적극적으로 이행하게 하며, 안전판을 이용해서 자신의 권한 범위 내의 일을 하게 함으로써 지역과 중앙의 모든 대의기구가 정상적으로 움직이게 하는 데 반해, 중앙집권주의는 자유민의 권리와 의무와 책임에 대한 의식을 없애고, 지역과 중앙의 대의기구가 실제로는 아무 일도 하지 못하고 이름만 존재하게 함으로써 그 위장막 아래서 전체주의가 더 효율적으로 작동해서, 모든 자유로운 제도의 흔적을 없애고자 한다.

주민자치정부는 자유민들 사이에서 법이 집행되고, 법이 정한 명확한 규정에 따라 재판과 판결 선고가 이루어지게 하는 데 반해 중앙집권주의는 약식재판을 선호하며, 재량이라는 삐뚤어지고 불명확한 잣대로 재판과 판결 선고가 이루어지도록 한다.

주민자치정부는 사법과 모든 정치적 결정이 모든 사람의 거주지 근처에서 신속하고, 지체없이, 큰 비용을 들이지 않고 이루어지게 하는 데 반해, 중앙집권주의는 비용이 적게 드는 법과 모든 사람의 정치적 참여권 보장이라는 핑계로 주민자치의 정신을 갉아먹고, 고비용의 관료주의를 확대시킨다.

주민자치정부는 모든 일을 공개된 장소에서 사람들의 참여하에 처리하는 데 반해, 중앙집권주의는 낮의 햇볕을 피해 사람들 뒤에서 은밀하게, 몰래, 간접적으로, 우회적으로 처리한다.

주민자치정부는 공공의 이익을 위해 모든 계층의 이익을 하나로 집중시키고, 모든 제안을 모든 사람 앞에서 자유롭게 공정하게 토론하고, 그런 토론이 있은 후에만 결정을 하도록 해서 모든 의견의 장점이 공공의 이익을 구현하는 데 충분히 반영되게 하고 모든 주민의 동의를 구하는 데 반해, 중앙집권주의는 다른 계급과 계층 간 질서와 갈등, 불만을 조장하고, 모든 토론을 금지시키고, 대신 미리 만든 결론을 강요하며, 분리해서 다 잘 지배할 수 있도록 하고, 오로지 이기주의와 편협한 개인주의를 강조한다.

주민자치정부는 다수의 이익과 자유로운 제도의 실현과 존속, 진정한 인간의 진보를 추구하는 데 반해 중앙집권주의는 소수의 이익, 귀족주의와 자의에 의한 지배, 인간의 진보에 대한 강제적인 억압을 추구한다.

중앙집권주의는 전세계적인 자유수의 뿌리를 끊임없이 갉아먹는 사악한 용이고, 주민자치정부는 영원히 자유수의 건강과 성장을 보증하는 신선한 물을 길어낼 우르다의 샘이다.

이 우르다의 샘이 영원히 오염되지 않고 순수하게 남아 있도록 하는 것이 자유민의 가장 고귀한 의무이자 특권이다. 자유수가 계속 푸르게 성장할 수 있게 하는 보호막인 이 우르다의 샘으로부터 끊임없이 맑은 샘물을 퍼 올릴 책임은, 자신들에게 가장 도움이 되는 자유의 의미를 너무나 잘 알고, 그 자유의 유산을 후손들에게 물려준 우리 선조들의 따뜻한 마음을 기억하고, 존경하는 우리들 모두에게 있다고 할 것이다.

색 인

역자 약력

김희균

서울시립대학교 법학전문대학원 교수

서울대학교 법과대학을 졸업하고, 파리 8대학 문학부에서 학사 및 석사학위를 취득하였으며, 인디애나대학교 로스쿨에서 증거법을 주제로 법학박사 학위를 받았다. 2002년 미국 뉴욕주 변호사 자격을 취득하였으며, 현재 서울시립대학교 로스쿨에서 형사법을 강의하고 있다. '대륙법 전통', '왜 법이 문제일까' 등 다수의 세종도서를 집필 또는 번역한 바 있다.

한국연구재단 학술명저번역총서 서양편 806
주민자치정부와 중앙집권주의

초판발행   2025년 1월 10일

지은이   Joshua Toulmin Smith
옮긴이   김희균
펴낸이   안종만·안상준

편 집   박세연
기획/마케팅   노 현
표지디자인   이수빈
제 작   고철민·김원표

펴낸곳   (주) **박영사**
               서울특별시 금천구 가산디지털2로 53, 210호(가산동, 한라시그마밸리)
               등록 1959.3.11. 제300-1959-1호(倫)
전 화   02)733-6771
f a x   02)736-4818
e-mail   pys@pybook.co.kr
homepage   www.pybook.co.kr
ISBN   979-11-303-1018-3   94080
               979-11-303-1007-7   94080 (세트)

copyright©한국연구재단, 2025, Printed in Korea

* 파본은 구입하신 곳에서 교환해드립니다. 본서의 무단복제행위를 금합니다.

정 가   27,000원

이 저서는 2022년 대한민국 교육부와 한국연구재단의 지원을 받아 수행된
연구임(NRF-2022S1A5A7080117)